Harald Grochtmann

WUNDER: kirchlich überprüft, nie widerlegt

Unerklärliche Ereignisse, überprüfte Wunder und juristische Tatsachenfeststellung

Inaugural-Dissertation zur Erlangung des Grades eines Doktors der Rechte bei dem Fachbereich Rechtswissenschaft der Freien Universität Berlin, vorgelegt von Diplom-Politologe Harald Grochtmann Richter am Amtsgericht Rheda-Wiedenbrück 1988.

Das in sechs Auflagen erschienene Buch mit dem bisherigen Titel "Unerklärliche Ereignisse, überprüfte Wunder und juristische Tatsachenfeststellung", auf welches sich auch die Zusätze über die Dissertation, das Imprimatur, das Vorwort und das Geleitwort beziehen, wird in dieser siebten Auflage durch vier weitere Kapitel ergänzt.

Gehören die durch Naturgesetze unerklärlichen Vorgänge nur „dem Glauben oder Aberglauben, der Vorstellung oder dem Wahne" an oder sind es nachweisbare Tatsachen? – Eine Entgegnung auf den Beschluss des Bundesgerichtshofes vom 21. Februar 1978 (Aktenzeichen: 1 StR 624/77)

Erstgutachter: Professor Dr. jur. Klaus Adomeit
Zweitgutachter: Professor Dr. jur. Harm-Peter Westermann

Imprimatur: Paderbornae, d. 1.m. Septembris 1989
Nr. 1/A 58-22. 3/195 Vicarius Generalis Kresing

ISBN-13: 978-3-932426-39-1
ISBN-10: 3-932426-39-8

7. durch vier Kapitel erweiterte Auflage 2006
des in sechs Auflagen erschienenen Buches mit dem Titel
"Unerklärliche Ereignisse, überprüfte Wunder und juristische Tatsachenfeststellung",
auf welches sich auch die Zusätze über die Dissertation, das Imprimatur, das Vorwort und das Geleitwort beziehen. - Printed in Germany
Druck: Schroffdruck, Augsburg.

Umschlagbild: Das nicht von Menschenhand geschaffene Bild U. L. Frau von Guadalupe/Mexiko, nach einer von Abt Schulenberg OSB (Custos des Heiligtums) beglaubigten Aufnahme, © Der Fels Verein, mit freundlicher Genehmigung.

Professor Dr. jur. Klaus Adomeit
Freie Universität Berlin

Vorwort

Ein Jurist und Mitglied einer Juristischen Fakultät kommt nicht leicht dazu, eine Dissertation vorzustellen, die durch Thema und Darstellung so völlig den Rahmen sprengt, in dem wir und unsere Schüler sonst wissenschaftlich arbeiten. Harald Grochtmann spricht von Dingen, die unsere Schulweisheit uns bisher nicht träumen ließ. Wie stehen wir - Hand aufs Herz! - zum Wunder? Geht dies den Juristen überhaupt etwas an? Zum mindesten müssen wir den Wunderglauben als immer wieder auftretendes psychologisches Faktum anerkennen. "Juristen sind schlechte Christen!", sie leben in einer Welt nüchterner Tatsachen, wo es keine Wirkung ohne Ursache gibt, und wo jeder Kausalverlauf naturwissenschaftlich gesicherten Regeln folgt -: dies ist die Grundannahme, auf der jedes juristische Verfahren beruht. Umso größer ist die Bestürzung, wenn ein Prozessbeteiligter sich außerhalb dieser Annahme stellt. Sigmund Freud hatte vom Realitätsprinzip gesprochen, das jeder Erwachsene lernen muss, in schmerzvoller Trennung von der märchenhaften Welt des Kindes, in der "Wünschen noch geholfen hatte". Wer sich auf Wunder beruft, wirft alle Spielregeln um. Was soll man mit ihm anfangen? Ohne jeden Zweifel liegt hier ein echtes erkenntnistheoretisches Problem vor. Noch David Hume und Schopenhauer ("Über das Geistersehen") haben darüber gearbeitet, und noch heute unterhält eine renommierte Universität einen Lehrstuhl für Parapsychologie. Es geht um nichts Geringeres als um die erkenntnistheoretischen Grundlagen des gerichtlichen Prozesses, der in seinem wichtigsten Abschnitt - bezeichnenderweise! - Erkenntnisverfahren heißt.

Es ist das Verdienst des Richters Harald Grochtmann, dass er mutig (wie jemand, der auszieht, das Fürchten zu lernen!) die unheimliche Begegnung mit dem Überirdischen gewagt und bestanden hat. Er zeigt uns, wie weit man dabei kommen und wie viel Erkenntnisgewinn man nach Hause zurückbringen kann, solange man nur einen klaren Kopf behält und es versteht, seine Gedanken zu ordnen. Sein Buch hat mich außerordentlich gefesselt, fast schon in einen Bann geschlagen - dieses ist ein erklärliches Ereignis! - und ich wünsche sehr, dass es vielen Lesern ebenso ergeht, und dass dieses Wünschen helfen möge!

Berlin, im August 1989

Kardinal Franz Hengsbach
Bischof von Essen

Zum Geleit

Gibt es Wunder? Kann es Wunder geben? Immer wieder werden diese Fragen gestellt, und zwar nicht nur aus Neugierde, sondern auch aus echtem Glaubenszweifel. Aber wenn es keine Wunder gibt, nicht geben kann, ist Christus dann auferstanden? Ist seine Mutter, die Jungfrau Maria, dann leiblich in den Himmel aufgenommen worden? Und wie ist es mit den übrigen Wunderberichten der Heiligen Schrift?

Ohne Anerkennung der Tatsächlichkeit, der Möglichkeit von Wundern, kann es weder die Auferstehung des Herrn, seine Geburt aus der Jungfrau Maria, noch die leibliche Aufnahme Mariens in den Himmel, noch die vielen Wunderberichte der Bibel geben. Vielen ist der Weg zu den Wundern deswegen versperrt, da sie deren äußeres Geschehen als den Naturgesetzen widersprechend für unmöglich, also für nie vorgekommen halten.

Diesen kann das Buch eines Amtsrichters, der seit über 20 Jahren mit der Feststellung von Tatsachen in Strafprozessen befasst ist, eine große Hilfe sein. Darin wird nämlich dokumentiert, dass die äußeren Tatsachen der Wunder, wie sie in den letzten Jahrhunderten in kirchlichen Untersuchungsprozessen in einem denkbar strengen juristischen Beweisverfahren überprüft wurden, wirklich bis heute unwiderlegt erwiesen sind. Ich kenne kein anderes Buch deutscher Sprache, das sämtliche in diesen kirchlichen Prozessen anerkannten Arten von Wundern in eindrucksvollen Beispielen darstellt. In den lebendigen Schilderungen erfährt der Leser, dass nahezu alle Wunder der Bibel sich bis in die jüngste Zeit wiederholt haben, und dass es bis in unsere Tage noch weitere gibt, die denkbar eindeutig und wirklich unwiderlegbar bezeugt sind.

Der Autor führt mit einer Fülle von Zitaten - das Literaturverzeichnis umfasst über 600 Titel - den Nachweis, dass die meisten derjenigen, welche die Möglichkeit der eindeutigen Durchbrechung von Naturgesetzen, also die unerklärlichen äußeren Merkmale der Wunder verneinen, sich mit den in den kirchlichen Prozessen festgestellten Wundern überhaupt nicht befassen. Soweit das in wenigen Fällen doch geschieht, werden sie höchstens erwähnt, aber nicht in einem einzigen Falle wird der Versuch, geschweige denn der erfolgreiche Versuch gemacht, aufzuzeigen, in welchem konkreten Einzelfall nun in einem solchen Prozess eine durchgeführte Beweisaufnahme falsch durchgeführt worden sein soll. Einen besseren Beweis für die Zuverlässigkeit und Richtigkeit der kirchlichen Überprüfungsprozesse kann es kaum geben. Der Autor kommt auch zu dem richtigen Schluss, dass die heute sehr weit verbreitete Theorie, Gott wirke niemals unter Durchbrechung von Naturgesetzen, sondern nur unter deren Zuhilfenahme, wenn vielleicht auch in erstaunlicher Weise, angesichts der dargestellten Fakten eindeutig unrichtig ist.

Das Buch ist für jeden leicht lesbar. Wertvoll und empfehlenswert wird es dadurch, dass das Vorgetragene wissenschaftlich begründet ist und eine eingehende Auseinandersetzung mit der jeweiligen Gegenmeinung erfolgt.

Essen, den 25. April 1989.

+ Franz Card. Hengsbach.

Inhaltsverzeichnis

II. Hauptteil

Sind diese durch naturgesetzliche Kräfte nicht erklärbaren Tatsachen beweisbar und bewiesen?

III. Hauptteil

Ist die mögliche Beweisbarkeit von Tatsachen, die durch naturgesetzliche Kräfte nicht erklärt werden können, in der Rechtsprechung und den Verwaltungsentscheidungen des Staates verwertbar?

Folgerungen dieser Arbeit für andere Wissensgebiete

Einleitung

Durch Beschluss des Bundesgerichtshofes gemäß obigem Zitat vom 21. 02. 1978 (1 StR 624/77) wurde die Revision eines 33-jährigen Arbeiters gegen das Urteil des Landgerichts Heilbronn verworfen, mit dem er wegen Totschlages zu 14 Jahren Freiheitsstrafe verurteilt worden war. Das Gericht hielt ihn für überführt, die seit 1975 spurlos verschwundene Hausfrau H. umgebracht und ihre Leiche beseitigt zu haben.

Der Angeklagte hatte die Revision auch damit begründet, dass das Landgericht seinem Beweisantrag auf Hinzuziehung eines parapsychologischen Sachverständigen nicht gefolgt sei. Eine von ihm vorgeschlagene Hellseherin verfüge über die "hochentwickelte Gabe der Telepathie und des Hellsehens", die auch bei der Suche nach der Verschollenen hätte eingesetzt werden können. Auf Wunsch des Verteidigers sollte der Freiburger emeritierte Ordinarius für Psychologie und Grenzgebiete der Psychologie Hans Bender darüber gehört werden, ob die so bezeichnete "Hellseherin" Käthe Niessen die Gabe der Telepathie oder des Hellsehens besitze und somit in der Lage sei, Mitteilungen im Sinne des Beweisantrages zu machen.

Der weit über Deutschland hinaus bekannte Hans Bender war schon vorher mehrfach von Gerichten zur Abgabe von Gutachten in diesen Fragen herangezogen worden. Nach seinen Angaben ist er schon während des Ermittlungsverfahrens in dieser Sache durch die Kriminalpolizei Heilbronn auf Weisung der Staatsanwaltschaft gebeten worden, "Hellseher" mit Nachforschungen nach der Leiche zu beauftragen. Angaben von zwei "Paragnosten" hätten nicht zum Erfolg geführt. Er habe in einem Schreiben an die Kriminalpolizei ausdrücklich betont, dass paranormale Angaben bestenfalls dem Finden dienen können und mit dem normalen Erkenntnisvermögen nachgeprüft werden müssen, um einen Wert zu erlangen.[1]

Im Leitsatz des Beschlusses des BGH heißt es: "Die Parapsychologie gehört nicht zu den gesicherten wissenschaftlichen Erkenntnissen, die dem Sachverständigenbeweis zugänglich sind. Der Tatrichter hat daher einen entsprechenden Beweisantrag der Verteidigung mit Recht abgelehnt, da das angebotene parapsychologische Sachverständigengutachten ein völlig un-

[1] Hans Bender, in: Der Bundesgerichtshof über Parapsychologie - eine Dokumentation in: Zeitschrift für Parapsychologie 1978, S. 119

geeignetes Beweismittel ist." In den veröffentlichten Gründen führt der BGH zunächst aus, dass die mit der Verletzung des § 244 Abs. 2 - 4 StPO begründete Revision keinen Erfolg haben könne. Das Schwurgericht habe es also mit Recht abgelehnt, Professor Bender als Sachverständigen dazu zu hören, dass Frau Niessen insbesondere in der Lage sei, den Aufenthalt eines verschollenen Menschen oder im Falle seines Todes den Fundort seiner Leiche mitzuteilen.

In der Folge wird ausgeführt, dass die Aufgabe des gerichtlichen Sachverständigen vornehmlich darin bestehe, aus seinem eigenen besonderen Fachwissen dem Richter die zur Beurteilung eines bestimmten Sachverhaltes erforderlichen Erfahrungssätze, die dieser selbst nicht kennt, zu ermitteln. Dabei sei der Tatrichter den Gesetzen des Denkens und der Erfahrung unterstellt. Es gebe wissenschaftliche Erkenntnisse, denen eine unbedingte, jeden Gegenbeweis mit anderen Mitteln ausschließende Beweiskraft zukomme. Diese müsse der Tatrichter als richtig hinnehmen, auch wenn er ihre Grundlagen im einzelnen nicht selbst erschöpfend nachprüfen könne.

Zu diesen gesicherten wissenschaftlichen Erkenntnissen gehöre die Parapsychologie nicht. Auch die Veröffentlichungen von Professor Bender könnten nichts daran ändern, dass zumindest im Bereich der Strafrechtswissenschaft und der Kriminologie die Ergebnisse der Parapsychologie nicht als naturwissenschaftlich gesicherte Erkenntnisse anerkannt werden könnten. Auch wenn man nicht soweit gehe, die Parapsychologie für wissenschaftfeindlich zu halten, so gelte jedenfalls im Bereich des Strafverfahrens immer noch die Regel, dass die hier in Rede stehenden Kräfte nicht beweisbar seien, sondern lediglich dem Glauben oder Aberglauben, der Vorstellung oder dem Wahne angehörten. Sie seien nicht in der wissenschaftlichen Erkenntnis und Erfahrung des Lebens begründet und könnten daher vom Richter nicht als Quelle realer Wirkungen anerkannt werden.

Es gibt keine einheitliche Definition der "Parapsychologie". Der Begriff wurde 1889 von Dessoir vorgeschlagen und soll etwas bezeichnen, was über das Gewöhnliche hinaus- oder neben ihm hergeht. Nach ihm fallen auch Phänomene der Mystik darunter. Gemeinsam ist allen Abgrenzungsversuchen, einen Bereich von Phänomenen abzustecken, die nicht auf Bekanntes zurückgeführt werden können.[2] Auch im allgemeinen Verständnis werden unter parapsychologischen Vorgängen praktisch alle unerklärlichen Ereignisse verstanden. Wie in der Folge noch aufzuzeigen sein wird, hat insbesondere

2 Werner Bonin, Lexikon der Parapsychologie 1981, S. 383

der vom BGH zitierte weltbekannte Parapsychologe Professor Bender im Rahmen seiner Veröffentlichungen auch Vorgänge aus dem religiösen Bereich beschrieben und untersucht, wie z. B. in seinem Aufsatz über das Blutwunder in Neapel.[3] Letztlich wird jeder Zweifel darüber, dass der BGH in seinen Gründen nicht etwa nur die Frage des Hellsehens beantworten wollte, sondern allgemein alle, durch Naturgesetze nicht erklärlichen Vorgänge als nicht existent behandeln wollte, dadurch ausgeräumt, dass er ausdrücklich auf die Aufsätze von Wimmer und Prokop Bezug nimmt. So erfolgt in dem Beschluss einmal die Bezugnahme auf die durch Wimmer erfolgte Besprechung des Buches von Hans Bender: Unser sechster Sinn, Stuttgart 1971.[4] Hierbei zitiert der BGH sogar nur die Seite 967, worin Wimmer dem Parapsychologen Bender vorwirft, dass er den Beweis für Paranormales bis zum Schluss schuldig bleibe. Weiter heißt es dort wörtlich: "Mit positiven Zeugnissen angesehener Beobachter lassen sich keine empirischen Tatsachen zu objektiver Gewissheit erhärten, - das wäre dasselbe, wie wenn jemand etwa die Existenz der Röntgenstrahlen durch Zeugenaussagen in einer Gerichtsverhandlung beweisen wollte. Das Kriterium naturwissenschaftlicher Arbeitsweise ist nun einmal die Verifizierung von Hypothesen in wiederholbaren Experimenten und nicht die unkritische Hinnahme von Zeugenerzählungen, die erst einer Glaubwürdigkeitsprüfung bedürfen." Zuvor bestreitet Wimmer, der Vorsitzender Richter am Landgericht Mannheim ist, nicht nur die Existenz von Telepathie, Hellsehen und Präkognition (Vorauswissen von Zukünftigem), die von den Parapsychologen unter den Begriff der außersinnlichen Wahrnehmung (ASW) zusammengefasst werden. Er bestreitet insbesondere den zweiten großen Bereich der parapsychologischen Forschung, nämlich das Vorhandensein der sog. physikalischen Phänomene, insbesondere der Psychokinese. Insbesondere gebe es nicht die unter dem Sammelbegriff des "Spuks" berichteten Vorgänge.[5]

Noch eindeutiger ist der vom BGH zitierte Aufsatz von Wolf Wimmer "Parapsychologen als Sachverständige?".[6] Schon zwei der vier Überschriften des Aufsatzes lauten: "Keine wissenschaftlichen Beweise für das Übersinnliche" und: "Folgerung für die Rechtsanwendung: Nichtexistenz okkulter

---

3 Hans Bender: Das Blutwunder des hl. Januarius in Neapel, in: Zeitschrift für Parapsychologie 1965, S. 176 ff.

4 in: Zeitschrift für die gesamte Strafrechtswissenschaft 85 (1973) S. 964 ff.

5 S. 965 aaO.

6 in: NJW 1976, S. 1131 ff.

Phänomene". Unter die "notorische Nichtexistenz okkulter Phänomene im forensischen Alltag" zählt er auch Wunderheilungen und "ähnliche okkultistische Behauptungen, wozu auch die Bilokation gehören soll, wonach also derselbe Mensch zugleich an zwei Orten gesehen wird".[7]

Die gleiche Folgerung ergibt sich durch die Bezugnahme des BGH auf den Aufsatz des Berliner Hochschullehrers Otto Prokop, Naturwissenschaft kontra Parapsychologie.[8] Da existieren weder die von Bender in seinem Buch "Unser sechster Sinn" aufgeführten Vorgänge (S. 103 ff.) noch gibt es die bei vielen Heiligen festgestellte Levitation, nämlich das Schweben über dem Boden.[9] Prokop arbeitet eng mit Wimmer zusammen und hat mit ihm auch zusammen ein Buch herausgegeben, auf das weiter unten eingegangen wird.

Interessant ist in diesem Zusammenhang auch die Bezugnahme des Bundesgerichtshofes auf das Urteil des Reichsgerichts vom 21. 06. 1900.[10] Aus dieser Entscheidung hat der BGH den als Überschrift für diese Arbeit gewählten Satz mit dem "Glauben oder Aberglauben..." entnommen. In dem Sachverhalt, welcher der Entscheidung des Reichsgerichts zugrunde lag, ging es im wesentlichen darum, dass die dortige Angeklagte eine Frau habe bestimmen wollen, mit "Hilfe des Teufels oder von Sympathiemitteln", also durch Beschwörungen, ihren Ehemann zu töten. Das Landgericht Nürnberg hatte darin eine Anstiftung zum Mord gesehen. Das Reichsgericht hob das Urteil auf und sprach die Angeklagte frei.

In den Gründen wird u. a. folgendes ausgeführt: "Die Aufforderung hatte also die Vornahme von Handlungen zum Gegenstande, die immaterielle Kräfte erregen sollten zum Zwecke physischer Wirkungen. Man kann von der Frage, ob dies überhaupt möglich sei, ganz absehen; denn jedenfalls ist die Existenz der hier fraglichen Kräfte nicht beweisbar, sondern lediglich dem Glauben oder Aberglauben, der Vorstellung oder dem Wahne angehörig; sie können, als nicht in der wissenschaftlichen Erkenntnis und Erfahrung des Lebens begründet, vom Richter nicht als Quelle realer Wirkungen anerkannt werden, sondern sind in rechtlicher Beziehung weder als taugliche noch als relativ oder absolut untaugliche, d. h. überhaupt nicht als "Mittel" zur Herbeiführung irgendwelcher Veränderung in der Welt des Tatsächlichen anzusehen. So wenig der noch im Inneren des Menschen verschlossene böse Wille Gegenstand des Strafrech-

---

[7] S. 1132 aaO.
[8] in: Archiv für Kriminalistik 154 = 1974 S. 100 ff.
[9] S. 111 aaO.
[10] in: RGSt Bd. 33 S. 321 ff.

tes ist, ebensowenig können solche Handlungen als strafbare Änderung desselben gelten, die völlig sowohl außerhalb der physischen als auch der psychischen Kausalität liegen. Wie tatsächlich, so sind sie auch rechtlich indifferent, sie fallen aus dem Kreise kausaler Veranstaltungen ganz hinaus und haben nur Bedeutung für die Sphäre des Sittlichen, der Moral."[11]

Während also der BGH die "hier in Rede stehenden Kräfte" ausdrücklich auf die "Parapsychologie" - ergänzt durch die oben dargelegten Zitate - bezieht und damit auf die nicht durch Naturgesetze erklärbaren Vorgänge insgesamt, bezieht das Reichsgericht diese fraglichen Kräfte ausdrücklich nur auf die in dem ihm zur Entscheidung vorliegenden Fall angeführten Kräfte. Das Reichsgericht geht auch nicht auf die Frage ein, ob es generell immaterielle Kräfte als solche gibt, die auch gegen Naturgesetze wirken. Es verneint nur die Beweisbarkeit der behaupteten Kräfte und dass ein Mensch durch seine Handlungen diese immateriellen Kräfte kausal beeinflussen bzw. zum Wirken bringen kann. Der BGH hingegen lehnt die Existenz von Kräften, welche die Naturgesetze außer Kraft setzen und das entsprechende Ergebnis generell ab, unabhängig davon, ob ein Mensch auf diese Kräfte Einfluss nehmen kann.

In der Folge soll nun im ersten Hauptteil dargestellt werden, welche durch naturgesetzliche Kräfte nicht erklärbare Tatsachen es gibt, im zweiten dann, ob diese beweisbar und bewiesen sind und im dritten, ob diese in der Rechtsprechung und den Verwaltungsentscheidungen des Staates zu beachten bzw. verwertbar sind.

Wenn in der Folge der Begriff "Wunder" gebraucht wird, so ist damit in dieser Arbeit ausschließlich ein - wenn auch sehr wesentlicher und häufiger - Fall gemeint, dem ein unerklärliches Ereignis zugrunde liegt. Zum Wunder selbst gibt es sehr viele Definitionen. Schon Wenisch vertritt gegenüber der traditionellen Auffassung des katholischen Fundamentaltheologen A. Lang, wonach das Wunder eine außerordentliche Erscheinung innerhalb unserer Erfahrenswelt sei, die nicht durch natürliche Ursachen sich erklären lässt, sondern unmittelbar auf Gottes Einwirken zurückgeht,[12] eine modifizierte Meinung. Auf diese und die weiteren Ausführungen sei Bezug genommen.[13] Sehr viele Theologen, insbesondere jene, welche, wie noch unten aufzuzeigen sein wird, annehmen, es gebe überhaupt keine Vorgänge, welche nicht irgendwie durch natürliche Ursachen erklärt werden können, haben wieder einen

[11] RGSt Bd. 33 S. 322
[12] Albert Lang, Fundamentaltheologie, Bd. 1, München 1962, S. 117, 127
[13] B. Wenisch, Geschichten oder Geschichte?, Theologie des Wunders, Salzburg 1981, S. 216 f.

völlig anderen Wunderbegriff. Auf all diese Fragen, wie etwa auf die sehr wesentliche nach dem Sinn des Wunders, kann in dieser Arbeit nicht eingegangen werden. Sehr viele Theologen werden schon allein die Thematik, ob es nämlich Vorgänge gibt, durch welche die Naturgesetze durchbrochen werden, für völlig überflüssig halten. Auffallenderweise sind das nicht selten gerade jene, die andererseits behaupten, der moderne Mensch könne mit den Wundern nichts anfangen, sie versperrten ihm sogar den Zugang zur Bibel. Dieses Scheuen vor den Wundern liegt aber daran, dass es sich um Vorgänge handelt, durch welche offensichtlich die Naturgesetze durchbrochen werden. Gerade das will ihnen nicht einleuchten bzw. das halten sie für unmöglich und können es sich nicht vorstellen. In Wirklichkeit ist also auch nach dieser Meinung die Frage, ob es Vorgänge gibt, welche die Naturgesetze durchbrechen, sehr zentral, wenn das auch immer wieder in Abrede gestellt wird. Auf all diese Fragen kann im einzelnen nicht eingegangen werden.

Das gilt auch bezüglich der obigen Definition von Lang, welche die sog. "dämonischen Wunder" ausschließt. Hierzu haben Hacker[14] und Schamoni[15] nähere Ausführungen gemacht. Hier geht es nur um die unerklärlichen Vorgänge als solche.

Wenn also hier auch keine Definition des Wunders zu erfolgen hat, so sei andererseits doch gesagt, dass es jedenfalls immer in dem Sinne gebraucht wird, dass es auch einen unerklärlichen Vorgang beinhaltet. Wenn in den Selig- und Heiligsprechungsprozessen der katholischen Kirche untersucht wird, ob nach dem Tode des Betreffenden sich Wunder ereignet haben, so wird abgesehen von der Frage, ob Gott es wirkte, immer als Voraussetzung die Anerkennung gefordert, dass der Vorgang durch natürliche Ereignisse nicht zu erklären ist. In der gleichen Richtung hat auch das erste Vatikanum der katholischen Kirche entschieden, wenn folgender Lehrsatz verkündet wurde: "Wenn jemand sagt, dass keine Wunder geschehen könnten und daher alle Erzählungen über sie, auch die, die in der hl. Schrift enthalten sind, unter die Fabeln und Mythen zu zählen seien, oder dass Wunder nie sicher erkannt werden könnten und in ihnen der Ursprung der christlichen Religion nicht gültig bewiesen werden könne, dann sei er ausgeschlossen."[16] (1870)

---

[14] P. Hacker, Zur Ausrottung des Wunderglaubens bei der lernenden Jugend, in: Theologisches, November 1968, S. 2981, 2986

[15] W. Schamoni, Dämonisches Wunder, in: Theologisches, November 1978, S. 2986 ff.

[16] zitiert bei Wenisch, aaO., S. 28

Wenn weiter in der Folge Begriffe aus dem religiösen Bereich wie Gott, Maria, Himmel, Fegefeuer, Hölle, Satan oder ähnliche gebraucht werden, so soll damit über diese selbst keine Aussage gemacht werden. Sie sind so zu verstehen, dass die Beteiligten sie in dem vorhandenen Zusammenhang so aufgefasst haben. Auch in der Literatur werden diese Begriffe meistens auch dann von den Autoren so gebracht, wenn sie von deren Inhalt oder ihrem tatsächlichen Vorliegen nicht überzeugt waren. Da die unerklärlichen Vorgänge überwiegend aus dem religiösen Bereich stammen, müssen notwendigerweise auch die damit verbundenen Bezeichnungen benutzt werden. Wenn es z. B. in der Folge heißt, dass "die Gottesmutter erschienen ist", so ist zwar der Verfasser auch davon überzeugt. Strikt genommen bedeutet es jedoch nur, dass die Personen, gegenüber welchen die Erscheinung erfolgte, davon ausgingen, dass es die Gottesmutter war. In dieser Arbeit geht es um die Phänomene als solche.

I.
HAUPTTEIL

Gibt es durch naturgesetzliche Kräfte nicht erklärbare Tatsachen?

In diesem Hauptteil geht es darum aufzuzeigen, was es überhaupt an Vorgängen gibt, welche durch naturgesetzliche Kräfte nicht zu erklären sind. Nicht nur dem BGH und Wimmer, sondern auch den meisten anderen Autoren, welche solche Vorgänge mehr oder weniger leugnen, sind sie zumindest in ihrer Gesamtheit nicht bekannt. Sie werden jedenfalls so gut wie nie erwähnt.

Es werden in der Folge nur solche Ereignisse aufgenommen, die sich in neuerer Zeit ereignet haben, und zwar frühestens im 16. Jahrhundert bis in unsere Tage. Es werden grundsätzlich nur solche Vorgänge berücksichtigt, die in einem besonderen Überprüfungsverfahren durch eingehende Zeugenvernehmungen bestätigt wurden. Damit soll in keiner Weise gesagt werden, dass nicht auch Vorgänge vor dieser Zeit gut bezeugt und glaubwürdig sind, was natürlich in erster Linie von den Wundern der Bibel gilt. Gerade diese wurden aber bekanntlich nicht in jeweils einzelnen Überprüfungsverfahren durch Zeugenvernehmungen untersucht. Dass sie trotzdem glaubwürdig sind, ist richtig. Hier geht es u. a. um nahezu gleiche Vorgänge aus Untersuchungsprozessen.

Weiterhin werden nur solche Ereignisse wiedergegeben, die zumindest in ihrem Zusammenhang äußerlich feststellbare, unerklärliche Fakten aufweisen. Von daher wird z. B. überhaupt nicht auf bloße Prophezeiungen bzw. Voraussagen eingegangen, obwohl auch diese im Rahmen kirchlicher Untersuchungsprozesse durch Zeugenvernehmungen überprüft und festgestellt wurden. Schamoni hat solche Zeugenaussagen dokumentiert.[17] Auf den Seiten 290 - 308 hat er dann Protokolle aus solchen Prozessen zitiert, in denen Selige oder Heilige die Gedanken Dritter oder irgendwelche Vorkommnisse der Vergangenheit oder der Gegenwart offenbarten. Auch auf diese wird hier nicht eingegangen. So sehr beeindruckend sie im Einzelfall auch sind, durch sie werden keine unerklärlichen Fakten als solche geschaffen, sondern es wird nur auf bestehende, erklärliche Tatsachen hingewiesen, die anderen unbekannt sind.

Aus Gründen der Systematik und der besseren Übersicht werden in diesem ersten Hauptteil nur die festgestellten Fakten als solche dargestellt. Hierbei wird jeweils auf das stattgefundene Untersuchungsverfahren hingewiesen. Zur besseren Veranschaulichung werden streckenweise Zeugenaussagen dazu ganz oder teilweise im Wortlaut zitiert. Soweit es zu den Feststellungen Kritik gegeben hat, wird diese im II. Hauptteil dargestellt und auf sie eingegangen.

Wenn in der Folge auch ausschließlich solche Vorgänge geschildert werden, die durch ein wirkliches Untersuchungsverfahren als richtig bestätigt

[17] Wilhelm Schamoni, Wunder sind Tatsachen, Würzburg 1976, S. 252 - 285

wurden, so muss zur Klarheit betont werden, dass es in der Folge nicht um Glaubenswahrheiten geht, sondern ausschließlich um Fakten. Bei diesen Tatsachenfeststellungen sagt die katholische Kirche selbst immer wieder ausdrücklich, dass diese nur sog. "menschliche Glaubwürdigkeit" beanspruchen dürfen. Im Gegensatz zu den Glaubenswahrheiten - nicht selten in Dogmen zum Ausdruck gebracht - ist der katholische Christ bei diesen Sachverhaltsschilderungen nicht verpflichtet, daran zu glauben. Er kann die insoweit getroffene Feststellung der Kirche einer eigenen Prüfung unterziehen. Allerdings wird von ihm aus allgemeinen Gründen erwartet, dass er im Falle des Bestreitens der von der Kirche überprüften Vorgänge mit Gewissenhaftigkeit die angebotenen Beweise würdigt und nicht etwa diese ohne jede Prüfung als falsch bezeichnet. Zu diesen allgemeinen Gründen gehört, dass er durchaus verpflichtet ist, seine Vernunft nach besten Kräften zu gebrauchen.

Nur ausnahmsweise werden in der Folge Vorgänge gebracht, die vor dem 16. Jahrhundert stattfanden oder nicht förmlich untersucht wurden.

❶

Eucharistische Wunder

Aus der Fülle eucharistischer Wunder, von denen z. B. Maria Haesele 78 ausgewählt hat[18], sollen hier nur ganz wenige Beispiele gebracht werden. Brik hat die eucharistischen Wunder in folgende Klassen eingeteilt:

a) Blutende Hostien: Lanciano (VIII. Jh.); Ferrara (1171); Alatri (1228); Florenz (1230); Bolsena (1263); Offida (1283) etc.
b) Auf wunderbare Weise erhaltene Hostien: Morrovalle (1562); Faverney (1618); Siena (1730) etc.
c) Leuchterscheinungen an konsekrierten Hostien: Turin (1453); Paterno bei Neapel (1772) etc.
d) Erscheinungen Jesu in der Hostie: Braine (1153); Ulmes in der Diözese von Angers (1668) etc.

---

[18] Maria Haesele, Eucharistische Wunder aus aller Welt, Stein am Rhein 1982

e) Übernatürliche Strafgerichte über Hostienschänder: Lovanio-Brüssel (1369); Volterra (1471); Boston (1834) etc.
f) Wunderbare Heilungen: Paris (1725); Lourdes; Loreto; Fatima. [19] Beide Bücher haben die kirchliche Druckerlaubnis.

A. Wandlungswunder von Lanciano

Eines der bekanntesten ist das Wandlungswunder von Lanciano. Es fand im 8. Jahrhundert statt, man kennt nicht mehr das genaue Datum. Die Geschichtlichkeit ist jedoch im Laufe der Jahrhunderte nicht bestritten worden, abgesehen von modernen Theologen, die generell die Existenz von Wundern ablehnen, ohne jedoch in diesem Fall irgendwelche Einzelheiten überprüft oder spezifiziert bestritten zu haben. Ein junger Priester hatte bei der Feier der hl. Messe in der Kirche von Lanciano erhebliche Zweifel, ob die weiße Scheibe Brot sich wirklich in das Fleisch Christi und der Wein sich wirklich in das Blut Christi verwandeln würde. Bei den Wandlungsworten begann sich die weiße Hostie plötzlich auf der Patene vor seinen Augen zu verfärben, wurde rot und quoll auf. Nunmehr waren auf dem goldenen Teller ein blutiges Stück Fleisch und im Kelch schäumte rotes Blut. Beides wurde sorgsam verwahrt und verschlossen, und beide sind heute noch vorhanden. Ein weiteres Wunder liegt darin, dass die verwandelten Spezies nicht verdorben sind, sondern durch alle Jahrhunderte bis auf den heutigen Tag erhalten geblieben sind.

Das besondere an diesem Wunder ist, dass der zuständige Erzbischof von Lanciano und Bischof von Ortana 1970 eine medizinische Untersuchung dieser heiligen Reliquien durch eine Gruppe von Fachgelehrten angeordnet hat. Die näheren Einzelheiten über die Untersuchung bringt Brik aus dem Amtsblatt der Erzdiözese von Lanciano und der Diözese von Ortana 1971 Nr. 9 S. 143 - 185.[20] Über die Untersuchungen hat der zuständige Bischof folgende offizielle Erklärung verfasst:

"Der Unterzeichnete, Erzbischof von Lanciano, verkündigt und bestätigt, dass in der Kirche zum hl. Franziskus in Lanciano, die im Volksmund "Heiligtum vom Wunder der Eucharistie" heißt, aus dem achten Jahrhundert eucharistische Spezies unter der sichtbaren Gestalt von wirklichem Fleisch

[19] Hans Theodor Brik, Wandlungswunder, Wels 1974, S. 14
[20] Brik, aaO., S. 39 ff.

und Blut aufbewahrt werden. Das Verwandlungswunder ereignete sich während einer hl. Messe in der Kirche zum hl. Legonziano, über der sich heute das oben genannte Heiligtum erhebt.

Auf erzbischöfliche Anordnung wurden die oben bezeichneten hl. Reliquien einer medizinischen Untersuchung durch Fachgelehrte unterzogen, die sich über mehrere Monate erstreckte.

Diese wissenschaftliche Prüfung ergab:

1. Es handelt sich um wirkliches Fleisch und Blut.
2. Sowohl das Fleisch als auch das Blut stammen von einem Menschen.
3. Das Fleisch weist eindeutig die Struktur des Herzgewebes auf.
4. Das Fleisch und das Blut haben die gleiche Blutgruppe.
5. Das Diagramm des Blutes ist übertragungsfähig auf menschliches Blut, wo es heute entnommen wird.
6. Das Fleisch und das Blut gleichen dem einer lebenden Person.

Der Unterfertigte steht für die Wahrheit des oben Geschriebenen ein.

Erzbischöfliches	Pacifico Perontoni
Sigillum	Erzbischof und Bischof"[21]

B. Wunder von Manzaneda

Als Beispiel eines eucharistischen Erscheinungswunders sei das Ereignis vom 20. April 1903 im Dorf Manzaneda in Nordspanien gebracht. Die beiden Redemptoristen Patres Mariscal und Romero hielten dort im Auftrag des Bischofs eine Volksmissionswoche ab. Sie hatten zunächst sehr wenig Erfolg, es kamen nur wenige in den ersten Tagen in die Kirche. In seinem Bericht führt Pater Mariscal hierzu Einzelheiten aus und fährt dann wie folgt fort: "Wider Erwarten waren diesmal viele Erwachsene gekommen, doch nicht so sehr, um das Wort Gottes zu hören, sondern um die prachtvolle Beleuchtung zu sehen, die nach Programm stattfinden sollte. Widerwillig und oft sogar spottend hörten die meisten die Predigt an. Als Pater Romero geendet hatte,

[21] Haesele, aaO., S. 251

wurden die vielen Kerzen am Altare angezündet. Unterdessen bestieg ich die Kanzel, um die Abbitte vorzubeten. Meine Stimme war so schwach, dass man mich kaum verstehen konnte. Da erfüllte die Kirche plötzlich strahlender Glanz, so dass das Licht sämtlicher Kerzen, gegen 200 an der Zahl, die wir angezündet hatten, dagegen verblich. Es war, als sei die Sonne in der Kirche aufgegangen. Mit einem Ruck erhob sich das Volk. Aufrechtstehend blickten alle unverwandt zum Altare hin, um das Wunder zu sehen, das sich plötzlich ereignete... Was war denn eigentlich geschehen? Was erblickten die Leute? Ich kann es kaum beschreiben. Als ich nämlich auf der Kanzel zu reden begonnen hatte, war mir plötzlich, als flüstere mir eine Stimme die Worte des Propheten Isaias ins Ohr: "Den ganzen Tag halte ich meine Hände ausgebreitet gegen mein Volk, aber mein Volk glaubt mir nicht und gibt mir Widerrede." Im gleichen Augenblick verschwand meine starke Heiserkeit. Meine vorher so schwache Stimme bekam eine solche Gewalt, wie ich sie nie in meinem Leben besessen hatte. Was ich redete, weiß ich nicht mehr. Ich fühlte, dass nicht ich, sondern ein anderer aus mir sprach. Und wer war es? Es war der göttliche Heiland selbst! Denn als ich jene Worte des Propheten Isaias anführte, sah man in der Glaskapsel der feierlich aus gesetzten Monstranz, welche die heilige Hostie enthielt, plötzlich das Antlitz eines Knaben erscheinen. Er hatte blonde Haare und zuerst dieselbe Größe wie die heilige Hostie. Bald kamen auch seine Arme zum Vorschein und endlich der ganze Körper. Nun aber trat das Jesuskind aus der heiligen Hostie hervor. Es stellte sich mit ausgebreiteten Armen vor die Monstranz auf dem Altar, so, als wolle es sämtliche Kinder der Pfarrei umarmen, die vor dem Altare knieten. Die Brust des leuchtenden Jesusknaben war geöffnet, so dass man durch dieselbe sein Herz erblicken konnte. An Händen und Füßen hatte er Wundmale, aus denen Blut hervor floss. Er trug ein schneeweißes, mit violetten Blumen besätes Kleid. Der Glanz, den die Erscheinung verursachte, übertraf das Licht aller Kerzen. Sie blieb volle zwanzig Minuten sichtbar, während ich dem Volke predigte... Mit feierlichem Ernste, wie einst das Volk Israel in der Wüste, schlossen diese Leute aufs neue den Bund der Treue mit ihrem Gott. Schließlich bat ich den Herrn Pfarrer, den Segen mit dem Allerheiligsten zu geben. Als er die heilige Hostie aus der Monstranz nehmen wollte, um sie in das Ziborium zurückzulegen, zitterte er so heftig, dass er nicht imstande war, sie anzufassen. Da geschah ein zweites Wunder. Es schien, als würde die hl. Hostie lebendig. In eigener Bewegung schwebte sie aus der Monstranz heraus, stieg mit majestätischer Ruhe in die Höhe und sank dann selber in das Ziborium hinein. Der Herr Pfarrer verschloss sie in den Tabernakel und kehrte voll

Staunen und Schrecken in die Sakristei zurück... ein alter Mann, der den Glauben vollständig verloren hatte, wollte seit jenem Tage die Kirche kaum mehr verlassen. Er blieb den ganzen Tag darin und beweinte bitterlich seinen früheren Unglauben. Mit einem Wort: alle Pfarrkinder, ohne eine einzige Ausnahme, beichteten mit außerordentlich guter Seelenverfassung. Die Generalkommunion am Schlusstage der Mission dauerte ohne Unterbrechung drei volle Stunden lang, von halb 6 bis halb 9 Uhr früh, denn aus der ganzen Umgegend waren Leute herbeigeeilt, um am Altar der Erscheinung die heilige Kommunion zu empfangen.

An jenem letzten Tage der Mission, am 27. April 1903, ließ ich zur Danksagung für die vollständige Bekehrung der Gemeinde ein feierliches Tedeum singen. Und o Wunder! In demselben Augenblicke, als ich "Großer Gott, wir loben Dich" anstimmte, erschien plötzlich das Jesuskind wieder in der hl. Hostie, genauso wie zuvor, in der Gestalt eines sechsjährigen Knaben. Der einzige Unterschied war der, dass es jetzt keine Wunden mehr hatte und dass die violetten Blumen der Betrübnis an seinem Gewande verschwunden waren. Sein Antlitz leuchtete voll himmlischer Freude.

Es lässt sich nicht schildern, wie sehr wir alle ergriffen waren. Beim Singen des letzten Verses des Ambrosianischen Lobgesanges verschwand die Erscheinung. Zum bleibenden Andenken an diese wunderbare Begebenheit wurde auf dem Missionskreuz von Manzaneda das Jesuskind in derselben Haltung abgebildet, in welcher es erschienen war. Das Kreuz wurde in der Kirche aufgestellt."

Der zuständige Bischof von Astorga ordnete sogleich eine Untersuchung an und schickte einen Erzpriester und den bischöflichen Notar als Untersuchungsrichter nach Manzaneda, die Aussagen der Zeugen unter Eid aufzunehmen. Nach kurzer Zeit konnte der Bischof im Kirchlichen Amtsblatt seiner Diözese das Ergebnis der Untersuchung veröffentlichen: "Die Erscheinung des Jesuskindes von Manzaneda ist eine Tatsache, die nicht den geringsten Zweifel zulässt."[22]

In dem Bericht wird noch auf eine weitere Folge dieses Ereignisses hingewiesen: Während zu Beginn der Volksmission nur wenige Personen aus den benachbarten Orten kamen, jedoch nicht ein einziger erwachsener Zuhörer aus dem Ort Manzaneda selbst, war es danach genau umgekehrt: Alle Männer schlossen sich zu einer eucharistischen Bruderschaft zusammen, um abwech-

[22] Maria Haesele, aaO., S. 90

selnd Tag und Nacht den Herrn im Sakrament in der Kirche anzubeten. Der Hass gegen Religion und Priester in diesem Ort verwandelte sich danach in das genaue Gegenteil.

C. Hostienwunder von Faverney

Als Beispiel zugleich für die auf unerklärliche Weise vor einem Schaden bewahrte Hostie und deren Schweben in der Luft, beides auch in vielen anderen Fällen beobachtete Phänomene, sei das sog. Hostienwunder von Faverney gebracht.

Am Pfingstsonntag, dem 24. Mai 1608, wurde das Allerheiligste in der Kirche von Faverney zu einer dreitägigen Andacht ausgesetzt. Die Monstranz mit zwei geweihten Hostien stand auf einem besonderen Altar aus Holz in der Kirche. Um 23.00 Uhr ging der Pater Garnier in seine Zelle und schloss die Kirche ab, wobei er nur zwei Lampen vor dem ausgesetzten Allerheiligsten brennen ließ.

Als er am nächsten Tag früh vor 3.00 Uhr in die Klosterkirche zurückkehrte, schlugen ihm beim Öffnen der Türe dichte Rauchschwaden entgegen. In der Kirche hatte es zuvor in erheblichem Maße gebrannt. Der hölzerne Altar war vollständig eingestürzt und verbrannt, der eine Kerzenleuchter geschmolzen, der andere heruntergefallen und zerbrochen. Die Marmorplatte, auf welcher die Monstranz gestanden hatte, lag unter Asche und Kohlenglut in drei Stücken auf dem Boden und war so heiß, dass man sie nicht anzurühren vermochte. Die Patres und Gemeindemitglieder suchten vergeblich in den Trümmern nach den heiligen Hostien. Plötzlich erblickte ein Novize die Monstranz mit den heiligen Hostien frei in der Luft, hoch über dem Chorgitter schwebend. Alle Anwesenden sahen die schwebende Monstranz, die jeder Unterlage, jeden Haltes entbehrte, zumal der Altar total verbrannt war. Das ganze Chorgitter stürzte dann sogar vor den Anwesenden ein, ohne dass die freischwebende Monstranz in der Luft auch nur gezittert hätte.

Schnell sprach sich dieses Wunder in der ganzen Umgegend herum. Nicht nur die 800 Einwohner von Faverney, sondern 9.000 - 10.000 Pilger haben das Wunder gesehen, das 33 Stunden lang vom Pfingstmontag früh bis Pfingstdienstag anhielt.

Am Pfingstdienstag führte ein Nachbarpfarrer seine ganze Pfarrgemeinde in Prozession nach Faverney. Dort feierte er an einem Notaltar, den man an dieselbe Stelle gestellt hatte, wo der verbrannte Altar gestanden hatte, mittags die heilige Messe. Da geschah ein neues Wunder. Nach der Wandlung konnten alle Anwesenden in der überfüllten Kirche sehen, wie sich die schwebende Monstranz langsam und sanft aus der Höhe auf das reine Korporale auf dem Notaltar niederließ. Dies geschah so ruhig, dass auch nicht ein einziges Stäubchen der Asche, welche die Monstranz vom Brande her noch bedeckte, den Altar beschmutzte. Genaueste kirchliche und weltliche Untersuchungen wurden während und nach dem wunderbaren Ereignisse vorgenommen. Viele hundert Personen erklärten sich bereit, mit einem Schwur ihre Beobachtungen zu bestätigen. Die Behörden wählten 52 der angesehensten Männer von Faverney zum amtlichen Eide aus. Das Dokument ihrer Angaben existiert heute noch, sowie ihre Namen und Unterschriften und bildet ein kostbares Beweisstück für das Wunder von Faverney. Die Ritenkongregation ordnete 1864 eine neue Untersuchung der Akten an, worauf Papst Pius IX. die eine, noch existierende wunderbare Hostie von Faverney der Verehrung der ganzen Welt empfahl. Die zweite Hostie wurde von Faverney der benachbarten Stadt Dole geschenkt und dort während der Französischen Revolution vernichtet. Papst Johannes XXIII. pilgerte als Nuntius von Paris eigens nach Faverney, um die in den Flammen unversehrt gebliebene heilige Hostie zu ehren. Das wird bei Maria Haesele und in einem französischen Buch berichtet.[23]

In dem französischen Buch findet sich ferner im Vorwort des Erzbischofs von Besancon ein Hinweis auf ein größeres Werk zu diesem Wunder von dem Bischof von Nancy, Monseigneur Pirolley. Die amtlichen Unterlagen zu diesen Fragen befinden sich im Archiv des Erzbischofs von Besancon. In dem französischen Heft über dieses Wunder sind auch beispielsweise Fotokopien von Aussagen und Unterschriften der Zeugen enthalten.

D. Wunder von Turin

1953 wurde in Turin die 500-Jahrfeier des ähnlich einzigartigen Wunders in Anwesenheit des Kardinals Schuster von Mailand und vieler 1000 Pilger festlich begangen. Hier hatten am 06. Juni 1453 Diebe aus dem Tabernakel einer Kirche die Monstranz mit der heiligen Hostie gestohlen und in einem

---

[23] Maria Haesele, Eucharistische Wunder, aaO., S. 127 ff., ferner das mit einem Vorwort gleichzeitig mit seiner kirchlichen Druckerlaubnis des Erzbischofs von Besancon vom 14. Februar 1958 versehene französische Buch: Le miracle de Faverney, Lyon, 1958, S. 15 ff.

Sack versteckt, den sie auf einen Esel luden. Als die beiden Diebe an der St. Sylvester-Kirche in Turin vorbeikamen, wollte der Esel nicht weitergehen, ließ sich auch durch heftige Schläge nicht beeindrucken, wobei der Sack sich öffnete. Die Monstranz mit der heiligen Hostie schwebte vor den Augen der Diebe in die Luft empor und blieb dort ebenfalls frei stehen. Auch hier waren viele 1000 Einwohner Zeuge des Wunders. Als der damalige Bischof von Turin, Monsignore Ludwig Romagnano, in Begleitung vieler Priester kam, öffnete sich die Monstranz von selbst und sank zu Boden, während die heilige Hostie noch in der Höhe verblieb. Dann schwebte diese langsam aus der Luft in den Kelch hinein, den der Bischof ihr entgegenhielt.[24]

E. Weitere Hostienwunder

Außer Holböck[25] bringen besonders Weiss[26], Reiners[27] und Browe[28] eine Fülle weiterer eucharistischer Wunder der oben geschilderten Arten mit noch weiteren Literaturhinweisen. So bringt Reiners[29] aus der Chronik der Gervasius-Kirche zu Paris einen Vorfall aus dem Jahre 1274, wobei auch die heilige Hostie nach einen Raub in der Luft schwebte. Im Beisein des Bischofs Stephan von Paris, eines Abtes und zahlreicher Geistlichen und anderer Zeugen ließ sich dann die heilige Hostie in die Hand des Pfarrers der Gervasius-Kirche nieder.

Aus dem Hirtenbrief des zuständigen Bischofs vom 25. 06. 1668 zitiert Reiners[30] das Sakramentswunder von Ulmes Frankreich. Hier erschien Christus in erwachsener menschlicher Gestalt im Zusammenhang mit der konsekrierten Hostie vor etwa 100 Zeugen während ca. 15 Minuten.

Browe[31] zitiert aus den kirchlichen Akten aus dem Leben der 1341 in Florenz verstorbenen Heiligen Juliana Falconieri. In einer Urkunde zu ihrem Tod, die 18 Tage danach aufgesetzt und von Zeugen ihres Todes beglaubigt wurde, wird gesagt, dass sie sehnlichst wünschte, die Kommunion zu sich zu

---

[24] Maria Haesele, Eucharistische Wunder, S. 80 f.
[25] Ferdinand Holböck, Das Allerheiligste und die Heiligen, Stein am Rhein 1979
[26] Franz Weiss, Gottes Blut, Stein am Rhein 1975
[27] Adam Reiners, Die vornehmsten historisch beglaubigten Wunder der heiligen Eucharistie von der Apostelzeit bis zum 20. Jahrhundert, Kempen am Rhein, 1904
[28] Peter Browe S. J., Die eucharistischen Wunder des Mittelalters, Breslau 1938
[29] aaO., S. 29
[30] aaO., S. 43
[31] aaO., S. 30

nehmen, aber wegen ihres körperlichen Zustandes nicht das Geringste mehr essen oder trinken konnte. Auf ihren Wunsch hin breitete man ein Tuch über ihre Brust und legte die heilige Hostie darauf. Kaum lag diese dort, verschwand sie und wurde nicht mehr gefunden. Auch solche Vorfälle sind anderweitig vielfach bezeugt.

Auf die oben angeführte weitere Gruppe der eucharistischen Wunder in Verbindung mit plötzlichen, unerklärlichen Heilungen soll hier nicht näher eingegangen werden. Es soll nur darauf hingewiesen werden, dass z. B. in dem bekannten Marienwallfahrtsort Lourdes die meisten Heilungswunder nicht etwa nach dem Baden in der wunderbaren Quelle geschehen, sondern dann, wenn das Allerheiligste an den Krankenfahrstühlen vorbeigetragen wird.

F. Wunder von Alkoyl

Im übrigen sind ohnehin nicht alle Arten eucharistischer Wunder in der obigen Einteilung eingeschlossen. So wurde in Alkoyl aus der Pfarrkirche ein silberner Kelch mit Hostien gestohlen. Alles Suchen, verbunden mit Bitt- und Bußprozessionen, war vergeblich, obwohl man buchstäblich Tag und Nacht alle Winkel des Ortes durchstöberte.

Eine Witwe namens Maria Miralles hatte ihre Wohnung bei einem Stall, in dem der später als Dieb entlarvte Juan Prats seine Färberei und seine Zuchttiere untergebracht hatte. In dieser Wohnung hatte die Witwe die Statue des Jesuskindes, die schon mehrfach bei Hungersnot, Pest oder Krieg auf einem öffentlichen Platz im Dorf aufgestellt worden war und die insbesondere die Hausgenossen genau kannten.

Vor dieser Statue kniete die Witwe nieder und bat inständig darum, dass man die Hostien wiederfinden möge. Da bemerkte sie, wie sich die Statue zu neigen begann und das rechte Händchen, das bisher zum Himmel emporgestreckt war, sich senkte und auf den Fußboden deutete. Die Hausgenossen liefen später herbei und staunten ebenso, da sie die Jesusstatue seit vielen Jahren immer in aufrechter, gerader Haltung und nicht in dieser Veränderung bemerkt hatten. Man zweifelte nicht daran, dass die gesenkten Finger auf das Versteck hinweisen sollten. Bei dem intensiven Suchen in dem Stall unter der Wohnung mit der Statue fand man dann schließlich den Silberkelch und die kleine Truhe mit den drei heiligen Hostien. Das war am 31. Januar 1568.

Mehrere amtliche Akten aus jener Zeit beglaubigen dieses Ereignis, das außerdem in Kunstwerken verschiedenster Art verewigt ist.[32]

G. Schwebende Hostie beim Heiligen Pfarrer von Ars

Vom Heiligen Pfarrer von Ars wird folgendes berichtet: Zwei ungläubige Professoren der Universität Lyon beschlossen, nach Ars zu gehen, um den bekannten Pfarrer genau zu beobachten. Als im Augenblick der heiligen Wandlung die anwesenden Gläubigen sich knieten, sagten jene zueinander, wie es nur möglich sein könne, dass vernünftige Leute vor einem Stückchen Brot niederknien. Als dann der Heilige Johannes Maria Vianney, wie der Name des Pfarrers von Ars lautete, die erste Hostie vor dem Austeilen an die Gläubigen zeigte, entschwebte sie seinen Fingern und legte sich von selbst auf die Lippen des ersten Kommunizierenden. Einer der beiden Zweifler kehrte um und wurde später Priester und Dominikanermönch.[33]

H. Leuchtende Hostie von Almolda

Bezüglich des wunderbaren Leuchtens von konsekrierten Hostien wird im Bolletin Parroquial, Supplement del Bolletin Oficial del Arzobispado, Valencia, also praktisch im pfarrlichen Amtsblatt als Ergänzung des Erzbischöflichen Amtsblattes von Valencia vom 29. Oktober 1940 ein Fall aus dem spanischen Bürgerkrieg berichtet, in dem allein gegen 7000 spanische Priester, darunter 12 Bischöfe, Ordensleute und Seminaristen getötet wurden. Im Radio wurde verkündet, man habe die Priester bereits erledigt und gehe jetzt daran, mit den Überbleibseln der Religion, nämlich Statuen, Bildern, Gebetbüchern usw. aufzuräumen. In diesem Zusammenhang fanden zahllose Hausdurchsuchungen und Zerstörungen von Kirchen statt. So wurde auch die Kirche des spanischen Dorfes Almolda gestürmt. Man riss Altäre, Statuen und Bilder nieder. Der Tabernakel mit dem Allerheiligsten Sakrament wurde mit

---

[32] Maria Haesele, aaO., S. 133, 136

[33] Maria Haesele, aaO., S. 187

der Axt zertrümmert. Die heilige Hostie wurde dann unter den Trümmern deswegen gefunden, weil sie von dort hervorleuchtete.[34]

I. Hostiendiebstahl von Paterno und Ettiswil

Im bekannten Fall von Paterno hatten Diebe bei einem Kircheneinbruch zwei Ziborien, also Kelche voll konsekrierter Hostien gestohlen und diese später auf einem Feld in der Erde an verschiedenen Stellen vergraben. Man fand sie alle, weil bei diesen Stellen helle Strahlen aus der Erde kamen.[35]

Auch im sehr bekannten Fall des Hostienraubes von Ettiswil bei Luzern wird die Hostie dann später in einem Busch leuchtend gefunden. Aus dem Vernehmungsprotokoll des Strafrichters Hemmann von Rüsegg der Täterin Anna Vögtli, die ihre Tat voll bereute, ergibt sich noch eine weitere Variante eucharistischen Wunders:

"Alsogleich verließ ich die Kirche und flüchtete. Als ich außerhalb der Friedhofsmauern war, nahm die hochheilige Hostie allmählich an Gewicht zu und wurde schließlich so schwer, dass ich völlig außerstande war, sie weiterzutragen. Auch konnte ich weder rückwärts noch vorwärts, so dass ich genötigt gewesen wäre, an derselben Stelle zu verharren. So warf ich denn das lebensspendende Sakrament ob seiner gewaltigen Schwere neben einen Zaun in die Nesseln. Das Korporale jedoch behielt ich für mich, ging weg und machte mich aus dem Staube."[36]

---

[34] Maria Haesele, aaO., S. 70, 74
[35] Maria Haesele, aaO., S. 24, 26
[36] Haesele, aaO., S. 16

2

Erscheinungen, insbesondere Marienerscheinungen

Von Erscheinungen wird nicht nur im Alten und Neuen Testament vielfach berichtet, sondern auch in allen folgenden Jahrhunderten bis heute in sehr zahlreichem Umfang. Dass es sich bei diesen Erscheinungen nicht nur um eingebildete, eigene Gedanken handelt, sondern um einen echten von außen kommenden Vorgang, wird im II. Hauptteil näher zu erörtern sein. Wie schon oben dargestellt, werden in diesem I. Hauptteil nur die in dem Überprüfungsverfahren festgestellten Fakten als solche wiedergegeben.

Wenn in der Folge nur Marienerscheinungen dargestellt werden, so liegt das nicht daran, dass es keine anderen gegeben hätte. Im Laufe der Jahrhunderte hat es ebenso zahllose Erscheinungen von Christus, Engeln, Heiligen und anderen Verstorbenen gegeben. Die Marienerscheinungen wurden deswegen ausgewählt, weil sie einen sehr großen Bekanntheitsgrad haben und in der Regel an den entsprechenden Stellen Wallfahrtsorte entstanden. Von den Marienerscheinungen können hier nur sehr wenige beispielhaft gebracht werden. Robert Ernst weist in seiner Einleitung zu seinem Buch "Maria redet zu uns, Marienerscheinungen seit 1830"[37] darauf hin, dass z. B. der Canonicus Paul Sausseret im Jahre 1854 den Versuch gemacht hat, einer Anzahl von Marienerscheinungen nachzugehen, dabei auf eine Zahl von über 400 kam. Ernst selbst hat in einem anderen Buch[38] auf fast 200 Marienerscheinungen seit 1830 hingewiesen. Davon sind aber nur sehr wenige von der Kirche anerkannt.

Folgende drei anerkannte Marienerscheinungen sollen kurz dargestellt werden, wobei wiederum von Bedeutung war, dass äußerlich feststellbare Fakten zu verzeichnen sind.

---

[37] Eupen 1983, S. 7

[38] Kleines Lexikon der Marienerscheinungen seit 1830, Eupen 1957

A. Die Marienerscheinungen in Guadalupe

Die folgende Darstellung fußt im wesentlichen auf den Dokumentationen von Wilhelm M. Havers, Unsere Liebe Frau von Mexiko, Maria da Guadalupe[39] und von Johannes Igel, Der Himmel verlässt uns nicht, Muttergotteserscheinungen in Europa und Guadalupe.[40]

Am 09. Dezember 1531 kam der einfache Indianer Juan Diego auf dem Wege zu einer hl. Messe zu Ehren der Gottesmutter am Berge Tepejac vorbei. Dort erschien ihm eine Frau und sagte, dass sie die "immerwährende heilige Jungfrau Maria" sei und gab ihm den Auftrag, seinen Bischof um den Bau eines Gotteshauses dort zu ihrer Ehre zu bitten.[41] Er ging zum zuständigen Bischof Zumarraga und trug die Bitte vor. Dieser zweifelte jedoch an der Echtheit der Erscheinung.

Im späten Nachmittag desselben Tages erscheint an dem Berg die Gottesmutter wiederum dem Juan Diego und wiederholt den Auftrag.

Am folgenden Tage begibt sich Diego wiederum zum Bischof in der Stadt Mexiko und wiederholt die Bitte. Der Bischof ist zwar beeindruckt, verlangt aber ein besonderes Zeichen, um von der Wahrheit der Erscheinungen voll überzeugt zu sein.

Auf dem Heimweg erscheint die Gottesmutter wiederum dem Indianer und versichert ihm, dass am nächsten Tage dieses Wunder gewirkt würde.

Am nächsten Tag erscheint ihm die Gottesmutter wiederum und fordert ihn auf, auf der Spitze des Berges Tepejac an bestimmten, näher bezeichneten Stellen Blumen zu pflücken. Juan wusste, dass dort niemals auf der Bergspitze Blumen gewachsen waren und dass noch zwei Tage vorher dort nur Felsen und ein paar stachlige Kakteenstauden waren. Er stieg auf den Berg und fand tatsächlich herrliche Rosen, die er dann pflückte.

Als Juan unten am Berg angekommen war, ordnete die Gottesmutter die Rosen in seinem ponchoähnlichen Mantel, knotete die Enden des Mantels zusammen und schickte ihn damit zum Bischof. Als er von diesem vorgelassen wurde, öffnete er seinen Mantel und ließ die Blumen herabfallen. Der Bischof Zumarraga und die übrigen Anwesenden stellten nicht nur die wunderbaren Rosen, sondern insbesondere auch die Tatsache fest, dass im Mantel

---

39 Essen 1982, S. 9 ff.
40 Gröbenzell 1974, S. 110 ff.
41 Havers, aaO., S. 13

des Indianers das farbige Bild der Gottesmutter, wie es noch jetzt darauf dargestellt ist, sich zeigte.

Nunmehr glaubte der Bischof an die Echtheit der Erscheinungen. Der Mantel mit dem Bild der Gottesmutter kam dann auf den Hauptaltar der Kirche, wohin die Menschen dann bald in Scharen pilgerten.

Inzwischen war die Gottesmutter noch dem todkranken Onkel des Juan Diego erschienen, der sofort gesund wurde. Bei dieser Erscheinung wurde seine ärmliche Behausung mit hellem Glanz erfüllt und Maria sagte, dass das Bild den Namen erhalten solle: "Unbefleckte Heilige Jungfrau Maria von Guadalupe".

14 Tage später war die gewünschte Kapelle fertig, an deren Stelle heute eine riesige Kathedrale steht, wohin jährlich ca. 5 Millionen Pilger kommen.[42]

Die Maria von Guadalupe hat ein Mestizenantlitz, wobei zu bemerken ist, dass das Äußere Marias in den verschiedenen Erscheinungen durchaus wechselt.

Im Jahre 1531 konnte dieses Bild weder technisch noch kunsthistorisch angefertigt werden, schon gar nicht in einer kurzen Zeitspanne. Ein Import aus Spanien ist sowohl wegen des verwendeten Materials als auch wegen der Art der Darstellung ausgeschlossen.

Aufgrund aller schriftlichen und mündlich vermittelten Zeugnisse über die Erscheinungen und die wunderbare Entstehung des Bildes auf der Tilma - so heißt dieser mexikanische Umhang, der vorn aus einem durchgehenden einzigen Teil besteht - des Juan Diego wurde vom Erzbistum Mexiko 1666 ein historischer Prozess geführt, bei dem 20 Zeugen vernommen wurden. Diese Unterlagen führten dann schrittweise zur Anerkennung der Glaubwürdigkeit durch kirchliche Stellen in Mexiko und dann in Rom.

Eine gründliche kunsttechnische Untersuchung des Mantels mit dem Bild unternahm im Auftrag der Kirche 1756 ein bekannter Maler. Es stellte sich u. a. heraus, dass das 143 cm hohe und 55 cm breite Gnadenbild in die raue, von handgewebten Agavefasern gebildete Fläche des Mantels ohne Grundierung so eingepresst worden ist, dass ein solches Bild natürlicherweise nie hätte entstehen können.

In einer Rundfunkansprache anlässlich der 50. Wiederkehr des Tages der Krönung des Gnadenbildes (1895 durch den damaligen Papst Leo XIII.) erklärte Papst Pius XII.: "Auf der Tilma des Indianers Juan Diego wurde von

---

[42] Igel, aaO., S. 114

Künstlerhand, die nicht von dieser Welt stammen kann, ein Bild gemalt, das dem Zerstörungsprozess der folgenden Jahrhunderte in wunderbarer Weise standgehalten hat."[43]

Der goldumrandete Schutzmantel ist von 46 Sternen übersät. Die ganze Gestalt ist von 100 Sonnenstrahlen umgeben. Unter ihren Füßen befindet sich ein nach oben gebogener Halbmond und ein Engel, der den Saum ihres Gewandes hält. Tatsächlich zerfällt normalerweise dieser aus Kakteen gefertigte Mantel in etwa 20 Jahren, und dieser ist bis heute noch unverändert erhalten. Selbst darüber geschüttete Salzsäure hat dem Bild und dem Gewebe nicht geschadet. Auch eine am 24. November 1921 in einem Blumenstrauß auf dem Altar versteckte Dynamitbombe hat weder Bild noch Gewebe zerstört. Die Explosion verursachte zwar einen großen Schaden, große Quadersteine wurden aus dem Altar herausgerissen, Fenster zersprangen, selbst das große bronzene Kreuz, das rechts unter dem Bild gestanden hatte, wurde zu Boden geschleudert und verkrümmt und verbogen. Der Glasschrein mit dem kostbaren Ebenbild blieb jedoch unversehrt.

Hier soll nicht näher auf die kürzlich in der mexikanischen Zeitschrift Senal dokumentierte Tatsache eingegangen werden, dass die 46 Sterne des Schutzmantels auf dem von Gott gewirkten Bild der Heiligen Jungfrau von Guadalupe genauso angeordnet sind, wie der Sternenhimmel Mitte Dezember über Mexiko-City aussieht. Das kann jeder dort mit einem Blick zum Himmel überprüfen. Es soll jedoch auf folgende denkbar eindeutige Tatsache für die Echtheit des Berichtes von Guadalupe, die erst seit wenigen Jahren bekannt ist, hingewiesen werden:

Schon 1929 hatte der Berufsfotograf Alfonso Gonzales eine mehrfache Vergrößerung des Heiligen Bildes gemacht und dabei in den Augen Unserer Lieben Frau etwas entdeckt, was ein menschliches Gesicht zu sein schien. Seit 1951 wurden dann von dem Fotografen und Graphiker Salinas Chavas weitere entsprechende Forschungen durchgeführt, der in der Pupille des rechten Auges Gesichtszüge und Brustbild eines bärtigen Mannes erkannte.[44] Anfang 1986 stellte nun in Mexiko-City der Leiter des dortigen Zentrums über die Studien bezüglich Guadalupe, Monsignore Enrique Salazar, den Augenarzt Jorge Escalante Padilla und das Ergebnis seiner Forschungen bezüglich der

[43] Havers, aaO., S. 19

[44] Johnston, Francis, Das Wunder von Guadalupe, Stein am Rhein 1986, S. 164

Augen in dem Heiligen Bild vor.[45] Dr. Padilla legte dar, dass man mit Hilfe der modernen Computer-Vergrößerung zu weit besseren Ergebnissen kommen konnte, als es dem genannten Fotografen Salinas in den 50er Jahren möglich war. Mit Hilfe der modernen Technik konnte nunmehr festgestellt werden, dass sich in den Pupillen des Bildes der Heiligen Jungfrau von Guadalupe die Szene widerspiegelt, die sich vor 455 Jahren im Hause des Bischofs ergab: In den Pupillen konnten die Bilder von drei Personen und einer Familie erkannt werden. Es wurde folgende Szene entdeckt: Ein älterer Mann (offensichtlich der Bischof Zumarraga) unterhält sich mit einem anderen Mann (offensichtlich der Dolmetscher Gonzales), der gleichzeitig seine Aufmerksamkeit auf einen Indio lenkt, der auf der Erde hockt und einen weiten Mantel ausbreitet (Juan Diego). Es sind ferner Mitglieder einer Indiofamilie anwesend: eine Mutter, auf dem Rücken ein Baby tragend, und ihr gegenüber ihr Ehemann mit einem kleinen Indio-Jungen.

Von den näheren Ausführungen des Dr. Padilla sei noch erwähnt, dass alle Studien von mexikanischen Augenärzten und Photospezialisten, unterstützt durch die nordamerikanische NASA, durchgeführt wurden. Er erklärte weiter, wie die modernen Elektronenmikroskope solche Forschungsergebnisse ermöglichten. Schon vorher wurden Hinweise auf diese Forschungen gegeben[46].

B. Marienerscheinung 1830 in Paris als Ursprung der Wundertätigen Medaille

Die folgende Schilderung stützt sich überwiegend auf das Buch von Josef Goubert und L. Christiani, Marienerscheinungen.[47] Goubert, Professor der Medizin, und Christiani, Domherr und Ehrendekan der katholischen Fakultät von Lyon, haben sich ausschließlich auf Quellenmaterial gestützt. Verwertet wurde auch eine sehr gute kurze Darstellung von Athanas Cottier, Die Wunderbare Medaille der Unbefleckten, Konstanz 1984.

Die am 2. Mai 1806 in einem burgundischen Dorf geborene Katharina Labouré trat am 21. April 1830 in Paris als Novizin in das Kloster der Barm-

[45] Montufar, Thomas Cano, En Las pupilas de la Virgen de Guadalupe la escena del milagro, in: Excelsior Mexiko, vom 26. 01. 1986

[46] de Tena, T. L., la Tilma de Juan Diego un prodigio que dura 450 anos, in: la agencia informativa Catolica Argentina Nr. 1445 vom 30.08.1984

[47] Recklinghausen 1955, S. 7 ff.

herzigen Schwestern vom hl. Vinzenz von Paul ein. In der Nacht zum 19. Juli 1830 hörte sie dreimal ihren Namen rufen. Sie sah einen weiß gekleideten Knaben vor sich stehen, von dem Strahlen ausgingen. Dieser forderte sie auf, in die Kapelle zu kommen, wo die seligste Jungfrau sie erwarte. Dieser Knabe - man geht davon aus, dass es ihr Schutzengel in der Gestalt eines Knaben war - führte sie dann in die Kapelle. Obwohl es Nacht war und die Schwestern schliefen, brannten auf dem Korridor die Lampen. Als sie zur verschlossenen Tür der Kapelle kamen, berührte der Knabe diese mit der Spitze des Fingers, worauf sie sich von selbst öffnete. Zum nicht geringen Erstaunen der Novizin war die Kapelle hell erleuchtet "wie zur Mitternachtsmesse". Alle Kerzen und Lichter waren angezündet.

Nach einer Weile kam eine Frau von wunderbarer Schönheit und setzte sich auf den Chorstuhl. Katharina kniete ihr zu Füßen und legte die Hände in ihren Schoß. Die Gottesmutter sagte ihr, dass sie ihr einen Auftrag geben werde, bei dem sie viel Widerspruch erfahren werde, die Gnade werde ihr helfen. Wie bei den meisten solcher Erscheinungen folgten dann eine Reihe Hinweise und Ermahnungen, insbesondere für ihren Orden. Sie machte auch bedrückende Voraussagen, bei denen Tränen aus ihren Augen flossen. Am Schluss entfernte sich die Gottesmutter auf dem gleichen Wege zum Chor, wo sie Katharina zum ersten Mal gesehen hatte.

An einem Samstag, dem Vorabend des ersten Adventssonntages, am 27. November 1830 befanden sich die Schwestern in der Kapelle zur Meditation. Plötzlich hörte Katharina von der Seite des Chores her das gleiche Geräusch wie beim ersten Mal, nämlich wie das Knistern eines Seidenkleides. Als sie hinüberblickte, sah sie die Madonna in Höhe des Bildes des hl. Josef im Raum "stehen". Maria streckte ihr aus dieser Entfernung beide Hände zu. An den Fingern trug sie kostbare Edelsteine. Von den einen gingen leuchtende Strahlen aus, von den anderen nicht. Die heiligste Jungfrau sprach: "Siehe, diese Strahlen sind das Sinnbild der Gnaden, die ich über jene ausgieße, die mich darum bitten. Die Edelsteine, die keine Strahlen aussenden, versinnbilden jene Gnaden, die zu erbitten man versäumt." Darauf bildete sich um die Erscheinung ein ovaler Rahmen, auf dem in Gold geschrieben stand: "O Maria, ohne Sünde empfangen, bitte für uns, die wir zu dir unsere Zuflucht nehmen." Gleichzeitig vernahm Katharina die Worte: "Lass nach diesem Bild eine Medaille prägen! Die Personen, welche sie tragen, werden große Gnaden erhalten. Die Gnaden werden überreich sein für jene, die Vertrauen haben." Jetzt wendete sich das Bild und Katharina sah auf der Rückseite den Buchstaben M, von einem Kreuz überragt, das auf einem Querbalken ruhte; darunter das Herz Jesu, von einer Dornenkrone umgeben, und das Herz Mariens, vom Schwerte durchbohrt. Ein Kranz von zwölf Sternen umleuchtete das Bild.

Nachdem sich ihr Beichtvater, Pater Aladel, der zunächst sehr gezögert hatte, von der Echtheit der Erscheinungen überzeugt hatte, bemühte er sich zwei Jahre hindurch bei dem Erzbischof von Paris um die Genehmigung zur Prägung der Medaille.[48] Diese erteilte dann der Erzbischof de Quelen, indem er sich auch von der Echtheit der Erscheinungen überzeugt hatte, wenn auch die erste Approbation nur besagte, dass die Medaille weder den Glauben noch die christliche Moral verletze.[49] Er beobachtete dann weiterhin aufmerksam den Weg der Medaille, die in Millionen-Auflage gedruckt wurde und würdigte die Gnadenerweise in einem Hirtenbrief vom 01. Januar 1839.

Schon in diesem Hirtenwort war nur ein kleiner Teil der bis dahin geschehenen wunderbaren Ereignisse im Zusammenhang mit der Medaille berichtet. Auch die danach bis heute vielen Berichte[50] geben nur einen geringen Teil all der Erfahrungen wieder, die tatsächlich mit der Medaille gemacht wurden. Im allerdings bedeutsamen Gegensatz zu den Vorgängen, die Gegenstand dieser Arbeit sind, werden diese Berichte in aller Regel von keiner kirchlichen Kommission geprüft, sondern einfach als Erlebnisbericht an bestimmte kirchliche Zeitschriften oder Personen weitergegeben. Schon deswegen werden sie im einzelnen in dieser Arbeit nicht erwähnt.

Ein weltweit bekannt gewordener Vorfall soll allerdings kurz dargestellt werden: Der reiche Jude Alfons von Ratisbonne aus Straßburg hielt weder etwas von seinem jüdischen Glauben, geschweige denn von anderen. Nur aus Höflichkeit gegenüber seinem Bekannten, dem Baron von Bussiers, nahm er die ihm angebotene Medaille der Unbefleckten und trug sie. Als er am 20. Januar 1842 in Rom die Kirche des hl. Andreas del Fratti besuchte, und zwar ausschließlich wegen der Kunstschätze und nicht etwa aus religiösen Gründen, erschien ihm in den Mittagsstunden die Gottesmutter in der gleichen Weise, wie sie auf der Medaille dargestellt ist. Der junge Ratisbonne fällt sofort auf die Knie, glaubte sofort und ließ sich dann taufen, um später Priester zu werden.[51]

---

[48] "Echtheit" bedeutet hier und in der Folge, dass es sich um keine Einbildung der Seherin handelte, nicht um einen bloßen inneren Vorgang, sondern um ein von außen kommendes Phänomen, wie später unter II, I, C, d noch näher aufzuzeigen sein wird.

[49] Goubert-Christiani, aaO., S. 26

[50] so z. B.: Karl-Maria Harrer, Erlebnisse mit der Wunderbaren Medaille heute, Jestetten 1980

[51] Goubert-Christiani, aaO., S. 30

Die vielen auffallenden Bekehrungen und Krankenheilungen seit 1832 trugen erheblich zur Verbreitung der Medaille bei. Schwester Katharina Labouré lebte jedoch verborgen in einem Kloster und außer ihren Oberen wusste keiner, dass sie der Erscheinungen gewürdigt worden war, was erst nach ihrem Tode am 31. Dezember 1876 bekanntgegeben wurde.

1907 begann der Seligsprechungsprozess für Katharina Labouré. Im Laufe des Verfahrens wurde - wie bei allen Seligsprechungsverfahren vorgeschrieben - 1933 ihr Grab geöffnet. Ihr Leib wurde unversehrt und unverwest vorgefunden, obwohl er 56 Jahre im feuchten Grabe gelegen hatte. Selbst die Augen der Toten hatten ihre blaue Farbe beibehalten, und die Kleider an ihrem Leibe waren noch gut erhalten. Ihr unversehrter Leib ruht heute unter dem Seitenaltar in der Kapelle der Vinzentinerinnen in Paris in der Rue de Bac Nr. 114.[52]

Nun gibt es zwar auch in der katholischen Kirche viele andere Medaillen. Nicht zuletzt gerade die vielen Wunder waren es jedoch, weshalb die Päpste in einem bei diesem Anlass seltenen Ausmaß sich für die Medaille einsetzten und nachdrücklich die Echtheit der Ereignisse unterstrichen. So hat Papst Gregor XVI., der 1830 zum Papst gekrönt wurde, die Medaille an den Fuß seines Kreuzes geheftet. Papst Leo XIII. führte 1894 das "Fest der Erscheinung der Unbefleckten Jungfrau Maria von der hl. Medaille" auf den Erscheinungstag, den 27. November, ein, wobei das Fest noch heute gültig ist. Papst Pius XI. hat die Medaille sehr verehrt und bekundete bei der 100-jährigen Jubiläumsfeier 1930 große innere Anteilnahme. Bei Papstaudienzen verteilte er diese Medaille mit Vorliebe. Auch Papst Pius XII. war ein großer Verehrer der Medaille.[53]

Pater Maximilian Kolbe, der in Rom studierte und dort zwei Doktoren gemacht hat, hielt seine Primizfeier bewusst nicht in St. Peter, sondern in der im übrigen relativ unbekannten Kirche S. Andreas del Fratti an der Stelle, wo 1842 die Gottesmutter Alfons Ratisbonne erschienen war.[54] Seine "Gefolgschaft der Unbefleckten" wuchs in wenigen Jahren auf 750.000 Mitglieder im Jahre 1939.[55]

---

[52] Katharina Labouré, Die Heilige der Wunderbaren Medaille, Freiburg-Schweiz 1983

[53] Igel, Der Himmel verlässt uns nicht, aaO., S. 15

[54] Kinga Strzeleckska Maksymilian M. Kolbe, Für andere leben und sterben, Freiburg 1981, S. 40, 48

[55] aaO., S. 48

C. Die Erscheinungen der Gottesmutter in Fatima

Das kleine Dorf Fatima liegt in Portugal ungefähr in der Mitte zwischen Lissabon im Süden und Coimbra im Norden.[56] Die drei Kinder Luzia dos Santos, geb. am 27. 03. 1907 und die Geschwister Franzisco Marto, geb. am 11. 06. 1908 und Jacinta Marto, geb. am 10. 03. 1910, konnten weder lesen noch schreiben. 1916 sahen die Kinder, welche die Schafe hüteten, über den Olivenbäumen ein leuchtendes Licht mit einer Art menschlichen Silhouette, die sich auf sie zubewegte. Sie konnten dann schließlich ganz klar einen jungen Mann von himmlischer Schönheit erkennen, der sich als Engel des Friedens vorstellte und ihnen ein Gebet beibrachte.

Im Sommer 1916 erschien dieser Engel den Kindern nochmals mit dem Allerheiligsten Sakrament. Aus der Hostie fielen einige Tropfen Blutes in den Kelch. Der Engel reichte Luzia die Hostie und den Kelch an Franzisco und Jacinta.[57]

Am Sonntag, dem 13. Mai 1917, hüteten sie die Schafe in der sog. Cova da Iria. Plötzlich blendete sie ein heller Strahl vom Himmel. Sie dachten an ein Gewitter und trieben ihre Schafe zum Abstieg, aber im Hintergrund der Schlucht, genau an der Stelle, wo später eine Quelle hervorsprudeln sollte, wunderbar wie die Quelle von Massabielle von Lourdes, hielt ein neuer Blitz sie auf und erschreckte sie. Als sie nach wenigen Metern vor einer kleinen grünen Eiche standen, werden sie wiederum durch ein helles Licht geblendet. Sie schauten auf, und sie sahen eine schöne Dame, leuchtender als die Sonne. Sie wollten weglaufen, aber die Erscheinung hielt sie mit einer Bewegung und den sehr freundlichen Worten zurück, sie sollten keine Angst haben. Die Erscheinung unterhielt sich dann mit den Kindern, wie auch bei den folgenden Erscheinungen. Diese Worte der Erscheinung, die sich später als die Gottesmutter zu erkennen gibt, sind natürlich sehr wesentlich und können in den auch hier angeführten zahlreichen Büchern über Fatima nachgelesen werden. Sie werden auch aus Raumgründen hier nicht gebracht. Im wesentlichen rief die Gottesmutter zu Gebet und Sühne für die Sünden auf und empfahl insbesondere immer wieder, jeden Tag den Rosenkranz zu beten. Weiter sollten die Kinder 6-mal hintereinander an diese Stelle kommen, und zwar zur gleichen Stunde, jeweils am 13. des Monats. Im Oktober werde sie sagen, wer sie sei.

---

[56] J. Goubert und L. Christiani, Marienerscheinungen, Recklinghausen 1955, S. 139 ff.; soweit in der Folge keine besonderen Zitate erfolgen, stützt sich die Schilderung auf die in diesem Buch dargelegten Ereignisse.

[57] Igel, Der Himmel verlässt uns nicht, aaO., S. 50

Bei der zweiten Erscheinung der Gottesmutter am 13. Juni 1917 dauerte die Unterhaltung etwa 10 Minuten. Dieses Mal waren schon einige Leute aus der Umgebung mitgekommen. Im Augenblick, in dem die Erscheinung verschwand, bemerkten diese Umstehenden, die nichts gehört und gesehen hatten, mit Bestürzung, dass die Zweige des kleinen Baumes, über dem die Jungfrau Maria geschwebt hatte, sich zusammentaten und nach Osten hin neigten, als ob die Madonna beim Weggeben ihr Kleid über das Zweigwerk hätte streifen lassen.

Die meisten Einwohner des Dorfes zeigten sich gegenüber diesen Erscheinungen skeptisch, einige sogar feindlich. Der Pfarrer von Fatima verhörte die Kinder, hatte aber Zweifel, ob das alles vom Himmel komme.

Am 13. Juli 1917 waren zur Mittagsstunde schon ungefähr 4.000 bis 5.000 Menschen an den Erscheinungsort gekommen. Die Erscheinung zeigte sich wie bei den vorhergehenden Malen nach einem blendenden Blitzstrahl. Die Gottesmutter sagte den Kindern u. a., sie werde am 13. Oktober um die Mittagszeit ein großes Wunder wirken, damit die ganze Welt ihnen Glauben schenken könne. Von den Umstehenden hatte wiederum die Erscheinung niemand gehört oder gesehen. Sie stellten nur eine kleine weiße Wolke fest, welche die Kinder und den Erscheinungsort umgab. Ferner stellten sie eine merkbare Verdunklung des Sonnenlichtes fest. Beide Zeichen verschwanden in dem Augenblick, da die Erscheinung sich entfernte.

An diesem 13. Juli wurden den drei Kindern auch die sog. drei Geheimnisse bekanntgegeben, die häufig auch in der Presse genannt werden und deren letztes bis heute noch nicht bekanntgegeben wird. Die beiden ersten wurden anlässlich der Feier des 25. Jahrestages der Erscheinung von Fatima im Jahre 1942 bekanntgegeben. An erster Stelle war es eine Vision der Hölle, wie sie die Kinder im einzelnen geschildert hatten. Die Umstehenden sahen nur den furchtbaren Schrecken auf den Gesichtern der Kinder. Zum zweiten ging es um Voraussagen. Die Gottesmutter bat u. a. um die Weihe der Welt an ihr unbeflecktes Herz und um die Sühnekommunion an den ersten Samstagen des Monats. Papst Pius XII. hat dann 1942 diese Weihe vorgenommen.

Inzwischen waren diese Erscheinungen schon so bekannt geworden, dass am 13. August 1917 an der Steineiche etwa 18.000 Menschen versammelt waren, und zwar keineswegs nur Neugierige, sondern in der Mehrzahl Gläubige, die die lange Wartezeit mit Beten verbrachten. Gegen Mittag erfuhr man, dass die Kinder nicht kommen würden, da sie vom zuständigen Bezirksvorsteher mit Gewalt zurückgehalten worden seien. Man hörte einen Donner, sah einen Blitz aus heiterem Himmel und auch die kleine weiße Wolke, die ungefähr 10 Minuten später sichtbar war und dann verschwand.

Inzwischen hatte der Bezirksvorsteher mit zum Teil furchtbarem Drohen vergeblich versucht, die Kinder zu einem Widerruf zu bewegen.

Wenige Tage danach erschien die Gottesmutter den drei Kindern unter den gleichen äußeren Zeichen wiederum und forderte sie auf, am 13. September 1917 wieder zu der gewohnten Stelle zu kommen.

Das taten die Kinder auch. Dieses Mal waren etwa 25.000 bis 30.000 Menschen in der Cova da Iria. Genau um 12.00 Uhr verminderte die Sonne, die bis dahin strahlend am Himmel gestanden hatte, ihren Glanz. Die Luft nahm eine goldgelbe Färbung an. Luzia hielt in ihrem Rosenkranzgebet plötzlich inne und rief: "Da ist sie! Ich sehe sie!"

Fast zur gleichen Zeit stieß die Menge Schreie der Verwunderung aus. Eine leuchtende Erdkugel glitt von Osten nach Westen durch den Luftraum und strahlte ein helles, aber sehr wohltuendes Licht aus. Nach der Erscheinung sah man denselben Globus in entgegengesetzter Richtung zurückschweben. Es war, so sagte später ein Augenzeuge, und zwar ein Generalvikar, wie ein Luftschiff aus Licht. Man sah wiederum die weiße Wolke, die die grüne Eiche und die Kinder einhüllte, solange die Erscheinung dauerte. Außerdem fielen weiße Blumen wie Schneeflocken zur Erde, die sich aber auflösten, bevor sie den Erdboden erreichten.

Am 13. Oktober war die Spannung auf dem Höhepunkt. Die Zeitungen hatten die Prophezeiung des großen Wunders auf den Mittag des 13. Oktober überallhin verbreitet. Man kann sich in die Lage der Kinder und ihrer Angehörigen versetzen, die von allen Seiten erhebliche Drohungen für den Fall erhielten, dass nun das versprochene Wunder nicht eintreten würde.

Der 13. Oktober war ein unfreundlicher, kalter und regnerischer Tag. Gegen 11.30 Uhr schätzte man die Zahl der Besucher auf etwa 50.000 bis 70.000. Genau um 12.00 Uhr kam der Blitz und Luzia rief, dass sie die Erscheinung sehe. Die Erscheinung stellte sich als Unsere Frau vom Rosenkranz vor und empfahl zum sechsten Mal das tägliche Rosenkranzgebet und forderte weiter auf, an dieser Stelle eine Kapelle zu ihren Ehren zu errichten. Ihr wesentlicher Aufruf war der zu Gebet und Buße.

Nunmehr begann das bekannte sog. Sonnenwunder. Dazu soll der Bericht von Professor da Fonseca wiedergegeben werden:[58] "Plötzlich hat es aufgehört zu regnen, und die Wolken, die seit dem Morgen dicht und undurchsichtig waren, haben sich zerstreut. Die Sonne erscheint im Zenit, ähnlich einer Silberscheibe. Die Augen können sie anschauen, ohne geblendet zu werden. Rings um die glanzlose Scheibe unterscheidet man einen leuchtenden Kranz.

Plötzlich beginnt sie zu zittern und sich in heftigen Bewegungen zu schütteln, und schließlich dreht sie sich um sich selbst wie ein Feuerrad, indem sie nach allen Richtungen hin Lichtbündel auswirft, deren Farben mehrere Male wechseln. Firmament, Erde, Bäume, Felsen, die Gruppe der Seher und die Riesenmenge erscheinen nacheinander gelb, grün, rot, blau und violett gefärbt... Und das dauert vier Minuten.

Das Tagesgestirn hält für einige Augenblicke inne. Dann nimmt es seinen Lichttanz wieder auf, und zwar auf noch viel blendendere Weise.

Wieder hält es inne, um ein drittes Mal zu beginnen, noch verschiedenartiger, noch farbiger, noch leuchtender...

...Verzückt, unbeweglich, mit angehaltenem Atem steht die Menge der siebzigtausend Seher...

Plötzlich haben alle ohne Ausnahme den Eindruck, als ob die Sonne sich vom Firmament löse und in Sprüngen, im Zickzack auf sie zustürze, gleichzeitig eine ungeheure Wärme ausstrahlend. Ein schrecklicher Schrei löst sich von allen Lippen. Oder vielmehr: Die verschiedensten Ausrufe geben die unterschiedlichsten Verfassungen der Seelen wieder, aber sie drücken alle ein einmütiges Erschrecken aus. "Ein Wunder, ein Wunder!" rufen die einen. "Ich glaube an Gott!" ruft ein anderer... "Gegrüßet seist du, Maria..." sagen einige. "Mein Gott, Barmherzigkeit!" flehen andere. Und bald ist dieser Ruf der vorherrschende.

Und das ganze Volk wirft sich in dem Schlamm auf die Knie und betet laut einen Reueakt.

Indessen hält die Sonne nun plötzlich in ihrem schwindelnden Fall ein; sie ist an ihren Platz zurückgestiegen, wie beim Abstieg Zickzackbewegungen umschreibend. Sie hat an einem klaren Himmel ihren gewöhnlichen Glanz wieder angenommen. Dann steht die Menge auf und singt im Chor das Credo."

---

[58] Goubert, Christiani, aaO., S. 162 ff.

Dies war das Wunder von Fatima. Jeder hatte es betrachten können. Gläubige und Ungläubige waren gleichermaßen Zeugen gewesen. Es war ohne Vorbereitung geschehen, auf den Ruf eines Mädchens hin, das die Menge einlud, die Sonne zu betrachten. Es war keine vorübergehende Täuschung gewesen, denn es hatte nicht weniger als zehn Minuten gedauert. Die kirchliche Untersuchung ergab, dass es fünf Kilometer von der Schlucht entfernt gesehen wurde und von Zuschauern, die nicht feststellen konnten, was um die kleinen Seher herum vorging. Es wurde ebenfalls ein anderes seltsames Zeichen beobachtet: Als die Menge aus ihrer Bestürzung wieder zu sich gekommen war und mit den irdischen Dingen wieder Fühlung aufnahm, stellte jeder mit Erstaunen fest, dass seine vom Regen durchtränkten und vom Schlamm beschmutzten Kleider trocken waren!

Die Zuschauer, die sich nur ungern vom Ort des Wunders entfernten, wiederholten immer wieder: Wir haben das "Zeichen Gottes" gesehen.

Während des außerordentlichen "Tanzes" der Sonne hatten die Kinder ein Schauspiel gesehen, das ihnen die Jungfrau versprochen hatte. Luzia erzählte: "Ich habe den heiligen Josef und das Jesuskind neben der Madonna gesehen. Dann habe ich den Herrn gesehen, der die Menge segnete. Dann zeigte sich die Madonna, gekleidet wie Unsere Frau von den Sieben Schmerzen, aber ohne Schwert in der Brust. Dann habe ich sie wieder anders gekleidet gesehen: Es scheint mir, dass es Unsere Frau vom Berge Karmel war. Sie war weiß gekleidet, mit einem blauen Mantel, in der Hand hielt sie das Skapulier.

Das Jesuskind war auf den Armen des heiligen Josef. Es war ganz klein: ungefähr ein Jahr alt. Alle beide waren in hellem Rot gekleidet."

Gemäß ebenfalls der Vorhersage Mariens starben die beiden Kinder Jacinta und Franzisco früh, und zwar Franzisco am 04. April 1919 und Jacinta am 02. Februar 1920. Den beiden war die Gottesmutter mehrfach noch vor ihrem Tode erschienen.[59]

Bald setzten auch in Fatima wunderbare Krankenheilungen ein. Man richtete - ähnlich wie in Lourdes - ein ärztliches Untersuchungsbüro ein, in dem durchschnittlich pro Jahr 1000 - 1500 Fälle von Kranken untersucht werden, die eine wunderbare Heilung behaupteten. In der Zeit von 1926 - 1937 wurden 800 anerkannte Heilungen notiert.

---

[59] Casimir Barthas, Kinder von Fatima, Das verborgene Sühneleben der drei Seherkinder Jacinta, Franzisco, Luzia, Freiburg-Schweiz 1983, S. 193 ff.

Nach langer Untersuchung erließ der zuständige Bischof, Monsignore da Silva am 03. Mai 1922 eine Verordnung, um offiziell den kanonischen Prozess über die Ereignisse von Fatima zu eröffnen. Unter Leitung des Generalvikars wurde eine Prüfungskommission eingesetzt. Deren Arbeit dauerte 7 Jahre. Erst am 14. April 1929 hielt die Kommission ihre letzte Sitzung. Der Bischof da Silva brauchte dann noch 6 Monate, um seine Entscheidung vorzubereiten. Am 13. Oktober 1930, also genau 13 Jahre nach der letzten Erscheinung, wurde das positive Urteil verkündet. Hier heißt es u. a.: "Wir beschließen: 1. die Visionen der Kinder in der Cova da Iria, in der Gemeinde Fatima in unserer Diözese, die vom 13. Mai bis zum Oktober 1917 stattgefunden haben, als vertrauenswürdig zu erklären; 2. offiziell die Verehrung Unserer Frau von Fatima zu gestatten...".

D. Marienerscheinung von Tre Fontane bei Rom 1947

In diesen Botschaften sind zum Teil auch Bezugnahmen auf andere Erscheinungen, so etwa in der Marienerscheinung von 1947 in Tre Fontane im Außenbezirk von Rom. Hier erschien die Gottesmutter am 12. April 1947 einem 34-jährigen römischen Schaffner, dem Bruno Cornacchiola in einer Grotte in einem kleinen Wald. Er war seit vielen Jahren aus der katholischen Kirche ausgetreten, war Mitglied der kommunistischen Partei geworden und hielt Vorträge von einer Sekte aus, wobei er sehr massiv gegen die katholische Kirche und insbesondere gegen die Gottesmutter zu Felde zog. Er suchte seine beiden 4- und 10-jährigen Kinder, fand zunächst den 4-jährigen Sohn kniend in der Grotte, wobei er immer wieder auf die Erscheinung hindeutend "Bella Signora" rief. Zunächst sah seine 10-jährige nichts, kniete dann aber auch plötzlich nieder und rief das Gleiche, wobei zu bemerken ist, dass die beiden Kinder in ihrer Sekte niemals zu knien pflegten. Schließlich sah auch der Vater Cornacchiola selbst die Erscheinung der Gottesmutter, die wiederum Botschaften verschiedener Art, letztlich mit dem Ziel der Aufforderung zu Gebet und Buße erteilte. U. a. sagte sie ihm, dass er deswegen die Gnade der Bekehrung erhalten habe, weil er in seiner Jugend in seiner ursprünglichen katholischen Kirche die sog. neun Herz-Jesu-Freitage eingehalten hatte. Ähnlich wie Alfons von Ratisbonne änderte Cornacchiola auf der Stelle seine Ansichten von Kopf auf Fuß, kehrte in die katholische Kirche zurück und setzte sich in der Folge besonders auch für die Verehrung der Gottesmutter ein. Entsprechend der Zusage der Gottesmutter geschehen sehr viele Heilungswunder bei Kranken, die mit der Erde in dieser Grotte in Berührung kamen.[60]

E. Erscheinung der Gottesmutter gegenüber dem Heiligen Pfarrer von Ars

Außer den anerkannten bzw. noch im Anerkennungsverfahren jedoch noch nicht verbotenen Marienerscheinungen, bei denen praktisch immer auch der Bau einer Kirche oder Kapelle gefordert wird, die dann Mittelpunkt eines kleinen oder großen Wallfahrtsortes wird, gibt es natürlich geradezu zahllose Erscheinungen, die in sich auch durchaus glaubwürdig, jedoch nicht einem besonderen kirchlichen Überprüfungsverfahren unterzogen wurden. In den meisten Fällen unterliegen sie überhaupt keiner Überprüfung der Kirche, da sie hierzu dann keinen Anlass sieht. In einigen Fällen werden solche Erscheinungen von Zeugen im Laufe der Überprüfung des Lebens eines späteren Heiligen bekundet. So bringt Robert Ernst[61] eine Erscheinung Marias gegenüber dem sehr bekannten Heiligen Pfarrer von Ars, Johannes Maria Vianney. Der Bericht stammt von einem Fräulein Durie, einer intelligenten, zurückhaltenden, vertrauenswürdigen Person. Sie bettelte für Vianney's Waisen und traf am Morgen des 08. Mai 1840 in Ars ein. Sie brachte eine beträchtliche Summe mit, die für Messestiftungen bestimmt war. Sie erzählte wie folgt:

"Es hatte ein Uhr nachmittags geschlagen. Der Pfarrer war allein in seinem Zimmer. Katharina Lassagne öffnete mir die Tür zum Pfarrhaus. Ich betrat die Treppe, als ich Vianney sprechen hörte, wie wenn jemand bei ihm gewesen wäre. Ich stieg leise hinaus. Ich lauschte. Jemand sagte ihm mit milder Stimme: 'Was verlangst du?'

'Ah! meine gute Mutter, ich verlange die Bekehrung der Sünder, Tröstung für die Betrübten, Linderung für meine Kranken, insbesondere für eine Person, die seit langem leidet und die nach Sterben oder Genesung verlangt.'

Die Stimme antwortete: 'Sie wird gesund werden, aber später.'

Bei diesen Worten betrat ich plötzlich das Zimmer, dessen Türe leicht offen gestanden hatte. Da ich an Krebs litt, war ich überzeugt, dass es sich soeben

---

[60] Robert Ernst, Maria redet zu uns, aaO., S. 124 ff.

[61] Maria redet zu uns, aaO., S. 31 ff.

um mich gehandelt hatte. Wie groß war aber mein Erstaunen, als ich vor dem Kamin eine Dame stehen sah von gewöhnlicher Größe, in ein Kleid von blendendem Weiß gehüllt, das von goldenen Rosen übersät war. An ihren Händen leuchteten die reichsten Diamanten. Ihre Stirne war von einem Sternenkranz umgeben, der wie die Sonne glänzte. Ich war davon geblendet.

Als ich meine Blicke wieder auf sie richten konnte, sah ich sie gütig lächeln. 'Meine gute Mutter', sagte ich sofort, 'nimm mich doch in den Himmel auf.'

'Später.'

'O, es ist Zeit, meine Mutter!'

'Du wirst immer mein Kind und stets werde ich deine Mutter sein.'

Mit diesen Worten verschwand sie. Ich verblieb einen Augenblick wie außer mir, betroffen von der Gnade, die mir zuteil geworden. Zu mir gekommen, erblickte ich den Pfarrer, aufrecht vor dem Tisch, die Hände über der Brust gekreuzt, mit strahlendem Gesicht und unbeweglichem Blick. Ich zitterte, er möchte tot sein. Ich näherte mich ihm und zupfte ihn an einer Falte seiner Soutane.

'Mein Gott', sagte er, 'bist D u es?'

'Nein, mein Vater, i c h bin es.' - Als ich diese Worte aussprach, kam er zu sich und regte sich. - 'Wo waren Sie denn, mein Vater? Was haben Sie denn gesehen?'

'Ich habe eine Dame gesehen.'

'Ich auch', fuhr ich fort. 'Wer ist denn diese Dame?'

'Wenn Sie davon sprechen', erwiderte Vianney in einem strengen Ton, 'werden Sie keinen Fuß mehr hier herein setzen.'

'Soll ich Ihnen sagen, mein Vater, was ich gedacht habe? Ich dachte, es ist die seligste Jungfrau.'

'Sie haben sich nicht getäuscht... So hätten Sie sie also gesehen?'

'Ja, ich habe sie gesehen und habe mit ihr gesprochen... Aber jetzt müssen Sie mir sagen, in was für einem Zustand Sie gewesen sind, als ich Sie für tot hielt.'

'O nein!... Ich war nur überglücklich, meine Mutter zu sehen!'

'Mein guter Vater, nur Ihnen habe ich es zu danken, dass ich sie geschaut habe... Wenn sie wiederkommt, müssen Sie mich ihr weihen, damit sie mich selbst ihrem göttlichen Sohne weiht. Das versprach mir der Diener Gottes. Dann fügte er bei: 'Sie werden gesund werden.'"

F. Andere Marienerscheinungen

Natürlich gibt es noch viele andere Marienerscheinungen, die zum Teil anerkannt, zum teil als nicht glaubwürdig verworfen, zum Teil noch in der Untersuchung sind. Zu den bekanntesten anerkannten Erscheinungen gehören die Marienerscheinungen von 1846 in La Salette in den französischen Alpen, von Lourdes 1858, Beauraing 1932 und Banneux 1933. Bei all diesen Erscheinungen sind natürlich die Botschaften und Aufforderungen das Wesentliche und nicht etwa die äußeren Zeichen. Diese sind aber für die Glaubwürdigkeit der Botschaften als solche durchaus von Bedeutung und in Fatima ja auch ausdrücklich deswegen gewirkt worden. Da es in dieser Arbeit entscheidend auf die äußeren Zeichen ankommt, wurden auch diese im wesentlichen gebracht.

Wallfahrten zu Orten angeblicher Marienerscheinungen sind solange erlaubt, wie die Kirche sie nicht untersagt, weil sie die Glaubwürdigkeit nicht für gegeben hält. Solche Erscheinungen sind u. a. in dem Buch von Ernst[62] enthalten.

G. Erscheinungen von Jesus Christus

Die oben genannte Herz-Jesu-Verheißung stammt aus einer der sehr zahlreichen Erscheinungen Jesu Christi gegenüber begnadeten Menschen. So erschien er längere Zeit der 1647 als Tochter eines Notars geborenen und 1690 verstorbenen Margareta Maria Alacoque, die 1864 selig- und am 13. Mai 1920 heiliggesprochen wurde. Bei diesen Erscheinungen erhielt sie die besondere Aufgabe, die Verehrung des hl. Herzens Jesu zu verbreiten und sich für die Einsetzung eines Festes des hl. Herzens einzusetzen. Um den 15. Juni 1675 erhielt sie die sog. große Offenbarung, in der den Verehrern seines hl. Herzens 12 Verheißungen gemacht werden, von denen die letzte dahin geht, dass der Herr denjenigen, die während der neun aufeinanderfolgenden Monate je am 1. Freitag kommunizieren, die Gnade der endlichen Beharrlichkeit verheißt. Sie werden nicht im Stande der Sünde sterben, das Herz des Herrn wird in dieser letzten Stunde ihre sichere Zufluchtsstätte sein. Hier erfolgte zunächst wie in allen ähnlichen Fällen eine Überprüfung der Echtheit der Erscheinungen, auf die hier nicht näher eingegangen werden soll. Die Kirche

62 Robert Ernst: Maria redet zu uns, Marienerscheinungen seit 1830, Eupen 1983

hat dann später dieser Verheißung einen Rang in der Liturgie gegeben und den 1. Freitag im Monat als sog. Herz-Jesu-Freitag bezeichnet, wo z. B. bis heute den Kranken die Kommunion gebracht wird. Bei dieser Verbreitung der Herz-Jesu-Verehrung ging die spätere Heilige davon aus, dass die Gesellschaft Jesu, also die Jesuiten, eine besondere Sendung zu erfüllen hätten.[63] Um eine der vielen vorgenommenen Überprüfungen bezüglich der Erscheinungen darzulegen, soll folgender kurzer Bericht wiedergegeben werden.[64] Hierbei wird von der Oberin eine äußerlich feststellbare Tatsache gebracht:

"Die Kränklichkeit der Schwester Alacoque war während des ganzen Jahres 1682 derart, dass sie kaum vier Tage nacheinander davon unbehelligt blieb. Am 20. Dezember, dem Vorabend des Festes des hl. Thomas, war sie so schwach, dass man an ihren nahen Tod hätte glauben können. Die Mutter Greyfié sucht die Kranke im Krankenzimmer auf und übergibt ihr ein Blatt mit dem Bedeuten, zu tun, was darauf stehe. Unser Herr hatte zwar Schwester Margareta Maria schon davon unterrichtet. Dennoch öffnete sie das Papier und liest, was folgt: "Ich befehle Ihnen in Kraft des heiligen Gehorsams, Gott zu bitten, dass er mich erkennen lasse, ob das, was in Ihnen vorgeht und während der Zeit, seit der ich mit Ihrer Leitung betraut bin, vorgegangen ist, seinem Geiste und seiner Anregung oder Ihrer eigenen Natur entstammt. Zum Zeichen, dass alles von Gott ist, möge er Ihre körperlichen Leiden nur auf fünf Monate unterbrechen, so dass Sie während dieser Zeit weder Heilmittel bedürfen noch von den gewöhnlichen Übungen der Regel entbunden zu werden brauchen. Wenn aber nicht Gott, sondern die Natur diese Wirkungen in Ihrem Innern und in Ihrem Äußern hervorbringt, so möge er Sie wie bisher in Ihrer schwankenden Gesundheit belassen. Das wird uns von der Wahrheit überzeugen."

Diesem Bericht fügt Schwester Margareta Maria noch bei: "Man befahl mir also, das Krankenzimmer zu verlassen mit den Worten, wie sie nur unser Herr eingeben konnte, so hart und schmerzlich waren sie für die Natur. Ich zeigte das Blatt meinem höchsten Herrn, der dessen Inhalt kannte, und er antwortete mir: "Sei versichert, meine Tochter, zum Beweis für den guten Geist, der dich leitet, hätte ich deiner Oberin gern ebenso viele Jahre der Gesundheit gewährt, als sie jetzt Monate verlangt, und ihr gern auch jeden anderen Beweis gege-

---

[63] Margareta Alacoque Peter Manns, Die Heiligen in ihrer Zeit, Mainz 1966, Bd. 2 S. 331 ff., hier: L. Cognet

[64] Das Leben der Seligen Margareta Maria Alacoque, herausgegeben vom Kloster zu Paray-le-Monial, Freiburg 1912, S. 139 ff.

ben, den sie von mir begehrt hätte." Und im Augenblicke der heiligen Wandlung wurden alle meine Gebrechen von mir genommen, wie wenn man mir ein Kleid ausgezogen und zur Aufbewahrung weggehängt hätte. Ich fühlte in mir die Kraft und Gesundheit einer ganz starken Person, die schon lange nicht mehr krank gewesen war. So verbrachte ich denn auch die Zeit, die man gewünscht hatte; danach fiel ich wieder in den vorigen Zustand zurück."

Weitere sehr bekannt gewordene Fälle in der langen Kette von Erscheinungen gegenüber Heiligen sind die Ansprachen und Aufträge Christi gegenüber der hl. Birgitta von Schweden. Ihr wurden bestimmte Verheißungen an bestimmte 15 Gebete gemacht.[65] Weitere Verheißungen hatte Christus u. a. denjenigen gebracht, die 12 Jahre lang 7 Vaterunser und Ave Maria zu Ehren seines kostbaren Blutes beten würden. Zu diesen Verheißungen gehörte u. a., dass Seelen von Verwandten dieser Beter bis ins 4. Glied der Hölle entgehen würden.[66] Sie starb in Rom am 23. Juli 1373. Wie in den meisten ähnlichen Fällen erschien ihr außer Jesus auch die Gottesmutter mehrfach, wie z. B. auch der hl. Angela von Foligno, zu der ebenfalls Jesus in vielen Erscheinungen bzw. Visionen sprach.[67]

Um es nochmals zu betonen: Solche Fälle, in denen Christus zu bestimmten Menschen in Visionen oder Erscheinungen sprach, durchziehen die gesamte Kirchengeschichte in einer sehr großen Anzahl. Man denke dabei nur an die sog. Mystiker. Diese direkten Ansprachen von Menschen durch Christus gibt es bis in unsere Tage. Als Beispiel seien genannt die herrlichen Worte Jesu voller Liebe an die 1923 im Alter von 33 Jahren in einem Kloster in Südfrankreich gestorbene Ordensschwester des Ordens vom Heiligsten Herzen Jesu, Josefa Menendez.[68] Zu diesem Buch hat 1938 der Kardinal-Staatssekretär Pacelli, der spätere Papst Pius XII. ein empfehlendes Vorwort geschrieben.

Der jetzige Papst Johannes Paul II. hat sich noch in Polen als zuständiger Bischof um die Einleitung des Seligsprechungsprozesses für die polnische Ordensschwester Maria Faustine eingesetzt, die 1938 ebenfalls im Alter von

---

65 Ferdinand Holböck, Gottes Nordlicht, Die hl. Birgitta von Schweden und ihre Offenbarungen, Stein am Rhein 1983, S. 197 ff.

66 Die hl. Birgitta von Schweden, ihr Leben und ihr Vermächtnis, Altötting, ohne Jahresangabe S. 11, wo auf eine Bestätigung des Papstes Innocenz X. bezüglich dieser Offenbarung Bezug genommen wird.

67 Angela von Foligno, Gesichte und Tröstungen, Stein am Rhein 1975, S. 102

68 Die Liebe ruft, Freiburg-Schweiz, Konstanz-München 1972

33 Jahren starb. Zu ihr sprach Jesus besonders von seiner göttlichen Barmherzigkeit, welche Maria Faustine verkünden sollte.[69]

Die damalige Provinzoberin der Kongregation der Unbefleckten Empfängnis, Maria Pierina de Micheli (1890 - 1945) erhielt in den vielen Ansprachen Jesu die besondere Aufgabe, die Verehrung seines heiligen Antlitzes zu fördern.[70]

Die ebenfalls italienische Schwester Consolata Betrone (1903 - 1946) erhielt vom Herrn in seinen Erscheinungen den Auftrag, einen Weg zur Heiligkeit zu weisen, nämlich den sog. "kleinsten Weg der Liebe".[71]

Als Beispiel eines noch heute lebenden Menschen, zu welchem Jesus sprach, sei die unter einem Pseudonym die Mitteilung Jesu veröffentlichende Marguerite genannt, die heute noch in Belgien lebt. Nach einem wenig erbaulichen Leben fern von den Geboten kehrte sie um, und Jesus sprach zu ihr gemäß ihren Veröffentlichungen ab 1965. Sie gründete die Legion der "kleinen Seelen vom barmherzigen Herzen Jesu". Diese Gruppe hat schon eine erhebliche Verbreitung auch in Deutschland (7955 Ochsenhausen, Postfach 1247) gefunden. In diesen Botschaften werden vielfach auch die Fragen von Marguerite aufgeführt, auf die Jesus antwortete. In allen diesen Fällen spricht auch die Gottesmutter gelegentlich zu ihr.

Alle diese genannten Bücher haben die kirchliche Druckerlaubnis des zuständigen Bischofs. Marguerite hat sie erst nach sehr langwierigen Untersuchungen des zuständigen Bischofs von Lüttich erhalten.[72]

Ohne kirchliche Druckerlaubnis, aber mit Vorworten des Bischofs von Nantes und des Dekans der Theologischen Fakultät des katholischen Instituts in Paris, erschien das weltweit bekannte und in zahllosen Auflagen erschienene Buch von Gabriele Bossis.[73] Hier hatte Jesus durch eine jeweils innere Stimme in kurzen Sätzen über viele Jahre zu dieser Frau gesprochen, die als Schauspielerin christliche kleine Stücke in aller Welt aufführte und zu ihren Lebzeiten ebenfalls unter dem Pseudonym geschrieben hatte.

---

[69] Schwester Maria Faustine, Die Botin der göttlichen Barmherzigkeit, Altenstadt, Vorarlberg, 1959

[70] Maria Ildefonsa Rigamondi, Sendbotin des Heiligen Antlitzes, Freiburg, Konstanz-München 1959

[71] Lorenzo Sales, Jesus spricht zur Welt, Freiburg/Schweiz, ca. 1956

[72] Marguerite, Botschaft der Barmherzigen Liebe an die Kleinen Seelen, Vaux-sous-Chevremont, Belgien, 1980

[73] Er und ich, Stein am Rhein 1982

H. Erscheinungen von Engeln, Heiligen und anderen Verstorbenen

Unter anderem erschienen auch vielfach Engel, Heilige und andere Verstorbene. So sah z. B. die 1878 geborene, 1903 gestorbene und 1940 heiliggesprochene Gemma Galgani, eine Italienerin, die besonders der hl. Maximilian Kolbe - natürlich nach der Gottesmutter - verehrte, fortlaufend ihren Schutzengel neben sich, mit dem sie sprach und der ihr viele Hilfen gab.[74]

Bei den genannten Zwiegesprächen mit Jesus handelt es sich allerdings keineswegs immer um eine körperliche Vision. Die Vision kann man mit einem Oberbegriff als eine übernatürliche Wahrnehmung bezeichnen. Diese kann sein, 1.) eine körperliche oder sinnliche Wahrnehmung, d. h. eine Erscheinung, bei der etwa von Natur Unsichtbares durch das körperliche Auge gesehen wird, wie in den meisten anerkannten Marienerscheinungen. Auch in der Bibel sind solche sinnlichen Erscheinungen durchaus häufig. Es gibt jedoch 2.) eine von der Einbildungskraft getragene Vision, die während des Schlafens oder auch im Wachen entsteht, um eine solche Vision handelt es sich bei der Erscheinung des Engels gegenüber dem hl. Josef.[75] Dann gibt es 3.) eine sog. geistige Vision, in welcher der Mensch eine spirituelle Wahrheit ohne Vermittlung eines sinnlichen Bildes empfängt. Dies ist bei vielen Mystikern festgestellt worden, wie z. B. bei der hl. Theresia von Avila.

Auf solchen sog. Privatoffenbarungen beruhen nicht nur viele liturgische Bräuche innerhalb der katholischen Kirche, auch in besonderen Verlautbarungen der Päpste wird auf solche Mitteilungen Gottes oder seiner Heiligen Bezug genommen.

So hatte z. B. die Gottesmutter in Fatima im August 1917 in mehreren Erscheinungen gegenüber den Kindern gesagt, dass viele Seelen zur Hölle gehen, weil niemand sich findet, der für sie opfert und betet. Diesen Gedanken, der natürlich auch aus der allgemeinen Aufforderung zum Gebet aus der Bibel entnommen werden kann, hat Papst Pius XII. in seiner Enzyklika "Mystici Corporis" verwendet, wenn er geschrieben hat: "Es ist ein wahrhaft schauererregendes Geheimnis, dass das Heil vieler abhängig ist von den Gebeten und freiwilligen Bußübungen der Glieder des geheimnisvollen Leibes Jesu Christi."

---

[74] G. Maria Woerner, Gemma Galgani, Mystikerin und Heldin im Alltag, Konstanz-München 1962, S. 19

[75] Matthäus 1, 20

Nicht selten hat der zuständige Bischof auch die kirchliche Druckerlaubnis für Bücher gegeben, in denen im Fegefeuer weilende Seelen in verschiedenen Formen von Visionen mit Lebenden gesprochen haben. Diese Seelen werden in Deutschland als sog. "Arme Seelen" bezeichnet, die noch einer Läuterung bedürfen.[76]

Als Beispiele für solche mit einer kirchlichen Druckerlaubnis versehene Bücher seien genannt diejenigen von Gertrud Haffner[77], Schwester Marie de La Croix[78] und Maria Anna Lindmayr.[79] Auch hierbei muss nochmals betont werden, dass die kirchliche Druckerlaubnis sich nicht etwa darauf bezieht, dass die behaupteten übernatürlichen Vorgänge auch wirklich so stattgefunden haben, sondern nur, dass die in den Gesprächen wiedergegebenen Ausführungen der Armen Seelen nicht der kirchlichen Lehre widersprechen. Auch hier wird allerdings nicht jedem solchen behaupteten Gespräch die Druckerlaubnis gegeben, das heißt andererseits auch nicht, dass diejenigen, die ohne diese Erlaubnis erschienen sind, falsch sind. Ohne solche Druckerlaubnis sind z. B. erschienen Erlebnisse der noch lebenden Maria Simma[80], Eugenie von der Leyen[81] und Elfriede Kudera.[82] In all diesen Büchern ist in der Regel die Erklärung enthalten, dass man sich den Dekreten des Papstes Urban VIII. unterwirft, wonach die berichteten Ereignisse lediglich einen historischen und menschlichen Glaubwürdigkeitswert haben sollen, ohne dem Urteil der Kirche vorgreifen zu wollen. Bezüglich der von Elfriede Kudera geschilderten Fälle, bei denen die Armen Seelen evangelische Christen waren, ist folgende eidesstattliche Erklärung abgedruckt:[83]

---

[76] Näheres dazu in: Alfred Läpple, Der Glaube an das Jenseits, Aschaffenburg 1978, S. 97 ff.

[77] Die Verstorbenen sind uns nahe, Gröbenzell 1981

[78] Stimme aus dem Jenseits, Gröbenzell 1979

[79] Mein Verkehr mit den armen Seelen, aus dem Tagebuch einer Karmelitin, Stein am Rhein 1978

[80] Meine Erlebnisse mit den Armen Seelen, Stein am Rhein 1978 in der 13. Aufl.

[81] Meine Gespräche mit den Armen Seelen, Stein am Rhein 1979

[82] Arme Seelen erscheinen in Oberschlesien 1945/1946, Gröbenzell 1975, 6. Aufl.

[83] aaO., S. 5

"Hiermit erklären wir an Eides statt, dass sich in unserer jetzigen Wohnung von Weihnachten 1945 ab bis Ende August 1946 Arme Seelen gemeldet haben, die sich durch Klopfzeichen, durch Werfen der verschiedensten Dinge und abnorme Handlungen ankündigten, sich fast alle namentlich vorstellten und um Gebete und heilige Messen baten. Es waren vorwiegend Verwandte und Bekannte von uns, aber auch uns Unbekannte kamen. Die Namen und die Bitten hörte nur die hier unterzeichnete Grete Wieland, das Klopfen hörten wir alle und sahen auch die Gegenstände herumfliegen. Nur einen nahen Verwandten von uns, der sich im August meldete, hörten wir alle. Eine verschieden vorgekommene Manifestation der Toten hat auch wieder nur Grete Wieland wahrgenommen.

Diese Vorgänge in unserem Hause waren hier in weiten Kreisen der zurückgebliebenen Deutschen bekannt.

Margarete Wieland
Max Brand
Maria Brand

N.N. - Oberschlesien, den 7. Dezember 1951

Die eigenhändige Unterschrift von Margarete Wieland, Max Brand, Maria Brand, wird hierdurch amtlich bescheinigt.

N.N., den 10. Dezember 1951

Katholisches Pfarramt
(Siegel) gez. NN
(Erzpriester)"

Viele Gespräche mit Armen Seelen hatte auch die im Alter von 86 Jahren in Gerlachheim-Baden 1949 verstorbene Margarete Schäffner. Sie erbat sich von Gott ein Zeichen zum Beweis dafür, dass sie nicht einer Täuschung bei diesen Vorgängen erlegen sei. Darauf erschienen ihr zweimal abgeschiedene Seelen, die eine Hand in ein Tuch einbrannten und somit das gewünschte Zeichen hinterließen.[84] Dieses sog. Phänomen der eingebrannten Hand, von dem eine in dem Buch von Grabinski[85] abfotografiert ist, wird noch in der Folge kurz behandelt. Weitere Fälle dazu bringt Pasquali[86], der auch eingehende grundsätzliche Ausführungen zu den letzten Dingen macht. Auf den Inhalt dieser Gespräche kann nicht näher eingegangen werden.

Dem Verfasser ist kein Fall bekannt, in dem in Seligsprechungsprozessen eine Erscheinung als das erforderliche Wunder anerkannt wurde. Dass diese jedoch in den Lebensbeschreibungen auch untersucht wurden, ergibt sich aus den Akten des hl. Andreas Bobola. Dieser war 1592 im Fürstentum Sandomir geboren, wurde Jesuit und wirkte erfolgreich als Prediger und Leiter marianischer Kongregationen. Er wurde 1656 in Janow auf furchtbare Weise zu Tode gemartert.[87]

Auf S. 247 aaO. wird aus dem Seligsprechungsprozess wie folgt weiter zitiert:

Nach der Positio super martyrio, Romae 1739, S. 77, sagte P. Jakob Starzewski SJ, 55 Jahre alt, im Apostolischen Prozess von Wilna aus: "Ich war damals im Kolleg von Pinsk. Ich hatte, wenn ich mich nicht irre, das Zimmer des P. Godebski, des Rektors des Pinsker Kollegs, zu besorgen. Ich hörte von ihm diese formellen Worte: 'Ich dachte darüber nach, wen ich in meinen Bedrängnissen (Schwedenkrieg, Aufstände) zur Zeit meines Rektorats zum Schutzpatron meines Kollegs wählen sollte. Da erschien mir der ehrwürdige Pater Bobola und sagte: `Was suchst du andere Patrone, ich bin Andreas Bobola, ich bin einst von Kosaken getötet worden, ich werde der Beschützer deines Kollegs sein, such mich unter den Brüdern.' Diese Erscheinung geschah, wenn ich mich nicht irre, im Schlafzimmer des P. Rektor Godebski. P. Rektor war ein würdiger und gelehrter Mann, Doktor der heiligen Theolo-

[84] Grabinski-Oster, Fegefeuervisionen, Eupen ohne Jahresangabe mit kirchlicher Druckerlaubnis vom 28. 06. 1955 S. 5
[85] aaO., S. 16
[86] G. Pasquali, Um den Himmel nicht zu verlieren, Gröbenzell 1974
[87] Wilhelm Schamoni, Wunder sind Tatsachen, Würzburg 1976, S. 246

P. Ignatius Chrzanowski SJ, 41 Jahre alt: "Ich hörte aus dem Munde des ehrwürdigen P. Martin Godebski, meines ersten geistlichen Lehrers, als er mein Novizenmeister war, dass ihm - im Schlafe oder im Wachen, ich weiß es nicht - der ehrwürdige Diener Gottes erschien und ihm sagte: 'Du suchst einen Schutzpatron für das Kolleg, du hast mich, ich bin euer Bruder Andreas Bobola, der von Kosaken um des Glaubens willen getötet wurde, suche meinen Leib, es ist nämlich Gottes Wille, dass du mich von den anderen absonderst.' Dasselbe hörte ich aus dem Munde seines Bruders, des Fähnrichs Peter Godebski in Pinsk."

In der Folge werden noch weitere Zeugen zitiert, die das gleiche bestätigen.

Auf S. 248 aaO. heißt es dann:

Im Informativprozess von Luck[88] sagte 1718 Herr Prokop Lukaszewicz, 40 Jahre alt, aus: "Von P. Godebski SJ, der damals in Pinsk Rektor war, hörte ich, ihm sei, wie er sich nach dem Abendgebet niedergelegt habe und sich sorgte, ein Pater der Gesellschaft erschienen. Darüber erschrocken, habe er ihn gefragt, wer er sei. Jener habe geantwortet: 'Ich bin Andreas Bobola, euer von Kosaken für den Glauben getöteter Bruder. Sucht meinen Leib und nehmt ihn weg zwischen den anderen.' Mit diesem Bericht kam der P. Rektor in die Sakristei, in der ich damals Sakristan war, und sagte mir, ich solle den Sarg mit seinem Leibe suchen. Am Tage nach der Erscheinung nahm ich mir andere Kollegsdiener mit, wir gingen in den Grabkeller, wo die Leiber der Jesuitenpatres ruhen. Wir rückten jeden Sarg beiseite, konnten aber den des P. Andreas Bobola nicht finden. So stellten wir an dem Tage weitere Nachforschungen ein und gingen wieder. Am folgenden Tage suchten wir ebenfalls, wir gruben auch in der Erde und fanden weitere Särge, aber seinen nicht, und so kehrten wir nach vergeblicher Mühe zurück. In der dritten Nacht erschien mir dieser P. Andreas Bobola im Traume und sprach zu mir diese Worte: 'Mein Leib liegt auf der linken Seite in der Ecke unter der Erde. Dort suchet, und ihr werdet dann finden.' Wir gingen also nach dem Gottesdienst mit den Kollegsdienern zu der Grabstätte. Wir gruben dort, wo es geheißen war, und wir fanden einen Sarg mit der Leiche. Der Sarg war nicht angestrichen. Auf ihm stand in schwarzer Schrift geschrieben: Pater Andreas Bobola..."

[88] Positio super introductione, Romae 1728, S. 12 f.

3

Weinende Madonna von Syracus

Die jungen Eheleute Angelo und Antonia Iannuso, die in einem kleinen Haus in Syracus auf Sizilien wohnen, besitzen ein Herz-Mariä-Bild, ein Relief aus Gips (Majolika), buntfarbig bemalt und von innen hohl. Die Größe des Bildes ist 23 x 28 cm, es ist auf einer ovalen schwarzen Glasplatte befestigt.[89]

Am Morgen des 29. August 1953 bemerkt Frau Iannuso auf dem unteren Augenlid des einen Auges der Madonna etwas glänzen, einem Wassertropfen gleich. Bald darauf sieht sie dasselbe auch am anderen Auge. Neue Tränen folgen aus beiden Augen. Bald kommen die Verwandten und Nachbarn und sind Zeugen, dass der Tränenstrom aus den Augen des Bildes bereits so stark ist, dass die Tränen vom Bild an der Wand auf das Kopfkissen und Leinentuch des darunter stehenden Bettes niederfallen.

Bald spricht man in der ganzen Stadt von diesem Vorfall und zahllose Menschenmengen kommen zu dem Haus der Familie Iannuso in der Straße Degli Orti di S. Giorgio 11 und sehen alle den Vorfall, wobei das Weinen in Abständen erfolgt. Als abends gegen 21.00 Uhr der Zustrom der Menschen aufhört, kommt die Polizei, welche einen Schwindel hinter dem Ganzen vermutet. Sie nehmen in Begleitung des Ehemannes das Bildnis mit zur Polizeistation. Dort wird es von allen Seiten untersucht, man findet nichts Besonderes an ihm, aber unaufhörlich dringen die Tränen aus den Augen der Madonna. Das macht auf die Polizeibeamten einen solchen Eindruck, dass sie in die Knie sinken und beten. Um Mitternacht wird Angelo Iannuso mit seinem Bild wieder nach Hause entlassen. Das Weinen setzt sich bis zum 01. September fort. Hierbei setzen sich die Prozessionen fort. Menschen kommen nicht nur aus ganz Sizilien, sondern auch vom Kontinent, wobei viele Tausende das Weinen gesehen haben. Der Vorgang wird auch von Presse, Radio und

---

[89] Zu diesem Vorfall gibt es auch in deutscher Sprache eine Reihe von Berichten. In der Folge benutzt der Verfasser im wesentlichen folgende: R. Ernst, Maria redet zu uns, Eupen 1959, S. 138 ff.; Viktor Maria Hirschle, Die weinende Madonna von Syracus, Konstanz 1957, S. 3 ff.; Komitee für die Wallfahrtskirche der Muttergottes der Tränen in Syrakus, kurze Geschichte und Novene der Muttergottes der Tränen, Syracus 1972, S. 1 ff., geschrieben vom damaligen Sekretär des Untersuchungskomitees und späteren Bischofs Rosso.

Fernsehen weit verbreitet. Es wird auch ein Film davon aufgenommen, der heute noch als Beweisstück in Syracus sich befindet.

Die kirchliche Behörde bittet das zuständige Gesundheitsamt, eine Kommission zu beauftragen, die Tränen aus den Augen der Madonna zu untersuchen. Diese Untersuchung findet am 01. September 1953 statt mit dem Ergebnis, dass die aus den Augen der Madonna hervortretende Flüssigkeit dieselbe Zusammensetzung hat wie menschliche Tränen. Die Tränenabsonderung selbst könne nicht natürlich erklärt werden.

Das kirchliche Gericht beginnt Ende September 1953 mit den offiziellen Untersuchungen. Es werden 189 Personen vernommen, die einstimmig unter Eid aussagten, dass sie Augenzeugen der Ereignisse waren.

So sagte z. B. der Zeichenlehrer Vittorio Lucca u. a. folgendes:

"Zuerst stand ich allem Gesagten skeptisch gegenüber. So wollte ich es selbst feststellen. Ich ging mit meiner Schwester in das Haus der Iannuso, und konnten wir die wirklich sensationelle Tatsache konstatieren. Wir sahen die Tränen wirklich aus den Augen, aus den Augenhöhlen hervorquellen, aber nicht ausschwitzen. Hervorquellen wie ein Kind weint oder ein Alter oder eine Frau"...

Nachdem sich der Journalist Aldo Carratore selbst überzeugt hat, schrieb er in der Zeitung "La Sicilia" vom 02. September folgendes:[90]

"Die Zahl derjenigen, die nicht an das seit vier Tagen in der Via degli Orti geschehene Wunder glauben, wird immer geringer. Ihre skeptischen und zweifelnden Stimmen, die in grellem Gegensatz zu den klaren Tatsachen stehen, werden von dem Chor der vielen Tausenden von Gläubigen, die die Augen der Madonna weinen sahen, geradezu übertönt.

Es ist offensichtlich, dass es sich nicht um das Phänomen reiner Suggestion handeln kann, da die Feststellung auch von Personen gemacht wurde, die aus eingewurzeltem Vorurteil nicht glauben, und die sich dem wunderbaren Bild nur aus Neugier näherten, um sich um jeden Preis eine natürliche Erklärung des Phänomens zu geben.

Jedoch jenen wunderbaren Tropfen gegenüber, die von Zeit zu Zeit aus den Augen der Muttergottes quellen, wird auch die hartnäckigste Ungläubigkeit gezwungen, einen sehr harten Schlag, fast eine Demütigung einzustecken.

[90] Kurze Geschichte der Muttergottes der Tränen, aaO., S. 4 für beide Aussagen.

Viele kommen aus dem Haus in Via degli Orti mit verweinten Augen und zitternder Stimme heraus."

Außer den Zeugenaussagen waren für das kirchliche Urteil von besonderer Bedeutung die Untersuchung des 1 ccm hervorgequollenen Tränen, der Fotos und der Filmaufnahmen.

Während sonst solche kirchliche Untersuchungen Jahre und Jahrzehnte bis zur Anerkennung dauern, war hier die Beweislage derart offensichtlich und klar, dass die sizilianische Bischofskonferenz schon am 12. Dezember 1953 ein positives Urteil fällt, das folgenden Wortlaut hatte:[91]

"Die zur üblichen Konferenz in Baheria (Palermo) versammelten Bischöfe Siziliens haben nach Anhörung des ausführlichen Berichtes S. E. Msgr. Baranzinis, Erzbischof von Syrakus, über das am 29., 30., 31. August und 1. September dieses Jahres in Syrakus, via degli Orti 11, sich wiederholt ereignete "Weinen" des Bildes des Unbefleckten Herzens Mariens und nach aufmerksamer Prüfung der diesbezüglichen Zeugenaussagen in den Originaldokumenten einstimmig das Urteil abgegeben, dass kein Zweifel an der Wirklichkeit des Weinens zu hegen ist.

Sie wünschen, dass diese Kundgebung der himmlischen Mutter bei allen heilsame Buße und größere Verehrung des Unbefleckten Herzens Mariens bewirke, sowie den beschleunigten Bau einer Wallfahrtskirche zum fortdauernden Andenken an das Wunder.

Palermo, den 12. Dezember 1953.

Ernesto Kardinal Ruffini,
Erzbischof von Palermo."

---

[91] aaO., S. 6, 7

Schon bis Mitte November 1953 waren beim Komitee für die Wallfahrtskirche Berichte von über 300 von den Beteiligten als wunderbar angesehene Erklärungen eingegangen. Es wurde eine Ärztekommission eingesetzt, die die Berichte prüfte bzw. noch prüft.[92] Auch wird von einer Reihe plötzlicher Bekehrungen berichtet. Es ist auch ein äußeres Faktum, wenn jemand plötzlich seine Weltanschauung ändert, wenn es auch kein unerklärliches Ereignis im Sinne der übrigen Vorgänge ist.

Auch bei diesem Vorgang handelt es sich um keinen Einzelfall. Solche Tränenwunder - teilweise mit blutigen Tränen - haben sich seit Jahrhunderten in ähnlicher Art ereignet. Sie setzen sich bis heute fort.

Als Beispiel für die Vergangenheit sei das Gnadenbild von Poetsch genannt, wo zuerst am 04. November 1696 in der griechischen unierten Pfarrkirche häufig Tränen aus einem Bild der Muttergottes auf einer hölzernen Tafel hervortraten. Das wiederholte sich häufiger, wozu als Zeugen 56 Personen angeführt wurden. Folgende Aussage sei hier zitiert:[93]

"Ich, Johannes Andreas, Graf von Corbelli, Sr. k. k. Majestät Kämmerer, General-Feldmarschall-Leutnant, Oberst eines Kürassier-Regiments und im Königreich von Ungarn diesseits und jenseits der Theyß General-Kommandant, mache allen, welchen daran gelegen ist, bei meiner christlichen Treue und bei dem Eide, mit welchen ich Sr. Majestät verpflichtet bin, kund, dass, nachdem ich vernommen, dass das Bild der seligsten Jungfrau Maria in der ruthenischen kleinen Kirche des Ortes Pötsch Tränen vergieße, auch ich andachtshalber dasselbe zu sehen mit einer Menge Offiziere und Beamten der Zaboleser Gespannschaft dahin gegangen bin. Da ich hingekommen, bekenne ich, dass ich mit meinen Augen das Bild der seligsten Jungfrau Maria weinend gesehen habe, und zwar, dass es unter der letzten heiligen Messe bei der Aufwandlung häufige Tränen vergossen hat. Nach beendigter heiliger Messe habe ich mit eigenen Händen die herabtriefenden Tränen mit einem Tüchlein abgewischt, an welchem noch jetzt die Spuren der Tränen sich zeigen. Hiernach habe ich, um allen Zweifel zu heben, das besagte Bild herabnehmen und von allen Anwesenden auf das genaueste untersuchen lassen, ob nicht ein Betrug dabei obwalte.

---

[92] aaO., S. 10 ff., wo einige solche Heilungen kurz angeführt werden.

[93] Josef Fattinger, Geschichte des wundertätigen Bildnisses der weinenden Muttergottes in Poetsch, Wels-Österreich mit kirchlicher Druckerlaubnis von 1965, S. 5 ff.

Nachdem diese Untersuchung gemacht und nicht der geringste Grund eines Zweifels gefunden worden war, habe ich es ehrerbietig wieder hingelegt, und alle, welche zugegen waren, haben es einstimmig als ein sehr großes Wunder Gottes anerkannt. Dieses ist geschehen am 8. Dezember, am Feste der Unbefleckten Empfängnis der seligsten Jungfrau Maria.

Zu dessen Bestätigung ich dieses schriftliche Zeugnis gegeben habe.

Tokay, am 1. Januar 1697

(L.S.) Gr. Corbelli m.p."

Nach 1953 gab es auch mehrere solcher Fälle. So "weinte" seit dem 08. August 1983 fortlaufend jeden Tag eine Statue aus Kunststoff der Gottesmutter in einem Privathaus der Familie Linden in Maasmechelen/Belgien in Abständen eine Flüssigkeit. Diese wurde untersucht und hat nicht die Zusammensetzung menschlicher Tränen. Sie verbreitet demgegenüber einen intensiven Rosenduft, den der Verfasser, der dort im September 1984 gewesen ist, auch festgestellt hat. Hierzu ist zu sagen, dass diese Statue die Gottesmutter als "Geheimnisvolle Rose" mit drei Rosen in verschiedenen Farben und Formen darstellt. Es erfolgte auch eine Röntgenuntersuchung der Statue.[94] Auf Anfrage des Verfassers teilte der zuständige Bischof diesem mit, dass die Untersuchungen noch laufen würden. Privat erfuhr der Verfasser, dass das tägliche Tränen am 06. Dezember 1984 aufgehört habe. Seitdem erfolgte es in längeren Abständen.

Eine positive Stellungnahme des zuständigen Bischofs bezüglich eines ähnlichen Tränenwunders, das sich im Jahre 1973 in Akita/Japan zutrug, trägt das Datum vom 22. April 1984.[95]

Im Anschluss wird über ähnliche Tränenwunder 1984 in Chicago und New York berichtet, wozu jedoch noch keine endgültigen kirchlichen Entscheidungen vorliegen.[96]

---

[94] G. Hermes, Die Tränen der "Rosa Mystica", Maria weint in Belgien, Stein am Rhein 1984, S. 1 ff.

[95] in: Das Zeichen Mariens, Appenzell, September 1984, S. 5911 ff.

[96] aaO., S. 5915 ff.

4

Das Blutwunder des Heiligen Januarius in Neapel

Die eingehendste Information über dieses Wunder bringen Alfana und Amitrano, die in einem Literaturverzeichnis von 125 Seiten über 1.470 Titel bringen, die sich mit diesem Wunder befassen.[97] Sie dokumentieren, dass es auch ähnliche Verflüssigungswunder vom Blut Heiliger oder heiligmäßiger Menschen an anderen Stellen gegeben hat.[98]

In diesem Literaturverzeichnis ist unter den Autoren neuerer Zeit nur ein Deutscher, nämlich der verstorbene Hochschullehrer für Physik, Caspar Isenkrahe. Dieser geht neben der Schilderung auch auf die möglichen Einwände u. a. bezüglich des Betruges ein.[99] Bezüglich der Untersuchungen führt er u. a. an, dass durch Spektroskop mit aller Sicherheit bewiesen sei, dass in der Ampulle Blut vorhanden sei.[100]

Falke bezeichnet sich bei der Schilderung dieses Wunders ausdrücklich als Nicht-Katholik. Sämtliche Erklärungen durch Taschenspielerkünste seien schon deshalb hinfällig, weil dieser Vorgang bereits in Zeiten beobachtet worden sei, wo für die meisten der vermuteten Kniffe alle Voraussetzungen fehlten. Er bringt einen eigenen Erlebnisbericht.[101]

Auch der in dieser Arbeit mehrfach erwähnte Jesuit Thurston untersucht einmal die Blutwunder insgesamt[102] und dann das Blutwunder des hl. Januarius.[103] Auch er kommt nach Abwägung aller Gesichtspunkte zu dem Ergebnis, dass es hierfür keine Erklärungen gibt.[104]

Die folgende Schilderung soll sich auf eine der jüngsten Darstellungen zu diesem Thema beziehen, nämlich die von Hans Bender, der selbst an Ort und Stelle sich informierte und zum Ergebnis kommt, dass es sich um das "histo-

---

97 G. B. Alfana und A. Amitrano, Il miracolo di S Jennaro, Documentazione Storica e scientifica, Napoli 1961, S. 375 - 500
98 aaO., S. 246 f.
99 C. Isenkrahe, Neapolitanische Blutwunder, Regensburg 1912, S. 82 und 96
100 aaO., S. 128
101 K. Falke, Das Wunder des hl. Januarius, in: Neue Wissenschaft 1954 S. 2, 8
102 H. Thurston, The blood miracles of Naples, in: The Month, London 1927, S. 44 ff.
103 H. Thurston, The blood "miracles" of saint Januarius, in: the Month, 1930, S. 119 ff.
104 The Month, 1930 aaO., S. 126

risch am längsten und besten dokumentierte außergewöhnliche Phänomen handele, das man kenne".[105] Januarius war Bischof von Benevent/Italien und wurde während der Christenverfolgung durch Diokletian um 305 in Pozzuoli bei Neapel enthauptet. Eine Frau soll gleich nach der Hinrichtung das Blut des Märtyrers in zwei Ampullen aufgefangen und diese bei sich behalten haben, bis 313 die Gebeine des Januarius mit dem Blut nach Neapel gebracht wurden. Bei dieser Überführung soll sich das Wunder der Verflüssigung zum ersten Mal ereignet haben. Man ließ die Ampullen bei den Gebeinen, die in den Katakomben von Neapel beigesetzt wurden. Im 19. Jahrhundert befanden sich Haupt und Blut des Märtyrers in einer kleinen Kapelle in Neapel, wo heute der Dom steht. Im Jahre 1646 wurde die große Barock-Kapelle eingeweiht, in der sich seither die Reliquien befinden.

Es gibt schon vor der regelmäßigen Führung der Protokolle seit 1659 zahlreiche zeitgenössische Berichte über die Verflüssigung. Hierfür bringt Bender Beispiele, wobei eine von Alfano angeführte Chronik bis ins 5. Jahrhundert zurückgeht.[106]

1659 wurden eine kirchliche und eine Laien-Deputation gegründet, die im Namen der Stadt Neapel als Wächter der Reliquien fungierten. Diese führten die regelmäßigen Protokolle ein, die sorgfältig in den Archiven der Kapelle und im Rathaus der Stadt Neapel aufbewahrt werden. Dem Direktor dieser Bibliothek dankt Bender für viele wertvolle Hinweise.[107]

Den Vorgang selbst beschreibt Bender aus eigenem Erleben. Die sog. "Teca" schildert er wie folgt:[108]

"Die Monstranz, die "teca", besteht aus einem, mit Krone und Kreuz verzierten zylindrischen Silberrohr, das an beiden Öffnungen mit Glasscheiben versehen ist. Ein Handgriff dient zum Halten. Eingeschlossen sind zwei mit einem dunklen Kitt verschlossene Ampullen von leicht plattgedrückter Form, von denen die größere eine Kapazität von etwa 60 ccm, die kleinere von etwa 25 hat. Die größere Ampulle enthält eine meist kompakte, ihr Volumen gewöhnlich zu etwa zwei Dritteln ausfüllende schwarzähnliche Masse, das angebliche Blut des Märtyrers, die kleinere nur fleckenartige Spuren. Die Verflüssigung vollzieht sich nur in der größeren."

---

[105] Hans Bender, Das Blutwunder des hl. Januarius in Neapel, in: Zeitschrift für Parapsychologie 1965, S. 182

[106] aaO., S. 182

[107] aaO., S. 182

[108] aaO., S. 177

Vor den Augen hoher Vertreter aus Kirche , Stadt, Behörden und Militärs, die neben Bender den Vorgang beobachten wollen, entnimmt der Priester um 9.00 Uhr die Teca aus einem Schrein hinter dem Altar. Gegen 9.26 Uhr konnte sich Bender dann von der Verflüssigung überzeugen. Um 18.00 Uhr wurde die Teca wieder im Schrein verschlossen. Gewöhnlich ist die Substanz am nächsten Morgen wieder hart und die Zeremonie vollzieht sich während 8 Tagen in derselben Weise. Bender hat sie zum zweiten Mal am 26. September 1965 beobachtet. Die erste Beobachtung fand statt am Geburtstag des Heiligen, nämlich am 19. September 1965. Auch beim zweiten Mal sah Bender wieder die Verflüssigung nach etwa 25 Minuten. Wie seit 1695 wird auch dieses Mal wieder ein Protokoll angefertigt. Bender hat ein solches Protokollbuch eingesehen und die bekannte Tatsache festgestellt, dass nicht bei jeder der üblichen Gelegenheiten - wenn auch in den meisten Fällen - die Verflüssigung des Blutes stattfindet.

Er drückt seine Verwunderung darüber aus, dass dieser Vorgang nur bei einem kleinen Kreis von Kennern die gebotene Aufmerksamkeit findet, jedoch im übrigen es nicht "als ein den forschenden Geist beunruhigendes Phänomen" gilt. Das sei um so unverständlicher, als es sich seit Jahrhunderten immer wieder mehrmals im Jahre vollziehe: Anfang Mai und am 19. September und den jeweils darauf folgenden 7 Tagen, weiter am 16. Dezember und bei außergewöhnlichen Gelegenheiten.[109]

Das Phänomen, das nach der Verflüssigung das stärkste Aufsehen erregt, ist die seit Jahrhunderten beschriebene Variation des Volumens der Substanz. Normalerweise füllt diese im festen oder flüssigen Zustand etwa 2/3 der größeren Ampulle, die seit dem 14. Jahrhundert nicht mehr geöffnet worden sein soll. Bei dem Auftreten des Vorganges im Mai geschieht es fast immer, dass das Volumen -langsam oder schnell- stark zunimmt, so dass am 21. Mai, dem letzten Tage, die Substanz die ganze Phiole zu einem großen Teil oder vollständig ausfüllt. In seltenen Fällen wurde beobachtet, dass in derselben "Ottava", also der Zeit während des Auftretens des Wunders, sogar an ein und demselben Tage einer Volumenszunahme eine plötzliche Abnahme folgte. Im September ist die Ampulle gewöhnlich ganz voll.[110]

Die Professoren Sperinedo und Silva von der Universität Neapel haben 1902 und 1904 die Teca bei verschiedenen Volumenzuständen der Substanz gewogen. Am 12. Mai 1902 war die Ampulle gefüllt und wog 1015 g. Am 26.

[109] aaO., S. 176
[110] aaO., S. 184

September desselben Jahres hatte sich nach der Verflüssigung die Substanz auf zwei Drittel reduziert. Die Teca wog nun 988 g, also 27 g weniger. Diese Differenz entspricht ungefähr 25 ccm der Substanz, um die sich das Volumen vermindert hatte, wenn man unterstellt, dass ihr spezifisches Gewicht dem Blut entspricht und 1055 beträgt.[111]

Bezüglich der Erklärungsversuche macht Bender als Parapsychologe u. a. folgende Ausführung:[112]

"Angesichts solcher außergewöhnlicher Phänomene drängt sch zunächst der Gedanke an die Möglichkeit von Vortäuschungen auf. Die Täuschungshypothese muss schon sehr alt sein, denn offenbar diente die 1659 zur Kontrolle des `Blutwunders` geschaffene Organisation nicht zuletzt der Entkräftung des Betrugsverdachtes. Der Aufbewahrungsschrein wurde mit zwei verschiedenen Schlössern versehen. Bis heute wird der eine Schlüssel vom Kardinal von Neapel aufbewahrt, der andere vom Präsidenten der "Deputazione detta del Tesoro" - der aus 12 Laien bestehenden "Überwachungskommission" -, die vom Ministerium ernannt wird mit Ausnahme des Präsidenten, dessen Amt jeweils dem Bürgermeister der Stadt Neapel zufällt. Der Schrein kann nur im gegenseitigen Einvernehmen geöffnet werden.

Die Täuschungshypothese wird von den für das "Blutwunder" eintretenden Autoren in ausführlicher Argumentation widerlegt. Nach dem Verlauf der von mir selbst beobachteten Zeremonie und in Anbetracht der Vielfalt der beobachteten Erscheinungen und aus zahlreichen andern Gründen ist sie in der Tat so unwahrscheinlich (sie würde unter anderm eine säkulare Verschwörung zahlreicher Beteiligter und deren absolutes Stillschweigen voraussetzen), dass mir ein Wort von Alexandre Dumas gerechtfertigt erscheint: "ce serait encore plus miraculeux que le miracle". Bemerkt sei in diesem Zusammenhang, dass von einer Reihe anderer "Blutwunder" berichtet wird, bei denen ebenfalls eine Verflüssigung zu bestimmten Daten beobachtet werden soll. Es handelt sich also um ein "Muster des Außergewöhnlichen" im religiösen Bereich.

Unterstellt man, dass keine bewusste Täuschung vorliegt und die Ampulle, wie es den Anschein hat, hermetisch verschlossen ist, erscheinen zumindest die Volumen- und Gewichtsveränderungen als naturwissenschaftlich unerklärbare Phänomene."

---

[111] aaO., S. 185
[112] aaO., S. 187

Bender schreibt weiter, dass in Bezug auf die Verflüssigung zahlreiche Hypothesen vorgebracht worden seien, die ihn jedoch nicht überzeugen, wenn er auch eine nochmalige Überprüfung im Lichte der modernen Chemie und Physik vorschlägt.

Übrigens haben außer dem Schriftsteller Dumas, der das obige Wort geprägt hat, dass eine Täuschungsmöglichkeit noch wunderbarer als das Wunder selbst sei, zahlreiche Gelehrte und Schriftsteller, unter ihnen auch Montesquieu und Voltaire, und noch mehr kirchliche und weltliche Würdenträger das Blutwunder miterlebt.

Zu dem Phänomen des Steines von Pozzuoli, auf dem nach der Legende der hl. Januarius enthauptet worden sein soll - es gibt auch eine andere Version bezüglich des Steines -, macht Bender u. a. folgende Ausführungen.[113]

"Man sieht auf der Oberfläche des porösen Steines graue und rötliche Flecken. Zweimal im Jahre werden die grauen Flecken rötlich und die rötlichen gewinnen an Intensität. In manchen Jahren ist das Rötlichwerden von einem "Schwitzen" des Steines begleitet. Das rötliche Exsudat soll hin und wieder so reichlich aufgetreten sein, dass es in Tropfen aufgefangen werden konnte. C. Piansastelli berichtet:

`Der bei weitem interessanteste Aspekt dieses Phänomens ist die Tatsache, dass am 31. Mai 1926 ein Wattebausch, mit dem Rev. Padulano den Stein abgewischt hatte, zur chemischen Analyse in das Gerichtsmedizinische Institut von Neapel geschickt wurde. Die von Prof. Gianturco vorgenommene Untersuchung ergab, dass es sich unzweifelhaft um menschliches Blut handelte. Die Prüfung wurde auf Initiative von Monsignore Nicola Rocco vorgenommen.`

Das Phänomen, das unabhängig von der Temperatur in der Kirche sein soll, vollzieht sich nicht gleichzeitig mit den Erscheinungen an der Substanz in der Ampulle der `teca`, sondern geht ihnen voraus oder folgt ihnen nach."

Im Anschluss bringt er dann noch einen Augenzeugenbericht zu diesem Vorgang aus dem Jahre 1965.

Anschließend weist Bender noch darauf hin, dass es im Rahmen der Phänomenologie der Wunder eine Reihe weiterer Beispiele sowohl für die Blutverflüssigung als auch die Vorgänge mit dem Stein gebe. Bezüglich des Steines bringt er z. B. das Kloster von Eichstätt. Tatsächlich rinnt seit Jahrhunderten

---

[113] aaO., S. 192, 193

aus den Steinplatten des Grabes der heiligen Walburga auf unerklärliche Weise das "Walburgisöl".[114] Richtig ist auch, dass es solche Vorfälle ebenfalls mehrfach gibt. So floss aus dem Grabe des libanesischen Mönches Scharbel Machluf (1828 - 1898), der als Glied der unierten, maronitischen Kirche 1965 in Rom seliggesprochen wurde, aus seinem Sarg auf unerklärliche Weise eine Flüssigkeit.[115] Sowohl bei der Öffnung seines Grabes 1927 wie auch 1950 war sein Leichnam völlig unverwest, obwohl er bis 1927 in einem sehr feuchten Grab lag. Sein Leichnam gab auch eine blutgleiche Flüssigkeit ab. Zahlreiche wunderbare Ereignisse, insbesondere Heilungen ereigneten sich.[116]

5

Befreiung von Ketten und Herausführen aus dem Gefängnis

Der hl. Hieronymus Aemiliani (1486 - 1537) war Offizier im venezianischen Heer. Im Kampf gegen Kaiser Maximilian wurde er von dessen Truppen gefangengenommen und in einem tiefen Kerker in Castel Nuovo angeschmiedet. In dieser Not erinnerte sich der junge Offizier seiner frommen Kindheit und flehte die ganze Nacht hindurch zur Gottesmutter von Trevigi. Tatsächlich erschien ihm die Gottesmutter, befreite ihn von seinen Ketten, wie es einst der Engel bei Petrus[117] und auch bei den anderen Aposteln[118] getan hatte und führte ihn mitten durch die feindlichen Wachen in die Freiheit. Der befreite Offizier legte dann die Ketten am Marienaltar in Trevigi nieder und hinterließ eine Urkunde seiner wunderbaren Rettung als Zeichen der Dankbarkeit. Er verließ dann seinen Beruf und gründete einen Orden zur Pflege der Kranken.[119]

---

[114] Hans Hümmeler, Helden und Heilige, S. 104
[115] G. Josef Görlich, Der Wundermöch vom Libanon, Stein am Rhein 1974, S. 112, 115 f.
[116] aaO., S. 112
[117] Apostelgeschichte 12, 1 - 11
[118] Apostelgeschichte 5, 17 - 19
[119] Hans Hümmeler, Helden und Heilige, Kempen 1983 S 393

Paul Sinz[120] bringt folgenden Fall: Der Bruder Gerhard des Heiligen Bernhard von Clairvaux war ebenfalls in Kriegsgefangenschaft geraten und lag gefesselt im Kerker. Nachdem er nachts im Traum eine Stimme gehört hatte, die ihm versicherte, dass er an diesem Tage freikäme, brach seine eiserne Fessel teilweise so entzwei, dass er sich bewegen konnte. Als er dann den Riegel des Schlosses der Kerkertür berührte, fiel das ganze Schloss herunter, und die Tür stand offen, so dass er in die Freiheit gelangen konnte.

❻

Wiedererweckung vom Tode

Wilhelm Schamoni[121] hat aus den Heiligsprechungsakten 20 Auferweckungen vom Tode dokumentiert. Hier soll ein besonders eindeutiger Fall, nämlich die Auferweckung des Hieronymus Genin auf die Fürbitte des hl. Franz von Sales durch die Wiedergabe wesentlicher Teile von Aussagen aus dem Heiligsprechungsprozess wiedergegeben werden, die Wilhelm Schamoni übersetzt hat.[122]

Die Aussage des Bruders des Verunglückten lautet wie folgt:

"Aussage des Franz Genin, Steuereinnehmer und Amtsschreiber von Ste. Hélene-du-Lac, in der Diözese St. Jean de Maurien Savoyen:

Im Jahre 1623 wohnten mein Bruder Hieronymus und ich bei Herrn Claudius Puthod, Pfarrer von Les Ollieres im Gebiet von Genf, Diözese Genf. Unsere Eltern hatten uns dort in Pension gegeben, damit wir unter Anleitung des Herrn Claudius Crozet, des Vikars von Herrn Puthod Latein lernen sollten.

Am letzten Tage des Monats April im Jahre 1623 war mein Bruder schwer von dem Herrn Claudius Crozet gezüchtigt worden, weil er seine Lektionen nicht gut gelernt hatte. Darauf fassten mein Bruder und ich den Entschluss, zu unsern Eltern zurückzukehren. Am gleichen Tage, ohne irgend jemand unser

---

[120] in: Walter Nigg und Wilhelm Schamoni, Herausgeber, Heilige der ungeteilten Christenheit, Düsseldorf 1962, Das Leben des hl. Bernhard von Clairvaux, S. 46

[121] Auferweckung vom Tode, aus Heiligsprechungsakten übersetzt, Paderborn 1968

[122] Auferweckungen vom Tode, aaO., S. 91 ff.

Vorhaben mitzuteilen, gingen wir am frühen Morgen los und kamen an den Fluss Fier, der von Les Ollieres ungefähr drei kleine Meilen entfernt ist. Wir fanden den Fluss außerordentlich angeschwollen von dem Schnee, der einige Tage vorher reichlich gefallen war. Und da wir ihn auf drei Planken überschreiten mussten, die in keiner Weise aneinander befestigt waren, zögerten wir darüber zugehen, aus Furcht für unser Leben. Aber die Angst, wieder in die Hände des Herrn Crozet zu fallen, ließ uns diese Furcht überwinden. Jedoch, bevor wir es wagten, fühlten wir uns angetrieben, uns der Fürbitte des ehrwürdigen Dieners Gottes Franz von Sales zu empfehlen, und nachdem wir uns hingekniet hatten, machten wir das Gelübde, wir würden, wenn wir unter seinem Schutze über den Fluss kämen, sein Grab besuchen und die Messe in der Kirche der Heimsuchung hören, in der sein Leib ruht. Nach diesem Gelübde wollte mein Bruder, welcher der ältere war, als erster hinübergehen, und er sagte mir, ich solle es unter keinen Umständen wagen hinüberzugehen, bis er nicht auf dem anderen Ufer sei. Er befürchtete, durch die Bewegung der schwankenden Bretter könnten der eine oder andere oder sogar wir beide zusammen in den Fluss fallen. Ich blieb also am Ufer, während er fast bis zur Mitte des Flusses gelangte, wo er schwindlig wurde und daneben trat und mit dem Gesicht auf die Bretter fiel und mit lauter Stimme rief: "Seliger Franz von Sales, rette mich!" Ich hörte dies sehr genau. Ich eilte zwei oder drei Schritte auf die Bretter, um zu versuchen, meinem Bruder zu Hilfe zu kommen, so weit mein Alter und meine Kräfte es mir erlauben mochten. Aber vergebens! Denn im gleichen Augenblick fiel mein Bruder in den Fluss. Ich selbst war so erschrocken über seinen Fall, dass ich selbst auch auf die Bretter fiel, und ich war ebenfalls in Gefahr, das Leben zu verlieren. Da ich aber ziemlich nahe am Ufer war, rutschte ich, nachdem ich mehrere Male den Diener Gottes angerufen hatte, indem ich schrie: "Seliger Franz von Sales, rette mich", auf dem Bauche bis zum Ufer, von dem ich hergekommen war, und nachdem ich mich aufgerichtet hatte, betrachtete ich den Lauf des Flusses, ob ich meinen armen Bruder sähe. Ich lief sogar das Ufer entlang ungefähr zweihundert Schritte, weinte und rief: "Mein Bruder, mein Bruder!" Aber ich konnte nichts anderes sehen als seinen Hut, der auf dem Wasser schwamm, und der war schon sehr weit von mir weg.

Da ich sah, dass Weinen nichts nützte, kehrte ich nach Les Ollieres zurück, um Herrn Puthod unser Unglück zu melden. Wie ich nun durch das Dorf Ornay ging, fragten mich einige Leute, die mich weinen sahen, nach dem Grunde meiner Tränen. Als ich es ihnen erzählt hatte, eilten sie an das Ufer des Flusses, während ich nach Les Ollieres ging. Da ich weder Herrn Puthod noch Herrn Crozet fand, musste ich bis zum Nachbardorf weitergehen, um Hilfe zu holen und zu bestellen, man möchte den genannten Herren Puthod und Crozet Bescheid von dem Unglück geben, das meinem Bruder zugestoßen sei, wenn sie wieder zurückkämen. Darauf kehrte ich wieder an den Fluss zurück. Ich fand dort mehr als dreißig Personen. Mehrere sagten mir, sie suchten schon über drei Stunden, ohne meinen Bruder entdecken zu können. Einige Zeit später sah ich einen gewissen Alexander Raphin kommen, begleitet von seinem Sohn und mehreren anderen aus dem Dorfe Ornay. Man sagte mir, er sei der beste Taucher in der ganzen Gegend. Er pflegte zu tauchen und die Leichen der Ertrunkenen aus dem Fluss zu holen. Er habe schon eine ganze Anzahl solcher ans Land gebracht. Ich bat ihn unter heißen Tränen, meinen armen Bruder zu suchen, und ich versprach ihm, der Herr Pfarrer von Les Ollieres, bei dem ich in Pension sei, werde es ihm reichlich wiedergutmachen.

Mehrere von den Anwesenden baten ihn ebenfalls darum. Er versprach, es zu tun, und fragte mich, an welcher Stelle mein Bruder hineingefallen sei. Nachdem er sie sich genau angesehen und die Tiefe gemessen hatte, zog er sich aus und sprang ins Wasser, wo er eine gute Viertelstunde, indem er immer wieder an die Oberfläche kam, um Luft zu schöpfen, tauchte. Da er nichts fand, stieg er aus dem Wasser, wobei er sagte, dass er nicht länger darin habe bleiben können. Nachdem er sich wieder angezogen und ein wenig Wein genommen hatte, wollte er gehen. Aber ich weinte so sehr, und diejenigen, die dabeistanden, baten ihn so dringend, dass er versprach, von neuem zu tauchen und nicht eher zu gehen, als bis er die Leiche meines Bruders gefunden habe. So sprang er, nachdem er sich lange ausgeruht hatte, an derselben Stelle wiederum ins Wasser und suchte nach allen Seiten. Dann ging er ein großes Stück weiter hinunter, ohne Erfolg, und gezwungen, aus dem Wasser zu steigen und seine Kleider wieder anzuziehen, sagte er von neuem, das Wasser sei zu kalt, als dass er noch länger suchen könne. Dann gingen alle, die herbeigekommen waren, mit dem Herrn Raphin den Fluss hinunter und hielten Ausschau, wo etwa der Körper festgehalten sein könnte. Schließlich, nach einer Stunde Suchens ungefähr, stießen sie in dem Dreh einer Krümmung des Flusses auf einen außergewöhnlich tiefen Kolk. Und der Herr Raphin und die anderen meinten, dass er vielleicht in diesem Wasserloch festliege. Darum entkleidete er sich wieder, und, nachdem er sehr lange getaucht hatte, kam er wieder hoch und rief: "Ich habe ihn gefunden!" Dann stieg er aus dem Wasser und sagte, er könne nicht mehr, er müsse sich erst erholen, dann werde er nochmals tauchen und ihn bergen. Das tat er, er brachte ihn an einem Arme hoch unter sehr großer Anstrengung. Der Sohn des genannten Raphin stürzte sich ins Wasser, um seinem Vater zu helfen und stieß den Körper vor sich her. Sobald er aus dem Wasser war, legte man ihn auf die Erde. Ich sah ihn so aufgedunsen und hässlich, dass er nicht mehr zu erkennen war. Die Anwesenden alle, weil sie ihn bewegungslos, ganz zerstoßen und blau sahen, sagten, er sei tot. Dann nahm ihn sich der Herr Raphin auf die Schulter und trug ihn in das Dorf Ornay und legte ihn in einer Scheune auf die Erde. Da aber der Herr Pfarrer von Ville gekommen war und ihn lange betastet hatte und keinerlei Bewegung feststellte, sagte er laut: "Er ist tot, daran kann man nicht zweifeln. Trotzdem, weil er bei Herrn Pfarrer von Les Ollieres wohnt, kann man ihn nicht beerdigen, bevor dieser benachrichtigt ist und über das Begräbnis verfügt hat."

Infolgedessen wartete man bis zum folgenden Tag. Inzwischen ließ Herr Pfarrer schon auf dem Kirchhof das Grab ausheben an der von ihm bezeichneten Stelle. Er fragte mich, ob es lange her sei, dass mein Bruder Hieronymus gebeichtet habe. Ich antwortete ihm, ich hätte gesehen, wie er am letzten Karsamstag bei Herrn Pfarrer von Les Ollieres beichtete. Mittlerweile war dieser Pfarrer selbst angekommen, und als er diesen armen Leichnam sah, kniete er sich hin und betete sehr lange. Als er sich dann erhob, ging er auf mich zu und sagte mir diese Worte: "Wenn du und dein Bruder gehorsamer gewesen wäret, würden du und ich weniger Leid haben." Er sagte mir, ich solle mit ihm zu Herrn Pfarrer von Ville gehen, und bat diesen Herrn Pfarrer um den Trost, am nächsten Morgen das Beerdigungsamt halten zu dürfen. Dieser war einverstanden und lud uns zum Abendessen ein. Während der Mahlzeit ließen sie sich von mir alle Einzelheiten des Unglücks erzählen. Ich erwähnte ihnen in besonderer Weise das Gelübde, das mein Bruder und ich dem Diener Gottes gemacht hatten. Darauf versicherte Herr Puthod, er habe sich, während er bei der Leiche betete, angetrieben gefühlt, Gott zu bitten, auf die Verdienste seines Dieners Franz von Sales diesem jungen Menschen, der seiner Obhut anvertraut worden war, das Leben wiederzugeben, und dass, wenn die göttliche Güte sein Gebet erhören würde, er gelobt habe, an neun Tagen nacheinander in der Kirche, in welcher der Leib des Dieners Gottes ruht, die hl. Messe zu lesen. Gegen Ende des Abendessens kam ein gewisser Stephan Gonet aus Annecy und wollte Herrn Pfarrer von Ville fragen, ob er etwas nach Annecy mitzunehmen habe. Herr Puthod, der Pfarrer von Les Ollieres, kannte den Herrn Gonet und erzählte ihm die Bedrängnis, in der er sich befand, und von den Gelübden, die mein Bruder und ich und später er dem Diener Gottes gemacht hätten. Dann bat er ihn, er möge, wenn er nach Annecy gekommen sei, noch bevor er in sein eigenes Haus trete, so freundlich sein und die genannten Gelübde am Grabe des Dieners Gottes darbringen. Der Herr Gonet versprach es, er fügte sogar hinzu, er werde eine Messe in dieser Meinung lesen lassen.

Nach dem Abendtisch gingen die beiden Pfarrer in die Scheune, in welcher der Leichnam lag. Sie ließen Weihwasser bringen und beteten die Totenvigil. Ich ging mit ihnen und wollte bleiben und die ganze Nacht bei meinem armen Bruder wachen. Aber der Herr Puthod wollte es mir nicht erlauben. Er brachte mich ins Haus des Pfarrers von Ville zurück, wo ich schlief und erst ziemlich spät aufstand wegen meiner großen Müdigkeit. Sobald ich aufgestanden war, kehrte ich mit Herrn Puthod in die Scheune zurück. Ich fand die Leiche meines Bruders noch unförmiger und hässlicher als am Vorabend. Herr Puthod betete sehr lange und ging dann. Eine Stunde später kam er zurück mit dem Herrn Pfarrer von Ville. Sie hatten Rochett und Stola angelegt und kamen mit Kreuz und Weihwasser, um die Leiche zur Beerdigung abzuholen. Jedoch in dem Augenblick, wie man sie in einen Sarg legen wollte (nach der Gewohnheit jener Gegend, wo man die Leichen von Ertrunkenen erst dann in den Sarg legt, wenn man sie zur Beerdigung heraustragen will), erhob mein Bruder einen Arm. Ich hörte ihn klagen und diese Worte sprechen: "O seliger Franz von Sales!" Über diese Worte waren alle Anwesenden derart entsetzt, dass die einen davonliefen, andere in Ohnmacht fielen und die mutigsten riefen: "Ein Wunder, ein Wunder!"

Die beiden Herren Pfarrer fassten meinen Bruder an der Hand und hoben ihn hoch. Er war nun nicht mehr hässlich und unförmig, wie einen Augenblick vorher, sondern hatte sein gewöhnliches Gesicht. Als Herr Puthod ihn fragte, ob er ihn kenne, gab er diese Worte zur Antwort: "Ich kenne den seligen Franz von Sales, er ist mir erschienen und hat mir seinen Segen gegeben."

Man ließ Wein bringen. Er wusch sich Sand aus dem Mund, den Augen, Ohren, der Nase. Man gab ihm ein Hemd. Man konnte feststellen, dass er an mehreren Stellen zerstoßen war. Mit geliehenem Zeug kleidete man ihn an. Seine eigene Kleidung war ganz nass und voller Schmutz. Danach erzählte er, wie ihm im Augenblick, in dem er erweckt wurde, der Diener Gottes in bischöflichem Gewand erschien, so wie er auf unsern Bildern gemalt ist, und habe ihm seinen Segen gegeben. Er habe ein strahlendes Antlitz gehabt und ihn sanft und gütig angeschaut. Darauf zogen wir uns mit dem Herrn Puthod nach Les Ollieres zurück. Als wir angekommen waren, strömte alles zur Kirche, wo Herr Puthod das Tedeum anstimmte.

Vom Abend dieses Tages an aß und trank mein Bruder wie gewöhnlich. Wahr ist, dass er in der Nacht über heftige Schmerzen an den Schenkeln, den Armen und Füßen klagte, und der Herr Puthod und ich sahen die Verletzungen an seinen Gliedern. Die Schmerzen dauerten bis zu dem Tage, an dem Herr Puthod uns nach Annecy brachte, um unser Gelübde am Grabe des Dieners Gottes einzulösen (4. Mai). Als wir in die Kirche der Heimsuchung gekommen waren, ließ Herr Puthod meinen Bruder sich auf das Grab des Dieners Gottes legen. Nachdem er ungefähr eine halbe Viertelstunde darauf gelegen hatte, erhob er sich mit ungewöhnlichem Schwung, indem er sagte, die heftigen Schmerzen, an denen er vorher gelitten hatte, seien mit einem Schlage weg. Herr Puthod ließ ihn eines der Hosenbeine hochziehen, und wir fanden, dass alle seine Verletzungen geheilt waren. Als wir in den Gasthof zurückgekehrt waren und Herr Puthod ihn sich entkleiden ließ, stellten wir fest, dass ihm keine Spur von all seinen blutunterlaufenen Stellen geblieben war. Sein Körper war genauso gesund und unverletzt wie vor dem Sturz. Wir blieben in dieser Stadt die ganzen neun Tage. Wir hörten dort die neun Messen, die Herr Puthod in der Kirche feierte. Nach dieser Novene kehrten wir sehr getröstet nach Les Ollieres zurück. Die Erinnerung an das Wunder ist meinem Geist so tief eingeprägt geblieben, dass kein Tag vergeht, an dem ich Gott nicht dafür danke und mich der Fürbitte seines Dieners empfehle."

Von der Aussage des Pfarrers Puthod sollen nur einige Passagen zitiert werden.[123]

"Herr Kanonikus Puthod, zur Zeit des Wunders Pfarrer von Les Ollieres, erklärte in seiner an Einzelheiten reichen Aussage:

Am 29. April kehrte ich aus dieser Stadt Annecy in mein Pfarrhaus von Les Ollieres zurück. Dort erzählte ich, nachdem ich die hl. Messe gefeiert hatte, Herrn Claudius Crozet, meinem Vikar, und den Brüdern Hieronymus und Franz Genin die Auferweckung von Fräulein de la Pesse. Die beiden jungen Schüler waren ungefähr 13 - 14 Jahre alt, gebürtig aus der Pfarrei Sainte-Hélene-du-Lac in der Diözese Maurienne. Ihre Eltern hatten sie bei mir in Pension gegeben, damit sie unter Anleitung des Herrn Crozet die lateinische Sprache erlernen sollten. Die Auferweckung dieses jungen Mädchens auf die

[123] aaO., S. 95 ff.

Fürbitte des Dieners Gottes Franz von Sales gab mir Gelegenheit, die beiden Schüler zu ermahnen, dass sie ihn verehren sollten...

Ich wurde zur gleichen Zeit innerlich stark angeregt, Gott und seinem Diener Franz von Sales zu versprechen, dass ich, wenn es der göttlichen Güte gefallen würde, zur Verherrlichung dieses seines wahren Dieners diesem Leichnam das Leben wiederzugeben, neun Tage in dieser Stadt Annecy bleiben würde, um an ihnen neun Messen in der Heimsuchungskirche zu feiern, wo sein Leib ruht. Ich machte dieses Gelübde in der Scheune, nachdem ich ein De profundis (= Ps 129) für die Seelenruhe des Jünglings gebetet hatte...

Ich kehrte in die Scheune zurück und ging sogleich auf den Körper zu, dessen Gesicht schon von einem der Beistehenden freigemacht war. Ich war erstaunt aufs äußerste, diesen jungen Mann voller Leben zu sehen. Sein Gesicht war so wie vor seinem Tode, die Augen offen, die Stimme ziemlich fest, besonders als ich ihn fragte, ob er mich nicht kenne. Er antwortete mir: "Ich kenne den seligen Franz von Sales, durch den ich auferweckt bin, und ich kenne auch Sie, Herr Pfarrer."...

Am 4. Mai des genannten Jahres 1623 machten die Brüder Hieronymus und Franz Genin und ich uns gegen fünf Uhr morgens auf den Weg, um uns zur Erfüllung unserer Gelübde in diese Stadt Annecy zu begeben, zum Grabe des Dieners Gottes Franz von Sales. Wir kamen dort gegen neun Uhr morgens an. Ich feierte die hl. Messe, die erste der neun, die ich versprochen hatte, dort zu feiern. Ich reichte in ihr Hieronymus und Franz Genin die hl. Kommunion, und sofort, nachdem ich in der Sakristei meine Danksagung beendet hatte, ließ ich Hieronymus sich mit seiner ganzen Länge auf das Grab des Dieners Gottes hinlegen. Er blieb so ungefähr eine halbe Viertelstunde, währenddessen ich mit seinem Bruder Franz auf den Knien blieb. Am Ende dieser Zeit erhob er sich mit einem ungewöhnlichen Schwung, indem er uns genau diese Worte sagte: durch die Barmherzigkeit unseres Herrn sind meine Schmerzen plötzlich verschwunden." Aus diesem Grunde wollte ich seine Füße, seine Schenkel, seine Arme nachsehen, die ich an diesem selben Tage, bevor wir von Les Ollieres fortgingen, noch ganz schwarz und blau gesehen hatte. Darum ließ ich ihn eines seiner Hosenbeine hochziehen, und ich sah, dass sein Fuß ohne jede schwarze und verletzte Stelle war. Ich dankte Gott für diese Gnade. Und als wir in den Gasthof zurückgekehrt waren, untersuchte ich nochmals seinen ganzen Körper, und ich fand ihn ebenso gesund wie vor dem Sturz in den Fluss.

Wir blieben in Annecy die ganzen neun Tage, an denen ich die gelobten neun Messen zelebrierte..."

Zum Schluss zitiert Schamoni noch aus der Heiligsprechungsbulle des Papstes Alexander VII.:[124]

"Es steht durch öffentliche Verhandlungen, die in Unserem und der hl. Ritenkongregation Auftrag vorgenommen und mit Sorgfalt durchgeführt sind, fest, dass Hieronymus Genin, der vom Wasser verschlungen war, gerade als sein schon riechender und in einem Leichentuch eingehüllter Leichnam herausgetragen werden sollte, wieder lebendig wurde, die Arme erhob, zu sprechen anfing und Franz von Sales pries, der ihm im selben Augenblick, da ihm das Leben zurückkehrte, erschien im bischöflichen Gewand und mit gütigem und verklärten Antlitz.

(Magnum Bullarium Laetii Chrubini,
Luxemburg 1727, VI, 224)"

7

Heilungen von Kranken

Zu kirchlich untersuchten und als natürlich nicht erklärbaren Heilungen gibt es eine relativ umfangreiche Literatur. Das gilt einmal für die Ärztebüros in einigen Wallfahrtsorten. Der damalige Präsident des Ärztebüros von Lourdes, Olivieri, hat z. B. 18 anerkannte Heilungen von 1915 - 1969 im einzelnen näher dargestellt.[125] Hier hat er auch die Art und Weise der Untersuchungen näher dargelegt.[126] Weitere Literaturangaben sind im Anhang.[127]

Schamoni zitiert eine Fülle von unerklärlichen Heilungen mit Stellungnahmen von Sachverständigen aus den Heiligsprechungsprozessen, z. B. die

---

[124] aaO., S. 98
[125] Olivieri, Gibt es noch Wunder in Lourdes?, Aschaffenburg 1973
[126] aaO., S. 12
[127] aaO., S. 237 f.

Heilung eines von den Lenden ab knochenlosen Kindes, das sofort gehen konnte auf die Fürbitte des hl. Josef von Leonessa.[128] Angesichts dieser zahlreichen, auch in der Literatur bekannten Veröffentlichungen soll nur eine besonders auffällige Heilung aus dem Jahre 1640, die Gegenstand eines eingehenden bischöflichen Untersuchungsprozesses war, näher dargelegt werden.

A. Das plötzliche Anwachsen eines Beines in Calanda

Im Sommer 1637 stürzte der damals 18-jährige Miguel Juan Pellicer, Sohn eines Bauern in Calanda in der Erzdiözese Saragossa/Spanien, beim Einbringen der Getreideernte von dem vor den Wagen gespannten Maultier, auf dem er ritt. Ein Rad des Wagens rollte über sein rechtes Bein und verursachte einen schweren Bruch, der bald zu eitern begann. Nachdem Heilungsversuche in anderen Krankenhäusern keinen Erfolg hatten, wurde er in das königliche Krankenhaus von Saragossa gebracht. Dort befindet sich einer der ältesten Marienwallfahrtsorte der Welt, nämlich die "Virgen del Pilar", also die Muttergottes von der Säule, zu der er schon immer eine besondere Verehrung gehabt hatte.

Nachdem sich auch in diesem Krankenhaus alle Heilungsversuche als zwecklos erwiesen, wurde ihm Ende Oktober 1637 zur Rettung seines Lebens das rechte Bein abgenommen. Die Amputation erfolgte etwas unterhalb der Kniescheibe. Die Operation wurde von Juan des Estanga, Professor für Chirurgie an der Universität und Leiter der chirurgischen Abteilung des dortigen Krankenhauses, vorgenommen. Das abgenommene Bein wurde von dem Assistenten J. L. Garcis weggebracht und in Gegenwart mehrerer Zeugen auf dem Friedhof des Krankenhauses beigesetzt.

Nachdem er nach mehreren Monaten das Krankenhaus verlassen konnte, führte ihn sein erster Gang zur Kapelle Unserer Lieben Frau von der Säule, um ihr für das erhaltene Leben zu danken. Er wollte seinen Eltern nicht zur Last fallen und begab sich nach Saragossa, wo ihn die Einwohner der Stadt mit seinem Holzbein und seiner Krücke in der Nähe der Kapelle täglich umher humpeln sahen. Nach längerer Zeit überredeten ihn zwei Geistliche seiner Heimatgemeinde, zwei alte Nachbarn, wieder nach Calanda zurückzukehren. Aufgrund von Spenden konnten ihn seine Eltern im März 1640 wieder zu sich nach Hause holen.

---

[128] Wilhelm Schamoni, Wunder sind Tatsachen, S. 178 ff.

Am Abend des 29. März 1640 saß er noch eine Weile mit Angehörigen und Nachbarn sowie in Calanda einquartierten Soldaten, von denen einer in seinem Hause schlief, zusammen. Da er wieder stärkere Schmerzen spürte, verließ er die Gesellschaft gegen 10.00 Uhr, nahm sein Holzbein ab und ließ sich von seiner Mutter gestützt auf dem provisorischen Lager nieder, das man ihm im Zimmer der Eltern errichtet hatte.

Gegen 11.00 Uhr abends löste sich die Gesellschaft auf, und als Miguels Mutter als erste in das Zimmer trat, schrie sie erschreckt auf, als auf einmal zwei Füße unter dem Mantel, mit dem sich der Junge zugedeckt hatte, hervorschauten. Als er wach wurde, konnte er nur sagen, dass er sich beim Einschlafen wie stets der Virgen del Pilar anvertraut habe. Er sei dann eingeschlafen und habe allerdings geträumt, sich in der Gnadenkapelle von Saragossa zu befinden, um seinen schmerzenden Stumpf mit dem Öl aus der dort hängenden Lampe einzureiben.

Als erste erfuhren dieses unfassliche Ereignis die Nachbarn, die es dem Pfarrer Herrero meldeten. Bis zum Morgengrauen wusste das ganze Dorf bereits Bescheid. Vom Hause Pellicer bewegte sich eine Prozession zur Kirche, wo Miguel beichtete, einer Dankmesse beiwohnte und zur hl. Kommunion ging.

Zunächst konnte er das neue Bein und den rechten Fuß noch nicht fest auf den Boden setzen. Die Zehen schienen wie tot. Es dauerte einige Zeit, bis das Fleisch seine normale Färbung erhielt und die bläuliche Marmorierung verschwand, die dem Bein zunächst noch ein brandiges Aussehen gab. Allmählich fand das Bein die normale Geschmeidigkeit wieder. Es glich in jeder Weise dem amputierten Bein. Selbst die Narben, mehrere Abschürfungen, die Miguel sich als Kind zugezogen hatte, waren zu sehen. An der Stelle, wo das abgenommene Bein 1637 beigesetzt wurde, war nach dem Wunder 1640 keine Spur mehr zu finden.[129]

Dieser Vorgang ging als das "Wunder von Calanda" in die spanische Kirchengeschichte ein, und in Saragossa heißt eine Straße in der Nähe der Kathedrale noch heute Straße des Wunders von Calanda.

Bereits im Juni 1640 wurde in Gegenwart des Erzbischofs Pedro Apaolaza in Saragossa die kanonische Untersuchung über das Wunder eingeleitet. Die Kommission tagte bis April 1641 14 mal und vernahm außer dem Geheilten

---

[129] Déroo, A., L' homme a la jambe coupée, Paris 1977, S. 64

24 Zeugen. Aufgrund ihrer Aussagen entschied der Erzbischof am 27. April 1641, dass das Vorkommnis echt und als Wunder zu erklären sei.[130]

Eine eingehende Dokumentation zu diesem Vorfall hat zuletzt der Spanier Leandro Aina Naval 1972 aufgrund der Dokumente verfasst.[131]

Zunächst werden die 33 Fragen wiedergegeben, welche die Kommission zu den vielen Einzelpunkten aufgestellt hatte und welche den Zeugen zur Beantwortung vorgegeben wurden.[132] Hierbei lautet z. B. der Text der Nr. 27 dieses Registers: "Dass der vorher Besagte in Begleitung seiner Eltern in den vergangenen Tagen zu dieser Stadt kam, um die Jungfrau von der Säule zu besuchen und dort Dank zu sagen. Er konnte nicht fest mit dem Absatz dieses Beines auf den Boden auftreten und nicht frei gehen."

Die Nr. 28 lautet u. a. wie folgt: "Dieser Miguel Juan Pellicero fuhr fort, zu den Sakramenten zu gehen und das rechte Bein mit dem Öl aus der Lampe Unserer Senora von Pilar zu bestreichen, der er sich ständig empfahl, und er erreichte von unserem Herrn auf die Fürsprache der allerseligsten Jungfrau von Pilar, dass er mit der Ferse fest auf dem Boden auftreten konnte, mit Leichtigkeit laufen und das rechte Bein bis zum Kopf ohne Schmerz und ohne jede Mühe hochheben konnte, wie er es vorher niemals halten konnte..."[133]

Dann folgen Formalien und schließlich die wörtlichen Vernehmungen der Zeugen, wobei jeder Zeuge jeweils zu bestimmten Artikeln Aussagen machte. Unter diesen Zeugen sind im wesentlichen Chirurgen, einige Gehilfen, die Eltern und Verwandten des Geheilten, Nachbarn und andere Leute, die ihn gesehen hatten, wie Vertreter des Zivilgerichts und der Geistlichkeit. Die wörtlichen Aussagen der 34 Zeugen sind auf den Seiten 466 - 516.

Als Beispiel sei die Aussage des Zeugen N. 7, des Arztes Milaruelo, angeführt, wobei nochmals betont werden muß, dass diese Worte im Original in Spanisch jener Zeit wiedergegeben sind:

"Diego Milaruelo, Meister der Chirurgie, wohnhaft in Zaragossa, ca. 29 Jahre alt. Er hat noch 19 Jahre (seines Lebens) in guter Erinnerung. Er ist Zeuge in dem hier angeführten Fall. Vorgestellt und vereidigt wurde er dann unter Bezug auf den geleisteten Eid befragt. Der Inhalt des Artikels 10 des Dokumentes wurde ihm vorgelesen, und er antwortete und sagte, dass er den

---

[130] Déroo, A., Das Wunder von Calanda, in: Der Fels, 1971, S. 340 ff.

[131] L. A. Naval, El Milagro de Calanda a Nivel historico, Zaragoza 1972

[132] aaO., S. 456 - 462

[133] aaO., S. 461

Miguel Juan Pellicero gut kennen würde. Deshalb sagte er, was folgt und mit dem sagt er, dass er vor ungefähr zwei Jahren mit dem Lizenziat Joan de Estanga geredet hat, und er besuchte mit ihm die Kranken in dem Block der Chirurgie, da er verantwortlich für die Kranken war. In einem Bett sah er den Miguel Juan Pellicer mit einem brandigen Bein, und er sah den Lizenziat Joan de Estanga, wie er diverse Medikamente anwandte, und als er sah, dass die keinen Nutzen brachten, sah der Zeuge, wie der Lizenziat Joan de Estanga sich einschloss, das Bein abzuschneiden, weil er sich keinen anderen Rat wußte, damit der Juan Pellicero überleben konnte. Er wußte es, weil es so war. Er sprach mit dem besagten Lizenziat Joan de Estanga. Er blieb bei dieser Überlegung, und er schwor, die Wahrheit gesagt zu haben.

Als der Artikel 13 des besagten Dokumentes vorgelesen war, antwortete er und sagte, dass er genau wisse, dass er sah, dass nachdem das besagte Bein abgeschnitten wurde, der besagte Lizenziat Joan de Estanga die Heilung des Restes des besagten Beines aufnahm bis es vernarbte, und er schwor, die Wahrheit gesagt zu haben.

Zum Artikel 14 antwortete er und sagte, nachdem er vorgelesen worden war, dass er sich auf das Gesagte beziehe, und er würde dasselbe sagen und sagte es unter Eid.

Zum Artikel 15 antwortete er und sagte, dass er sich auf das Gesagte beziehe, und er würde dasselbe sagen, und er beschwor die Aussage.

Zum Artikel 16 antwortete er und sagte, dass er sich auf das Gesagte beziehe und dasselbe sage und unter Eid aussage.

Zum Artikel 27 antwortete der Besagte, dass er das dort Niedergelegte wisse, und dass er etwa einen Monat nach der niedergelegten Zeit in die von Juan Miguel Pellicer angegebene Stadt gekommen sei, dem, wie ich es angegeben habe, das Bein abgeschnitten wurde. Gemäß dem Niedergelegten besuchte der Zeuge ihn und er sah, dass es derselbe war, dem das besagte Bein abgenommen worden war. Er sah, wie es wiederhergestellt war und dass er mit diesem nicht fest auf die Ferse auftreten und nicht mit Freiheit gehen konnte, und er hörte ihn sagen, dass er mit seinen Eltern gekommen sei, und er sagte dies der Wahrheit gemäß unter Eid.

Zum Artikel 28 vom besagten Dokument sagte er, nachdem er vorgelesen wurde, dass es sich um das Besagte handele, und er sagte dasselbe, und er sagte das unter Eid aus.

Zum Artikel 29 vom besagten Dokument antwortete er und sagte erst, dass der Zeuge gut wisse, dass er sah, dass dem besagten Miguel Juan Pellicero, wie gesagt, das besagte Bein abgenommen wurde und dass der hier Anwesende, der ihm gezeigt wurde, mit zwei Beinen ein und dieselbe Person ist, und er weicht nicht ab. Er hat es gehabt und hat es. Der Zeuge hat es gesehen und unterstützt durch andere, die es kannten und kennen unter Eid. Es wurde vorgelesen. Ich, Diego Millaroelo, habe das oben Gesagte niedergelegt. Es trat vor mich der Notar Giusseppe Isidoro Zaporta."[134]

Im Anschluss an die Wortprotokolle der Aussagen der 34 Zeugen wird dann auf 10 Seiten der lateinische und daneben der spanische Text des kirchlichen Urteils in dieser Sache niedergelegt, unterschrieben vom Erzbischof Pedro. Es folgen dann die Mitglieder des Gerichts und andere Formalien.

In einem kürzeren französischen Buch von 172 Seiten hat der katholische Priester A. Déroo diesen Fall geschildert und die damaligen und späteren Zusammenhänge aufgehellt.[135]

Entscheidend bei diesem Fall ist also, dass die kirchlichen Untersuchungen unmittelbar nach dem Fall aufgenommen und im nächsten Jahr schon positiv nach den eingehenden Beweiserhebungen abgeschlossen waren. Jeder, der gegen diese tatsächlich denkbar ungewöhnlichen Vorgänge angehen wollte, hätte also damals sofort die Gelegenheit gehabt, irgendwelche Kritik anzubringen bzw. die Angaben durch Rücksprache mit den immer noch lebenden Zeugen zu überprüfen. Insbesondere die in und um Saragossa oder auch in weiterer Umgebung in Spanien wohnenden Gegner der katholischen Kirche hätten mit Sicherheit gegenteilige Ermittlungen veröffentlicht, wenn das möglich gewesen wäre. Solche sind nicht bekannt geworden.

In diesem Zusammenhang sei auf den in der Literatur sehr bekannten Fall des 1871 bei einer Wallfahrt zu einer Lourdes-Grotte in Belgien geheilten Pieter de Rudder hingewiesen. Hier wurde ein denkbar komplizierter Knochenbruch plötzlich derartig geheilt, dass er ein ungeheures Aufsehen erregte und sich 100 Mediziner und andere zu Worte meldeten.[136]

---

[134] Übersetzung aus Naval, aaO., S. 471, 472

[135] A. Déroo, L' homme ... la jambe coupée, Paris 1977

[136] G. Siegmund, Wunder, S. 37 ff.

B. Plötzliche Heilung von multipler Sklerose im letzten Stadium

Zum Abschluss sei ein Zitat für eine ebenfalls eindeutige unerklärliche Heilung gebracht von einem Autor, der in diesem Fall selbst im Auftrage des damaligen Erzbischofs von Paderborn, Kardinal Jäger, Zeugen vernommen hat, nämlich der jetzige Erzbischof von Paderborn, Dr. Johannes Joachim Degenhardt. Er beschreibt diesen Fall wie folgt:[137]

"Im sogenannten "Apostolischen Prozess", der im Auftrag der Römischen Kongregation für die Seligsprechungen aber 1961 bis 1963 in Paderborn geführt wurde, hatte das Tribunal auch ein Wunder zu untersuchen, das sich auf die Fürbitte von Mutter Pauline in den fünfziger Jahren an einer jungen Schwester der Kongregation der Schwestern der Christlichen Liebe ereignet hatte:

Die Schwester - sie lebt heute noch - erkrankte wenige Jahre nach ihrem Eintritt in die Ordensgemeinschaft an "multipler Sklerose", wurde mehrfach im Krankenhaus behandelt, jedoch schritt die Krankheit schnell voran, so dass die Schwester bald arbeitsunfähig wurde. Sie wurde von den behandelnden Ärzten als unheilbar bezeichnet, musste bald ständig zu Bett liegen, wurde dann kurze Zeit später weitgehend gelähmt und gefühllos und wurde dann - als ihr Tod heranzunahen schien - in das Altenheim der Schwestern nach Wiedenbrück geschickt, weil sie dort ständige Pflege wie im Krankenhaus erhalten konnte.

Die Ordensschwestern beteten zu Mutter Pauline eine Novene für die kranke Schwester. Am letzten Tag der Novene - das war der Tag vor Christi Himmelfahrt - bat die kranke Schwester ihre Krankenpflegerin, sie möchte gestatten, dass sie aufstehen und in die einen Stock tiefer gelegene Kapelle gehen dürfe.

Die Krankenschwester, die ja wusste, dass die Kranke seit Monaten ihre Beine nicht bewegen konnte und auch gefüttert werden musste, glaubte, dass nun auch der Verstand der Kranken angegriffen worden sei. Sie wollte ihr aber den Wunsch nicht abschlagen und gestattete ihn. Die Kranke begab sich allein aus ihrem Bett und ging ein paar Schritte im Zimmer umher, allerdings schwach und mit Mühe. Die Krankenschwester bekam es mit der Angst zu tun

[137] J. J. Degenhardt, Dienstbereit in der Liebe Christi, Paderborn 1985, S. 74 ff.

und veranlasste die Kranke, sich wieder hinzulegen und holte die Oberin. Diese ordnete an - zumal der Hausarzt an diesem Tage nicht zu erreichen war -, dass die Kranke bis zum nächsten Morgen zu Bett bleiben solle, dann dürfe sie aufstehen, wenn sie wolle.

Am anderen Morgen - es war das Fest Christi Himmelfahrt - stand die Kranke auf, zog sich an und ging selbständig in die Kapelle. Im Haus und in der Kongregation der Schwestern verbreitete sich dieses Ereignis in Windeseile, wie man sich denken kann. Der Hausarzt und dann auch Fachärzte untersuchten die kranke Schwester. Sie konnten nur allgemeine Schwäche feststellen. Andere Krankheitssymptome der "multiplen Sklerose" und die Folgen der Krankheit waren nicht festzustellen. Nach einigen Tagen der Stärkung und der Erholung, an denen die geheilte Schwester im Garten allein spazieren ging, konnte sie ins Mutterhaus nach Paderborn entlassen werden. Sie begann, bald wieder einen vollen Arbeitsplatz auszufüllen und tut es heute noch.

Beim Apostolischen Prozess wurde dieses Ereignis, das ja erst wenige Jahre zurücklag, im einzelnen untersucht. Ärzte, Krankenschwestern, Oberinnen, Mitschwestern, Verwandte, Arbeitskolleginnen wurden ebenso vernommen wie die geheilte Schwester. Diese wurde von Spezialisten für "multiple Sklerose" eigens nochmals untersucht. Das Ergebnis zeigte keinen neuen Befund.

In Rom wurde als letzter Abschnitt des Seligsprechungsprozesses auch die Prüfung des Wunderberichtes vorgenommen. Zwei Ärzte, die von der Kongregation zur Untersuchung beauftragt worden waren, erstellten unabhängig voneinander ihre Gutachten. Beide kamen zu einem bejahenden Urteil. Auch der in jedem Prozess tätige Advocatus diaboli fand keine Ansatzpunkte für kritische Nachfragen. So konnte sich anschließend die Kommission von Theologen mit dem Wunderbericht befassen. Auch das ist mit positivem Ergebnis geschehen. Als letzter Schritt im Prozess hatte dann eine Vollversammlung der zur Kongregation gehörenden Kardinäle ihr Votum abzugeben. Auch dieses Votum war positiv, so dass die Kongregation dem Papst die Seligsprechung empfehlen konnte."

Es geht hierbei um den Prozess der 1985 seliggesprochenen Pauline von Mallinckrodt.

8

Bilokationen

Von Bilokation spricht man, wenn ein Mensch an seinem Aufenthaltsort sich im Zustand der Ekstase befindet und zugleich an einem weit entfernten Ort anderen Menschen sichtbar erscheint und mit ihnen spricht.

Die Bilokation wird bei Heiligen häufig, bei einigen sogar sehr häufig festgestellt.[138]

In der Folge soll eine Bilokation des sehr bekannten italienischen Heiligen Don Bosco (1815 - 1888) gebracht werden, in dessen Leben übrigens derartig viele Wunder passierten, dass Pius XI. den Satz prägte, dass in seinem Leben das Übernatürliche fast natürlich und das Außergewöhnliche fast gewöhnlich wurde.[139] Es sollen Teile von zwei Zeugenaussagen angeführt werden. Zunächst hat im Heiligsprechungsprozess des Don Bosco im Alter von 51 Jahren der Salesianerpater Johannes Branda 1893 u. a. folgendes ausgesagt:[140]

"Es war im Schuljahr 1885/86. Ich befand mich in Sarria bei Barcelona als Direktor eines Hauses, der sogenannten Talleres Salesianos (Salesianische Werkstätten), das im Dezember 1883 gegründet und am 1. März 1884 eröffnet war...

Da, es war genau die Nacht vom 28. zum 29. des letztgenannten Monats, hörte ich, als ich zu Bett lag und schlief, eine laute Stimme, die mir dem Klang nach die unseres lieben Vaters Don Bosco zu sein schien. Sie weckte mich und sagte mir: "Don Branda", in jenem Ton, in dem er mich zu rufen pflegte, als ich bei ihm in Turin war. Bei diesem Ruf wurde ich wach, aber ich öffnete die Augen nicht. Mit verächtlicher Miene drehte ich mich auf die andere Seite - die Stimme kam links von mir -, indem ich bei mir dachte: Ich muss schlafen und darf nicht träumen, Don Bosco ist in Turin.

Es vergingen acht Tage, an denen ich mich weder an den Anruf noch an Don Bosco noch an sonst etwas erinnerte. In der Nacht vom 5. zum 6. Februar schlief ich wieder im gleichen Raum, und von der gleichen Seite, von meiner linken, vernahm ich den gleichen Anruf klar und deutlich wie das erste Mal:

---

[138] Wilhelm Schamoni, Wunder sind Tatsachen, aaO., S. 342
[139] Peter Manns, Die Heiligen in ihrer Zeit, Mainz 1966, Bd. 2 S. 410
[140] Wilhelm Schamoni, aaO., S. 344 ff.

"Don Branda", und ich wachte auf. Während ich darüber nachdenken wollte, was dieser Ruf bedeute, fügte dieselbe Stimme sofort hinzu: "Schlaf jetzt nicht, sondern steh auf!" Und ich gehorchte meinem verehrten Obern Don Bosco. Ich stand auf, ohne darüber nachzudenken, wie spät es sei, ich fand meine Nische erleuchtet, wie beim Morgenrot. Die Bettvorhänge waren geschlossen, aber sie ließen so viel Licht eintreten, wie wenn es Tag wäre, genug, um Gegenstände zu sehen und Personen unterscheiden zu können, und auch genügend, um zu schreiben und zu lesen. Ich zog die Soutane an, legte das Kollar um, nahm das Birett in die Hand, zog den Vorhang auf und öffnete die Glastür der Schlafnische und stand einen Meter entfernt vor Don Bosco. Ich grüßte ihn und erwies ihm meine Ehrerbietung, und ich zweifelte nicht, dass ich ihm die Hand geküsst habe wie auch sonst. Er trug Überrock und Birett. Er wandte sich an mich mit den Worten: "Dein Haus steht ganz gut; ich bin zufrieden mit dem, was du tust, aber...

Als er diese Worte sprach, zeigte sich sein Angesicht entflammt und strahlend. Dann verließen wir beide auf seinen Wink das Zimmer, indem ich die Tür öffnete und ihm folgte. Wir besuchten die beiden Schlafsäle. Ich erinnerte mich nicht, dass Don Bosco die Schlafsaaltüren öffnete, jedoch habe ich sie nicht geöffnet, und ich folgte ihm. Er ging sicheren Schrittes und etwas schneller als gewöhnlich. Ich erinnerte mich nicht, dass er mir ein Wort gesagt hat, während wir durch die Schlafsäle schritten. Die Säle, in denen nur ein kleines Lämpchen brannte, waren während unseres Durchgangs voll beleuchtet. Was das für ein Licht war und woher es kam, weiß ich heute noch nicht. Es war so reichlich, dass man die Jungen genau erkennen konnte, den einen wie den andern, wie am hellen Tage. Nach dem Besuch der Schlafsäle kehrten wir in mein Zimmer zurück, wobei ich immer hinter ihm herging. Ich fand das Zimmer wie vorher erleuchtet. Kaum angekommen, grüßte mich Don Bosco in derselben Weise, in der er mich zu Turin im Oratorium zu grüßen pflegte, und dann sah ich ihn nicht mehr, und ich befand mich im Finstern, in der Dunkelheit der Nacht. Ich verbrachte einige Augenblicke ohne Gedanken und Vorstellungen, ohne mir Rechenschaft zu geben über das, was vorgefallen war. Dann stieß ich mich und bemerkte, dass ich mich bei meinem Schreibtisch befand. Ich zog die Schublade auf, in der die Streichhölzer lagen, und zündete meine Lampe an. Ich schaute auf die Uhr, es war 2.30 Uhr in der Nacht..."

Während dieser Besprechung mit Don Bosco machte er den Priester Branda auf erhebliche Vergehen eines weiteren Mitarbeiters des Jugendheimes aufmerksam und forderte ihn auf, diese Dinge in Ordnung zu bringen. Bei der Rücksprache war dieser Mitarbeiter dann denkbar erstaunt und fragte, ob Don Bosco ihm dieses geschrieben habe, weil dieser schon häufiger aus weiter Ferne den Leitern der salesianischen Häuser geschrieben hatte, was sich bei ihnen abspielte, und zwar auch geheime Dinge.

Don Rua, der Sekretär Don Boscos und sein erster Nachfolger als Generaloberer der Salesianer, der selbst im Jahre 1972 seliggesprochen wurde, gab in seiner Aussage im Seligsprechungsprozess des Don Bosco auch nähere Einzelheiten über dessen Bilokation in Verbindung mit dem Besuch bei Don Branda an. Er gab praktisch wieder, was ihm Don Branda über den Vorfall berichtet hatte. Dann sagte er bezüglich der Zeit bzw. der Nacht, in welcher Don Bosco im Wege der Bilokation in Barcelona war:

"Ich muss bemerken, dass Don Bosco in jenen Tagen in Turin war, und am folgenden Tage nach der Erscheinung bei Don Branda sagte er mir während der Unterhaltung, dass er in der Nacht Don Branda einen Besuch abgestattet habe, und mir scheint, er beauftragte mich, Don Branda zu fragen, ob er seine Anordnungen befolgt hätte. In jenem Augenblick beachtete ich nicht, was Don Bosco mir gesagt hatte, ich tat, was er befohlen hatte. Als ich dann wenige Wochen später Don Bosco nach Spanien begleitete, erzählte mir Don Branda, der uns von der Grenzstation abholte, genau das, was geschehen war. Da begriff ich, wie er ihm diesen Besuch gemacht hat."[141]

Schamoni kommentiert aus Selig- bzw. Heiligsprechungsakten weitere 5 Bilokationen und gibt dann noch im Anschluss einige Kurzberichte über Bilokationen ohne Zitate aus den Akten an.

Auch diese Bilokationen wiederholen sich bis in unsere Tage. Bonin[142] nennt als Beispiel den bekannten italienischen Pater Pio (1887 - 1968), der fast 50 Jahre die sog. Stigmata trug. Bei Pater Pio seien häufig vorgekommene Bilokationen "die erstaunlichsten Phänomene". Er bringt den Fall eines Italieners, der schwer erkrankt war. Als nichts mehr half, brachte ihm seine Frau ein Buch über Pater Pio und bat ihn, die Hilfe dieses Paters anzurufen. Am 17. März 1951 legte dieser Patient, der eine Abneigung gegen alles Religiöse im allgemeinen und gegen Geistliche im besonderen hatte, das Buch

---

[141] Schamoni, Wunder sind Tatsachen, aaO., S. 349, 350

[142] Werner F. Bonin, Lexikon der Parapsychologie, 1981 S. 185

beiseite und sagte ohne Überzeugung, dass der Pater, wenn er schon so viele Wunder gewirkt habe, auch ihm helfen möge. Im selben Augenblick sah er, wie sich die Tür seines Zimmers öffnete und ein Kapuziner in einer Kutte das Zimmer betrat, auf ihn zukam und ihm bedeutete, er möge aufstehen, es fehle ihm nichts mehr. So geschah es. Der Kapuziner war Pater Pio, der ja zu dieser Zeit in seinem Kloster in San Giovanni Rotondo in Süditalien war und für den Italiener in das Krankenzimmer in Viareggio im Wege der Bilokation kam.

Der Franziskanerpater Ritzel[143] bringt auch mehrere Fälle der Bilokation dieses Paters, dessen Seligsprechungsprozess eingeleitet ist. Auf Seite 120 bringt er den Fall eines italienischen Fliegers, dessen Mutter ihm zu Kriegsbeginn Pater Pio besonders empfohlen hat. Als dieser aus einer Höhe von 3000 m in die Tiefe sauste, da sich sein Fallschirm nicht öffnete, sah er plötzlich vor sich einen Kapuziner, der ihm zu Hilfe eilte. Es war Pater Pio, bei dem sich der Flieger dann später bedankte. Der Verfasser hat vergeblich versucht, nähere Zeugenaussagen über diesen Fall einsehen zu können. Vor Abschluss des Seligsprechungsprozesses wird in die Akten Dritten keine Einsicht gewährt, da das endgültige Urteil noch nicht gefällt ist.

9

Levitationen

Es gibt auch eine Parallele zu der Aufhebung der Schwerkraft beim Wandeln Jesu und Petri auf dem Galiläischen Meer.[144] Bei einer Levitation hebt sich ein Mensch ohne Hilfe Dritter in die Luft und schwebt dort bzw. schwebt durch die Luft zu einer anderen Stelle. Nach den Ausführungen von Schamoni[145] wird diese Levitation bei über 200 Heiligen und heiligmäßigen Personen berichtet. Schamoni ist ein ganz außerordentlicher Kenner von Leben der Heiligen nicht nur deswegen, weil er schon seit den 30er Jahren bis heute ständig über Heilige insgesamt und einzelne Heilige geschrieben hat, sondern besonders, weil er sich auch in den Heiligsprechungsakten wie wohl

[143] Ferdinand Ritzel, Pater Pio, Gröbenzell S. 114 ff.
[144] Markus 6, 48
[145] Wunder sind Tatsachen, aaO., S. 328

kaum ein zweiter lebender Deutscher auskennt. So hat er z. B. 9000 Fotokopien von Heiligsprechungsakten aus Rom und Paris hergestellt und nach Paderborn gebracht. Dort befinden sie sich in dem 1977 von Erzbischof Dr. Johannes-Joachim Degenhardt gegründeten hagiographischen Studienzentrum bei der akademischen Bibliothek Leostraße 21. Insgesamt sind dorthin auf seine Veranlassung etwa 2000 Bände Heiligsprechungsprozesse der neueren und neuesten Zeit gekommen.

Dieses Schweben ist bei keinem Heiligen so häufig, zu Hunderten von Malen erfolgt, wie beim hl. Josef von Copertino (1603 - 1663). Die bischöflichen Informativprozesse begannen zwei Jahre nach dem Tode des hl. Josef von Copertino. Schamoni weist zusätzlich einmal auf die Biographie von Gustavo Parisciani, Josef von Copertino, Im Licht der neuen Dokumente, Osimo-Ancona, 1964 mit 1056 Seiten hin. Dann weist er auch darauf hin, dass der frühere Glaubensanwalt Prosper Lambertini und spätere Papst Benedikt XIV., dem sämtliche Unterlagen zur Verfügung standen, einschließlich der Akten des Inquisitionsprozesses von 1638, über diese Ekstasen ausgeführt hat: "Augenzeugen von unanfechtbarer Qualität haben über das berühmte Schweben über dem Boden und die erstaunlichen ekstatischen Flüge des Dieners Gottes ausgesagt."[146] Er gibt auch das Zitat aus dem berühmten Werk von Benedikt XIV. (1740 - 1758) an, das in mehreren Bänden sich auf die amtlichen Unterlagen stützt:[147]

In der Folge sollen nur einige Aussagen teilweise aus dem Seligsprechungsprozess des hl. Josef von Copertino zitiert werden.

"Zeuge Frau Dorothea Zeccha, 50 Jahre alt: Ich war zugegen in der Kirche von Grottella, als die Vesper begann und P. Josef kam. Er flog von der Mitte der Kirche bis zum Altar der sel. Jungfrau, kniete sich auf den Betschemel und fiel in Ekstase."

Dieselbe Zeugin sagt bezüglich eines anderen Vorfalles folgendes aus:

"Das erste Kreuz, groß und schwer, weil aus Olivenholz, würden zehn Männer nicht haben aufrichten können (ihr Mann: fünf Männer). P. Josef (der dabeistand) flog etwa sechs Doppelschritt, ergriff das Kreuz und setzte es ganz allein in die Grube. - Als die letzten großen Kreuze auf dem Kalvaria bei Grottella aufgestellt werden sollten und es etwa zehn Personen nicht gelang, sah dies P. Josef von der Kirchtür aus. Er machte drei Doppelschritte, ließ den

[146] Schamoni, aaO., S. 329
[147] De beatificatione et Canonisatione Sanctorum Bd. III, c 49 nr. 9

Mantel fallen und flog etwa fünfzehn Doppelschritte wie ein Vogel, und er fasste das Kreuz und stellte es ohne jede Hilfe in die Vertiefung. Das Kreuz war 54 Spannen - ca. 12 m lang."

Für beide Aussagen: [148]

"Zeuge Franz Buono, 53 Jahre alt, im gleichen Prozess:

Ein andermal ging P. Josef von der Kirche zu den drei Kreuzen, die nicht weit von dem Konvent stehen. Ich folgte ihm von weitem. Als P. Josef noch weit von den Kreuzen war, etwa 12 Doppelschritte, erhob er sich mit einem Schrei vom Boden, flog und setzte sich auf das mittlere Kreuz. Er blieb dort über eine Stunde und kehrte im Fluge zu der Stelle zurück, von der er sich erhoben hatte. Ich ging ihm entgegen...

Antonius Montefusculi, Kleriker, 65 Jahre alt, erklärte im Apostolischen Prozess von Nardi (1689 eröffnet): Ich habe mit meinen eigenen Augen viele Entzückungen bei P. Josef gesehen. Fast jeden Samstag ging ich in die Grottellakirche, um die Messe zu hören, aus Frömmigkeit und aus Neugier. Fast immer sah ich ihn in der Messe, entweder beim Memento oder nach der Wandlung, nachdem er einen Schrei ausgestoßen hatte, in Ekstase fallen, und oft sah ich ihn einen Fuß hoch über dem Boden schweben, und sowohl ich wie die anderen, die in der Kirche waren, sagten: "Seht doch, seht doch, jetzt schwebt er über der Erde."[149]

Der Zeuge Franz Allegretti, 70 Jahre alt, berichtet im Apostolischen Prozess über einen der bekanntesten und am besten beglaubigten Flüge des Heiligen, der in Gegenwart des Vizekönigs von Neapel und zahlreicher anderer Kirchenbesucher erfolgt und berichtet wie folgt:

"Er trat durch die kleine Tür ein beim Altar der Unbefleckten Empfängnis, vor dem der Herr Botschafter, seine Gemahlin und Umgebung und eine Menge Leute aus Assisi standen. Nachdem er die Kniebeugung zum heiligsten Sakrament gemacht hatte, wandte er sich zur Statue der Unbefleckten Empfängnis, stieß seinen gewöhnlichen Schrei "oh" aus und flog mit ausgebreiteten Armen etwa zehn Doppelschritte zu der Statue hin, die auf dem Altar stand, um sie zu umarmen, und er blieb auf dem Altare knien. Aber ob er auf dem Altare selbst kniete oder über ihm schwebte, konnte ich nicht sehen, weil das herunterhängende Gewand es nicht erkennen ließ. Er blieb dort etwa vier Credo lang, bis der Vorgesetzte ihn im hl. Gehorsam zurückrief. Er kehrte

[148] Schamoni, aaO., S. 329
[149] Schamoni, aaO., S. 330

sofort zurück und ging schnell fort, ohne ein Wort zu sagen. Die Statue stand mehr als eine Menschenlänge über dem Boden, er war über die Köpfe einiger Damen hinweggeflossen."[150]

Schamoni bringt noch weitere Aussagen über Levitationen, die auch insbesondere Thurston[151] dokumentiert, wobei er die zweifelhaften Fälle auch als solche bezeichnet und ausscheidet. Während bei der Bilokation der Leib des Betreffenden an einem bestimmten Ort verbleibt und an anderer Stelle als Erscheinung auftaucht, wird bei der Levitation ein und derselbe Körper in die Höhe gehoben und gelegentlich ein Stück durch die Luft getragen.

10

Unverwesbarkeit normal Begrabener

Wie der Monsignore Geistliche Rat Wilhelm Schamoni sich in Deutschland mit den Heiligsprechungsakten befasst hat, so tat dies in England der Jesuit Thurston in ganz außerordentlichem Maße. Sein Buch, Begleiterscheinungen der Mystik, basiert im wesentlichen auf solchen Akten und Dokumenten. Zur Tatsache der Unverwesbarkeit schreibt er allgemein folgendes:[152]

"Die einschlägigen Phänomene können mit Vorteil in folgende sechs Klassen eingeteilt werden:

1. Man weiß von außernatürlichen Wohlgerüchen, die in der Nähe von Verstorbenen wahrgenommen wurden, manchmal sogar während Monaten und Jahren. (Sehr gut bezeugt ist das bei der heiligen Theresia von Avila.)
2. Es gibt Berichte über völliges Ausbleiben der Totenstarre.
3. Unverweslichkeit wurde sehr häufig festgestellt, in einigen Fällen noch nach Jahrhunderten, obwohl Einbalsamierung, Ausdörrung des Leichnams, Aufbewahrung in Metallsärgen und in luftdicht abgeschlossenen Räumen, sowie andere bewahrende Faktoren nicht in Betracht fielen.

---

150 Schamoni, aaO., S. 330
151 Herbert Thurston, Die körperlichen Begleiterscheinungen der Mystik, Luzern 1956, S. 15 - 53
152 Thurston, aaO., S. 285 f

4. Blutausfluss aus einem Leichnam wurde noch Wochen, Monate und Jahre nach dem Tode beobachtet. So floss bei der heiligen Katharina von Bologna drei Monate nach ihrem Tode Blut aus der Nase, als ihre Gruft geöffnet wurde; in diese war sie übrigens erst verbracht worden, als sie bereits vierzehn Tage in einem Erdgrab geruht hatte.
5. Gelegentlich, doch viel seltener, wird in zuverlässigen Quellen auch berichtet, dass ein Leichnam lange nach Eintritt des Todes die Körperwärme, manchmal sogar eine sehr hohe Körpertemperatur bewahrte. Als ein Chirurg die Leiche der Maria Villani neun Stunden nach dem Tode öffnete, um das Herz herauszunehmen, war die Temperatur im Innern des Leibes so hoch, dass er seine Hand mehrmals zurückziehen musste."

Bei jedem Seligsprechungsprozess müssen im Verlaufe des Verfahrens die Gräber der jeweiligen Betroffenen geöffnet werden. Hierbei ergibt sich keineswegs bei allen Heiligen die Unverwesbarkeit. Viele sind vielmehr normal verwest wie alle anderen Verstorbenen auch. Andererseits sind eine erstaunliche Anzahl von später Heiliggesprochenen Jahrzehnte und Jahrhunderte nach ihrem Tode unverwest aufgefunden worden, ohne dass sie besonders präpariert waren. Auf vier Seiten führt Thurston solche Heiligen zwischen 1400 und 1900 auf.[153] Zu den bekanntesten Heiligen, die nach Jahrzehnten unverwest aus dem Grabe entnommen wurden und heute noch unverwest in den Kirchen aufgebahrt sind, gehören der berühmte Pfarrer von Ars, Bernadette Soubirous, welcher die Gottesmutter in Lourdes erschien, aus früherer Zeit die hl. Theresia von Avila, Katharina von Siena, Franz Xaver und Philipp Neri sowie die oben erwähnte Katharina Labouré, die Heilige der Wundertätigen Medaille. Bezüglich Bernadette Soubirous soll eine Aussage zitiert werden:

"Keine Spur von Verwesung oder üblem Geruch konnte am Leichnam unserer geliebten Schwester wahrgenommen werden. Sogar das Gewand, in dem sie beerdigt worden war, war unversehrt. Das Gesicht war etwas gebräunt, die Augen waren leicht gesunken; sie schien zu schlafen. Die feuchten Leichengewänder wurden durch frische ersetzt. Der Körper wurde in einen neuen Zinksarg auf weiße Seide gelegt. Dazu legte man in einer Glastube einen Bericht, der über die Öffnung des Sarges und den Zustand, in dem man den Körper gefunden hatte, Rechenschaft gibt. Darauf wurde der Sarg wieder in die Totenkapelle in unserm Garten gebracht."[154]

[153] aaO., S. 302 - 305
[154] Thurston, aaO., S. 288, 289

Bezüglich der hl. Magdalena-Sophie Barat, der Gründerin der Gesellschaft vom Heiligsten Herzen Jesu, die 1865 starb, berichtet Thurston, dass 28 Jahre nach ihrem Tode ihr Leichnam fast völlig unversehrt gefunden wurde, obwohl der Sarg zum Teil zerfallen und mit Pilzen bedeckt war.[155] Er führt noch weitere ähnliche Beispiele an.

Schon oben wurde aus den Heiligsprechungsakten des hl. Andreas Bobola zitiert. Dieser wurde am 16. Mai 1656 grauenvoll zu Tode gemartert und beerdigt. 1701 wurde sein völlig unverwester Leichnam nach den oben geschilderten Erscheinungen gefunden mit den abgeschnittenen Gliedmaßen, der abgezogenen Haut, den Brennwunden und den unter die Fingernägel getriebenen Holzstücken. In der Folge sollen nur einige Sätze der Zeugenaussagen bezüglich dieser Unverwestheit angegeben werden:

"P. Valerian Kuczynski, 57 Jahre alt:

Wir öffneten den Sarg, fanden den Körper ganz unverwest, mit den Wunden so zermartert wie er jetzt zu sehen ist, und als wir ihn vom Staube reinigten, säuberten wir auch den Sarg und legten den Leichnam wieder hinein. Und wir hielten die Unversehrtheit seines Leibes für eine einzigartige Gnade Gottes und für ein ganz besonderes Wunder, nachdem er so viele Jahre in dieser Weise gelegen hatte, und dass er sie durch sein Martyrium, das er für den katholischen Glauben erlitten hatte, verdient habe. Wir stellten auch keinerlei Geruch bei ihm fest, ja der Leib war genauso, wie wenn er gerade erst begraben worden wäre."

"Anton Mocydowski, 36 Jahre alt:

Als sein Leib am dritten Tage gefunden war, wurde es uns sofort mitgeteilt, ich besuchte damals die Schule in Pinsk. Ich war gleich nach der Auffindung mit einer Kerze am Grabe. Ich sah den unverwesten Leib, der so gemartert war, der Sarg war verfault, und ich habe von verschiedenen gehört, dass diejenigen, die ihn gekannt und von den Kosaken gemartert gesehen hatten, ihn wiedererkannt hätten an den Handwunden und der abgeschnittenen Nase."[156]

---

155 aaO., S. 288
156 Schamoni, aaO., S. 251

Schamoni schreibt weiter:

"Der Leib war dann in einem neuen Sarge unter dem Fenster des Totenkellers geborgen worden. Der Heilige wurde als Wundertäter verehrt. Die vielen Gebetserhörungen führten 1719 zu einer amtlichen Eröffnung des Sarges. Man fand den Märtyrer vollkommen unverwest, abgesehen von den Wunden war der Körper völlig intakt, er war biegsam, das Fleisch weich. Fünf Ärzte und Apotheker bezeugten unter Eid diese Tatsache und dass keine Erhaltungsmittel angewandt seien. Im Jahre 1920 brachten die Bolschewisten den Leib in ein Museum nach Moskau. Es gelang Pius XI., ihn herauszubekommen, er ruht jetzt in Al Gesu in Rom."[157]

Wie in den anderen Fällen war es auch hier: Andere Leichen im Totenkeller waren völlig verwest.[158]

11

Vermehrungsphänomene

Vermehrungsphänomene, wie schon in der Bibel geschildert,[159] sind auch keine Seltenheit in den kirchlichen Untersuchungsakten.

Es soll hier beispielhaft eine besonders klare Aussage des späteren Generalprokurators der Salesianer, Francesco Dalmazzo gebracht werden, die dieser im Seligsprechungsprozess des Don Bosco machte. Die Zeugen wurden über mehrere Punkte befragt, wobei diese einzelnen Punkte unter einer laufenden Nummer bezeichnet waren. Im vorliegenden Falle ging es unter Nr. 32 um das hier berichtete Vermehrungswunder. Dalmazzo hatte vor, das Oratorium zu verlassen, da ihm die Kost und Unterbringung für seine Ansprüche nicht ausreichend erschienen. Seine Mutter sollte ihn an diesem Morgen abholen. Er war erst wenige Tage in dem Oratorium und hörte seine Kameraden von Don Bosco als einem Heiligen sprechen, von dem sie ihm viele außergewöhnliche Dinge berichteten.

---

[157] Schamoni, aaO., S. 250
[158] Schamoni, aaO., S. 247
[159] Markus 6, 38

"Es war im Jahre 1860. Ich war erst vor einigen Tagen in das Oratorium des hl. Franz von Sales, das Don Bosco leitete, eingetreten. Ich war damals 15 Jahre alt und besuchte die Rhetorikklasse. An einem schönen Morgen, an dem ich das Oratorium zu verlassen gedachte, weil ich mich an die allzu bescheidene Kost und an die ganze Lebensweise des Institutes nicht gewöhnen konnte, ging ich, um bei Don Bosco zu beichten, mitten in eine Schar von Jungen, die ihn von allen Seiten umgab. Gerade als ich mit der Beichte anfing, kam ein junger Bediensteter, um Don Bosco mitzuteilen, dass man den Jungen kein Frühstück geben könne, da kein Brot mehr da sei. Ich bemerkte, dass zu dieser Stunde die Jungen in der hl. Messe waren, und die Ordnung war die, dass beim Herausgehen jeder ein großes Brötchen empfing. Don Bosco antwortete: ("Was soll das? Was habe ich damit zu tun?") Geht und holt es aus der Bäckerei des Herrn Magra." - So hieß der Bäcker des Hauses. - Der andere erklärte: "Der hat (seit gestern) kein Brot mehr geliefert und will auch keines mehr liefern, weil man ihn nicht bezahlt hat, und ich hörte, dass die Schuld gut 10.000 Lire hoch ist" ("und er ist ein Mann, der tut, was er einmal gesagt hat"). Da sagte Don Bosco: "Geht und sucht im Vorrat alles zusammen, was es da gibt, und sammelt auch das, was noch in den Speisesälen liegen mag." - Der andere ging, und ich setzte meine Beichte fort. Mir machte es nichts aus, dass ich kein Frühstück bekommen würde, da ich in wenigen Augenblicken das Haus zu verlassen gedachte. Kaum hatte ich meine Beichte beendet, als derselbe Bedienstete zurückkam - die Messe war fast aus - und mit Don Bosco von neuen sprach: "Ich habe alles zusammengesucht, es sind ein paar Brötchen, aber sie reichen nicht aus", und er bat Don Bosco, der ruhig weiter Beichte hörte, er möge angeben, was geschehen solle.

Der Diener Gottes machte ein Zeichen, dass man sich nicht aufrege, er werde in ein paar Augenblicken selbst herunterkommen ("Legt, was sich gefunden hat, in den Korb!"). Tatsächlich erhob er sich, nachdem er die Beichte des Jungen, der neben ihm kniete, gehört hatte, und ging hin zu der Sakristeitür, durch welche die Jungen die Kirche zu verlassen hatten und an der das Brot gewöhnlich ausgegeben wurde. (Dort stand schon der Brotkorb.) In Gedanken an andere wunderbare Tatsachen, die ich über ihn erzählen gehört hatte, und neugierig geworden, ging ich ihm voraus, um mich an einem günstigen Platz aufzustellen, von dem aus ich leicht alles beobachten konnte. Beim Herausgehen stieß ich an der Tür auf meine Mutter, der ich geschrieben hatte und die gekommen war, mich abzuholen und aus den oben genannten Gründen wieder nach Hause zu nehmen. Ich gab ihr ein Zeichen, sie möge einen Augenblick warten, da ich noch etwas sehen wolle, und sie ging unter die Säulenhallen. Ich empfing als erster ein Brötchen und schaute dabei in den Korb und sah, dass er gegen 15, höchstens 20 Brötchen enthielt. Darauf stellte ich mich unbemerkt direkt hinter Don Bosco auf, an einer erhöhten Stelle, nämlich auf eine Stufe, und machte die Augen auf. Ich stellte mich an einer etwas erhöhten Stelle direkt hinter Don Bosco auf, der sich schon angeschickt hatte, die Brötchen den Jungen auszuteilen. Ich schaute schnell in den Korb und sah, dass er höchstens etwa 15 oder 20 Brötchen enthielt. Don Bosco teilte sie aus, und die Jungen, die sich freuten, sie von ihm selbst zu empfangen, küssten ihm die Hand, während er einem jeden ein Wörtchen sagte oder ein Lächeln verschenkte. Alle 300 (gegen 400) empfingen ihr Brot, und, als die Verteilung beendet war, betrachtete ich wieder den Brotkorb, und zu meiner großen Verwunderung sah ich, dass ebensoviel darin war, wie anfangs darin gewesen war, ohne dass Brot nachgereicht war oder ein anderer Korb gebracht worden war. Auf der Stelle lief ich zu meiner Mutter, und ohne Umschweife sagte ich ihr, ich wolle nicht mehr fortgehen, sie möge mir verzeihen, dass ich ihr diese Scherereien gemacht habe, nach Turin zu kommen. Ich erzählte ihr dann, was ich mit meinen eigenen Augen gesehen hatte, und sagte ihr, dass es mir unmöglich sei, ein Haus zu verlassen, das von Gott gesegnet sei, und einen Heiligen wie Don Bosco. Und dies ist der einzige Grund, der mich im Oratorium bleiben ließ, so dass ich später einer seiner Söhne wurde."

Schamoni weist nicht nur auf weitere Vermehrungswunder von Brot, Hostien, Kastanien, Nüssen und Medaillen hin, sondern er führt auch Zeugenaussagen aus Seligsprechungsprozessen anderer Heiliger über Vermehrungswunder an.[160]

Solche sind z. B. auch vom hl. Pfarrer von Ars bekannt. Dieser hatte große Mühe, die Kinder seines Waisenhauses ausreichend zu ernähren. Als einmal 1829 von dem Weizenvorrat auf dem Boden nur noch zwei Hände voll übrig waren, legte er darunter eine Reliquie des von ihm verehrten Heiligen Franz Regis. Am anderen Morgen war der Speicher so voll gefüllt, dass er fürchtete, der wurmstichige Fußboden könne durchbrechen. In einem anderen Fall füllte sich der ganze Backtrog der Küche, in dem nur ganz wenig Wasser und Mehl waren, vor den Augen der Anwesenden derartig mit Teig, als ob ein großer Sack voll Mehl hineingetan worden wäre.[161]

---

[160] So auch in: W. Schamoni, Fünf Brote und zwei Fische, Pater Angelos de Vadi, Beeidete Zeugenaussagen über Vermehrungswunder, in: Theologisches 1985 S. 6223 ff.

[161] Francis Trochu, Das wunderbare Leben des Pfarrers von Ars, Colmar, 1951 S. 80/81

12

Jahrzehntelanges Leben von Menschen ohne jede Nahrungsaufnahme

Die Fälle völliger Nahrungslosigkeit über lange Zeit sind nicht selten. Im Unterschied zu den anderen unerklärlichen Ereignissen kann hierbei durch Zeugenaussagen oder andere Beweismittel niemals ein sicherer Beweis geführt werden. Es kann begreiflicherweise keine Zeugen geben, die über Jahre oder Jahrzehnte immer die betreffende Person überwacht haben. Es kommt hier also ausschließlich auf die persönliche Glaubwürdigkeit des jeweils Betroffenen an. Aus den Gesamtumständen bei den jeweiligen Heiligen oder heiligmäßigen Personen kann zwar kein echter Zweifel an ihrer Glaubwürdigkeit bestehen, wie auch andererseits gerade auf diesem Gebiet manche Betrugsfälle von Personen, die das gleiche vorgaben, vorliegen. Es soll nur darauf hingewiesen werden, dass z. B. die hl. Lidwina (gestorben 1433) während einer Dauer von 28 Jahren nichts zu sich genommen hat, der hl. Nikolaus von der Flüe (gestorben 1487) während 19, die ehrwürdige Domenica dal Paradiso (gestorben 1553) während 24 und die selige Elisabeth von Reute (gestorben 1420) während 15 Jahren. Sie empfingen jeweils nur die hl. Hostie.[162] Thurston hat dazu noch weitere Einzelheiten gebracht, auch bezüglich der Glaubwürdigkeit. Es soll hier aber kurz auf eine in letzter Zeit stattgefundene Untersuchung hingewiesen werden. Es handelt sich hierbei um die 1909 geborene und 1962 gestorbene Therese Neumann von Konnersreuth, die Visionen und auch die Stigmata hatte. 1927 wurde vom Bischof von Regensburg eine Kommission eingesetzt, die unter Leitung des Arztes Dr. Seidel überprüfen sollte, was an der Behauptung war, sie habe seit 1922 keine Nahrung und seit Weihnachten 1926 auch keine Flüssigkeit mehr zu sich genommen. Zu diesem Zweck wurden vier Krankenschwestern herangezogen, die auf ein sehr strenges Bewachungsstatut vereidigt wurden. Diese lösten sich ab, so dass Therese Tag und Nacht jeweils von zwei Schwestern ohne jegliche Unterbrechung beobachtet wurde. Es erfolgten nicht nur körperliche Untersuchungen, sondern auch das Zimmer, das Bett, die Kleider usw. wurden gründlich untersucht, und es wurden auch andere Vorsichtsmaßregeln getrof-

[162] Thurston, aaO., S. 407 ff.

fen. Die Überprüfung dauerte zwei Wochen und ergab, dass Therese jedenfalls während dieser Zeit nichts zu sich genommen hatte. [163] Diese Überprüfung ging auch damals durch die Presse.[164]

13

Unerklärliche Fälle, in denen Menschen und Gegenstände durch unsichtbare, nicht feststellbare Kräfte geworfen, dabei verletzt bzw. beschädigt wurden.

Diese Fälle werden sehr häufig in dem parapsychologischen Schrifttum als sog. Spukfälle bezeichnet. Da die Existenz solcher Vorkommnisse teilweise entschieden bestritten wird, soll hier ein besonders eindeutiger Fall gebracht werden, der in einer sehr eingehenden Untersuchung durch ein russisches Gericht überprüft wurde. Aksakow[165], der kaiserlich russischer wirklicher Staatsrat war und für den Spiritismus eintritt, hat die gesamten amtlichen Ermittlungen, und zwar insbesondere die richterlichen Vernehmungen für diesen Fall auf ca. 200 Seiten dokumentiert. Bevor er mit der Dokumentation beginnt, hat er 45 weitere solcher sog. Spukfälle kurz dargestellt. Er hat in der Regel angegeben, wo die Informationen herkommen. Gelegentlich wurde auch ein staatliches Gericht eingeschaltet. So ereignete sich im Jahre 1874 in einem kleinen Bauernhaus im Bezirk Wilna ein Werfen von Steinen und Holzstücken. In der Stube ging eine Milchflasche umher, die man auch durch Stricke nicht bändigen konnte. Auch als man sie auf den Hof warf, kehrte sie in die Stube zurück. Der Verdacht fiel auf einen Tierarzt, welcher dieser Milchflasche für das kranke Kind des Bauern öfters etwas zugeflüstert habe. Es wurde eine gerichtliche Untersuchung eingeleitet. Der Vereinigte Gerichtshof des Kriminal- und Zivilgerichts Wilna sprach in seinem Urteil vom 28. Mai 1874 diesen Tierarzt Dardadyn von der Anklage wegen Taschenspielerei

---

[163] Thurston, aaO., S. 433 ff.

[164] Johannes Steiner, Visionen der Therese Neumann, München-Zürich 1974 mit kirchlicher Druckerlaubnis S. 64

[165] Alexander Aksakow, Vorläufer des Spiritismus, Leipzig 1898 S. 32 ff.

frei. Unter anderem wurden 6 Zeugen über den behaupteten Vorgang vernommen und vereidigt.[166]

Im Jahre 1885 kam in Finnland bei einem Volksschullehrer ein sehr verschiedenartiges Bewegen und Fliegen von allen möglichen Gegenständen vor, die auch durch unsichtbare Kräfte geworfen wurden. Der Kronenlehnsmann forderte den Lehrer vor Gericht. Nach Vernehmung von zahlreichen Zeugen wurde er nicht für schuldig an den Erscheinungen angesehen.[167]

A. Der Spukfall von Lipzy

Das Kreisgericht von Charkoff wurde mit dem folgenden Fall amtlich am 25. Juli 1853 befasst. Die Aktensammlung beginnt wie folgt:

"In Sachen des Charkoff'schen Kreisgerichtes.

Über die Erscheinungen in der Wohnung des Chefs des Reiter-Etappen-Kommandos, Hauptmann Shandatschenko, und die infolge derselben entstandene Feuersbrunst am 25. Juli 1853 in dem Großdorf Lipzy.

Angefangen am 25. Juli 1853
Abgeschlossen am 31. Juli 1856.

Auf 208 = Bogen"

[166] Aksakow, aaO., S. 14
[167] aaO., S. 19

In dieser Akte befinden sich jedoch schon Urkunden über vorhergehende Vorfälle. Die erste sei im Wortlaut zitiert:[168]

"In Sachen des Charkoff'schen Kreisgerichtes.

Über die Erscheinungen in der Wohnung des Hauptmanns Shandatschenko. 1853 - 1856.

Urkunde unter Nr. 1

Sr. Hochwohlgeboren dem Charkoff'schen Landschafts-Amtsrichter Herrn Peter Petrowitsch Ljubownikoff, Ritter p.p von dem Kommissar des 2. Distrikts.

Rapport

Am gestrigen Tage erschien vor mir in der Distriktwohnung der Hauptmann des Etappen-Kommandos Shandatschenko und erklärte, dass in dem von ihm bewohnten Quartier sich wiederum das übernatürliche Vorkommen verschiedener Ereignisse erneuert habe, weshalb ich mich mit dem Amtsbezirksvorsteher, dem Dorfältesten, dem Polizei-Assistenten, dem Accisenaufseher Prepiorski und den Dorfzeugen dorthin begab und dort sah, dass sich eine übernatürliche Macht in seinem Hause zeigte, Geschirr und Fenster zerschlagen, und sein Bursche Wasili, dessen Nachname mir nicht bekannt, mit einem Messer verwundet wurde. Dabei warf man mit Steinen und anderen Gegenständen nach mir, dem Amtsbezirksvorsteher und den anderen Leuten, welches Vorkommen auch bis zum heutigen Tage noch nicht aufgehört hat und dem ich trotz aller meiner Bemühungen nicht auf die Spur kommen konnte, weshalb ich mich genötigt sehe, Ew. Hochwohlgeboren über ein wichtiges Ereignis Meldung abzustatten, damit Ihrerseits Verfügungen getroffen werden können.

Der Kommissar des 2. Distrikts,
den 23. Januar 1853. Miller."

[168] aaO., Bl. 33

Auch die Urkunde Nr. 4 der Akten sei im Wortlaut zitiert, da hier die Vorfälle vom Betroffenen selbst genau geschildert werden.[169]

"Der Charkoff'sche Landschafts-Amtsrichter wandte sich nun an den Chef des Reiter-Etappen-Kommandos zu Lipzy mit der Bitte, ihm mit einem Bericht über die in seiner Wohnung vorkommenden Erscheinungen vorstellig zu werden, und erhielt folgendes Antwortschreiben:

Urkunde unter Nr. 4

Von dem Chef des
Reiter-Etappen-Kommandos
zu Lipzy Nr. 48

Sr. Hochwohlgeboren dem
Charkoff'schen Landschafts-Amtsrichter
Herrn Peter Petrowitsch Ljubownikoff.

Großdorf Lipzy, 26. Jan. 1859.

Gemäß der Mitteilung Ew. Hochwohlgeboren vom 25. Jan. d. J. unter Nr. 109, habe ich die Ehre, hiermit Ew. Hochwohlgeboren zu benachrichtigen, dass in der Nacht zum 4. auf den 5. ds. Monats in der mir von der Gemeinde zugewiesenen Wohnung ein ungewöhnliches übernatürliches Vorkommnis zu Tage trat. Eine unsichtbare Macht begann nämlich von dem Kochofen herab aller Art Hausgeräte, Ziegelsteine, Messer, Kessel, Beile u. a. m. auf den Fußboden und gegen die Wände zu schleudern. Da ich glaubte, es hier mit einer dämonischen Macht zu tun zu haben, so nahm ich meine Zuflucht zu den Gebeten der Kirche. An demselben Tage, d. h. am 5. Januar, gab ich auch in der Nikolajewki-Kirche dem Geistlichen derselben, Viktor Selesnjeff, hiervon Kenntnis, der im Abendgottesdienst am Epiphaniasfeste Wasser weihte und ohne Zaudern mit den Kirchendienern in mein Quartier kam, um das Haus mit Weihwasser zu besprengen. Nach Beendigung der Ceremonie warf die unsichtbare Kraft von dem Speicher aus an die Türe des Hausflurs eine Axt ungewöhnlich rasch und mit großen Getöse. Der Geistliche Selesnjeff befand sich mit den Messedienern zu dieser Zeit im Zimmer. Als ich die Gefahr sah, konnte ich dennoch nicht, trotz meiner sonstigen, eben einem russischen Offizier eigenen Unerschrockenheit, einer gewissen Bestürzung Herr werden, wie auch meine Familie in Todesangst geriet. Da ich mir von dem geheimnisvollen Walten der betreffenden Kraft keinen Begriff zu machen vermochte und überdies den Wunsch hegte, einmal dahinter zu kommen, um was es sich

[169] aaO., S. 36 - 41

denn handele und was diese Kraft von mir wünsche, so schenkte ich all den Ratschlägen der anderen, meine Wohnung aufzugeben, kein Gehör, und blieb hauptsächlich im Vertrauen auf Gottes Beistand ruhig wohnen; nur bat ich den Priester am anderen Tage nach der Einsegnung des Wassers im Flusse, das Molében (ein feierliches Gebet) und auch über das Haus den Segen zu sprechen. Am anderen Tag, als gerade der Priester gegen 6 Uhr die Einsegnung des Hauses vornehmen wollte, begann die unsichtbare Macht, weit hartnäckiger und heftiger wie vordem, verschiedene Dinge zu schleudern und die Fensterscheiben zu zerschlagen. Dazu wurde das auf dem Speicher stehende Geschirr kurz und klein gehauen; Mehl und Hirse auf dem Boden umhergestreut, die im Keller liegenden Speisevorräte für den Winter, wie Kohl, Gurken, Äpfel flogen aus den Fässern, während die anderen Sachen, deren man im Hausstande benötigt, in Stücke geschlagen wurden. Zu dieser Zeit waren dort anwesend: Der Kollegien-Registrator Schewtschenko, der Dorfälteste Sljusarjeff, einige alte Leute, Kronen-Bauern, sowie auch einige Soldaten des mir anvertrauten Kommandos. Auch kam in derselben Stunde der Geistliche Alexej Lobkowski von der Pokroffkirche zu mir, welcher bei der Lipzyer Etappe als Beichtvater für die ihr überlieferten Arrestanten bestimmt ist. Nach Beendigung seiner Amtstätigkeit im Gefängnis, wünschte er auch mir zum Epiphaniastage Glück und Segen. Nachdem er mit dem Küster die Litanei des Feiertages gesungen und mit dem Weihwasser die sich Bekreuzigenden besprengt hatte, schickte er sich gerade an, da ihm von dem Vorfalle nichts bekannt war, nach Hause zu gehen, als plötzlich die unsichtbare Macht, die sich eine Zeit lang stille verhalten hatte, von neuem ihre schreckliche Wirkung ausübte. Dies ermunterte den Geistlichen Lobkowski, nochmals die Litanei anzustimmen und mit Weihwasser das ganze Gebäude zu besprengen, Keller, Speicher und Hof. Trotzdem hörte die unsichtbare Macht nicht auf, weiter zu arbeiten. Als ich nun die Furchtlosigkeit der unsichtbaren Kraft sah, wie sie immer mehr in ihren unbändig bösen Anschlägen fortfuhr, verlangte ich von dem Dorfältesten drei Wächter und nahm ebenso viele Soldaten zur Sicherheit. Doch vertraute ich indes mehr auf Gott als auf uns sieben Leutchen und bat daher die drei Geistlichen, nämlich den Pater Johann Tschernjajeff, Alexej Lobkowski und Viktor Selesnjeff um Wiederholung der Ceremonie, welche auch, nachdem sie sich in der Nikolajeffskirche mit den Heiligenbildern versehen hatten, unter großem Volkszulauf in meine Wohnung zurückkamen, woselbst dann die Ceremonie vorgenommen wurde. Allein die unsichtbare und böse Macht setzte wie zum Hohne der heiligen Handlung ihr Wesen fort, warf mit Ziegelsteinen und Brettern und schleuderte schließlich in den Volkshaufen einen mit Wasser angefüllten gusseisernen Kessel, der auf dem Boden am Kochofen stand. Nach dem Dankgebete und der Besprengung des Hauses wie des ganzen Hofes mit Weihwasser, wurden die Heiligtümer wieder in die Kirche gebracht, und die Geistlichen Alexej Lobkowski, wie Viktor Selesnjeff zur Vornahme des Exorzismus gegen die dämonischen Gewalten aufgefordert. Allein die böse Macht ließ sich auch dadurch nicht in ihrem Vorhaben beirren und warf von neuem den Vorrat im Keller durcheinander, weshalb ich einen Geistlichen bat, sich doch in den Keller zu begeben, um denselben mit Weihwasser zu besprengen, was der Geistliche auch tat. Am Abend desselben Tages kamen der Distriktskommissar Miller und der Assistent des Bezirksoberhauptes, namens Sorokowski, zu mir. Auch sie sahen, was bei mir im Hause vorging. In der Nacht gegen drei Uhr löschte ich das Licht aus. Die unsichtbare Macht lärmte fürchterlich und warf Koffer, Backtrog und Tisch mitten in das Zimmer, und zwar so heftig, dass alle Anwesenden gezwungen wurden, herauszulaufen, darauf ließ der Lärm zwar nach, allein fortgesetzt wurde mit Ziegelsteinen weiter geworfen. Nachmittags um 2 Uhr fing dann aus ganz unbekanntem Grunde in einem Augenblick das Bett im Zimmer an drei Stellen an zu brennen. Ich befand mich mit meiner Frau zu derselben Zeit im Zimmer, und wir konnten daher sofort das Feuer auslöschen. Nach Verlauf von 10 Minuten begann das Bett wiederum an einer anderen Stelle zu brennen, allein auch diesmal gelang es uns, des Feuers schnell Herr zu werden. Und in diesem Augenblick erfolgten zwei Schläge mit einem Ziegelsteine gegen das Fenster, wodurch vier Scheiben zerbrochen wurden.

Da ich den Schaden vermeiden wollte, welchen man mir unaufhörlich zufügte, so sah ich mich doch schließlich genötigt, in eine andere Wohnung überzusiedeln. Während eines Aufenthaltes von acht Tagen und acht Nächten in meinem neuen Quartier hörten die Wirkungen der unsichtbaren Macht in der früheren Wohnung auf, nach Aussagen der Wächter und wie ich mich selbst überzeugen konnte, weshalb ich wiederum in die frühere Wohnung übersiedelte, wobei ich den Geistlichen jedoch beauftragte, die Panichida (Totenmesse) und das Molében (Dankgebet) zu lesen. Darauf verhielt sich zweimal vierundzwanzig Stunden alles still, bloß in der Küche war ein wehmütiges Klagegestöhn, wie von einem Menschen herrührend, vernehmbar. Zuerst vernahm das mein Bursche Wasili Korabljeff, dann hörten es auch die Bäuerin Echimija Schestschenkoff und die Mietsfrau Matrona des Soldaten Feodorenkoff, sowie auch die Gemeinen Gregor Wlasenko und Gregor Wodopjenoff. Nach dreimal 24 Stunden fing es jedoch wieder von neuem an, von allen Seiten aus mit allerhand Gegenständen zu werfen. Alsdann forderte ich sofort, um dem eigentlichen Zweck einer so wunderbaren Erscheinung auf die Spur zu kommen, den Distriktskommissar Miller, den Accisenaufseher Piepiorski, sowie den Kollegen-Registrator Schewtschenko zur Untersuchung auf. Ferner ließ ich den Dorfältesten Sljusarjeff, den Assistenten Waschnjakoff und einige Bauern holen. Die unsichtbare Kraft wurde nun noch heftiger als zuvor und schleuderte sogar, außer den verschiedenen anderen Sachen, auch noch mit einem Messer nach meinem Burschen Wasili Korabljeff, wodurch derselbe am Kopfe bei dem Ohre verwundet wurde, auch setzte sie die ganze Nacht hindurch ihr Lärmen und Wüten fort. Am andern Tage, d. h. am 23. desselben Monats, als meinerseits alle Vorsichtsmaßregeln getroffen waren, indem ich in der Küche den Gemeinen Gregor Wlasenko mit drei Bauern, sowie in meinem Zimmer den Gemeinen Davi Ignatenko aufgestellt hatte, brannte trotz allem um 3 Uhr nachmittags über der Küche das Dach ab, wobei ein eigentümlicher Rauch, der stark nach Schwefel roch, zurückblieb. Und obgleich man nun sofort Mittel in Bewegung setzte, dem Feuer Einhalt zu gebieten, so war es doch auf keine Weise möglich, auf die Speicherkammer zu klettern, weil brennende Stücke und Ziegelsteine den Leuten ins Gesicht geworfen wurden. Auf einmal schlug die Flamme aus der ganzen Speicherkammer und über das Dach mit einer schrecklichen Gewalt und mit einem ungewöhnlichen erstaunlichen Geprassel. Dabei brannte das Dach ab und meine eigenen wie auch andere Sachen, die sich in der Speicherkammer befanden, im ganzen in einem Werte von mehr als 150 Rubel Silber, wurden ein Raub der Flammen. Das übrige Gebäude wurde durch die herbeieilenden Leute und die Soldaten meines Kommandos vor dem weiteren Umsichgreifen des Elementes geschützt. Dabei halte ich es für notwendig, darauf hinzuweisen, dass in derselben Wohnung bereits ein Jahr vorher die ähnliche Erscheinung vorgekommen war, obgleich sich die Kraft dabei nicht so stark und bösartig äußerte, wie jetzt und auch nicht so lange andauerte. Diese Kraft trat damals, wie auch jetzt, in demselben Monat zu Tage, nämlich im Januar. Ew. Hochwohlgeboren beehrte mich, hierüber mit Bericht aufzuwarten.

Bemerkt sei noch, dass bei dem Werfen mit verschiedenen Gegenständen, wie Ziegel und Steine, ich während der vielen gefährlichen Erscheinungen nicht beobachten konnte und daher auch nicht anzugeben vermag, was sonst noch vorgefallen ist. --

Hauptmann Shandatschenko."

In der Folge werden nun mehrere Zeugenvernehmungen des Amtsrichters von Anfang Februar 1853 und Schreiben von Geistlichen wiedergegeben. Als Beispiel einer solchen Zeugenvernehmung sei folgende Urkunde Nr. 16 zitiert:[170]

"Urkunde unter Nr. 16

Am 5. Februar 1853 vernahm der Charkoff'sche Landschafts-Amtsrichter in Gegenwart eines Deputierten der Militärbehörde und eines solchen von Seiten der Staatsbauern, sowie ferner nach Ermahnung eines Geistlichen die unterzeichneten Personen, und es ergab sich:

1) Ich heiße Matrona Iwanowa, Tochter Feodorenkoff, 27 Jahre alt, die Frau eines Soldaten, und befinde mich im Dienst und Wohnung bei dem Chef des Lipzyer Reiter-Etappen-Kommandos Shandatschenko seit dem 1. Oktober 1852. Orthodoxen Glaubens gehe ich jedes Jahr zur Beichte und zum heiligen Abendmahl, des Lesens und Schreibens bin ich unkundig. Noch nie bin ich gerichtlich verurteilt und bestraft worden. In dem von dem Herrn Hauptmann Shandatschenko innegehabten Quartier wurden in der Nacht vom 4. bis 5. vergangenen Monats Januar, als wir uns in der Küche schlafen gelegt hatten, die Bäuerin des Hauptmanns Shandatschenko Jefimja, sowie sein Bursche Wasili, die Ordonanz Ljachenko und der Nachtwächter Abramoff, welche im Dienst des Lipzyer Etappen-Kommandos stehen, nach einer halben Stunde, nachdem wir das Feuer ausgelöscht hatten und noch nicht schliefen - aus dem Ofen in der Küche eine Scherbe und dann ein Topf, und als wir Feuer anmachten, aus demselben Ofen in der Küche zuerst ein Topf und dann ein hölzernes Schüsselchen herausgeworfen. Ich nahm mit der Bäuerin des Hauptmanns Jefimja die übrigen Töpfe vom Ofen weg, wo, wie wir sahen, sich niemand versteckt hielt. Von dieser Zeit ab warf es in der Küche und im Zimmer von der Speicherkammer aus mit verschiedenen Dingen: Steinchen, Thon und Sand usw. Es wurden die Fensterscheiben eingeschlagen und auf dem Speicher das Getreide herumgestreut. In dem Keller warf man Kufen mit Eingemachtem um. Als nun in der Wohnung des Hauptmanns der Priester Viktor Selesnjeff das Molében sprach, waren "Jefimja" und ich in der Küche und sahen, wie der geistliche Herr mit dem Topfe geworfen wurde. Als dann zum zweiten Male das Molében und die Exequien vorgenommen wurden, hörte ich in der Küche das Stöhnen eines Menschen. Am Abend desselben Tages zeigte sich neben dem Ofen eine

[170] aaO., S. 58

schwarze, übelriechende Flüssigkeit, welche wir auf den Hof schafften. Danach ging es nun weiter, zu werfen und zu schlagen, das herrschaftliche Bett geriet in Brand und später brannte auch das Dach ab. Woher dies alles kam, weiß ich nicht, ich selbst bin nicht daran schuld, und da mir nichts weiteres davon bekannt ist, so kann ich auch niemand anderes eines Verdachtes bezichtigen. (Die Bäuerin Jefimja Schewtschenkoff "bezeugt dasselbe wie auch die erste Zeugin Frau Matrona Feodorenkoff.")"

In der Folge wird dann zunächst ein Schreiben des Ministeriums des Innern vom 04. Februar 1853 zitiert, worin der hier tätige Amtsrichter sehr dringend um genaue Berichterstattung bezüglich des Vorfalles gebeten wird, der im Volksmund als Teufelsspuk bezeichnet wurde.[171]

Der Amtsrichter antwortete sofort, dass er erst sich selbst genau formell unterrichten müsse. Es seien zu viele Zeugen zu vernehmen. Wörtlich schreibt er: "Indes vermag ich nicht durch die Mitteilung dieser Abgeschmacktheit eines Gerüchtes unter dem Volke zu behaupten, dass dort der Teufel umgehe, weil ich nach meinem Verstand und Begriffe daran nicht glaube."[172] Dann folgen weitere Vernehmungen des Amtsrichters. In der Regel werden die Angaben, wie sie die obige Zeugin gemacht hat, bestätigt. So heißt es z. B. in der Aussage des Unteroffiziers Iwan Andreijeff:

"In der Wohnung des Kommandeurs des Lipzyer Reiter-Etappen-Kommandos, Hauptmann Shandatschenko, kamen wirklich zu Anfang Januar d. J. Erscheinungen vor, deren Ursachen mir unbekannt sind, und zwar Tagsüber wie des Nachts. Dieselben bestanden in einem Werfen von Ziegelsteinen, Geschirr und anderen Gegenständen in der Küche wie im Wohnzimmer. Dabei wurden Scheiben eingeschlagen und das Getreide im Speicher umhergestreut, auch wurde das Eingemachte in dem Keller aus den Bottichen geworfen. Alsdann geriet das Dach des Hauses in Brand, aus einer völlig für mich unbekannten Ursache. Näheres ist mir darüber nicht bekannt, weshalb ich auch niemand für verdächtig ansehen kann."[173]

---

[171] aaO., S. 61/62
[172] aaO., S. 63
[173] aaO., S. 64

Soweit ein Zeuge diese Vorgänge nicht selbst gesehen hat, gibt er es in der Aussage an, wie z. B. im Falle des Zeugen Iwanoff.[174]

Wegen dieser Vorkommnisse wurde dann dem Hauptmann eine andere Wohnung mitgeteilt, wie er dem Amtsrichter unter dem 25. Juli 1853 mitteilt. Es würden jedoch dieselben Erscheinungen wie in der früheren Wohnung auftreten.[175] Der Amtsrichter teilt dann dies der vorgesetzten Militärbehörde mit und schreibt u. a.: "Die Äußerungen einer Kraft begannen am 23. ds. Mts. und machen sich seit dieser Zeit weiter fortdauernd geltend."[176]

Am nächsten Tag, dem 26. Juli 1853, teilt der Amtsrichter dann dem Gouvernementvorsteher mit, dass er sich um 5.00 Uhr am Nachmittag nach Lipzy begeben habe, um bezüglich des am Morgen eingetretenen Brandes in eine "gebührende Untersuchung" einzutreten. Er habe gesehen, dass die vom Hauptmann innegehabte Wohnung und vier andere in allen Gebäuden in Brand gestanden hätten. In einem weiteren Schreiben bittet er die Verwaltung darum, ein neues Quartier anzuweisen.[177] Während die obigen Vernehmungen alle im Februar 1853 stattfanden, finden nunmehr die Vernehmungen des Amtsrichters im Juli 1853 wegen des Abbrennens des Hauses statt. Die wiederum eingehend vernommenen Zeugen geben zunächst an, wie sie - also jetzt in der neuen Wohnung - Phänomene der obigen Art gesehen haben und schildern sie im einzelnen. Dann geben sie an, dass sie den Brand gesehen haben, den Grund für diesen Brand nicht angeben können.[178] Weitere Zeugen gaben an, dass sie die Vorkommnisse in der Wohnung selbst nicht gesehen, sondern nur davon gehört hatten. Sie sahen nur den Brand.[179]

---

[174] aaO., S. 66
[175] aaO., S. 71
[176] aaO., S. 72
[177] aaO., S. 75
[178] aaO., S. 76 ff.
[179] aaO., S. 79

Unter dem 27. Juli 1853 schildert der Hauptmann nunmehr in einem Schreiben an den Amtsrichter den neuen Vorgang wie folgt:[180]

"1. In der mir im Großdorfe Lipzy zum Quartier angewiesenen Wohnung, in dem Hause der Erben des verstorbenen Gutsbesitzers Kusmin, sind vom 1. Februar d. J. an 23. lfd. Mts. keinerlei Erscheinungen vorgekommen. Am 23. d. Mts. trat jedoch gegen 10 Uhr abends eine Erscheinung ein, ähnlich wie solche im Januar dieses Jahres in meiner früheren Wohnung vorkamen, wie Ihnen ja aus der von Ihnen s. Zt. geleiteten Untersuchung bekannt sein wird. Diese Erscheinung zeigte sich nun folgendermaßen:

Es wurden zuerst von zwei Betten fünf Kopfkissen auf den Fußboden geschleudert, und dann schlug es im anderen Zimmer mit einer Büchse, die mit Wasser gefüllt am Fenster stand, heftig gegen den Ofen an, worauf die Büchse auf dem Boden durch das ganze Zimmer herumrollte. Die in jener Büchse sich befindenden zurückgeschnittenen Gänsefedern waren spurlos verschwunden, bis man sie am anderen Morgen auf dem Flur fand. Ferner wurde aus dem Ofen eine Glasbüchse herausgeworfen, welche auf dem Boden umherrollte und dann auf den Tisch kam, an dem ich im Kreise meiner Familie das Abendbrot einnahm.

Da ich ein solches Vorkommnis nicht begreifen konnte, ließ ich sofort vier von meinen Soldaten holen, und als dieselben zur Stelle waren, warf es schon in der Küche von dem Kochofen mit Ziegelsteinen gegen die Wände, zerbrach das Tischbein und warf mit einem Messer nach meinem Burschen; auch wurde eine irdene Schüssel in Stücke zerbrochen. Dieses alles geschah in meiner und meiner Familie Gegenwart, sowie auch vor den betreffenden Soldaten, und zwar: Kondakoff, Tscherepnjeff, Abramoff, Nazewitz und Spasenoff, ferner meinem ehemaligen Burschen Korabljeff und den für ihn eingetretenen Kuderka, meiner Bäuerin Jefima und der Kronenbäuerin des Großdorfes Lipzy, Maria Kowaljeff.

Dergleichen Erscheinungen hielten die ganze Nacht an. Am anderen Tage, dem 24., 7 Uhr morgens wurde von dem Kochofen herab mit Stücken von irdenen Gefäßen und Ziegelsteinen geworfen. Ferner flog ein Steingutteller umher und ein Ziegelstein ins Fenster, wodurch die Scheiben zertrümmert wurden. Im Laufe des Tages wurden in der Küche sämtliche Gläser und verschiedenes Geschirr zerbrochen, worüber ich gleichzeitig dem Herrn Bataillons-Kommandeur Meldung gemacht habe. Vor Einbruch des Abends

---

[180] aaO., S. 85 ff.

dieses Tages wurden in einem abgelegenen Flügel vier Lehrbücher in Stücke zerrissen, das Kopfkissen aufgetrennt und die Federn im Zimmer umhergestreut; gleichzeitig wurden in meiner Wohnung wieder Teller und Geschirr, das auf der Bank stand, zerbrochen. Von dem Speicher herab flog in den Flur ein Krug, dem eine Schachtel folgte, wovon auch der Leutnant a. D. Sipatschewski Zeuge war. Da nun die Kraftäußerungen von Stunde zu Stunde zunahmen, so sah ich mich genötigt, zu unserem Distriktskommissar zu senden, der jedoch abwesend war; deshalb ließ ich nun den Dorfältesten Sljusarjeff holen und verlangte von ihm zwei Kronenbauern als Wächter, die er mir auch sofort zusandte: Dmitri Tschelombitjko und Fedor Harmasch. Gleichzeitig beorderte ich sechs Gemeine zur Stelle, welche die ganze Nacht in meiner Wohnung verblieben und Zeuge der dort auftretenden Erscheinungen waren. Die Namen der Soldaten sind: Jegoroff, Bojtschenko, Solomacha, Hutima und Janin.

Mit Einbruch des folgenden Morgens, d. h. des 25. Juli, ließ ich den Accisenaufseher vom 2. Bezirk, Piepiorski und den Postvorsteher Miontschkowski holen, um an Ort und Stelle Augenzeuge der vorkommenden Erscheinungen zu sein. Als dieselben ankamen, hielt ich es für notwendig, Ew. Hochwohlgeboren durch einen Eilboten mit Meldung, unter Nr. 435, davon in Kenntnis zu setzen, welche auch in Ihren Besitz gelangt ist, dass nämlich nach den heftigen Erscheinungen, welche sich um 3/4 8 zutrugen, an der Ecke zum Hofe hin linker Hand Feuer ausbrach, das jedoch bald gelöscht wurde. Zeugen hiervon waren die oben erwähnten Personen, nämlich: Der Accisenbeamte und der Vorsteher Miontschkowski, ferner folgende Leute des mir unterstellten Kommandos: Nazewitz, Kaschkel, Bjelanowski, Spasenoff und Hutima, der Dorfälteste Sljusarjeff, der Amtsbezirksschreiber Poddubuy, und der Beisitzer Walenski, außerdem die Handwerker des Lipzyer Gemeinde-Magazins, deren Familiennamen mir nicht bekannt sind. Dabei wurden meinerseits alle Vorsichtsmaßregeln getroffen.

Die Amtsbezirksfeuerwehr wurde mit zwei Spritzen beordert, um bei meiner Wohnung bereit zu stehen, und ich meinerseits ließ die Leute des mir unterstellten Kommandos antreten, um die Erscheinungen zu überwachen und auf eventuell entstehendes Feuer zu achten. Auf den Speicher stellte ich Dmitrijeff und Kortschagin, welche von Kaschkel, Gawriloff und Martynoff abgelöst wurden.

Um 2 Uhr nachmittags entzündete sich in dem abgelegenen Flügel eine Matratze im Bettgestell, mit deren Löschung die Gemeinen Gawriloff, Kaschkel, Bjekanowski und Martynoff beschäftigt waren. Unbehindert setzte die unsichtbare Kraft ihre Äußerung fort, zerwarf das Geschirr usw., während dieser Zeit erwartete ich mit meiner Familie zur genauen Feststellung der Erscheinungen Ew. Hochwohlgeboren Ankunft, zufolge meiner oben erwähnten Mitteilung. Allein um 5 Uhr nachmittags desselbigen Tages (25. Juli) stand plötzlich aus einem mir unbekannten Grunde trotz aller von mir und seitens der Dorfbehörde getroffenen strengsten Vorsichtsmaßregeln, als sich ein heftiger Wirbelwind erhob, das ganze Strohdach der Scheune in hellen Flammen. In einem Augenblick hatte das Feuer so an Kraft und Umfang gewonnen, dass meine ganze Habe, obschon sie aus dem Hause auf den Hof gebracht worden war - ein Raub der Flammen wurde. Der Schaden, der mir durch diese Feuersbrunst entstanden ist, dürfte sich auf 1176 Rubel Silber beziffern.

Die Ursache des Brandes ist mir durchaus unbekannt; ich habe wegen Brandstiftung nicht den geringsten Verdacht. Meine Dienerschaft besteht aus der Bäuerin Jefima Schewtschenkoff und dem Kronenburschen Martin Kuderka. Zu dem mir unterstellten Kommando gehören 32 Leute, wovon ich Ew. Hochwohlgeboren ein Namensverzeichnis behändige.

Ferner erachte ich es auch für notwendig, darauf hinzuweisen, dass ähnliche Erscheinungen wie bei mir in dem Hause des Staatsbauern Herafim Solomacha vorkamen, der auch jetzt noch in der Meierei wohnhaft ist. Dies vermag Solomacha und seine Familie ebenso zu bezeugen, wie auch der Bauer Iwan Medjedjeff und andere.

Ganz gehorsamst bitte ich daher Ew. Hochwohlgeboren, bei der vorzunehmenden Untersuchung darauf besonders bedacht zu sein, dem ungeheuerlichen Vorfalle auf die Spur zu kommen, wodurch ich und meine Familie nicht nur Hab und Gut, das ich mir im Laufe meines langjährigen Dienstes erworben habe, verloren, sondern wodurch wir auch unsere Gesundheit einbüßen.

Hauptmann Shandatschenko."

In der Folge werden dann die Zeugen wieder eingehend vom Amtsrichter vernommen und bestätigen die Angaben des Hauptmanns, soweit sie diese selbst gesehen hatten. Insgesamt befinden sich in den Akten über 50 Zeugenvernehmungen des Amtsrichters zu den Vorfällen.

Die Ermittlungsakten wurden dann dem Kreisgericht Charkoff vorgelegt, das am 03. November 1856 eine Entscheidung mit folgendem Wortlaut trifft:

"Nach Einsicht der Umstände der quaest. Akten findet das Kreisgericht, dass dieselben ihre Entstehung suchen in den Mitteilungen des Chefs des Lipzyer Reiter-Etappen-Kommando, Hauptmanns Shandatschenko, betreffend die in den Monaten Januar und Juli des Jahres 1853 in seiner Wohnung vorgekommenen Erscheinungen mannigfacher Art, sowie Feuersbrünste, deren Ursachen unbekannt und durch polizeiliche Untersuchungen nicht zu ermitteln waren, bei welchen Vorfällen auch keine Schuldigen entdeckt wurden, noch überhaupt ein Verdacht auf jemand gefallen ist. Unter diesen Umständen glaubt das Kreisgericht auf Grund der Artikel 1169 und 1144 des Bandes XV des Kodex für Kriminalsachen, Ausgabe 1842, betreffs des Falles, der in der Wohnung des Hauptmanns Shandatschenko vorgekommenen Erscheinungen und Brände nicht eher ein Urteil zu fällen, bis der Schuldige ermittelt ist. Doch sollen die vorliegenden Akten noch vorher mit dieser Entscheidung dem Herrn Gouvernements-Vorsteher zur Bestätigung vorgelegt werden."

Aksakoff bringt noch ergänzende Berichte zu diesem Fall. In einer Anmerkung wendet er sich entschieden dagegen, dass die Spukfälle und ähnliche Vorkommnisse in Beziehung mit dem Wort "Teufel" gebracht werden.[181] Er tritt in seinen Büchern für den Spiritismus ein.

B. Weitere Spukfälle

Nicht nur Aksakoff hat eine Fülle solcher Spukfälle gesammelt. Das tat schon im vorigen Jahrhundert Joseph Görres, der das bekannte fünfbändige Werk "Christliche Mystik" geschrieben und zwar im dritten Band mit dem

[181] aaO., S. 244

Titel "Dämonische Mystik".[182] Eine Fülle solcher Fälle bringen auch Thurston[183] und Fanny Moser in ihrem bekannten Buch.[184] Hans Bender[185] bringt u. a. auch das Buch von dem französischen Polizeioffizier E. Tizané.[186] Dieser hat aus 100 Protokollen der französischen Polizei über Spukfälle aus den Jahren 1925 - 1950 deren wesentliche Merkmale zusammengestellt. Bender[187], der in den 70-er Jahren auch von einer Schulbehörde in Süddeutschland hinzugerufen wurde, weil in einer den Spukfällen ähnlichen Weise einem Schüler seine Hefte wegkamen, wobei der Lehrer nach entsprechenden eingehenden Untersuchungen keine Disziplinarmaßnahmen gegen den Schüler vornahm[188], ließ in seinem Freiburger Institut 35 Spukfälle untersuchen, in denen der Rosenheim-Fall einen besonderen Platz einnahm. Diesem bekannten Rosenheim-Fall liegt folgender Sachverhalt zugrunde.[189]

Im Herbst 1967 zersprangen in einer Anwaltskanzlei Leuchtkörper, Säure aus einem Fotokopiergerät wurde verspritzt, Sicherungsautomaten lösten ohne erkennbare Ursache aus, Knallerscheinungen traten auf, das Telefon war gestört, und es wurde immer wieder die Zeitansage 0119 gewählt. Nicht nur Physiker untersuchten den Fall und konnten keine äußerlich wahrnehmbaren Eingriffe feststellen.[190] Auch das Elektrizitätswerk nahm eingehende Untersuchungen vor, die Kriminalpolizei wurde eingeschaltet. Zu den obigen Phänomenen kamen noch folgende hinzu: Bilder fielen von der Wand oder drehten sich, Schubladen und ein Schrank bewegten sich. Es kam zu Prozessen, auf die noch unten weiter einzugehen sein wird. Staudinger[191] bringt einen Spukfall vom April 1916 mit den üblichen Feststellungen: Holzklötze flogen durch die Luft bzw. tanzten dort, genauso wie Geschirrstücke und andere Dinge. Diese Gegenstände flogen auch teilweise Menschen an den Kopf, die dabei

---

182 Joseph Görres, Christliche Mystik, Band 3, Graz 1960, Abdruck in einer Ausgabe aus dem Jahre 1879, S. 356 ff.

183 Herbert Thurston, Poltergeister, Luzern 1955

184 Spuk - ein Rätsel der Menschheit, Freiburg 1977

185 Moderne Spukforschung - ein Plädoyer für eine vorurteilsfreie Forschung in: Zeitschrift für Parapsychologie 1982, 175, 199

186 Sur la piste de l'Homme inconnu, Paris 1951

187 Hans Bender, Parapsychologie, Entwicklung, Ergebnisse, Probleme, Darmstadt 1966, S. 460

188 Hans Bender, Psychohygienische und forensische Aspekte der Parapsychologie, in: G. Condrau, Hrsg. Die Psychologie des 20. Jahrhunderts Bd. XV, Zürich 1979, S. 664 f.

189 Hans Bender, Der Rosenheimer Spuk - ein Fall spontaner Psychokinese: Zeitschrift für Parapsychologie und Grenzgebiete der Psychologie, München 1968, S. 104 ff.

190 F. Karger und G. Zizzicha, Physikalische Untersuchung des Spukfalles in Rosenheim 1967 in: Zeitschrift für Parapsychologie 1968 S. 113

191 Josef Staudinger, Das Jenseits, Schicksalsfrage der Menschenseele, Einsiedeln, Zürich, Köln 1950 S. 50

schwere Verletzungen davontrugen. Türen wurden aus den Angeln gehoben, Gegenstände zerfetzt bzw. zertrümmert, bis alles ein Chaos war und das Haus am 15. Mai 1916 gerichtlich geschlossen werden musste. Dieser Fall passierte 1916 in Großerlach bei Stuttgart. Das zuständige Amtsgericht in Backnang teilte dem Verfasser auf Anfrage mit, dass die Akten aus dem Jahre 1916 schon vernichtet seien. Illig schildert diesen Fall eingehend.[192]

Ein neuerer Spukfall wird aus Schwarzach in Vorarlberg von einem Theologieprofessor berichtet.[193] Dort zeigten sich auf einem Bauernhof vom 14. Dezember 1953 bis zum 03. April 1954 sehr massive Spukphänomene der üblichen Art und hörten nach einer Novene zur Muttergottes von der Wundertätigen Medaille für immer auf.[194]

Eine erhebliche Anzahl solcher Vorfälle aus früherer Zeit bringt der Benediktiner-Abt Calmet.[195]

C. Erhebliche Quälereien durch unsichtbare Kräfte

Während in den Spukfällen nach obiger Art in der Regel Personen nur relativ selten, dann auch nur kurzfristig verletzt werden, wenn ihnen irgendein Gegenstand gegen den Körper schlägt, so war das bei nicht wenigen Heiligen erheblich anders. So fing es z. B. beim hl. Pfarrer von Ars im Winter 1824/25 mit Geräuschbelästigungen an. Später erfolgten dann massive körperliche Angriffe, wobei der Pfarrer herumgeworfen wurde. Er schrieb diese jahrzehntelangen Quälereien dem Teufel zu, den er "Grappin" nannte.[196] So wird[197] die Aussage einer Schwester des Heiligen gebracht, die auch den unwahrscheinlichen Lärm hörte und der er dann mitteilte, dass dieses alles der "Grappin" verursache, der ihn manchmal an den Füßen packe und durch das Zimmer zerre. Es wird auch ein unerklärlicher Brandfall, ähnlich dem obigen in Russland, geschildert.[198]

---

[192] Johannes Illig, Der Spuk von Großerlach, Göppingen 1916
[193] Peter Hohenwarte, Neue Spukphänomene, in: Neue Wissenschaft 1957 S. 31 ff.
[194] aaO., S. 34
[195] Dom Augustin Calmet, Über Geistererscheinungen, Regensburg 1855
[196] Francis Trochu - Justinian Widlöcher, Der heilige Pfarrer von Ars, Kolmar 1940 S. 230 ff.
[197] aaO., S. 229
[198] aaO., S. 232

Aus der Vielzahl der auf diese Art Gequälten sei kurz auf folgende Fälle hingewiesen:

Die 1900 seliggesprochene Crescentia Höss von Kaufbeuren (1682 - 1744), von der im übrigen eine Fülle von Wundern berichtet werden, wurde in der ähnlichen Art nicht nur allein in ihrer Zelle gequält, sondern auch im Beisein der anderen Schwestern. Dabei wurde plötzlich ihr Kopf fortgesetzt mit großer Gewalt und Schnelligkeit an die Wand gestoßen. Sie erhielt Backenstreiche, dass das Blut ihr aus Mund und Nase schoss. Als Vorspiel für später einsetzende Entführungen - wobei sie mehrfach in irgendwelche Bäume in der Umgebung des Klosters getragen wurde - wurde sie im Beisein der anderen Schwestern von ihrem Sitz gerissen und mit unbegreiflicher Schnelle in die Mitte des Saales getragen und dort zu Boden geworfen, wo wiederum ihr Haupt zur Erde gestoßen wurde.[199] Dieser Verfasser bringt auch ein Zitat über die Quälereien des oben schon genannten Pater Pio. Darin[200] wird ausgeführt, dass Pater Pio häufig dann, wenn er in seine Zelle zurückkehrte, alles dort durcheinandergewirbelt vorfand. Morgens hatte er oft Wunden im Gesicht, blau geschlagene Augen und blaue Flecken am ganzen Körper.

Diese Quälereien werden auch näher in dem Buch des Franziskaners Ferdinand Ritzel[201] geschildert. Gegen Ende des Lebens von Pater Pio, der 50 Jahre lang die Wundmale Christi trug und der 1968 starb, wurde er bei diesen nächtlichen Quälereien so übel zugerichtet, dass er in die Klinik gebracht und genäht werden musste.[202]

Von erheblichen Bedrängnissen ohne Schilderung von Einzelheiten wird auch in der Lebensbeschreibung der 1882 geborenen und 1913 gestorbenen Kreuzschwester Ulrike Nisch durch den Erzabt von Beuron geschrieben.[203] Sie wurde zu Allerheiligen 1987 seliggesprochen.

Von massiver Verprügelung und anderen Quälereien wird in der Lebensbeschreibung der schon oben genannten Maria Pierina de Micheli berichtet.[204] Die Schwester war Provinzoberin der Kongregation der Unbefleckten Empfängnis.

---

[199] Arthur Maximilian Miller, Crescentia von Kaufbeuren, Das Leben einer schwäbischen Mystikerin, Stein am Rhein 1976 S. 124 ff.

[200] Maria Winowska, Das wahre Gesicht des Pater Pio, 1956, Bd. 2 S. 46

[201] Pater Pio, Gröbenzell, 1976 S. 246 ff.

[202] aaO., S. 251

[203] Benedikt Baur, Kein Maß kennt die Liebe, Beuron 1980 S. 197

[204] Maria Rigamonti, Sendbotin des Heiligen Antlitzes, Konstanz 1959 S. 229

Eine Fülle ähnlicher Quälereien insbesondere aus dem Leben von Seligen und Heiligen bringt der Theologieprofessor und Päpstliche Geheimkämmerer von Petersdorff.[205] Eine kleinere Auswahl von solchen Fällen bringen Schwarz[206] und Sigmund[207].

Auf Fälle von Besessenheit soll hier nicht eingegangen werden, da dieses im dritten Hauptteil aus Anlass der Würdigung des Strafurteils des Landgerichts Aschaffenburg 1978 zum sog. Klingenberg-Fall geschehen soll.

14

Fegefeuer- und Höllenvisionen mit äußerlich feststellbaren Merkmalen. Phänomene der eingebrannten Hand.

Sog. Fegfeuer-Visionen hatten nicht wenige Heilige wie z. B. die hl. Katharina von Siena und die hl. Katharina von Genua, die sich auch bis in unsere Tage hinziehen wie z. B. in dem von Grabinski und Oster mit kirchlicher Druckerlaubnis versehenen Buch über solche Visionen der 1949 verstorbenen Margarete Schäffer.[208] Hierauf soll ebensowenig näher eingegangen werden wie auf die Gespräche mit diesen Erschienenen, worüber es nicht wenig Literatur gibt.[209]

Hier soll nur auf ein äußerlich feststellbares Phänomen eingegangen werden, das häufiger in Verbindung in solchen Gesprächen mit diesen Erschiene-

---

[205] Egon von Petersdorff, Dämonologie, 2 Bände von insgesamt ca. 1000 Seiten, Stein am Rhein 1983

[206] P. M. Schwarz, Teufel, Dämonen, Besessene, Wien 1976

[207] Georg Sigmund, Der Mensch zwischen Gott und Teufel, Stein am Rhein 1978

[208] Bruno Grabinski, Leo Oster, Fegfeuer-Visionen, Eupen ohne Jahresangabe, nach 1974

[209] z.B.: Maria Anna Lindmayr, Mein Verkehr mit Armen Seelen, Stein am Rhein, S. 1978; Marie de La Croix, Stimme aus dem Jenseits, Gespräche einer verstorbenen Nonne mit ihrer noch lebenden Mitschwester, Gröbenzell 1979 - Gertrud Haffner, Die Verstorbenen sind uns nah, Gröbenzell 1981; beide mit kirchlicher Druckerlaubnis. Eugenie von der Leyen, Meine Gespräche mit Armen Seelen, Stein am Rhein, 1979. Maria Simma, Meine Erlebnisse mit Armen Seelen, Stein am Rhein, 13. Aufl. 1978. Auch zu grundsätzlichen Fragen zu diesem Thema: Wilhelm Schamoni, Die Seele und ihr Weiterleben nach dem Tode, Abensberg, 1981.

nen auftrat, nämlich dem der eingebrannten Hand. Als Beispiel soll ein durch eine bischöfliche Kommission untersuchter Fall kurz dargestellt werden.

A. Der Fall von Foligno

Im November 1859 verstarb in ihrem Kloster in Foligno, das in Umbrien nahe bei Assisi liegt, die Franziskaner-Nonne Theresia Margaritha Gesta, die 33 Jahre im Kloster verbrachte und davon drei Jahre Äbtissin war.

Schon drei Tage nach ihrem Tod hörte man in der Nähe ihres Zimmers eine klägliche, jammernde Stimme, auf die man zunächst nicht achtete, da man annahm, es seien Sinnestäuschungen einiger furchtsamer Nonnen. Am 16. November 1859 - die Schwester war am 05. November gestorben - ging die von allen als mutigste geltende Chorschwester Anna Felice Menghini von Montefalco gegen 10.00 Uhr vormittags in das Wäschezimmer des Klosters und hörte wieder die klagende Stimme, die ihr von der verstorbenen Theresia Margaritha Gesta zu stammen schien. Sie wollte erst nicht daran glauben. Die Stimme wurde jedoch deutlicher und zum Schluss erkannte die lebende Schwester Anna deutlich die Stimme ihrer verstorbenen Mitschwester, die ihr über die großen Schmerzen im Fegfeuer berichtete und den Grund dafür angab, weswegen sie sich dort noch befand. Während dieser Worte wurde das Zimmer von einem dichten Rauch erfüllt, und der Schatten der Verstorbenen schien sich von den Schränken zum Ausgange (von dem einige Stufen in die Vorhalle führen) zu begeben, dabei immerfort vor sich hinmurmelnd, ohne dass Schwester Anna Felice etwas davon verstand. An der Tür angekommen, rief die Verstorbene mit lauter Stimme: "Dass ich dir erscheine, ist eine große Gnade! Ich kehre nie mehr zurück, und als Zeichen hinterlasse ich dieses!..." Und dabei gab es an der Tür einen lauthallenden, starken Schlag, der Rauch zerteilte sich, und das Zimmer hatte sein vorheriges Aussehen wiedergewonnen. Aufgrund des lauten Schlages kamen auch die anderen Nonnen. Sie fanden die Hand der Schwester Theresia Margaritha auf dem Türflügel eingedrückt, besser und deutlicher als sie jemand mit einer glühenden Eisenhand hätte einbrennen können. Als das die Nonnen sahen, erschraken sie begreiflicherweise sehr. Weinend und klagend begaben sie sich eilends in den Chor, um für die arme Seele der Verstorbenen zu beten.

Am Abend des 19. November desselben Jahres begab sich Schwester Anna Felice Menghini gegen 4 Uhr nachts zu Bett. Kaum lag sie darin und betete ihrer Gewohnheit gemäß den Psalm "Miserere", als sie sich dreimal beim Namen gerufen hörte. Sie erhob sich sofort und setzte sich schnell aufs Bett, worauf sie am Bettende einen runden Lichtschein erblickte, der mit seinem Glanze die ganze Zelle erleuchtete. Das Licht erhob sich immer höher, und sie hörte eine sanfte Stimme: "Am Tage des Leidens bin ich gestorben (Freitag), und am Tage des Leidens werde ich zur Herrlichkeit eingehen. Ertrage geduldig Kreuz und Leiden! Lebe wohl! Lebe wohl! Lebe wohl!" Kaum waren diese Worte verklungen, als Schwester Anna Felice eiligst vom Bette heruntersprang und zur Zelle hinauslief, um die Schwester Maria Magdalena Minelli zu rufen, welche nebenan wohnte, damit auch sie das Licht sehe. Diese kam sofort, konnte aber nichts wahrnehmen, da von der Erscheinung nichts mehr zu sehen war.

Zur Kenntnis dieser Ereignisse kam auch bald die bischöfliche Kurie von Foligno, welche schon am 23. November eine Untersuchung einleitete, und den Prozess darüber zu führen begann. Man öffnete das Grab der Verstorbenen, nahm die rechte Hand der Toten und legte sie auf den Eindruck an der Tür. Alle anwesenden Augenzeugen erklärten, dass dieselbe auf das genaueste mit dem Eindruck übereinstimme. Man bedeckte dann den Eindruck der eingebrannten Hand mit einem Schleier, versiegelte ihn und hob den rechten Türflügel mit demselben aus, worauf man ihn in den Kreuzgang des Klosters brachte. Hier wurde dann auf Anordnung der bischöflichen Kurie das Siegel und der Schleier entfernt und die Erlaubnis erteilt, einen jeden, der es wünsche, die eingedrückte Hand sehen zu lassen. Gegenwärtig ist zur größeren Sicherheit ein verschließbarer Rahmen mit einer Glasscheibe darüber angebracht worden. Dadurch bleibt der Eindruck der Hand besser verwahrt.[210] Grabinski bringt u. a. auch noch folgende Wiedergabe:

---

[210] Bruno Grabinski, Die Hand im Kloster von Foligno, in: Spuk- und Geistererscheinungen oder was sonst, eine kritische Untersuchung, Hildesheim 1930 S. 424 ff.

"Die bischöfliche Kurie in Foligno erklärt infolge des beigefügten Zeugnisses des hochw. P. Magister Vincenzo Amoretti aus dem Predigerorden, dass der Bericht der ehrwürdigen Schwester Maria Vittoria Constante Vicchi, Äbtissin des Klosters St. Anna authentisch ist, und erklärt ferner, dass nichts der Veröffentlichung dieser Begebenheit entgegensteht. In Liebe usw.

L. S. Foligno, den 2. April 1870

Joachim Priore Medore
Pro-Vicarius Generalis."[211]

Ähnliche Vorfälle werden in dem obigen Buch über die 1949 verstorbene Anna Schäffer berichtet und in noch weiteren Publikationen. Solche Fälle bringen Siegmund[212], Grabinski[213], Clericus[214] und Peter[215]. In diesen Fällen handelt es sich meistens um Eindrücke einer eingebrannten Hand auf irgendwelchen Stoffteilen, wobei diese Stoffe plötzlich diese eingebrannte Hand in Gegenwart von Zeugen erhielten. In den genannten Berichten sind Fotos, teils in Farbe, von diesen eingebrannten Händen. In Rom befindet sich in der Kirche vom Heiligsten Herzen Jesu ein sog. Museum vom Fegefeuer am Tiberufer Lungotevere Prati 12, in dem einige Beweisstücke ausgestellt sind, die der Verfasser 1985 dort besichtigt hat.

Während Fegfeuer-Visionen häufiger vorkommen, sind Höllen-Visionen nur selten wie etwa bei der hl. Theresia von Avila und etwa - wie oben geschildert - am 13. Juli 1917 bei den Seher-Kindern von Fatima, wenn auch hier nur kurz und einmalig.

---

[211] Grabinski aaO., S. 429

[212] Georg Siegmund, Das Fortleben nach dem Tode im Lichte des Phänomens von eingebrannten Händen, in: Imago mundi, herausgegeben von Andreas Resch, Fortleben nach dem Tode, Innsbruck 1980, S. 473 ff.

[213] Bruno Grabinski, Beweise aus dem Jenseits, Begegnungen mit Abgeschiedenen, Wiesbaden 1964

[214] J. Clericus August Ludwig, Zum Phänomen der eingebrannten Hand, in: Psychische Studien, Jahrgang 1914, S. 140 ff.

[215] Josef Peter, Das Phänomen der eingebrannten Hand, Pfullingen 1922

B. Äußere Anzeichen bei Höllenvisionen der Josefa Menéndez

Besonders intensiv kamen sie jedoch bei der 1890 geborenen und 1923 gestorbenen Schwester aus dem Orden von dem Heiligsten Herzen Jesu, nämlich Josefa Menéndez vor. Sie wurde oben schon einmal als Beispiel für Gespräche mit Jesus genannt, welche auch den überwiegenden Teil ausmachen, wie schon der Titel besagt[216].

Auch sie wurde wie der Pfarrer von Ars und viele andere erheblich gequält, wie es näher dargelegt ist. Sie wird geschlagen und ähnlich wie Crescentia Höss von Kaufbeuren mehrfach durch die unerklärliche Kraft weggetragen. Das alles geschieht in dem französischen Herz-Jesu-Kloster Poitiers, in dem Josefa lebte.

Am Mittwoch, dem 28. Dezember 1922, als sie gegen sieben Uhr abends mit ihren Schwestern von der Arbeit kommt, sieht sie plötzlich ein Wesen vor sich, das sie für den Teufel hält. Blitzschnell erfasst er sie und trägt sie wie einen Strohhalm auf einen schwer zugänglichen Speicher am andern Ende des Hauses. Da schleudert er sie zu Boden und lässt sie liegen. Von diesem Tage an ist Josefa keinen Augenblick mehr vor ihm sicher. Der Teufel ergreift sie, wo und wann er will, spottet jeder Überwachung und überlistet jede menschliche Schutzmaßnahme. Immer öfter entführt er sie. Ihre Vorgesetzten lassen sie möglichst keine Minute allein; umsonst: sogar vor ihren Augen verschwindet sie plötzlich, ohne dass man sagen könnte, wie es geschah; denn immer ist sie mit Blitzesschnelligkeit fort. Nach langem Suchen findet man sie an irgendeinem abgelegenen Ort des Hauses, wohin der Teufel sie getragen hat und wo er sie peinigt. Oft ist sie hinabgerollt, eingequetscht, oft fast erdrückt unter Hängebalken, unter Brettern, zwischen Mauerspalten, ja an Orten, die sie niemals allein hätte erreichen können. Zuweilen ist es unmöglich, sie in dem großen Hause von Poitiers wiederzufinden. Ganze Nächte lang muss man sie einfach dem Schutze Gottes überlassen.[217]

Zwischen diesen Quälereien erscheinen Josefa Jesus und die Gottesmutter und ermutigen die heldenhafte Ordensschwester, welche diese Leiden geduldig für die Bekehrung anderer und manchmal ganz bestimmter Personen trägt.

In der Nacht zum 16. März 1922 umgab sie wieder ein furchtbarer Lärm, es war der Beginn einer Höllenvision. Auf nähere Einzelheiten dieser Vision mit

---

[216] Josefa Menéndez, Die Liebe ruft, Botschaft des Herzens Jesu an die Welt, Freiburg-Konstantin-München 1950

[217] Die Liebe ruft, aaO., S. 210/211

Erklärungen von gemäß ihren Angaben dort Befindlichen soll nicht eingegangen werden, sondern nur auf die äußerlich feststellbaren Fakten. So umgab Josefa jeweils nach einer solchen Vision wie auch bei Entführungen und Verfolgungen ein unerträglicher Geruch von Schwefel und faulem bzw. verbranntem Fleisch, wobei nach Aussage der Zeugen dieser noch 15 - 30 Minuten anhielt.

Am Karsamstag, dem 15. April 1922, kündet nachmittags gegen 4.00 Uhr bei ihrer Näharbeit jener Lärm wieder das Nahen des Teufels an. Ihr Körper bleibt, wie immer, scheinbar leblos. Neben ihr knien ihre Obern und beten und flehen zu Gott dem Herrn, Er möge sie nicht in Unsicherheit lassen über das Geheimnis, das sich vor ihren Augen vollzieht. Plötzlich erkennen sie an dem gewohnten leichten Erschauern, dass Josefa zum Leben zurückkehrt. Ihr schmerzlicher Gesichtsausdruck lässt ahnen, was sie eben gesehen und erlitten hat. Da greift sie lebhaft mit der Hand nach ihrer Brust und schreit auf: "Wer brennt mich?" Es ist keinerlei Feuer in der Nähe. Ihr Ordenskleid ist unversehrt. Sie öffnet es rasch. Da verbreitet sich ein Geruch von beißendem und stinkendem Rauch in der Zelle, und man sieht ihr Hemd und ihre Unterjacke brennen. Eine große Brandwunde bleibt "neben dem Herzen", wie Josefa sagt.

Zehnmal wurde Josefa auf diese Weise gebrannt. Die Spuren verbleiben nicht nur an ihren Kleidern, sondern insbesondere an ihrem Körper. Nur langsam heilen die schweren Wunden, und sie nimmt die Narben mit ins Grab. Mehrere ihrer verbrannten Wäschestücke werden noch heute aufbewahrt.[218]

Übrigens hatte Josefa auch Fegfeuer-Visionen. Hierbei soll auf ein äußerlich feststellbares Merkmal bei diesen Gesprächen mit den Verstorbenen hingewiesen werden, die immer - wie bei allen solchen Visionen in anderen Fällen auch - um Gebet und Opfer zur schnelleren Befreiung aus dem Fegefeuer bitten. Josefa schrieb nämlich die Namen, den Todestag und den Sterbeort dieser Geretteten, die ihr völlig unbekannt waren, sorgfältig nieder. Ohne dass sie es wusste, wurden diese Aufzeichnungen in mehr als einem Falle genau überprüft. Immer stimmten ihre Angaben mit den Tatsachen überein.[219]

Ein äußeres Phänomen in diesem Zusammenhang bringt auch Rathgeber aus den Seligsprechungsakten des Heiligen Franz von Hieronymus, wozu 250 Zeugen vernommen wurden.[220]

---

[218] S. 242,243 aaO.
[219] aaO., S. 240
[220] Alphons Maria Rathgeber, Natürliches und Übernatürliches, Kempten 1965, S. 366 ff.

15

Plötzliches Herabfallen aller Blätter eines Baumes beim Erwähnen der Hölle

Hier geht es um einen ganz besonders eindeutigen Vorgang, der sich am 12. April 1706 in der italienischen Stadt Giuliano bei der Predigt des inzwischen seliggesprochenen Baldinucci ereignet hat. Wilhelm Schamoni[221] gelang es, über den Archivar der zuständigen römischen Behörde, nämlich der Sancta Congregatio pro Causis Sanctorum, an eine Akte "Wunder zu Lebzeiten" des Dieners Gottes Antonius Baldinucci zu kommen. Die folgende Aussage soll deswegen in vollem Wortlaut wiedergegeben werden, da sie vor der höchsten zivilen Autorität von Cori abgegeben wurde. Die Aussage lautet wie folgt:[222]

"Am 26. April 1730.

Wir, die Unterzeichneten, zur Feststellung der Wahrheit geladen, erklären mit voller und unbezweifelter Überzeugung, auch unter unserem Eid: Der ehrwürdige Diener Gottes P. Antonius Baldinucci aus der Gesellschaft Jesu begab sich im Mai des Jahres 1705, nachdem er die Volksmission in Cori, unserer Heimatstadt, gehalten hatte, nach Giuliano, einem von Cori drei Meilen (ca. 4,5 km) entfernten Ort. Als er dort die Mission abhielt, machte sich das Volk von Cori, und mit ihm auch wir, die Unterzeichneten, aus der Verehrung heraus, die ihm entgegengebracht wurde, auf, um ihn in Giuliano predigen zu hören. Als die Stunde der Predigt gekommen war, führte er uns zusammen mit dem Volk von Giuliano in Prozession vor das Tor dieses Ortes ungefähr eine Achtelmeile bis oberhalb des Franziskanerklosters, nahe der Einsiedelei und der Straße, die nach Monte Fortino führt. Dort machte er halt mit dem gesamten Volke, um unter den Ulmen zu predigen, vielleicht, damit die Leute nicht von der Sonne belästigt würden, denn es war sehr heiß, oder auch durch Gottes Fügung, weil hier das im folgenden beschriebene Wunder geschehen sollte. Der Pater war auf das Tischchen gesprungen, das für die Predigt (im Freien) mitgebracht und unter der größten Ulme aufgestellt worden war, die es dort gab, und die in einem deutlichen Abstand von den anderen Ulmen entfernt war. In seiner Predigt sprach der Pater genau diese klaren Worte zu den Gläubigen: "Wisst ihr, mein Volk, wie die Seelen in die Hölle stürzen? So wie von

---

[221] Der selige Baldinucci: "Die Seelen stürzen in die Hölle wie die Blätter von diesem Baum fallen." in: Theologisches 1982 S. 4799

[222] aaO., S. 4799, 4800

diesem Baume die Blätter fallen!" Kaum hatte er diese Worte ausgesprochen, da begannen von dem Baume, unter dem er predigte und auf den er mit seinen Händen und dem Kopfe hinwies, die Blätter in solcher Menge herabzufallen, dass sie zu schneien schienen. Dieses Fallen der Blätter dauerte so lange, dass man in dieser Zeit etwa viermal das Glaubensbekenntnis hätte beten können. Der Baum war ganz seiner Blätter beraubt, während von den benachbarten Bäumen kein einziges Blatt herabfiel. Es wehte auch keinerlei Wind vor der Predigt, während der Predigt und nach der Predigt. Als das Volk das Wunder sah, begann es herzzerreißend zu weinen und um Erbarmen zu rufen. Der Pater konnte es nicht beruhigen, um mit seiner Predigt fortzufahren. Das Weinen und Schreien dauerte ungefähr eine halbe Stunde. Die Wirkung war: Wenn einer der Anwesenden Hass auf seinen Nächsten hatte, söhnte er sich sogleich aus, andere begannen ein neues Leben oder gingen sogar ins Kloster.

Alles dieses wissen wir, weil wir dabei gewesen sind, um die Predigt des Paters zu hören, weil wir die besagten Worte vernommen haben und die Blätter fallen gesehen. Dieses ist es, was wir bezeugen können zur größeren Ehre und Verherrlichung Gottes und zur Erhöhung dieses seines wahren und ergebenen Dieners.

- Bezeugt am heutigen Tage und oben angegebenen Jahr.

Ich, der unterzeichnete Kanonikus Isidor Cerracchi, war zugegen bei allem, was oben dargelegt ist, eigenhändig.

Ich, Kanonikus Joseph Caporetto, war zugegen bei allem Obigen, eigenhändig.

Ich, Erzpriester Romuald Sellaroli, war zugegen bei allem Obigen, eigenhändig.

Ich, Kanonikus Silvester Tiraborelli, war zugeg. bei allem Obigen, eigenhändig.

- Die Priores der alten Stadt Cori

Allen usw. beglaubigen wir und bezeugen wir mit dem Wort der Wahrheit: die obige Erklärung ist abgegeben und mit eigenen Händen und mit ihren eigenen Worten und Schriftzügen unterschrieben von den oben unterzeichneten hochwürdigsten Herren, dem Erzpriester Romuald Sellaroli und den Kanonikern Isidor Cerracchi, Joseph Caporetto und Silvester Tiraborelli, unseren Mitbürgern. Sie sind diejenigen, als die sie sich bezeichnen.

- Zu Treu und Glauben gegeben zu Cori in unserem Amtsgebäude, heute am 27. April 1730.

Markus Antonius Prence, Notar und Sekretär.

+ locus sigilli."

In der Folge seien noch aus zwei Aussagen die wesentlichen Sätze zitiert, die vor der kirchlichen Behörde im Rahmen des Seligsprechungsprozesses gemacht wurden.

So erklärte der Kanonikus Isidor Cerracchi, 46 Jahre alt, u. a. folgendes:

"Dort predigte er, vor einem Tischchen stehend, das unter einer Ulme stand, und über die Hölle predigend, sprach er genau diese Worte: "Kinder, wollt ihr wissen, wie die Seelen tagtäglich in das Haus des Teufels stürzen? - So wie von diesem Baume die Blätter fallen!" Und in demselben Augenblick begann der Baum eine solche Menge Blätter abzuwerfen, dass er fast entlaubt war, zum großen Entsetzen und Erstaunen aller Anwesenden, die dies als Wunder ansahen, weil kein Wind wehte, weil man von den andern Ulmen kein Blatt abfallen sah und weil es im Monat Mai war, wo die Bäume ihr Laub nicht abzuwerfen pflegen. Darüber ergriff alle Zuhörer eine so große Reue, dass alle zu Gott weinten und `Barmherzigkeit` schrien. In Cori schlossen sehr viele Frieden miteinander, wurden viele unzüchtige Bücher und Spielkarten verbrannt und verbotene Waffen von manchen Mächtigen vor dem Muttergottesbild niedergelegt, das er mit sich führte, und das ganze Volk war bekehrt und zum Guten gewandelt."

Pater Franziskus Pikolomini S. J., 40 Jahre alt, erklärt:

"Er predigte über die Hölle. Kein Wind wehte, und es war im Mai, wie mir, glaube ich, die Augenzeugin sagte, auf jeden Fall war es vor dem Sommer. Da erhob der Diener Gottes, P. Antonius, seine Hände und sprach: `Sieh, mein Volk, die Seelen gehen zur Hölle, wie die Blätter dieses Baumes fallen`. Und unmittelbar nach diesem Wort begann der Baum eine so große Menge Blätter abzuwerfen, dass diejenigen, die unter ihm standen, da die Blätter von dem Baume selbst fielen, einander nicht mehr sehen konnten wegen der Menge der fallenden Blätter."[223]

Bei einer Seligsprechung wird in St. Peter gewöhnlich ein wichtiges Ereignis aus dem Leben des neuen Seligen dargestellt. Das war bei seiner Seligsprechung am 16. April 1893 seine Predigt unter der Ulme. Der Vorfall selbst wird auch im Seligsprechungsdekret selbst genannt.[224]

---

[223] aaO., S. 4801
[224] aaO., S. 4802

16

Hinweis auf weitere, hier nicht näher zu schildernde, unerklärliche Vorgänge

Zunächst sei darauf hingewiesen, dass die oben geschilderten Vorgänge in der Regel nur Einzelbeispiele aus einer Fülle ähnlicher Vorgänge sind. So hat Ackermann[225] insbesondere aus den kirchlichen Untersuchungsakten heiligmäßiger Personen die unerklärlichen Vorgänge bei diesen jeweils zusammengestellt. So bringt er Quälereien, wie sie oben am heiligen Pfarrer von Ars oder Pater Pio geschildert wurden, bei 87 solcher Personen, die häufig später selig- oder heiliggesprochen wurden. Levitationen bringt er in 47 Fällen, Bilokationen in 8 Fällen, unverweste Leichen in 20 Fällen, wunderbaren Empfang der heiligen Kommunion z. B. durch Engel in 28 Fällen, Leben ohne Nahrung in 7 Fällen, Miterleben der Passionsleiden Christi in 79 Fällen und andere weitere Beispiele von oben angeführten Vorfällen.

Weiter bringt er auch Vorfälle, die aus Platzgründen hier nicht näher erörtert werden können, wie z. B. unerklärliche körperliche Veränderungen, wie sie nach dem Tode solcher Personen bei Obduktionen festgestellt wurden oder aber auch von äußerlich erkennbaren Merkmalen zu deren Lebzeiten. Dazu gehören auch Vorfälle, in denen diese Person zu Lebzeiten eine solche Hitze ausstrahlte, dass Wasser zu kochen begann, in das sie ihre Hand legte.[226]

Schamoni dokumentiert durch Wiedergabe von Zeugenaussagen aus Seligsprechungsprozessen z. B. das unerklärliche Leuchten des Gesichtes von Heiligen, wie es von Jesus etwa bei Matthäus[227] geschildert wird.[228] Eingetroffene Voraussagen aus solchen Akten dokumentiert er ebenfalls aus Zeugenaussagen aus einer Reihe von Fällen.[229]

In gleicher Weise dokumentiert er einige Fälle aus kirchlichen Untersuchungsakten, in denen Menschen wie z. B. dem hl. Pfarrer von Ars, die Gabe

---

[225] August Ackermann, Mystik und außerordentliche mystische Vorgänge, Einsiedeln 1952
[226] z. B. Ackermann aaO., S. 365
[227] Matthäus 17, 2
[228] Schamoni, Wunder sind Tatsachen, aaO., S. 235 ff.
[229] aaO., S. 252 - 290

geschenkt wurde, genau sagen zu können, was ein anderer dachte bzw. getan hatte.[230] Er dokumentiert auch einen Fall wunderbarer Sprachengabe.[231]

Thurston[232], der, wie oben ausgeführt, ähnlich wie Schamoni besonders kirchenamtliche Akten bezüglich solcher außerordentlichen Fälle untersucht hat, bringt darüber hinaus z. B. noch sogenannte Gestaltverwandlungen (Elongation) und außerordentliche Geruchsphänomene.[233]

Von der oben schon erwähnten Lidwina, die 1433 starb und 1819 seliggesprochen wurde, berichtet der Theologieprofessor Holböck[234], dass diese 38 Jahre lang, von Geschwüren bedeckt und von Fäulnis zerfressen, unglaubliche Qualen erlitt. Nach ihrem Tode jedoch war ihr Leichnam auf unerklärliche Weise unversehrt und verbreitete einen außergewöhnlichen Wohlgeruch.

Aus dem Leben des hl. Karl von Sezze (1613 - 1670) bringt Baumann[235] eine wunderbare Verwandlung von Wasser und Wein.

Vom Standpunkt des Naturforschers hat sich der Physikprofessor Isenkrahe mit kirchlich untersuchten unerklärlichen Vorgängen befasst. So erwähnt er, dass aufgrund eines 1919 in der Pfarrkirche von Limpias in Spanien ereigneten Vorfalles, wo sich ein Christusbild bewegte, 1500 eidliche Zeugnisse gesammelt und am 18. Juli 1920 ein kanonischer Prozess über die Sache feierlich eröffnet wurde.[236]

Das eingehende Forschungsergebnis über das Turiner Grabtuch mit teilweise unerklärlichen Vorgängen bringt Scheuermann.[237]

---

[230] Schamoni, aaO., S. 290 - 309

[231] aaO., S. 337 - 340

[232] Herbert Thurston, Körperliche Begleiterscheinungen der Mystik, aaO., S. 233 - 247

[233] aaO., S. 271 - 285

[234] Ferdinand Holböck, Das Allerheiligste und die Heiligen, Stein am Rhein 1979 S. 179

[235] F. Baumann, Die Welt braucht heilige Vorbilder, Heilig- und Seligsprechungen Johannes XXIII., Kevelaer 1964 S. 14

[236] Caspar Isenkrahe, Experimental-Theologie, behandelt vom Standpunkt eines Naturforschers, 1922 S. 122ff.

[237] Oswald Scheuermann, Das Tuch, neueste Forschungsergebnisse zum Turiner Grabtuch, Regensburg 1983

II.
HAUPTTEIL

Sind diese durch naturgesetzliche Kräfte nicht erklärbare Tatsachen beweisbar und bewiesen?

1

Das kirchenrechtliche Verfahren bei Selig- und Heiligsprechungsprozessen

A. Allgemeine Fragen

a) Geschichtlicher Überblick

Hierzu schließt sich der Verfasser im wesentlichen den Ausführungen des seinerzeitigen Professors für Kirchenrecht in Rom, des Benediktinerpaters Dr. jur. can. Gerhard Oesterle, an.[238] Nach katholischer Auffassung darf niemand öffentlich als Seliger oder Heiliger verehrt werden, ohne dass die Kirche ein Urteil über die Heiligkeit oder den Martyrertod des Betreffenden abgegeben hat. Im Laufe der Jahrhunderte hat die Kirche verschiedene Wege eingeschlagen, um sich ein Urteil über die Heiligkeit eines bestimmten Gläubigen zu bilden.

Geschichtlich kann man drei Zeitabschnitte unterscheiden: Der erste umfasst die Zeit von der Urkirche bis Papst Alexander III. (1159 - 1181). Der zweite kann mit einer einschneidenden Bestimmung des Papstes Urban VIII. aus dem Jahre 1634 abgeschlossen werden. Der dritte reicht von 1634 bis zu den jetzt geltenden Vorschriften.

Zunächst war es vor allem der jeweilige Diözesanbischof, welcher die öffentliche Verehrung eines gestorbenen Gläubigen gestattete, der entweder als Blutzeuge Christi starb oder im Leben durch besondere Heiligkeit, nach dem Tode aber durch Wunder oder andere Zeichen das Vertrauen der Gläubigen erworben hatte. Neben den Bischöfen erkannten auch die Provinzial- und Nationalsynoden einem solchen hervorragenden Verstorbenen die Ehre der Altäre zu. Die kirchliche Anerkennung des Martyriums nannte man die Vindicatio.

Diese Verehrung hatte zunächst nur für die eigene Diözese Geltung, wurde aber ausgedehnt für eine ganze Kirchenprovinz oder ein Land, je nachdem, ob der Metropolit oder der Primas der Nation das Martyrium oder die Heiligkeit des Dieners Gottes als echt anerkannt und die Verehrung in seinem Gebiet gestattete.

---

[238] Gerhard Oesterle, Über den Verlauf eines Selig- und Heiligsprechungsprozesses, in: Zeitschrift für den katholischen Religionsunterricht an den höheren Lehranstalten, Düsseldorf 1928 S. 106 ff.

Nachdem Kaiser Konstantin 313 durch das Edikt von Mailand die Kirche Christi staatlich anerkannte, entwickelt sich die Heiligenverehrung mehr und mehr. Während bisher nur Märtyrer als Heilige verehrt wurden, wurden jetzt auch jene von der kirchlichen Autorität in den gleichen Rang gehoben, die im Leben durch außerordentliche Heiligkeit sich hervorgetan hatten und wobei dies nach dem Tode durch Wunder und Zeichen bekräftigt wurde. Man nannte sie Confessores im Gegensatz zu den Martyres. Im Abendland war es vor allem der Heilige Martin von Tours (316/17 - 397), der bald nach seinem Tode als Heiliger verehrt wurde, und zwar als einer der ersten Nicht-Märtyrer.[239]

Nähere Bestimmungen über Heiligenverehrung im Frankenreich geben die Reichssynode von Frankfurt im Jahre 794, die Kapitulare Karls des Großen vom Jahre 801 und die Synode von Arras im Jahre 1025. Die kirchliche Anerkennung der Verehrung eines Heiligen fand ihren Ausdruck vielfach in der sog. Erhebung und Überführung der Gebeine.

Obwohl die Bischöfe bis gegen Ende des 12. Jahrhunderts das Recht, die öffentliche Verehrung zu gestatten, beanspruchten und ausübten, so wandten sich doch einzelne von ihnen schon längst vor dem 12. Jahrhundert unmittelbar an den Heiligen Stuhl in Rom, um die sog. Kanonisation eines im Rufe außerordentlicher Tugendhaftigkeit verstorbenen Gläubigen zu erlangen. Durch das feierliche Urteil des Papstes erhielt der Name eines Heiligen einen ganz anderen Klang oder eine besondere Verehrung der Kirche. Das erste Beispiel einer eigentlichen Heiligsprechung ist die Kanonisation des hl. Ulrich von Augsburg durch Papst Johannes XV. im Jahre 993. Es folgten von deutschen Heiligen die Heiligsprechung der Kaiserin Adelheid zwischen 1089 und 1099, des Bischofs Konrad von Konstanz auf der Lateransynode im Jahre 1123 unter Papst Karl II. und des Bischofs Godehard von Hildesheim auf der päpstlichen Synode zu Reims im Jahre 1131.

Ein besonders markanter Missstand in der Heiligenverehrung veranlasste Papst Alexander III. zwischen 1171 und 1180, eine Erklärung an König Kanut von Schweden abzugeben. Danach behielt sich in Zukunft der Apostolische Stuhl das Recht vor, auch für die einzelnen Diözesen die Verehrung eines hervorragenden Gläubigen zu gestatten. Der Erlass des Papstes wurde im Jahre 1200 anlässlich der Heiligsprechung der Kaiserin Kunigunde durch Innocenz III. bestätigt und von Papst Gregor IX. im Jahre 1234 in das Corpus Juris Canonici aufgenommen. Da das kirchliche Gesetz jedoch nicht die

---

[239] Peter Manns, Die Heiligen in ihrer Zeit, Bd.1, Mainz 1966 hier: B. Kilian, Martin von Tours, S. 319

Zweifel bezüglich der Vollmacht der einzelnen Bischöfe beseitigte, finden sich auch nach Alexander III. noch vereinzelte Fälle, in denen Bischöfe die Verehrung von Märtyrern und heiligmäßigen Personen gewährten.

Der Ausdruck "Canonisare, Canonisatio" wurde bei Alexander III. üblich. Der Unterschied zwischen einer eigentlichen Heiligsprechung, welche für die ganze Kirche Geltung hatte und der Beatifikation, d. h. dem Zugeständnis einer örtlich beschränkten Verehrung, trat in diesem Zeitabstand immer deutlicher hervor. Bisher hatte man die Bezeichnung "Sanctus" und "Beatus" oft im selben Sinn gebraucht. Jetzt kam der Titel "Sanctus" nur noch denen zu, die durch den Papst in das Verzeichnis der Heiligen aufgenommen wurden. Der Titel "Beatus" im Gegensatz zu Sanctus wurde erst im 17. Jahrhundert ein stehender Ausdruck an der Römischen Kurie.

Das Ende des zweiten Zeitabschnittes kann man auf das Breve, also eine päpstliche Verlautbarung Urban VIII. vom 15.7.1634 ansetzen. Hierdurch wurde bestimmt, dass nunmehr alles, was insoweit die Verehrung betraf, völlig dem Apostolischen Stuhl vorbehalten blieb. Der einzelne Bischof durfte nur insoweit in die Angelegenheit eingreifen, als ihm das durch die kirchliche Gesetzgebung eingeräumt wurde. Dieses Breve des Papstes, das bis zur Kodifikation in Kraft blieb, warf sein Licht auf die Vergangenheit und die Zukunft.

Hinsichtlich der Vergangenheit erklärte Urban VIII., dass alle, die vor Alexander III. eine öffentliche kirchliche Verehrung erfuhren, auch weiter so behandelt werden durften. Ebenso durften jene, die bis zum Jahre 1534, also 100 Jahre vor dem genannten Erlass Urban VIII., einen kirchlichen Kult erhielten, weiter entsprechend verehrt werden.

Für die Zukunft bestimmte Urban VIII., dass niemand selig- oder heiliggesprochen werden durfte, ohne dass zuvor der eigentliche Selig- oder Heiligsprechungsprozess eingeleitet und glücklich zu Ende geführt sei.

Dem Seligsprechungsprozess verlieh Alexander VII. einen feierlichen Abschluss durch die sog. Seligsprechungsfeier in St. Peter. Der erste, dem diese Ehre zuteil wurde, war Franz von Sales am 08. Januar 1662. Von dieser Zeit an unterscheiden sich genau dem Namen wie der Sache nach die Selig- und die Heiligsprechung.

Nachdem Sixtus V. der von ihm im Jahre 1587 errichteten Ritenkongregation die Bearbeitung der Selig- und Heiligsprechung anvertraut hatte, bestimmte Urban VIII. am 12. März 1631 die Art und Weise, wie der Prozess geführt werden sollte. Seine Erlasse vom Jahre 1625 und 1634 wurden von grundlegender Bedeutung für die heutige Praxis.

b) Die Vorschriften über das Verfahren im einzelnen

Durch die grundlegend neue Fassung des Codex des kanonischen Rechtes, das vom 1. Adventssonntag 1983 an verbindliche Gesetz unter lateinischen Kirchen, sind zwar die Normen für das Heiligsprechungsverfahren nicht mehr geregelt. So heißt es im Kanon 1403 des neuen Codex:[240] Die Verfahren zur Kanonisation der Diener Gottes werden durch besonderes päpstliches Gesetz geregelt.

Da jedoch nach diesem neuen Recht praktisch noch kein Selig- oder Heiligsprechungsverfahren von Anfang bis Ende durchgeführt wurde und es im übrigen einhellige Meinung ist, dass das Seligsprechungsverfahren, wie es im Kirchengesetzbuch von 1917 kodifiziert wurde, im wesentlichen auf die Dekrete Urban VIII. und Benedikt XIV. zurückgeht, soll in der Folge entsprechend den Normen des CIC (Codex Juris Canonici) 1917 das Verfahren erklärt werden. Nach diesem Verfahren wurde also im wesentlichen seit dem 17. Jahrhundert vorgegangen.[241] Da in dieser Arbeit mit sehr wenigen Ausnahmen nur kirchlich überprüfte Fälle angeführt werden, die nach Urban VIII. und Benedikt XIV. liegen, liegt es um so näher, zur Veranschaulichung der Verfahrensweise den CIC 1917 heranzuziehen, wobei am Schluss noch kurz die zur Zeit geltenden Normen dargestellt werden.[242]

Der Selig- und Heiligsprechungsprozess wird im zweiten Hauptteil des 4. Buches des CIC 1917 in den §§ 1999 - 2141 behandelt. In der Folge wird die deutsche Übersetzung des Kanonisten Heribert Jone OMCap. Dr. jur. can. benutzt. Soweit in der Folge keine besonderen Zusätze gemacht werden, benennen die jeweils in Klammern gesetzten Zahlen den jeweiligen Canon des CIC 1917. Soweit auf die Kommentierung von Jone Bezug genommen wird, beziehen sich die folgenden Seitenzahlen auf den 3. Band.

Im Canon 1999 wird festgelegt, dass das Recht, einen Diener Gottes selig- oder einen Seligen heilig zu sprechen, nur dem Apostolischen Stuhl zusteht, wobei die Führung des Prozesses der Ritenkongregation übertragen ist. Dazu führt Jone[243] aus, dass die Seligsprechung eine ihrer Natur nach nicht unwiderrufliche Erklärung sei, wonach der Betreffende im Himmel sei. Die

[240] Codex des kanonischen Rechtes, lateinisch-deutsche Ausgabe, herausgegeben von den deutschsprachigen Bischofskonferenzen, Kevelaer 1983

[241] So auch: Winfried Schulz, Der Seligsprechungsprozess - Canonistische Überlegungen zu seiner Reform - in: 100 Jahre Anna Schaeffer, herausgegeben vom bischöflichen Konsistorium Regensburg, Abensberg 1982 S. 5

[242] Gesetzbuch des kanonischen Rechtes, Erklärung der Canones, Paderborn 1940 in 3 Bänden

[243] aaO., S. 284

Heiligsprechung hingegen sei ihrer ganzen Natur nach eine letzte unwiderrufliche Entscheidung, die der Papst als oberster Lehrer der Gesamtkirche in Glaubens- und Sittensachen fälle. Bei dieser Entscheidung sei also der Papst unfehlbar. Diese Auffassung vertritt auch Zierer.[244] Auf diese Frage ist hier nicht näher einzugehen, sie zeigt höchstens, worauf es in der vorliegenden Arbeit ankommt: Hier geht es ausschließlich um die Prüfung bestimmter, außergewöhnlicher Tatsachen. Ob und inwieweit diese Tatsachen vom Papst für die Heiligsprechung einer Person verwertet werden und welchen Rang diese Entscheidung hat, ist eine reine Frage des Glaubens, der christlichen Offenbarung. Für die Frage der Richtigkeit dieser außergewöhnlichen Tatsachen ist und muss es völlig unerheblich sein, ob eine später u. a. auch auf dieser Tatsache beruhende Glaubensentscheidung des Papstes als unfehlbar anzusehen ist oder nicht.

Im Canon 2000 ist festgelegt, dass es außer dem ordentlichen Prozess, der zur Voraussetzung hat, dass dem Betreffenden noch keine öffentliche, insbesondere kirchliche Verehrung erwiesen wurde, es noch den außerordentlichen Prozess gibt. Dieser ist näher in den Canones 2125 - 2135 geregelt und setzt im Gegensatz zum ordentlichen Verfahren eine sog. "unvordenkliche" Verehrung voraus, die gemäß der o. g. Konstitution Urban III. im Jahre 1634 mindestens schon 100 Jahre alt gewesen sein muss. Auch in diesem Verfahren müssen Wunder nachgewiesen werden (2127).

In der Folge soll nur auf den sog. ordentlichen Prozess gemäß den Canones 2003 ff. eingegangen werden.

In den Canones 2003 - 2008 wird dargelegt, dass jeder Christ einen solchen Antrag stellen kann und dass der Postular derjenige ist, der die Angelegenheit bei dem zuständigen Gericht betreibt. Er muss u. a. dem Gerichtshof die Namen der Zeugen und die geeigneten Urkunden unterbreiten, er hat die Artikel, über welche die Zeugen befragt werden sollen, auszuarbeiten und dem Promotor fidei vorzulegen. Dieser Glaubensanwalt (2010 - 2012) kann als "Gegenspieler" des Postulators angesprochen werden. Er ist in seiner amtlichen Eigenschaft als Widersacher des Begehrens auf Selig- und Heiligsprechung tätig. Er stellt die Fragen auf, die an die Zeugen zu richten sind und übergibt diese verschlossen dem Richter. Er kann neue Zeugen einführen und hat die nach Lage der Dinge erforderlichen Einwände zu erheben.

---

[244] Johann Baptist Zierer, Der Beatifikations- und Kanonisationsprozess nach dem CIC, Dissertation an der Universität Würzburg, 1925 S. 23

Das führende Gericht ist die Ritenkongregation (2009), die im allgemeinen als Verwaltungsbehörde, aber in Sachen der Selig- und Heiligsprechung als kirchliches Verwaltungsgericht tätig ist. Für jeden Prozess ernennt der Papst aus den zur Ritenkongregation gehörenden Kardinälen einen Kardinalsreferenten, dessen Aufgabe es ist, über den ihm zugewiesenen Prozess in der Sitzung der Kongregation Bericht zu erstatten. Ihm stehen richterliche Hilfskräfte zur Seite. Die Richter sind durch strenge Schweigepflicht gebunden. In den Canones 2013 - 2017 ist die Mitwirkung weiterer Personen, wie etwa des Notars, geregelt. Der 23. Titel mit den Canones 2019 - 2036 betrifft das "Beweisverfahren bei den Selig- und Heiligsprechungsprozessen". Im Canon 2019 heißt es: "Bei Selig- und Heiligsprechungsprozessen werden nur ganz und gar vollwertige Beweise anerkannt. Als Beweismittel werden nur Zeugenaussagen und Urkunden zugelassen."

Demnach ist also z. B. der Indizienbeweis ausgeschlossen.[245] Im Canon 2020 werden in den §§ 1 - 7 nähere Ausführungen über die Beweiserhebung gemacht. Im § 7 heißt es: "Die Wunder dagegen müssen immer bewiesen werden durch Augenzeugen, die denselben Tatbestand bezeugen."

Canon 2027 bestimmt, dass jeder - also nicht nur ein Gläubiger - als Zeuge zugelassen ist. Das ist in Canon 2028 nochmals für die Ärzte bei der Feststellung von Wundern wiederholt. Canon 2029 hat folgenden Wortlaut: "Die Aussagen der Zeugen haben nur dann Wert, wenn sie angeben, woher sie ihr Wissen haben und auf welche Weise sie es erworben haben." Canon 2031 erläutert, wie im Prozess der Sachverständigenbeweis im einzelnen zu erheben ist.

Im Canon 2037, in dem u. a. die Vereidigung der Richter und anderen Teilnehmer des Prozesses vorgeschrieben ist, heißt es im § 3: "Die Zeugen müssen nicht nur schwören, Stillschweigen zu beobachten, sondern außerdem müssen alle ohne jede Ausnahme vor dem Verhör schwören, dass sie die Wahrheit sagen wollen und nach dem Verhör, dass sie die Wahrheit gesagt haben. Das gleiche wird von den Sachverständigen gefordert, die zusätzlich zu schwören haben, dass sie ihren Auftrag gut ausführen wollen. Nach der Abgabe des Gutachtens müssen sie unter Eid versichern, dass sie den Auftrag gut ausgeführt haben. Die Form des Eides ist im Canon 1622 vorgeschrieben und hat unter Anrufung Gottes zu geschehen, wobei die Gläubigen ein Evangelienbuch berühren müssen. Sie sollen vom Richter an die Heiligkeit des Eides und über die Größe des Deliktes belehrt werden, dass durch einen

[245] Jone aaO., S. 293

Meineid begangen wird. In den Canones 2038 ff. wird das Erhebungsverfahren des Ortsbischofs im Auftrage des Apostolischen Stuhles näher geregelt. Dort heißt es im Canon 2041, dass die Sitzungen für die Eidesabnahme und die Zeugenvernehmungen womöglich bei Tage und an einem heiligen Ort abgehalten werden müssen. Nach jeder Sitzung müssen die Akten mit dem Gerichtssiegel verschlossen werden und dürfen erst wieder in der nächsten Sitzung geöffnet werden, nachdem die Unversehrtheit des Siegels festgestellt worden ist. Ist das Siegel nicht unversehrt, muss der Richter die Ritenkongregation davon in Kenntnis setzen.

In den Canones 2042 - 2048 geht es um die Überprüfung der Schriften des Betreffenden. Bis zum Canon 2056 wird dann der sog. Informativprozess des Ortsbischofs geregelt. Es geht hier um die Feststellung, ob der Verewigte sich des Rufes der Heiligkeit oder des Martyriums erfreut.

Im Canon 2068 wird näher geregelt, wie festzustellen ist, ob dem Betroffenen bisher keine amtliche Verehrung erwiesen worden ist.

Bis zum Canon 2086 geht es dann um die Einführung der Sache bei der Ritenkongregation in Rom.

Die apostolischen Prozesse sind dann in den Canones 2087 - 2124 geregelt. Es sind hierbei 4 Verfahrensabschnitte zu unterscheiden: Im Auftrage des Papstes werden neue Erhebungsverfahren durchgeführt, die Ritenkongregation prüft die Gültigkeit dieser Verfahren. Darauf folgen das Verfahren zur Feststellung des heroischen Tugendgrades oder des Martyriums und das Verfahren zur Feststellung der Wunder.

In den Canones 2087 - 2097 sind die apostolischen Erhebungsverfahren erläutert. Sie erstrecken sich auf die Untersuchung des Rufes der Heiligkeit, der Wunder oder des Martyriums und auf den tatsächlichen Erweis der Tugenden und der Wunder im einzelnen oder des Martyriums und dessen Ursachen. Bis Canon 2088 § 3 ist zur Feststellung der Wunder wenigstens ein Sachverständiger zu ernennen.

In den Canones 2098 - 2100 geht es um die Beurteilung der Gültigkeit der apostolischen Erhebungsverfahren.

Die Canones 2101 - 2115 regeln das Verfahren zur Feststellung des heroischen Grades der Tugenden oder des Martyriums und dessen Ursachen.

Die Überschrift des 4. Artikels mit den Canones 2116 - 2124 lautet: Die Prüfung der einzelnen Wunder.

§ 1 des Canon 2116 heisst: "Damit jemand seliggesprochen werden kann, sind außer der Tugendübung im heroischen Grade bzw. außer dem Martyrium noch Wunder notwendig, die von Gott auf die Fürbitte des Dieners Gottes erwirkt wurden." Hieraus folgt zunächst, dass die Wunder nach dem Tode des Betroffenen gewirkt sein müssen. Die zu Lebzeiten von Seligen oder Heiligen festgestellten Wunder werden sehr wohl auch bei der Darstellung ihres Lebenslaufes berücksichtigt und niedergelegt. Für die Seligsprechung zählen aber ausschließlich die nach ihrem Tode auf die Fürbitte zu ihnen festgestellten Wunder.

Nach § 2 dieses Canons genügen bei der Seligsprechung eines Martyrers auch Zeichen, wenn keine Wunder vorliegen. Unter Zeichen werden wunderbare Gaben verstanden, die dem Betreffenden verliehen worden sind, wie die Gabe der Weissagung, der Herzenserforschung o. ä.[246]. Fehlen derartige Zeichen, so kann der Papst bei einem Martyrer auch davon für die Seligsprechung dispensieren.

Im Canon 2117 ist näher dargelegt, unter welchen Umständen zwei, drei bzw. vier Wunder für die Seligsprechung erforderlich sind.

Nach Canon 2118 müssen zu Beginn des Verfahrens bezüglich der Überprüfung der Wunder Sachverständige hinzugezogen werden. Weiter ist festgelegt, dass der Prozess nicht fortgesetzt werden darf, wenn beide Sachverständige ein Wunder ablehnen. Gemäß § 2 dieses Canons sollen "berühmte Ärzte und Chirurgen, womöglich Spezialärzte für die fragliche Krankheit berufen werden".

Gemäß Canon 2119 muss das Gutachten die Antwort auf die beiden Fragen enthalten, ob nämlich der angeblich Geheilte tatsächlich gesund ist und ob die "als Wunder vorgelegte Tatsache natürlich erklärt werden kann oder nicht".

Gemäß Canon 2120 muss die Untersuchung über die Wunder drei Instanzen durchlaufen, wobei grundsätzlich bei keiner Kongregationssitzung mehr als zwei Wunder behandelt werden dürfen.

Gemäß Canon 2121 muss die vorbereitende Kongregation folgende Schriftstücke der Ritenkongregation einreichen:

1. eine schriftliche Darlegung des Advokaten
2. eine Zusammenstellung der Zeugenaussagen
3. die zwei schriftlichen Gutachten der Sachverständigen über jedes Wunder

[246] Jone, aaO., S. 323

4. die Einwände des Promotor fidei

5. die Entgegnung des Advokaten

Canon 2124 bestimmt schließlich, dass dann, wenn die Wunder vom Papst approbiert worden sind und darüber ein Dekret ausgestellt worden ist, vor ihm eine Schlussverhandlung stattfindet, in der die Frage erörtert wird, ob man sicher zur Seligsprechung des Dieners Gottes schreiten kann. Nach Anhörung der Konsultoren und Kardinäle trifft der Papst dann die Entscheidung.

In den Canones 2125 - 2135 ist das sog. außerordentliche Seligsprechungsverfahren geregelt, das nur für jene in Betracht kommt, die bereits zwischen 1181 und 1634 sich "unter Duldung der Kirche einer öffentlichen Verehrung erfreuten" (2125).

In C. 2127 ist festgelegt, dass auch die Wunder festgestellt werden müssen.

In den Canones 2136 - 2141 wird die Heiligsprechung geregelt. Voraussetzung hierfür ist die Seligsprechung des Betreffenden und der Nachweis von zwei nach der Seligsprechung auf Anrufung des Seligen gewirkten Wundern. Erfolgt die Seligsprechung in einem außerordentlichen Prozess (Canon 2125 ff.), so müssen drei Wunder nachgewiesen werden (2138). Gemäß Canon 2139 erfolgt die Feststellung der Wunder in der gleichen Weise wie bei der Seligsprechung in den Canones 2116 - 2124, wie oben ausgeführt. Bei der Heiligsprechung wird somit in keiner Weise mehr auf das Leben des Seligen, seine Schriften und eben auf all das eingegangen, was im Seligsprechungsprozess untersucht wird, sondern es wird ausschließlich überprüft, ob neue Wunder nach der Seligsprechung vorliegen. Während die Seligen nur an den Orten und in den Formen verehrt werden dürfen, die der Papst im Einzelfall zugelassen hat, können die Heiligen überall und in jeder Form im Gottesdienst verehrt werden (Canon 1277).

Es ist Klaus Börsdorf[247] zuzustimmen, dass also die Voraussetzungen für die kirchliche Anerkennung eines Seligen oder Heiligen in einem Verfahren geprüft werden, das die strengste Prozessform aufweist. Die gleiche Auffassung untermauert Wilhelm Schamoni in der Einführung zu seinem Buch "Wunder sind Tatsachen".[248] In dem Vorwort zu diesem Buch, das in der ersten Auflage mit Rücksicht auf die entsprechend den Wundern der Bibel dokumentierten Wunder der neueren Zeit den Titel "Parallelen zum Neuen Testament" hatte, schrieb der Paderborner Erzbischof Kardinal Jäger unter

[247] in: Eichmann-Börsdorf, Lehrbuch des Kirchenrechts, Bd. 3 Paderborn 1954 S. 252

[248] Würzburg 1976 S. XIII ff.

dem 13. Juni 1971: "Das Studium dieses Buches wird u. a. das Gute an sich haben, die nicht überbietbare Sorgfalt bei den Selig- und Heiligsprechungsprozessen zu konstatieren."[249]

Schamoni führt nicht nur den Wortlaut einer 11-zeiligen Eidesformel auf, wie sie im Jahre 1307 die Zeugen im Prozess des hl. Thomas von Cantilup in aller Eindringlichkeit zu leisten hatten.[250] Er zeigt auch auf, wie praktisch die Eidesleistung bei einem katholischen Zeugen aussieht, wie sie oben in den Canones angegeben wurde. Dieser hat nämlich an einem Altar kniend unter Berührung der Evangelien, indem er seine ewige Seligkeit als Pfand für seine Wahrhaftigkeit einsetzt, vor und nach der Vernehmung zu schwören, dass er die Wahrheit sagt, wobei für nicht katholische Zeugen die äußeren Formen anders aussehen.[251]

Das Schweigegebot über die vorgelegten Fragen soll unter allen Umständen verhindern, dass nachfolgende Zeugen beeinflusst werden. Wenn dem Zeugen später etwas einfällt, was gegen den Diener Gottes spricht, so bleibt er durch seinen Eid im Gewissen verpflichtet, dem zuständigen Bischof davon Mitteilung zu machen. Die katholische Kirche nimmt den Eid der Zeugen in dieser Sache so ernst, dass Papst Innocenz XI. (1676 - 1689) die Lossprechung von einem Meineid, auf den automatisch die Exkommunikation steht, dem Papst vorbehalten hat, es sei denn, dass es sich um einen Sterbenden handelt. Dem Schwörenden ist klar, dass ein Meineid für ihn eine Todsünde wäre. Zu Recht führt Schamoni weiter aus[252], dass diese Bindung der Aussagen an das Gewissen bei gläubigen Menschen eine äußerste Gewissenhaftigkeit garantiert und ihren eidlichen Bekundungen einen größtmöglichen Wert verleiht.

Obwohl für diese Arbeit nur die Darstellung der vorhergehenden Normen von Bedeutung ist, da ausschließlich danach die bisherigen Prozesse abgewickelt wurden, soll doch noch kurz auf die jetzt geltenden kirchenrechtlichen Normen zu dieser Frage eingegangen werden.

Wie schon oben angegeben, finden auch für das Selig- und Heiligsprechungsverfahren nach geltendem Kirchenrecht die Normen des allgemeinen Prozessrechts Anwendung, wenn dies aus der Natur der Sache hervorgeht oder wenn die Sondernorm auf das allgemeine Prozessrecht verweist. Die

---

[249] aaO., S. XII
[250] aaO., S. XVI
[251] aaO., S. XVII
[252] aaO., S. XVII

Zeugen und ihre Aussagen sind in den Canones 1547 - 1573 des jetzt gültigen CIC geregelt. Auch hier wird eine besonders sorgfältige Beweisaufnahme gefordert, wobei einzelne Kapitel über Sachverständige, Ortstermin und richterlichen Augenschein, Vermutungen und Zwischenverfahren nähere Einzelheiten regeln. Als Beispiel seien wörtlich folgende beide Canones unter der Überschrift "Glaubwürdigkeit der Zeugenaussagen" angeführt.

"Can. 1572 - Bei der Würdigung der Zeugenaussagen hat der Richter, gegebenenfalls nach Einholen von Zeugnissen, zu beachten:

1) die persönlichen Verhältnisse und die sittliche Lebensführung des Zeugen;
2) ob dieser aus eigenem Wissen, insbesondere ob er als persönlicher Augen- und Ohrenzeuge aussagt oder ob er seine eigene Meinung, ein Gerücht oder vom Hörensagen berichtet;
3) ob der Zeuge beständig ist und sich standhaft treu bleibt oder ob er unbeständig, unsicher und schwankend ist;
4) ob er Mitzeugen für seine Aussage hat oder ob diese durch andere Beweiselemente bestätigt wird oder nicht.

Can 1573 - Die Aussage eines einzigen Zeugen kann keinen vollen Beweis schaffen, außer es handelt sich um einen qualifizierten Zeugen, der über von ihm amtlich behandelte Dinge aussagt, oder die sachlichen und persönlichen Umstände legen etwas anderes nahe."

Ziel der neuen Verfahrensordnung ist es, die Diözesanbischöfe und die ihnen durch das Recht gleichgestellten Hierarchen in größerem Umfange als bisher an der Durchführung dieser Verfahren zu beteiligen und durch die Vereinfachung der Verfahrensvorschriften diese zu beschleunigen.[253] Hierbei erhoffte man sich u. a. eine Abkürzung der erheblichen Prozesslänge, was schon vorher gefordert wurde.[254]

Nach der neuen Regelung hat der Diözesanbischof in seinem Bereich von Amts wegen oder auf Antrag von einzelnen Gläubigen oder dazu berechtigter Verbände Erhebungen hinsichtlich des Lebens, der Tugenden oder des Martyriums des Betreffenden durchzuführen. Hierzu bedarf es nicht der vorherigen Erlaubnis des Heiligen Stuhles. Die Erhebung über die Tugenden oder das

---

[253] Listl, Müller, Schmitz, Handbuch des katholischen Kirchenrechts, Regensburg 1983 S. 845

[254] Winfried Schulz, Der Seligsprechungsprozess - Kanonistische Überlegungen zu seiner Reform - in: 100 Jahre Anna Schaeffer, herausgegeben vom bischöflichen Konsistorium Regensburg, Abensberg 1982 S. 6 ff.

Martyrium sind von denen über die geltend gemachten Wunder getrennt durchzuführen.

Die neuen Normen sind im wesentlichen in folgenden päpstlichen Verlautbarungen enthalten, wobei die genannten lateinischen Worte jeweils die Anfangsworte der Bestimmungen darstellen. Sie sind niedergelegt in dem offiziellen Mitteilungsblatt des Apostolischen Stuhles, den "Acta Apostolicae Sedis" abgekürzt: AAS. "Divinus perfectionis magister" vom 25. Januar 1983, in AAS 75 (1983), S. 349 - 355; "Normae servandae in inquisitionibus ab Episcopis faciendis in Causis Sanctorum" vom 07. Februar 1983; in: AAS 75 (1083), S. 396 - 403; "Decretum generale de Servorum Dei Causis, quarum iudicium in praesens apud Sacram Congregationem pendet" vom 07. Februar 1983, in: AAS 75 (1983), S. 403 - 404.

Schon 1969 hatte Papst Paul VI. mit einem apostolischen Schreiben die von den Diözesanbischöfen durchzuführenden Teile des Seligsprechungsprozesses neu geordnet. Diese wurden ermächtigt, das sog. Erhebungsverfahren, also die Beschaffung des Beweismaterials, unter Vereinfachung der Vorschriften kraft eigenen und übertragenen Rechtes selbst durchzuführen, sofern der Apostolische Stuhl der Einleitung zugestimmt hatte. Die meisten besonderen päpstlichen Verlautbarungen oder auch dieses "motu proprio" wurden bei einem besonderen Fest gegeben, nämlich hier am Fest des hl. Josef am 19. März.

Der deutsche Text mit weiteren Erlassen auch der Kongregation für die Heiligsprechungen zu diesem Thema ist zu finden bei Schmitz.[255]

c) Unterschied des kirchenrechtlichen Verfahrens zu den staatlichen Gerichtsverfahren und die Übereinstimmung zwischen beiden Verfahren.

Zutreffend weist der in Paderborn und Rom lehrende Kanonist Winfried Schulz[256] darauf hin, dass zwar das Seligsprechungsverfahren nach dem Urteil namhafter Kirchenrechtler "die strengsten Prozessformen aufweist", die das Kanonische Recht kennt. Das Verfahren Ziele aber von seinem Ergebnis her doch nicht auf ein Urteil im Sinne eines Rechtsprechungsaktes als Anwendung eines objektiven Rechts auf einen konkreten Fall. Es sei vielmehr nur als Schlussfolgerung auf ein für den Papst bestimmtes Urteil gerichtet, das dieser bestätigen oder ablehnen könne. Es liegt also ausschließlich in der persönlichen Entscheidung des Papstes, dem vorgeschlagenen Urteilsvorschlag zu

[255] in: Heribert Schmitz, Kirchliches Prozessrecht, Sammlung neuer Erlasse, Trier 1976, S. 8 ff.

[256] Seligsprechungsprozess aaO., S. 6

folgen oder nicht. Während also ein staatliches Gericht eine bestimmte Rechtsfolge in einem konkreten Fall bindend festlegt und bei seiner Entscheidung unabhängig ist, gilt das bei kirchlichen Gerichten nicht in gleicher Weise. Die Richter sind zwar auch an die kirchlichen Normen gebunden und in den Canones 1400 ff. des jetzt gültigen CIC, auf das in der Folge ausschließlich Bezug genommen wird, sind auch eingehende Vorschriften über das Gerichtswesen. Oberster Richter ist gemäß Canon 1442 jedoch der Papst für den gesamten katholischen Erdkreis, der entweder persönlich oder durch die ordentlichen Gerichte des Apostolischen Stuhles oder durch die von ihm delegierten Richter Recht spricht. Die Stellung des Papstes ist im Canon 331 wie folgt umschrieben: "Der Bischof der Kirche von Rom, in dem das vom Herrn einzig dem Petrus, dem Ersten der Apostel, übertragene und seinen Nachfolgern zu vermittelnde Amt fortdauert, ist Haupt des Bischofskollegium, Stellvertreter Christi und Hirte der Gesamtkirche hier auf Erden; deshalb verfügt er kraft seines Amtes in der Kirche über höchste, volle, unmittelbare und universale ordentliche Gewalt, die er immer frei ausüben kann."

In logischer Folge dieser Stellung des Papstes bestimmt Canon 1404, dass dieser von niemandem vor Gericht gezogen werden kann. Im Canon 1405 wird die Zuständigkeit des Papstes selbst - etwa für Staatsoberhäupter, Kardinäle und Gesandte des Apostolischen Stuhles - geregelt und ferner ist darin gesagt, dass er zuständig ist "in anderen Angelegenheiten, die er selbst an sich gezogen hat".

Wenn dennoch im Buch 7 des CIC über die "Prozesse" in den Canones 1400 - 1752 sehr eingehende Bestimmungen über alle einen Prozess betreffenden Fragen - auch insbesondere bezüglich der bischöflichen Gerichte - geregelt sind, so geht daraus hervor, dass in der Praxis die kirchlichen Richter ohne jedes Eingreifen des obersten Richters der Kirche entsprechend deren Vorschriften entscheiden.

Insbesondere beeinträchtigt diese Struktur der kirchlichen Gerichtsbarkeit in keiner Weise die Erforschung der Wahrheit und insbesondere der Fakten, welche den Wundern zugrunde liegen. Es ist daher dem bekannten Kanonisten Paolo Molinari[257] zu folgen, wonach die Prozesse und die anschließenden Verhandlungen über die der Vermittlung des Dieners Gottes zugeschriebenen Wunder "streng juristisch durchgeführt werden".

Auf den ersten Blick möchte man meinen, dass ein Unterschied zwischen dem staatlichen und kirchlichen Verfahren bezüglich der Wunder auch darin

[257] in: Sacramentum Mundi, Theologisches Lexikon, Freiburg 1967, S. 638

besteht, dass es bei den kirchlichen Gerichten um die Prüfung geht, ob ein bestimmter Vorfall durch natürliche Ursachen nicht erklärbar ist, während im staatlichen Verfahren es gerade um die Erklärbarkeit zu gehen scheint. Tatsächlich muss es aber in beiden Verfahren zunächst einmal um die Feststellung der erkennbaren Fakten gehen, so dass es in diesem entscheidenden Punkt keine Unterschiede geben dürfte.

Wie weiter unten auszuführen sein wird, besteht allerdings bei der Frage der Verursachung dieser Fakten und teilweise auch bei der Würdigung der Folgen ein ganz erheblicher Unterschied beider Arten von Gerichten.

Hier sei nur auf einen sehr wesentlichen Unterschied in einer wichtigen Frage der Beweiswürdigung hingewiesen: In einem bestimmten Seligsprechungsverfahren wird ein - im übrigen anerkanntes - Wunder nur dann berücksichtigt, wenn es "auf die Anrufung" des Betreffenden eintrat. Im kirchlichen Prozessverfahren muss es insoweit ausreichen, wenn die eindeutige Anrufung des Betroffenen durch eine bestimmte Person und das danach insoweit eintretende Wunder feststeht. Vor staatlichen Gerichten könnte zwar die Anrufung als solche und das unerklärliche Ereignis als äußeres Faktum festgestellt werden, niemals aber die Kausalität zwischen Anrufung und Ereignis, wie noch näher auszuführen sein wird.

Die Beweiserhebung über die behaupteten Tatsachen als solche muss in beiden Verfahren im Grundsatz gleich sein. Das übliche Beweisverfahren muss auch dann als ausreichend angesehen werden, wenn die behaupteten Tatsachen eine Durchbrechung der Naturgesetze beinhalten würden. Zwar muss in solchen Fällen bei der Beweiswürdigung ein unverhältnismäßig strengerer Maßstab als bei behaupteten, natürlich erklärbaren Vorfällen angelegt werden. Dieser Grundsatz wird übrigens schon im kirchlichen Prozessverfahren selbst angewendet, das ja völlig überwiegend - etwa im Eheverfahren - sich mit natürlich erklärbaren Fakten zu befassen hat. So schreibt der Kanonist Oesterle[258] zu Recht, dass die Beweisaufnahme in diesen Verfahren viel strenger ist als in anderen kirchlichen Prozessen. Grundsätzlich nimmt dazu auch Schamoni positiv Stellung.[259] Auf die Frage der Verwertbarkeit wird näher im III. Hauptteil dieser Arbeit einzugehen sein.

---

[258] Gerhard Oesterle: Über den Verlauf eines Seligsprechungs- und Heiligsprechungsprozesses, Warendorf 1957, S. 19

[259] W. Schamoni, Über Heiligsprechung und Heiligsprechungsakten, in: Theologisches 1974, Spalte 1384 ff.; derselbe auch in: Die Kanonisationsakten in Paderborn - ein großer Schatz, in: Theologisches 1977, Spalte 2491 f.

B. Hat die Parapsychologie eine Erklärung bisher unerklärlicher Tatsachen gebracht?

Wie in der Einleitung dargelegt, geht der Bundesgerichtshof davon aus, dass die Parapsychologie keine anerkannte wissenschaftliche Disziplin sei. Viele der auffallenden Phänomene, welche nach deren Erkenntnissen vorgekommen sein sollten, hätte es in Wirklichkeit niemals gegeben. Wenn die Parapsychologie also für diese eine einleuchtende natürliche Erklärung nachweisen würde, könnte der Bundesgerichtshof die grundsätzliche Möglichkeit der Existenz solcher Vorgänge nicht mehr in Abrede stellen.

Auch wäre das eben geschilderte kirchenrechtliche Verfahren zur Überprüfung der Frage, ob ein bestimmter Vorgang aufgrund der Naturgesetze unerklärlich ist, sinnlos und käme zu völlig falschen Ergebnissen, wenn die Parapsychologie hierfür eine Erklärung gefunden hätte. Als Definition des Gegenstandsbereichs parapsychologischer Forschung soll eine Formulierung aus dem Studienplan für den Diplomstudiengang Psychologie zitiert werden, wie er vom Senat der Universität Freiburg verabschiedet und vom Ministerium für Wissenshaft und Kunst in Stuttgart gebilligt worden ist:[260] "Die in Frage stehenden Phänomene werden von der Parapsychologie in zwei Problembereichen untersucht. Unter dem "kognitiven" Aspekt als "außersinnliche Wahrnehmung" in den drei Formen der Telepathie, des Hellsehens und der Präkognition, wobei geprüft wird, ob und unter welchen Bedingungen Organismen in der Lage sind, Informationen außerhalb bisher bekannter Sinnesorgane aufzunehmen. Unter dem "motorischen" Aspekt wird die Frage der Psychokinese untersucht, das heißt, ob und in welchem Bedingungsgefüge Organismen eine direkte Wirkung auf materielle Systeme außerhalb bisher bekannter physikalischer Erklärungszusammenhänge ausüben können."[261]

a) Gründe der Autoren, welche Psi-Kräfte annehmen

Auch in diesem Artikel gehen die drei Verfasser, von denen Mischo jetzt den Lehrstuhl des bekannten Parapsychologen Hans Bender aus Freiburg innehat, während die andern beiden seine engsten Mitarbeiter sind, davon aus, dass es im

---

[260] Johannes Mischo, Eberhard Bauer und Walter von Lucadou, Hexenwahn an Universitäten? , in: Zeitschrift für Allgemeinmedizin 1980 S. 2390

[261] S. 124

Rahmen der Parapsychologie empirisch überprüfbare Kräfte gibt.[262] Schon Dessoir, der 1889 erstmalig den Begriff "Parapsychologie" prägte, ging davon aus, dass bestimmte Seelenkräfte des Menschen Wirkungen auf die Materie ausüben können.[263] Auch Bonin nimmt dort solche "Psi-Kräfte" an. Das gleiche nimmt insbesondere Hans Bender in seinen zahlreichen Veröffentlichungen an, und zwar von Beginn seiner Tätigkeit. Auch in der Festschrift zu seinem 75. Geburtstag[264] wird von einer solchen Energie in den einzelnen Aufsätzen mehr oder weniger deutlich ausgegangen.[265] Eine solche Psi-Energie nehmen z. B. folgende Autoren auf dem Gebiet der Parapsychologie an: Watson[266], Pössiger[267], Precht[268], Rogo[269], Beloff[270] und Luisa E. Rhine[271]. Diese setzt das Erbe ihres verstorbenen Ehemannes Rhine fort und betont mit allem Nachdruck, dass von lebenden Personen Psychokinese-Wirkungen ausgehen. In den genannten Büchern werden dann auch jeweils Beispiele genannt, und zwar auch aus den im ersten Hauptteil hier genannten Vorfällen.

Dass auch im Ostblock eine solche Psi-Kraft angenommen wird, legen Ostrander und Schroeder mit vielen Beispielen dar.[272]

Entsprechend wird meistens von der Allgemeinheit und von mit dieser Frage befassten Autoren angenommen, dass die Parapsychologie nicht etwa nur unerklärliche Vorgänge beschreibt, sondern vielfach mit der Behauptung auftritt, solche Vorkommnisse mit Seelenkräften der Menschen erklären zu können. So schreibt z. B. Rahner ausdrücklich[273], dass es sich bei parapsychologischen Ereignissen um Kräfte handele, die auf natürliche Fähigkeiten des Menschen zurückgeführt werden müßten.

So haben z. B. von Lucadou und Kornwachs, wie oben schon ausgeführt, sehr enge Mitarbeiter von Bender und jetzt Mischo, ausdrücklich auf die Phänomene Bezug genommen, die Thurston in seinem o. g. Buch "Körperli-

---

[262] aaO., S. 2391

[263] Bonin, Lexikon der Parapsychologie 1981, S. 383

[264] Eberhard Bauer (Herausgeber), Spektrum der Parapsychologie, Freiburg 1983

[265] z. B. Wolfgang Büchel, Naturauffassung und Parapsychologie, aaO., S. 86 ff.; Ulrich Zinn, Was wissen wir wirklich über Psi-Phänomene?, aaO., S. 224 ff.

[266] L. Watson, Geheimes Wissen, Frankfurt 1976 S. 136 ff.

[267] Psi - rätselhafte Kräfte des Menschen?, München 1974 S. 130, 134 ff.

[268] Herbert Precht, Was lehrt die moderne Parapsychologie?, aus: Paderborner Studien 1982 S. 79

[269] D. Scott Rogo, Parapsychologie - Hundert Jahre Forschung, Stuttgart 1976 S. 33, 246 ff.

[270] John Beloff, Neue Wege der Parapsychologie, Olten, Freiburg 1980, S. 41, 43

[271] Luisa Rhine, Psi - Was ist das?, Freiburg 1977 S. 285

[272] S. Ostrander, L. Schroeder, Psi, Die wissenschaftliche Erforschung und praktische Nutzung übersinnlicher Kräfte des Geistes und der Seele im Ostblock, München 1976, z. B. S. 71 ff., 125 ff.

[273] Karl Rahner, Visionen und Prophezeiungen, Freiburg im Breisgau 1960 S. 93

che Begleiterscheinungen der Mystik" niedergelegt hat. Es wurde oben ausgeführt, dass Thurston in diesem Buch praktisch die gesamte Skala der Wunder aus den Heiligsprechungsprozessen, wie sie oben aufgeführt sind, erwähnt. Nach den beiden Parapsychologen nun sollen "solche Spannungszustände durch Kontemplation über sich antagonistisch zueinander verhaltende Bewusstseinsinhalte hervorgerufen werden".[274]

Dass früher unerklärliche Vorgänge, insbesondere Heilungen, jetzt psychogen d. h. durch seelische Kräfte erklärbar seien, vertreten eine Reihe weiterer Autoren, wie z. B. Heim[275], Hagenbuchner[276], Gottschalk[277], Bernhart[278] und Marlet[279].

Kern behauptet ganz umfassend, dass nicht nur die Spukphänomene, sondern auch die anderen angeblich unerklärlichen Vorgänge durch psychogene Kräfte natürlich zu erklären sind.[280] Selbst die Totenerweckung des Lazarus aus der Bibel ist für ihn erklärlich, wenn er fragt, warum Wirkungen des Sterblichen durch die "Tiefenkräfte" von Menschen rückgängig gemacht werden könnten.[281] Ähnliche Gedankengänge vertreten Büchel[282], Bender[283] und ebenfalls bezüglich der Wunder Lais[284].

Besonders Mischo hat sich in einer dreiteiligen Aufsatzfolge zum Thema "Parapsychologie und Wunder" befasst. Er drückt sich etwas vorsichtiger aus, wenn er bezüglich der Wunder darlegt, dass die Parapsychologie nach der funktionellen Abhängigkeit dieser Phänomene von der menschlichen Psyche frage.[285] Dort geht er auch auf die Psychokinese ein und definiert die drei Formen der ASW (außersinnlichen Wahrnehmung) wie folgt:

"a) Telepathie: darunter fasst die Wissenschaft die gleichzeitige Übertragung eines seelischen Vorganges (Gedanken, Bilder, Empfindungen) auf direk-

---

[274] Walter von Lucadou und Klaus Kornwachs, Grundzüge zu einer Theorie paranormaler Phänomene, in: Zeitschrift für Parapsychologie 1975 S. 83

[275] Karl Heim, Die Wandlung im naturwissenschaftlichen Weltbild, Hamburg 1951 S. 179, 194 ff.

[276] K. Hagenbuchner, Parapsychologie und Parapsychiatrie, in: Neue Wissenschaft, Heft 6, 1956/57 S. 254

[277] Herbert Gottschalk, Der Aberglaube, Gütersloh 1965 S. 146

[278] Josef Bernhart, Heiligkeit und Krankheit, in: Geist und Leben 1950 S. 177, 178

[279] J. J. C. Marlet, Situation der Parapsychologie in der heutigen Welt, in: Jahrbuch der Psychologie und Psychotherapie, 10. Jahrgang, Bern, Tübingen 1963 S. 121

[280] Walter Kern, Wunder im Glaubensprozess, in: Erbe und Auftrag, 1974 S. 274 ff.

[281] aaO., S. 284

[282] Wolfgang Büchel, Spuk und Wunder, in: Stimmen der Zeit 1968 S. 290, 394, 397

[283] Parapsychologie 1966 aaO., S. 136

[284] Hermann Lais, Was sagt die Kirche zum Wunder, in: Wunder und Magie, Heft 17 S. 37

[285] John Mischo, Parapsychologie und Wunder, in: Zeitschrift für Parapsychologie 1970 S. 87

tem Weg von der einen Psyche auf die andere, ohne Vermittlung uns bekannter Sinnesorgane.

b) Hellsehen: die außersinnliche Wahrnehmung von Sachverhalten, die keinem lebenden Menschen bekannt sind.

c) Praekognition: Sie betrifft das Vorauswissen eines zukünftigen Vorganges, der nicht auf normalem Weg erschlossen werden konnte und sich auch nicht als Folge des Vorauswissens einstellt."

Annen[286] hält es für möglich, dass die Wunder der Bibel parapsychologisch und damit natürlich erklärbar sind, was auch Voss und Harsch[287] meinen.

Kraemer[288] äußert zwar einerseits Bedenken, dass Jesus wirklich auf dem See wandelte, mahnt aber im Hinblick auf "parapsychologische Erkenntnisse" davor, ein negatives Urteil vorschnell zu treffen. Hans Bender hält das oben angeführte Tränenwunder von Syrakus für glaubwürdig. Er geht jedoch davon aus, dass mit Rücksicht auf "profane Analogien" hier ein physikalisches Medium Flüssigkeit erzeugt habe.[289]

Wie verschieden das Verhältnis von Parapsychologie zu Wundern gesehen wird, mögen folgende drei Autoren aufzeigen:

Hildegund Zehmke, die Präsidentin der deutschen Gesellschaft für Parapsychologie Hamburg, führt im einzelnen aus, dass die Parapsychologie nur unter sehr eingeschränkten Bedingungen eine Hilfe sein kann unter Ausschluss von Animismus, spiritistischen Praktiken, Magie und Hypnose. Soweit die Parapsychologie jedoch durch neues Beobachtungs- und Erfahrungsmaterial, uraltes Wissen bestätigend, Denkhemmungen abbaue, könnte sie zur Glaubwürdigkeit der Evangelien und auch der Wunder in ihrem eigentlichen Wesen beitragen.[290]

Krönert hält nicht wie Zehmke an der Auffassung fest, dass die Wunder natürlich nicht zu erklären sind, sondern meint, dass die Wunder Jesu durch die Parapsychologie natürlich erklärbar seien. Jesus "wisse etwas von einer in der parapsychischen Energetik gründenden Unbegrenztheit des Möglichen und das in den Sprüchen verwendete Anschauungsmaterial entnehme Jesus einer gedachten ins höchste gesteigerten Telekinese und einer ebenso ins

---

[286] in: G. Condrou Herausgeber, Die Psychologie im 20. Jahrhundert, Band V, Zürich 1979, S. 706, 712

[287] G. Voss, Harsch, Versuche mehrdimensionaler Schriftauslegung, Stuttgart 1968 S. 144, 145

[288] Jakob Kraemer, Jesu Wandel auf dem See, in: Bibel und Leben, 1969 S. 225

[289] Hans Bender, in: Oskar Schatz, Herausgeber, Parapsychologie, Köln 1976 S. 365

[290] Hildegund Zehmke, Durch Parapsychologie zur Religion?, Zum Christentum? Zu Christus?, in Allgemeine Zeitschrift für Parapsychologie 1981 S. 16 ff.

höchste projizierten Durchdringung der Materie, wie sie in der ersten Zeit der wissenschaftlichen Parapsychologie von dem Astrophysiker Zöllner an eklatanten Beispielen erwiesen worden sei, die sich seither ständig vermehrten".[291] Krönert meint also, die Bibel werde durch die Parapsychologie glaubwürdig.

Der schon mehrfach zitierte Professor für Naturphilosophie an der Universität Bochum, der sich eingehend mit parapsychologischen Fragen beschäftigt und darüber viele Veröffentlichungen herausgebracht hat, wendet sich entschieden gegen die nicht nur von Krönert, sondern vielen Theologen der neuesten Zeit vertretene Auffassung und schreibt u. a.:[292] "Am Problem der Spukfälle und der Besessenheit wird das grundlegende Missverständnis deutlich, aus dem ein großer Teil der Ablehnung der Parapsychologie entspringt: Die Parapsychologie studiert Phänomene, die traditionellerweise als Begründung für die Annahme welttranszendenter Wesenheiten - Gott, Engel, Dämonen, Seelen Verstorbener - galten. Zugleich tendiert die moderne Parapsychologie dahin, diesen Phänomenen durch wissenschaftliche Erforschung ihren transzendenten Charakter zu nehmen und sie auf ein Zusammenspiel weltimmanenter im einzelnen allerdings noch zu erforschender Faktoren zurückzuführen."[293] Genauso klar ist sein folgender Satz: "Die naturalistisch-entmythologisierende Tendenz der parapsychologischen Forschung entspricht genau dem oben zitierten "Glaubensbekenntnis" von K. Lorenz, dass es "nur ein großes Wunder und keine Wunder im Plural" gebe; denn die Parapsychologie betrachtet ja gerade die "Wunder" nicht als Ausnahmen von Naturgesetzen, sondern als Spezialfälle von noch zu erforschenden Gesetzen ähnlich den Gesetzen der psychosomatischen Medizin."[294]

Eine Abgrenzung zwischen parapsychologischen Phänomenen und Wundern bringt Maier vor, wobei er die Begrenztheit der ersteren hervorhebt.[295]

---

[291] G. Krönert, Jesus in parapsychologischer Sicht, in: Neue Wissenschaft 1957 S. 61

[292] W. Büchel, Zur Kritik an der Parapsychologie, in: Zeitschrift für Parapsychologie 1976 S. 168

[293] vgl. Bender 1971; Büchel 1972

[294] aaO., S. 169

[295] Leo Maier, Das Wunder und die moderne Psychologie, in: Theologisch praktische Quartalsschrift, Linz 1960 S. 21

b) Psi-Kräfte verursachen keine unerklärlichen Tatsachen

Die oben genannten Autoren u. a. sind sich also darin im wesentlichen einig, dass die unerklärlichen Phänomene aus Kräften des Menschen stammen, wenn diese auch im einzelnen nicht genau erklärt werden könnten. Ihre Auffassungen sind jedoch nicht überzeugend, da sie in Wirklichkeit eben gerade nicht "erklären", woher die Kräfte stammen, sondern nur deren Wirkungen beschreiben. Insoweit haben die ganz entschiedenen Gegner der Parapsychologie Wimmer und Prokop, auf die noch weiter unten näher einzugehen sein wird, recht, wenn sie immer wieder behaupten, die angeblich im Menschen bestehenden Kräfte, die all diese Phänomene bewirken sollen, existierten in Wirklichkeit nicht.[296] Sie vermissen den echten Nachweis solcher menschlichen Kräfte, wenn sie das auch mit der Begründung tun, dass die angeblichen unerklärten Phänomene überhaupt nicht existieren. Hier braucht nicht auf Laborversuche von Parapsychologen eingegangen zu werden, wobei sich in einigen Versuchen herausgestellt haben soll, dass z. B. in einer großen Fülle die Mehrzahl der Ziffern der Würfel so fielen, wie es die Versuchsperson wollte. Sie besagen nicht viel, da es an jeglichem Nachweis dafür fehlt, dass auch außerhalb dieser Versuche, die übrigens in der Literatur auch in Zweifel gezogen worden sind, geistige Kräfte des Menschen bestehen, die z. B. Gegenstände durchgängig machen und nach Belieben bewegen können. Erst recht fehlt es auch nur an der Andeutung eines Beweises dafür, dass es seelische Kräfte des Menschen gibt, welche nach Belieben die hier im ersten Hauptteil geschilderten Vorgänge bewirken können.

Der Parapsychologe und Hochschullehrer Holtzer[297] macht schon eine erhebliche Einschränkung. Er betont nämlich, dass trotz der - nach seiner Ansicht - jahrelang in parapsychologischen Labors erfolgreich durchgeführten Experimente mit Würfeln und Karten doch festzuhalten sei, dass wirklich ernsthafte und spontan auftretende außersinnliche Erlebnisse sich nicht nach Wunsch und Willen wiederholen lassen.

Er wendet sich gegen die Ansicht verschiedener Parapsychologen, insbesondere die Spukfälle auf ungebändigte und noch nicht benutzte Energien in lebenden Personen zurückzuführen. Es gäbe nämlich sicher Fälle, die nicht damit zu erklären seien, und zwar besonders jene, bei denen in der gleichen

---

[296] z. B. W. Wimmer, Die merkwürdige Wissenschaft der Spuk-Professoren, in: Zeitschrift für Kriminalistik 1970 S. 337; Otto Prokop, Der moderne Okkultismus, Stuttgart 1976 S. 141

[297] Hans Holtzer, Der sechste Sinn, München 1980 S. 11

Umgebung noch andere Phänomene auftreten und offensichtlich nicht darauf zurückzuführen sind.[298]

Tatsächlich ist die gerade durch viele Parapsychologen gegebene "Erklärung" der sog. Spukphänomene etwa damit, dass in nicht wenigen Fällen ein Jugendlicher im pubertären Alter auch anwesend gewesen sei, nicht überzeugend. Das gilt nicht nur deswegen, weil es auch Spukphänomene gibt, in denen kein solcher pubertärer Jugendlicher dabei war, sondern auch deswegen, weil es an jeglichem realen Beweis dafür fehlt, dass die Pubertät solche Kräfte bewirken kann. Hierbei ist auch zu bemerken, dass die meisten solcher Spukfälle keineswegs während der ganzen Pubertät des jeweiligen Jugendlichen andauern, sondern meistens nur relativ kurze Zeit.

Diese Ansicht wird insbesondere in letzter Zeit auch in der Literatur vertreten. Hier soll nicht auf jene Autoren eingegangen werden, welche die entsprechenden Erklärungsversuche der Parapsychologie aus grundsätzlicher oder teilweiser Gegnerschaft zu dieser Sicht der Dinge ablehnen. So sagt z. B. Omez, der einige Aspekte der Parapsychologie nicht ablehnt, dass z. B. für die Levitation keine parapsychologische Erklärung denkbar sei.[299]

Sehr erstaunlich ist folgender Satz in dem Aufsatz der oben schon genannten Freiburger Parapsychologen Bauer und von Lucadou, enge Mitarbeiter von Bender und Mischo: "Erstens wird so getan, als könne man mit parapsychologischen Begriffen wie "außersinnliche Wahrnehmung" oder "Psychokinese" etwas "erklären", ohne zu berücksichtigen, dass solche Termini rein deskriptiver Natur sind."[300] Zwar wird dieser Satz wieder sehr in Frage gestellt, wenn 5 Zeilen weiter wieder von den "Psi-Kräften" die Rede ist und man sich dagegen wendet, dass diese in jeder Hinsicht unbegrenzt seien. Auch entspricht diese Feststellung von Bauer keineswegs den übrigen parapsychologischen Aufsätzen aus dem Freiburger Institut.

Bemerkenswert ist in diesem Zusammenhang auch die "Nachbemerkung 1980" von Bonin.[301] Während er nämlich in seinem Vorwort zur 1. Auflage 1976[302] gar nicht auf die Frage eingeht, ob Psi nun erklärend oder nur beschreibend ist, schreibt er in der Nachbemerkung dazu folgendes:

---

[298] aaO., S. 136

[299] R. Omez, Kann man mit den Toten in Verbindung treten?, Aschaffenburg 1957 S. 133

[300] E. Bauer, W. von Lucadou, Parapsychologische Forschung und wissenschaftliche Methodik, in: Zeitschrift für Parapsychologie 1980 S. 56 ff., hier: 64

[301] Bonin, Lexikon der Parapsychologie, 2. Aufl. 1981 S. 589

[302] aaO., S. V

"Fragt man nach möglichen "Tendenzwenden" innerhalb der Parapsychologie während der letzten Jahre -: Es wird die Faktizität dessen, was man den Psi-Faktor genannt hat, keineswegs in Frage gestellt, handelt es sich doch um einen rein deskriptiven Begriff; deutlicher aber ist die Absage an die Hoffnung (oder Befürchtung!) geworden, "Psi" werde beherrschbar, in immer stärkerem Maße praktisch verwertbar, es revolutioniere die Technik, den Menschen."

Er betont hier also den rein deskriptiven Charakter von Psi. Psi wird sonst in der Regel als die Erklärung für die bewirkende Kraft dargestellt. Das soll ja gerade das Neue an Psi sein. Unerklärliche Ereignisse, die beschrieben wurden, gab es schon immer. So schreibt auch Bonin in seinem Vorwort 1976, dass "Berichte von vielleicht paranormalen Ereignissen aus dem Leben Heiliger außerordentlich zahlreich sind."[303] Wenn er weiter schreibt, dass die Parapsychologie sich mehr gerade diesen Erscheinungen widmen muss, so hätte er in seiner Nachbemerkung 1980 auch schreiben können, dass das in keiner Weise geschehen ist.

Auch der folgende Vorwurf von Werner Staub besteht zu Recht, wenn er schreibt: "In der Darstellung von Untersuchungsergebnissen und Versuchen zu deren Interpretation wird völlig unzureichend zwischen dem Bereich des Beschreibens und Erklärens unterschieden."[304]

In ähnlicher Weise äußert sich Berendt.[305] Dieser Parapsychologe sagt ausdrücklich, dass "umfassende Erklärungsversuche der Psi-Phänomene nicht im Ernst für sich in Anspruch nehmen können, das Paranormale wirklich zu "erklären".

Auch Burger[306] sagt im Zusammenhang mit dem oben angegebenen sog. Rosenheim-Fall, dass viele davon ausgingen, dass die dortigen Phänomene natürlich gewirkt worden seien. Diese Hypothese würde aber mit einiger Skepsis aufgenommen, da sie keine eindeutige Erklärung der Phänomene biete und auch keinen Weg bewiesen habe, deren Auftreten sofort abzustellen.

Bemerkenswert ist auch die Erklärung von Hammers, der als Diplom-Theologe und Diplom-Psychologe Mitglied der Forschungsgruppe Religionspsychologie an dem bekannten Freiburger Institut für Grenzgebiete der Psy-

---

[303] aaO., S. V

[304] Werner Staub, Beobachten, Beschreiben und Erklären in der Parapsychologie - Eine methodologische Kritik, in: Zeitschrift für Parapsychologie 1979 S. 33

[305] Heinz Berendt, Parapsychologie, eine Einführung, Stuttgart, Berlin, Köln 1972 S. 118

[306] Heidi Burger, Sozialpsychologische Aspekte spontaner Psychokinese, in: Zeitschrift für Parapsychologie 1972 S. 221

chologie ist. Unter Bezugnahme auf die physikalischen Erklärungsversuche von Parapsychologen stellte er fest, dass "eine auf empirischen Grundlagen beruhende Erklärung der paranormalen Phänomene bislang nicht gelungen sei". Zu den dann folgenden nicht physikalischen Erklärungshypothesen von Psi sagt er zunächst, dass sie hauptsächlich deshalb entstanden seien, weil die Naturwissenschaften bislang nicht mehr in der Lage seien, die paranormalen Phänomene mit ihren gesicherten Naturgesetzen zu erklären. Man müsse "allerdings klar sehen, dass die folgenden Ansätze streng genommen nichts erklären, sondern die betreffenden Phänomene in einen Rahmen von zumeist bildhaften Beschreibungen einordnen".[307]

Aber auch Hammers führt diese wichtige Erkenntnis nicht konsequent zu Ende, sondern in seinen übrigen Ausführungen geht auch er wieder vielfach davon aus, dass der Mensch mit seiner psychischen Energie Gegenstände bewegen könne, wofür als Beispiel folgendes Zitat von ihm wiedergegeben wird.[308]

"Wir haben bereits und werden noch mehr davon hören, dass Gegenstände durch psychische Energie bewegt oder hochgehoben werden. Es gibt aber auch eine beachtliche Zahl von Fallberichten, nach denen sich der Körper eines Menschen von selbst in die Luft erhebt. Besonders im religiösen Bereich gibt es viele Zeugnisse, dass sich Heilige vor allem im Zustand der Ekstase vom Boden lösten und in die Luft erhoben."

Nach allem gibt die Parapsychologie somit für die wesentlichen unerklärlichen Vorgänge, wie sie z. B. im ersten Teil hier geschildert wurden, keine einsichtige natürliche Erklärung. Sie kann sie bestenfalls beschreiben. Es ist daher bedauerlich, dass bis jetzt noch keine Anstrengungen von der Parapsychologie unternommen werden, die eingehenden kirchlichen Prüfungsverfahren überhaupt nur zu würdigen. Sie werden so gut wie nie erwähnt und die Forderungen parapsychologischer Kongresse gehen in völlig andere Richtung.[309] Im Gegenteil: Der sehr bekannte Inhaber eines niederländischen parapsychologischen Lehrstuhls W. Tenhaeff wirft der Kirche sogar vor, dass sie als "Zensor für einen Großteil der Phänomene auftrete, die heute Gegenstand parapsychologischer Forschung seien".[310] Tatsächlich untersucht sie die behaupteten Vorgänge nur weit eingehender als es Parapsychologen auch nur annähernd

[307] A. J. Hammers, Parapsychologie und Theologie, Frankfurt 1975 S. 69
[308] aaO. S. 173
[309] Beispiel: Christa Lübke, Bericht über den 16. Kongress der parapsychologischen Gemeinschaft 1973, in: Zeitschrift für Parapsychologie und Grenzgebiete der Psychologie 1973 S.239
[310] W. Tenhaeff, Kontakte mit dem Jenseits?, Berlin 1974 S. 50

können. Richtig ist nur, dass sie den Inhalt von Ansprachen in Visionen am Maßstab ihrer Lehre überprüft. Das gilt aber nicht für die äußeren Fakten.

Es geht auch der Parapsychologie um die Fakten und deren Beschreibung und dann um die Frage der Erklärung. In diesen Bereichen wird in den kirchlichen Prozessen völlig unabhängig von Lehraussagen geprüft. Wenn sie danach die Äußerungen bei Visionen auf die Übereinstimmung mit der geoffenbarten Lehre überprüft, so bedeutet das nicht eine Zensierung der äußeren Fakten, wie sie etwa bei den Marienerscheinungen von Guadalupe oder Fatima aufgetreten sind.

Da sollte man eher dem Parapsychologen Müller[311] folgen, der eine möglichst genaue Überprüfung aller Phänomene unter Ausschließung insbesondere von irgendwelchen Tricks fordert.

C. Stellungnahme zu einigen konkreten Erklärungsversuchen der insbesondere in kirchlichen Verfahren als unerklärlich anerkannten Vorgänge.

a) Erklärung dieser Vorgänge durch die von Duerr in seinem Buch "Traumzeit" niedergelegten Erkenntnisse?

Es ist fraglich, ob Gauger[312] damit Recht hat, wenn er das in diesem Buch beschriebene Weltbild als magisch bezeichnet. Solche Fragen spielen heute zwar auch eine erhebliche Rolle. In Wirklichkeit scheint es Duerr mehr darum zu gehen aufzuzeigen, dass vielmehr verschiedene Menschen nur eine jeweils verschiedene Sicht der Wirklichkeit haben. Ihm geht es um die Erweiterung des Bewusstseins. Hier kann nicht auf das Buch im einzelnen eingegangen werden, in dem z. B. dargelegt wird, dass die Rolle der bewusstseinsändernden Pflanzen heruntergespielt worden wäre, es z. B. eine natürliche Erklärung für Phänomene im Zusammenhang mit dem angeblichen Wirken des Teufels gegeben hätte.[313]

---

[311] L. Müller, Para, Psi und Pseudo, Berlin 1980 S. 97 ff.

[312] Wilhelm Gauger, Von Zaunreitern und Parapsychologen, zum Buch von H. P. Duerr: Traumzeit, in: Zeitschrift für Parapsychologie 1979 S. 230

[313] Hans Peter Duerr, Traumzeit 1979 S. 16

Duerr geht es darum, nicht eine andere Wirklichkeit, sondern einen Teil der eigenen Wirklichkeit richtig zu erkennen.[314] Um das Anliegen Duerrs deutlich zu machen, seien einige Sätze von ihm zitiert. Vorher ging es in einem Gespräch zwischen einem Ethnologen und einem Indianer darum, ob ein Mensch, der sich einbildete, geflogen zu sein, nun wirklich geflogen sei oder vielmehr unter einem Busch liegengeblieben war und nur in einer recht realen Vorstellung zu fliegen vermeinte. Dann ging es weiter um das Verhältnis von Seele und Körper. Hier schreibt Duerr dann:[315]

"Es hat also den Anschein, dass unsere Person sehr viel mehr ausmacht als das, was die Kultur des Alltags uns von uns selbst vor Augen führt. Und es hat überdies den Anschein, dass gerade die archaischen Kulturen den Menschen oder zumindest einige Menschen dazu anleiten, in gewissen Augenblicken ihre gewöhnliche Natur `leer` werden zu lassen, wie der Indianer sagt, ein "abaissement du niveau mental" herbeizuführen, wie die Parapsychologen sagen, oder ihre Grenzen preiszugeben.

Vergleichen wir unsere Natur mit einem Eisberg. Nur ein kleiner Teil dieses Berges, der über der Wasseroberfläche, ist für gewöhnlich sichtbar. Aber der ganze Berg ist viel größer als der Teil, auf den die Sonne scheint. Wir können unsere Konturen noch ein paar Meter verfolgen, bis sie sich in der Schwärze der Tiefe verlieren. Man muss die Fähigkeit entwickelt haben, sich wie die sibirischen Schamanen in einen Tauchervogel zu verwandeln, um den Konturen in die Tiefe folgen zu können.

In dem Maße also, in welchem unsere Alltagsperson ihre mehr oder weniger festen Grenzen aufgibt, erweitert sich dasjenige, was wir zu unserer Person rechnen, und es findet gewissermaßen der umgekehrte Vorgang von demjenigen statt, in welchem sich verschiedene Personen einen Körper teilen. Die Grenzen unserer Person schließen nunmehr Dinge mit ein, die wir zuvor zur `Außenwelt` gezählt haben. Uns wird schlagartig bewusst, dass diese Grenzen nicht mit 1,78 m und 63 kg absteckbar sind. Unsere Seele löst sich nicht vom Körper, doch die Grenzen unserer Person decken sich nicht länger mit jenen Grenzen unseres Körpers, die wir auf einer Photographie sehen mögen. "The Whites don`t catch anything when they take photographs", meinte ein Arapaho-Schamane zu dem Ethnologen, "and therefore it is meaningless to photograph". Wir fliegen weniger, als dass unsere gewöhnlichen `Ich-Grenzen` verfliegen, und so mag es durchaus sein, dass wir uns plötzlich an Orten

[314] aaO., S. 135
[315] aaO., S. 108/109

wiederfinden, an denen unser `Alltagsleib`, dessen Grenzen sich nicht mehr mit den Grenzen unserer Person identifizieren lassen, sich nicht befindet.

Eine derartige Erweiterung unserer Person könnte sicher mit einem Wort wie `fliegen` umschrieben werden, was vermutlich nur jenen exotisch erscheinen wird, die der Meinung anhängen, dass die Bedeutung der Begriffe, die wir verwenden, vollkommen durch die Standardsituationen, in denen wir sie gelernt und bislang gebraucht haben, fixiert seien, so dass jede erweiterte Anwendung notwendigerweise einen völlig neuen, einen ganz anderen Gegenstand bezeichnen müsse. Eine solche Auffassung ist sozusagen das semantische Äquivalent zu dem Weltbild, nach welchem das, was als wirklich anerkannt wird, durch eine starre Grenze von der `Unwirklichkeit` getrennt ist."

Den hier genannten Schamanismus nennt Lommel[316] eine psychische Technik, die aus einer Übersteigerung der Ich-Potenz in einer Zeit entsteht, in der der Mensch seine Umwelt keineswegs beherrscht, sondern übermächtig den Kräften der Natur ausgeliefert ist. Das Wichtigste am Schamanen sei, dass er aufgrund eines uns noch nicht verständlichen Heilungsprozesses in der Lage sei, psychische Krankheiten zu überwinden.[317]

Man kann Duerr grundsätzlich darin zustimmen, dass die gleiche Wirklichkeit von verschiedenen Personen unter verschiedenen Umständen anders gesehen wird, geschweige denn in Trancezuständen. Da Duerr im wesentlichen gar nicht durch die Überprüfung von Zeugenaussagen und anderer Beweismittel untersuchen will, ob die Vorgänge, wie sie hier im ersten Teil geschildert wurden, sich tatsächlich so zugetragen haben, kann man mit den Gedanken seines Buches auch nicht die Tatsächlichkeit dieser Vorgänge, wie sie in kirchlichen Prozessen untersucht werden, in Frage stellen. Er will sich gerade nicht auf die Ebene von Zeugenvernehmungen begeben. Wo er es jedoch einmal tut, kann ihm nicht gefolgt werden. In einer Anmerkung sagt er nämlich einmal folgendes:[318]

"Zeugenaussagen" gibt es auch zur Genüge über `Levitationen` und `Elevationen` von Heiligen und Mystikern. Von Joseph Copertino heißt es etwa, seine ständigen Elevationen hätten dermaßen häufig den Gottesdienst gestört, dass man ihm Bleistiefel angezogen habe; freilich ohne Erfolg, denn kurze Zeit später musste man Joseph mit diesen Stiefeln und einem daranhängenden

[316] Andreas Lommel, Schamanen und Medizinmänner, Magie und Mystik früherer Kulturen, München 1980 S. 105

[317] aaO., S. 9; ähnlich: J. Haas, Schamanentum und Psychiatrie, München 1976

[318] aaO., S. 294

Messdiener auf umständliche Weise vom Gesims der Kirche herunterholen. Vgl. E. Benz: die Vision, Stuttgart 1969, S. 218 f. hierzu C. J. Ducasse: Paranormal Phenomena, Science, and Life After Death, New York 1969, S. 35. Im allgemeinen machen jedoch die Wissenschaftler über derartiges eher Witze."

Bei den Levitationen z. B. des hl. Joseph Copertino geht es nicht um die Frage, was dieser dabei dachte und sich vorstellte, sondern um die Frage, ob die übrigen Zeugen ihn tatsächlich durch die Luft fliegen sahen. Insoweit ist nicht verständlich, warum Duerr die "Zeugenaussagen" in Anführungsstriche setzt. Er hätte vielmehr näher darlegen müssen, warum er sämtliche Zeugen für unglaubwürdig hält. Während Duerr in dem oben genannten Gespräch zwischen dem Ethnologen und dem Indianer feststellt, dass die Person, welche die angeblichen Flüge machte, tatsächlich unter dem Busch liegenblieb, ist es eben bei Joseph Copertino anders.

Wenn es hier mehrfach um die Begriffe "wirklich, real, tatsächlich usw." geht, so sind damit die äußerlich, also außerhalb einer Person fassbaren Phänomene gemeint. Wie jede krankhafte Halluzination oder sonstige Einbildung für den jeweils Betroffenen eine Art "Wirklichkeit" ist, da er diese Vorstellung nun einmal hat, so sind die Vorstellungen der von Duerr zitierten, unter einem Busch liegenden Person, wonach sie fliege, für diese auch eine solche Wirklichkeit. Im Gegensatz zu den Flügen des Joseph Copertino und den Levitationen anderer Personen sind jene jedoch nicht äußerlich feststellbar.

b) Erklärungsversuche aus den neuen Erkenntnissen der sog. Mikrophysik

Schon Bergmann schrieb 1929, dass das "Wunder naturgesetzlich möglich geworden sei".[319] Bergmann spricht die statistischen Naturgesetze an und führt weiter aus, dass dann, wenn die Natur wirklich so beschaffen wäre, dass sie nicht vom strengen Kausalgesetz, sondern vom elastischen Wahrscheinlichkeitsgesetz regiert wird, so müsse man eben dieses und die Sonderbarkeiten in Kauf nehmen.

Auch Büchel führt an, dass einige deswegen meinen, weil die Naturgesetze statistischer Art seien und demnach über einen Einzelfall grundsätzlich nichts aussagen, bleibe ein noch so absonderliches Verhalten im Einzelfall demnach

[319] Hugo Bergmann, Der Kampf um das Kausalgesetz in der jüngsten Physik, Braunschweig 1929, S. 58; im Vorwort zu diesem Buch bezeichnet Einstein den Verfasser als Fachphilosophen.

auch ein Wunder, aber immer im Rahmen des naturwissenschaftlich Möglichen.[320] Ähnlich äußern sich Müller und Pannenberg[321] sowie Drieschner.[322]

In einem späteren Aufsatz aus dem Jahre 1972 geht er noch weiter. Er spricht das Verhältnis von Mikrophysik zur Makrophysik an und stellt es als Wirklichkeit hin, dass die psychokinetischen Effekte bei einer bestimmten Sicht, wie er sie näher andeutet, keine Durchbrechung der physikalischen Naturgesetze darstellen, sondern auf eine spezielle Einwirkung der Mikrophysik auf die Makrophysik zurückgeführt werden könnten.[323]

Auch Timm führt in einem Aufsatz aus dem Jahre 1982 an, es sei besonders bemerkenswert, dass den neueren Theorien unter den Aspekten der Quantentheorie der gemeinsame Versuch zugrunde liege, die Psi-Phänomene gewissermaßen in den durch die Quantentheorie postulierten mikrophysikalischen "Determinitätslücken" unterzubringen, so dass sie den physikalischen Gesetzen nicht mehr prinzipiell widersprechen würden.[324]

Hier kann nicht näher auf die Quantentheorie in der Physik eingegangen werden. Hierzu hat der Physiker und Nobelpreisträger Heisenberg nähere Ausführungen gemacht.[325] U. a. führt er aus[326], dass bei den Gegenständen unserer täglichen Erfahrung der physikalische Prozess, der die Beobachtung vermittele, nur eine untergeordnete Rolle spiele. Bei den kleinsten Bausteinen der Materie aber bewirke jeder Beobachtungsvorgang eine grobe Störung. Man könne dann nicht mehr vom Verhalten des Teilchens losgelöst vom Beobachtungsvorgang sprechen. Das habe schließlich zur Folge, dass die Naturgesetze, die in der Quantentheorie mathematisch formuliert seien, nicht mehr von den Elementarteilchen an sich handeln, sondern von unserer Kenntnis der Elementarteilchen.

Was die Frage der statistischen Naturgesetzlichkeit anbetrifft, so seien dazu folgende Sätze von dem Physiker und Nobelpreisträger Pascual Jordan zitiert.[327]

---

[320] Wolfgang Büchel, Naturwissenschaft auf dem Wege zur Religion?, in: Stimmen der Zeit, 1953 S. 6

[321] A. Müller, W. Pannenberg, Erwägungen zu einer Theologie der Natur, Gütersloh 1970, S. 39 ff.

[322] M. Drieschner, Aussage - Wahrscheinlichkeit - Objekt, Berlin 1979 S. 190 f.

[323] Wolfgang Büchel, Naturphilosophische Bemerkungen zur Parapsychologie, in: Zeitschrift für Parapsychologie 1972 S. 93

[324] U. Timm, Was wissen wir wirklich über Psi-Phänomene?, in: Zeitschrift für Parapsychologie 1982 S. 126

[325] Werner Heisenberg, Das Naturbild der heutigen Physik, Hamburg 1955

[326] aaO., S. 12

[327] Pascual Jordan, Der Naturwissenschaftler vor der religiösen Frage, Oldenburg und Hamburg 1972 S. 141

"Wir wissen heute, dass die tiefsten, ursprünglichsten physikalischen Gesetze, wie sie für das Spiel der Atome, Elektronen, Protonen und sonstiger Elementarteilchen unmittelbar maßgebend sind, nicht determinierende, sondern statistische Gesetze sind. Wenn man die Gesamtheit der naturwissenschaftlichen Erkenntnisse, die bis zu unserem Jahrhundert hin errungen wurden, mit gutem Recht unter die Gesamtüberschrift "Determinierung" stellen könnte (und auch die Entwicklungen der Relativitätstheorie gehören noch unter diese Überschrift), so kann man mit gleichem Recht als grundsätzliche Überschrift der neuen Physik, wie sie in unserem Jahrhundert aus der Planckschen Entdeckung erwachsen ist, das Wort Statistik benutzen. Während es durch mehr als zwei Jahrhunderte ein unabänderlicher Tatbestand schien, dass Naturgesetzlichkeit - sofern sie in voller gedanklicher Schärfe verstanden und aufgefasst wird - gleichbedeutend mit Determinierung sei, haben wir jetzt gelernt, dass Naturgesetzlichkeit auch in einer anderen Form gedacht werden kann und wirklich vorliegt in Form statistischer Gesetzlichkeit."

In einem neueren Aufsatz führt dazu Köhler aus, dass im Mikrokosmos sich das Bild der Materie vom statischen Atom zu einem komplizierten dynamischen System gewandelt habe, in dem die Transzendenz einer geistigen Welt erkennbar werde.[328]

Entgegen den oben angeführten Meinungen sind mit den neuen Erkenntnissen in der Physik keineswegs die im ersten Teil geschilderten unerklärlichen Vorgänge erklärbar. Hier geht es ausschließlich um Vorgänge in der Makrophysik, wo die Kausalitätsgesetze weiter bestehen bleiben. Es ist denkbar abwegig, etwa menschliche Tränen aus einer Madonna aus Gips, plötzliches Nachwachsen eines Beines oder die Erweckung eines toten Menschen durch neuere Erkenntnisse in der Mikrophysik erklären zu wollen. Es wird auch überwiegend in der Literatur so gesehen. So schreibt z. B. Zimmer, dass in der Makrowelt, wo sich ungeheuer viele Mikroprozesse überlagern, in denen man immer nur statistische Durchschnittsresultate hat, weiter der strenge Determinismus des Geschehens zu beobachten ist.[329] Die Kausalität bleibe. Die elementaren Bausteine der Mikrowelt seien nicht von der Art wie die Körper in der Makrophysik.[330]

---

[328] U. Köhler, Moderne Naturwissenschaft und christlicher Glaube, Stuttgart 1982 . 49

[329] Ernst Zimmer, Umsturz im Weltbild der Physik mit einem Geleitwort von Max Planck, München 1957 S. 291

[330] aaO., S. 292,294

Auch Weidlich[331], Bundscherer[332], Meessen[333], Hammers[334] und Uccusic[335] betonen eindeutig, dass Erkenntnisse der Mikrophysik nicht die Kausalität in der Makrophysik aufheben.

Anders als 1929 der oben zitierte Bergmann, geht Max Planck in einem Vortrag 1937 davon aus, dass in der gesamten Natur eine bestimmte Gesetzlichkeit herrscht, wenn er auch auf eine stetig fortschreitende Vertiefung unserer Einblicke in das Walten der über die Natur regierenden "allmächtigen Vernunft" hoffte.[336]

Pascual Jordan befasst sich in dem oben angegebenen Buch mehrfach und eingehend mit dem Verhältnis von Mikro- und Makrophysik und kommt zu dem gleichen Ergebnis, wenn er z. B. schreibt, dass die zuverlässige Kausalität der Makrophysik die Unterlagen gäbe, auf denen man stehen könne. Unsere Beobachtungsmittel seien stets makrophysikalisch, sie arbeiteten also in kausaler Zuverlässigkeit.[337] Auch an weiteren Stellen dieses Buches betont er, dass im makrophysikalischen Bereich die volle Kausalität herrsche.[338] Auf Seite 158 lässt er zunächst die Frage offen, ob "übernatürliche Wunder als seltene Ausnahmefälle vorkommen" und räumt eine solche Möglichkeit auf Seite 291 in Bezug auf "außerordentliche Ereignisse" ein. Unter die Makrophysik fasst er die Mechanik, die Elektrodynamik, die Optik und die Thermodynamik.[339]

c) Sind die als unerklärlich dargestellten Heilungen doch natürlich erklärbar?

Nicht nur die gleich unten aufzuführenden theologischen Vertreter der "Zweitursachentheorie" sagen insgesamt, dass alle Heilungen durch seelische Kräfte des Menschen natürlich erklärbar sind. Auch der evangelische Theologe Bartning kommt zum Schluss, dass es bei allen Heilungen natürlich zugehe.[340] Auch von parapsychologischer Seite wird diese Behauptung aufgestellt. So sagt Stelter ausdrücklich, dass entweder durch psychische Kräfte des

---

331 W. Weidlich, Naturgesetz und Zufall, in: Zeitwende 1975 S. 259

332 N. Bundscherer, Moderne Naturwissenschaft und christlicher Glaube, München 1968 S. 268

333 A. Meessen, Freiheit, Determinismus und Zufall im Rahmen der klassischen Physik, in: N. Luythen, Herausgeber, Zufall, Freiheit und Vorsehung, Freiburg-München 1975 S. 111

334 Parapsychologie und Theologie, Frankfurt 1975, S. 69

335 W. Uccusic, Psi-Resümee, Psi und Physik, Linz 1975 S. 217

336 Max Planck, Religion und Naturwissenschaft, Leipzig 1958

337 Pascual Jordan, aaO., S. 198

338 aaO., S. 154, 158, 207, 208, 210, 21

339 aaO., S. 303

340 G. Bartning, Wunder und Magie in der Heilkunde, in: Arzt und Seelsorger, 1958 S. 9

Patienten selbst oder von dritter Seite die sonst unerklärlichen Heilungen bewirkt werden können.[341] Bezüglich der Heilungen in Lourdes meint er sogar, einen Beweis darin gefunden zu haben, dass einer Frau, die dort in der Grotte den Kranken half, häufig schlecht geworden sei. Dabei sei ihr also die Kraft entzogen worden, mit der die Kranken geheilt worden wären.[342] Auch Bender schreibt unter Bezugnahme auf Pater Pio und Lourdes, "die seltenen wirklichen Wunderheilungen im profanen und religiösen Bereich seien Extremformen psychosomatischen Geschehens, des Zusammenspiels seelischer und körperlicher Kräfte[343]:" Auch Bitter meint, dass auch organische Heilungen durch die Macht der religiösen Gläubigkeit zu einer Verstärkung mehrerer echt menschlicher Triebkräfte und damit zur Heilung führen.[344]

Man könnte fragen, ob "Heilung" ein bloßer Sachverhalt oder bereits eine Erklärung ist. Es wird Grenzfälle geben, in denen der äußerliche Befund einer Krankheit sich nicht geändert hat und sich der Kranke aus irgendwelchen Gründen "geheilt" fühlt, so dass dann auch der Arzt zu dem gleichen Ergebnis kommt. Hier sind jedoch nur solche Heilungen gemeint, in denen im äußerlich feststellbaren Bereich des Körpers des Patienten Veränderungen festgestellt wurden. Das ist das Entscheidende, worauf es in dieser Untersuchung ankommt. Es soll dabei nicht verkannt werden, dass die Frage, ob das gleichzeitig auch eine "Heilung" darstellt, durchaus auch schon eine Erklärung ist. Sie ist aber gleichzeitig auch Feststellung eines Sachverhalts insoweit, als der vorher Kranke nunmehr sich von Schmerzen frei fühlt und die Körperfunktionen wieder normal sind.

So unbestreitbar es ist, dass es Heilungen auch auf psychisch-somatischer Grundlage geben kann, so steht doch andererseits fest, dass es z. B. für die in Lourdes offiziell als unerklärlich bewirkten Heilungen in der Medizin keineswegs eine "natürliche Erklärung" in der oben geschilderten Weise gibt. Gerade in Lourdes wird u. a. zwischen sog. funktionellen und organischen Erkrankungen unterschieden. Nur bei Krankheiten organischer Natur wird überhaupt der Fall im Ärztebüro zur Untersuchung angenommen. Olivieri, der Präsident des Ärztebüros von Lourdes, hat 18 anerkannte Heilungen von 1950 - 1969 kommentiert[345] und im Ärztebüro in Lourdes wird nur ein verschwin-

---

[341] A. Stelter, Psi-Heilung, Bern-München 1973 S. 284

[342] aaO., S. 286

[343] Hans Bender, Wie wahr sind Wunderheilungen?, in: Senioren-Jahrbuch 1983, Klett-Verlag Stuttgart 1983, S. 2 des Aufsatzes

[344] W. Bitter, Magie und Wunder in der Heilkunde, München 1959, S. 27

[345] A. Olivieri, Gibt es noch Wunder in Lourdes?, Stein am Rhein 1973 S. 51 ff.

dend geringer Teil der tatsächlich dort erfolgten Heilungen als unerklärlich, als Wunder anerkannt, nämlich 62.[346] Aus Platzgründen kann hier nicht näher auf die wunderbaren Heilungen in Lourdes oder in anderen Wallfahrtsorten eingegangen werden. Olivieri schildert sehr eingehend die Zusammensetzung des Ärztebüros und der internationalen Ärztekommission, in der auch bewusst Ärzte aufgenommen sind, die nicht katholisch sind, und zwar von allen Fachrichtungen, darunter auch Psychiater.[347] Zu den Lourdesheilungen gibt es auch genügend Literatur, die z. B. Bitter näher anführt.[348] Selbst Schleyer, der erhebliche Zweifel an der Unerklärlichkeit vieler behaupteter Wunderheilungen aufstellt, räumt ein, dass wenigstens ein kleiner Teil als medizinisch unerklärlich zu sehen sei.[349] Schleyer wird zu Recht vorgeworfen, dass er in seinem Werk gar nicht Untersuchungen im Ärztebüro selbst in Lourdes gemacht hat, sondern nur Veröffentlichungen von Ärzten dazu zugrunde gelegt hat. Darauf kann hier nicht näher eingegangen werden.

Die oben angeführten Meinungen, die als unerklärlich geltenden Krankenheilungen seien aufgrund psychischer Kräfte erklärbar, können schon deswegen nicht überzeugen, da sie nicht den einzelnen Fall überprüfen und aufzeigen, wie und wo nun psychische Kräfte Heilungen bewirkt haben, sondern einfach pauschal eine durch nichts bewiesene Behauptung aufstellen. Psychische Kräfte können durchaus erstaunliche Heilungen von Krankheiten bewirken, besonders wenn diese funktionell bedingt sind. Bei den anerkannten, plötzlichen Heilungen organischer Krankheiten reichen aber solche psychischen Kräfte nicht aus. Gerade um das festzustellen, werden die eingehenden Ermittlungen vor und nach der Heilung unternommen. Nur wer die ärztliche Wissenschaft auf den Kopf stellt, sämtliche heutigen Erkenntnisse außer acht lässt, kann die obige Behauptung aufstellen. Es ist z. B. nicht verwunderlich, dass Oepen[350] die in Lourdes vorgekommenen Heilungen keineswegs unter paramedizinische Methoden fasst, sondern nur gegen Akupunktur, Irisdiagnostik und ähnliche Dinge angeht. Ruth Cranston, die als evangelische Christin die Wunder von Lourdes untersucht, wirft denen, die dort die Heilungen auf irgendwelche Umwelteinflüsse oder ähnliches zu-

[346] Olivieri, aaO., S. 15
[347] Olivieri, aaO., S. 22 ff.
[348] Bitter, aaO., S. 133 ff.
[349] Franz L. Schleyer, Die Heilungen von Lourdes, eine kritische Untersuchung, Bonn 1949 S. 197
[350] I. Oepen, Paramedizinische Heilmethoden, in: Zeitschrift für allgemeine Medizin 1956 S. 1375 ff.

rückführen, zu Recht u. a. vor, dass es doch erstaunlich sei, warum nicht mehr Kranke dort geheilt würden.[351]

Wenn man also die Erkenntnisse der medizinischen Wissenschaft zugrunde legt, kann man keineswegs jede der untersuchten und als unerklärlich dargestellten Heilungen als psychogen gewirkt darstellen. Wer plötzlich von multipler Sklerose geheilt wird, wo Knochen plötzlich zusammenwachsen, Krebsgeschwüre verschwinden, wo ein Bein nachwächst, kann man keine natürliche Erklärung beibringen.

d) Beruhen die unerklärlichen Vorgänge auf Illusionen, Halluzinationen oder eidetischer Veranlagung?

Nicht nur Erscheinungen, sondern auch andere unerklärliche Vorgänge werden nicht selten als reine Einbildung dargestellt. So hat z. B. Kemper nicht nur die Bilokation, sondern auch z. B. die Vermehrung von Speisen unter den Wahn gebracht.[352]

Illusionen werden als krankhaft gefälschte wirkliche Wahrnehmungen und Halluzinationen als Wahrnehmungen ohne entsprechenden Reiz von außen verstanden.[353] Entscheidend hierbei ist, dass es sich dabei nicht um bei jedem einmal kurz auftretende, allgemeine Phänomene, sondern um echte Krankheiten handelt, wobei die nachfolgenden Autoren auch die jeweiligen Umstände häufig mit Fällen geschildert haben.[354]

Weinschenk hat in seinem eingehenden Aufsatz außerdem noch näher dargelegt, dass die Trugwahrnehmungen der Normalen mit vorangegangenen Geschehnissen in einem erkennbaren Zusammenhang stehen, und dass der Normale den gesamten Erfahrungszusammenhang berücksichtigt und kritisch verwertet

---

[351] R. Cranston, Das Wunder von Lourdes, München 1957, S. 243

[352] W. Kemper, Archaisch-ekstatische Massenbewegungen im heutigen Brasilien, in: W. Bitter, Rassenwahn in Geschichte und Gegenwart, Stuttgart 1965, S. 144

[353] E. Bleuler, Lehrbuch der Psychiatrie, Berlin 1966, S. 30, 31

[354] Fritz Reimer, Das Syndrom der optischen Halluzinose, Stuttgart 1970, besonders S. 29 ff.; J. M. Broschard, Über die Struktur der optischen Wahrnehmung, in: Fortschritte der Neurologie, Psychiatrie, 1965, S. 277; W. Mayer-Groß, Über Halluzinationen, in: Der Nervenarzt, 1931, S. 1; G. Weinschenk, Illusionen, in: Archiv für Psychiatrie und Nervenkrankheiten, 1952, S. 453 ff.; K. Schneider, Zur Einführung in die Religionspsychopathologie, Tübingen 1928, S. 15 ff.; W. Zeh, Bewusstseinsveränderungen und psychopathologische Erscheinungsbilder bei endogenen und symptomatischen Prozessen, in: Fortschritte der Neurologie, 1959, S. 614

und dann die betreffenden Wahrnehmungen auch als Trugwahrnehmungen erkennt, während das alles bei krankhaften Halluzinationen nicht der Fall sei.[355]

Glatzel weist noch auf die sog. Pseudohalluzination hin, die auch krankhaft ist, die sich jedoch von den Wahrnehmungen der echten Halluzination durch das Fehlen der Leibhaftigkeit auszeichnet.[356]

Es gibt auch die Berührungs- und Geruchshalluzination, die aber ebenfalls ein näher zu beschreibendes Krankheitsbild geben.[357]

Zu Recht führt der evangelische Tübinger Theologe Köberle in diesem Zusammenhang aus, man solle endlich "mit dem Unfug aufhören, jeden Mystiker, Visionär und Propheten für paranoid und schizophren zu erklären", wie das W. Lange-Heidbaum in dem von ihm zitierten Buch mit dem Titel: Genie, Irrsinn und Ruhm, München 1956, tue.[358]

Tatsächlich wird bei den ähnlichen Untersuchungen immer auch das Krankheitsbild des jeweiligen Zeugen untersucht, um Halluzinationen auszuschließen. Wenn vorher und nachher keine psychische Krankheit vorliegt, scheiden Halluzinationen oder ähnliche Täuschungsmöglichkeiten aus. Schwegkart hat darüber hinaus noch in Bezug auf die Seherin Bernadette in Lourdes darauf hingewiesen, dass z. B. Halluzinanten niemals im voraus bestimmen können, wann sie wieder eine Halluzination haben, während Bernadette bestimmt voraussagte, dass sie die Erscheinung noch 14mal haben werde, wie es auch tatsächlich geschah. Weiter weist er zu Recht darauf hin, dass die Halluzination an die Bedingungen, die sie veranlassen, gebunden sei und nur unter ganz bestimmten Voraussetzungen stattfinde. Wenn diese Voraussetzungen vorliegen würden, dann trete aber auch die Halluzination ein. Bei denen seien die Gesichter auch verschwommen und unbestimmt, was bei Bernadette und den andern Sehern nicht der Fall ist.[359]

Es fragt sich jedoch, ob die unerklärlichen Vorgänge nicht auf eidetische Veranlagung der Betroffenen bzw. der Zeugen zurückzuführen sind. Unter Eidetik versteht man die Fähigkeit, frühere Eindrücke nicht nur vorstellungsmäßig zu reproduzieren, sondern wahrnehmungsgemäß, also mit sinnlicher

---

[355] Weinschenk, aaO. S. 464

[356] J. Glatzel, Zum Problem der sog. Pseudohalluzination, in: Fortschritte der Neurologie 38/7, S. 356

[357] K. Conrad, Zum Problem der chronischen taktilen Halluzinose, in: Archiv für Psychiatrie 1955, S. 601, 606; D. Habeck, Beitrag zur Geruchshalluzinose mit Beziehungswahn, in: Archiv für Psychiatrie, 1955, S. 204; E. Popella und J. Grega, Geruchswahn und Geruchshalluzinose, in: Zeitschrift für Psychiatrie, Neurologie, Basel 65, S. 171 - 173

[358] A. Köberle, Psychopathologisches im Religiösen; Bitter, Massenwahn, aaO., S. 155

[359] Alois Schwegkart, Lourdes im Licht der Wahrheit, Freiburg 1914, S. 96 f.

Deutlichkeit wiedererleben zu können. Aber auch Eindrücke, die der eigenen Phantasie entstammen, können sich in wirkliche Wahrnehmung verwandeln, im besonderen dann, wenn sie gefühlsbetont erlebt werden.[360] Eidetische Phänomene sind Anschauungsbilder, die lebhaften Vorstellungen von Gesunden angehören.[361] Es gibt keine scharfen Grenzen zwischen eidetischem Sinnengedächtnis und pathologischer Eidetik.[362]

Entscheidend ist nun, dass die Eidetik eine Veranlagung ist, die man nicht an einem Tag nur wenige Minuten hat und dann wieder nicht hat, sondern die sich über eine längere Zeit, wenn nicht über das ganze Leben hinzieht, weil sie auch mit krankhaften Erscheinungen verbunden sein kann.[363] Völkel weist in seinem Aufsatz noch besonders auf die Versuche hin, in denen die Eidetik festzustellen ist.[364] Auch Düker bringt solche Prüfbeispiele.[365] Dass diese Fragen der möglichen eidetischen Veranlagung auch vom Gericht ggfls. zu prüfen sind, zeigen Heller[366] und Friedrichs, der eine Entscheidung des Reichsgerichts zu dieser Frage zitiert. Hier fordert das Reichsgericht, dass bei einer eidetischen Veranlagung es geboten ist, die betreffende Zeugin unter Hinzuziehung eines Sachverständigen zu hören.[367]

Dass nach langem Augenschluss besondere Gesichtserscheinungen auftreten können, zeigt Grünthal in zwei Aufsätzen auf, in denen 200 Fälle gebracht werden, in denen eine Augenbinde erst nach mehreren Tagen abgenommen wurde und danach gewisse Bilder beim Patienten festgestellt wurden.[368]

---

[360] G. E. Störring, Halluzinatorische und wahnähnliche Erlebnisse bei eidetischer Veranlagung, in: Monatsschrift für Psychiatrie, 1955, S. 261

[361] R. Tölle, Psychiatrie, 6. Aufl., Berlin 1982, S. 191

[362] H. Nehmeyer, Über pathologische Eidetismen, in: Zeitschrift für Neurologie und medizinische Psychologie, 1956, S. 245

[363] E. Meyer, Bewusstseinszustand bei optischen Sinnestäuschungen, in: Archiv für Psychiatrie 1952, S. 477, 483, 492; G. Loos, Das Realitätsbewusstsein in der Wahrnehmung und Trugwahrnehmung, Leipzig 1938, S. 44; K. Jasper, Allgemeine Psychopathologie, Berlin 1973, S. 58 und H. Zielko, Zur Bedeutung spontan-eidetischer Erscheinungen in der Psychiatrie, in: Zeitschrift für Psychotherapie 1953, S. 172

[364] H. Völkel, Zur Problematik der sog. eidetischen Trugwahrnehmungen, in: Archiv für Psychiatrie, 1963, S. 563, 564

[365] H. Düker, Neue Untersuchungen zum Problem der eidetischen Phänomene, in: Bericht über den 22. Kongress der Deutschen Gesellschaft für Psychologie, Göttingen 1960, S. 251

[366] Heller, Eidetik und Psychologie der Aussage, in: Zeitschrift für angewandte Psychologie, 1930, S. 212

[367] H. Friedrichs, Kinderaussage und eidetische Veranlagung, in: Archiv für Kriminologie 1965, S. 139

[368] E. Grünthal, Über phantastische Gesichtserscheinungen bei langdauerndem Augenschluss, in: Monatsschrift für Psychiatrie 1957, S. 193 und 1958, S. 269

Während Mikorey Doppelgängerphantome auf schizophrene Krankheitsprozesse zurückführt[369], sieht Müller-Erzbach in einer medizinischen Dissertation Doppelgängererscheinungen in Beziehung zur Eidetik.[370]

Mit Rücksicht auf diese Ausführungen ist somit die von Schmeing insbesondere mit Rücksicht auf die Erscheinungen der Gottesmutter vertretene Ansicht, diese ließen sich auf eidetischer Basis restlos natürlich erklären[371], falsch. Berechtigte Zweifel ergeben sich vielmehr nur dann, wenn bei dem betreffenden Seher eidetische Veranlagung festgestellt wurde, wenn er also insbesondere zumindest längere Zeit vor und nach dem Vorfall ähnliche "Erscheinungen" hatte. Die Ansicht von Schmeing ist umso verwunderlicher, als er auch Fatima anführt, wo es ja nicht nur um die Erscheinungen der Gottesmutter gegenüber drei Kindern ging, sondern auch um das sog. Sonnenwunder und die äußeren Feststellungen, die von zahlreichen anderen Zeugen, nämlich den übrigen Anwesenden, festgestellt wurden.

Diese Grundsätze hat auch Ziolko verkannt, wenn er die Erscheinungen in Lourdes gegenüber der Seherin Bernadette nur deswegen als nicht vorgekommen hinstellt, weil diese 15-jährige introvertiert gewesen sein soll und die "halluzinatorische Erfüllung der Liebe einer Frau, des Ersatzes der als Liebesobjekt unerreichbaren strafenden und verbietenden Mutter" suche.[372] Er behauptet selbst nicht, dass bei Bernadette eine eidetische Veranlagung oder eine psychische Krankheit mit der möglichen Folge einer Halluzination vorgelegen habe.

Noch weniger überzeugend ist Thurn, der die Wirklichkeit einer Erscheinung vom Inhalt abhängig macht und sich nicht vorstellen kann, dass das Jesuskind erschienen ist, da Christus doch als erwachsener Mensch gestorben sei.[373]

Auch Bender lässt die strikte Forderung der Untersuchung des Einzelfalles nach Vorliegen von Eidetik oder psychischen Krankheiten vermissen, wenn er die Erscheinungen animistisch deutet, d. h. insgesamt als Einbildung.[374]

Der Mediziner und Theologe Torello weist ebenfalls mit Nachdruck auf das Erfordernis der Überprüfung jeweils im Einzelfall hin. Er geht davon aus, dass

---

[369] M. Mikorey, Phantome und Doppelgänger, München 1952, S. 34

[370] I. Müller-Erzbach, Zur Psychologie und Psychotherapie von Doppelgängererscheinungen, München 1951, S. 20

[371] Karl Schmeing, Seher und Seherglaube, Darmstadt-Eberstadt 1954, S. 152 f.

[372] H. U. Ziolko, Über den psychologischen Untergrund visionärer Erscheinungen, in: Zeitschrift für Psychotherapie 1960, S. 238

[373] H. Thurn, Außergewöhnliche religiöse Erfahrungen im Lichte der Psychologie, in: Geist und Leben 1948, S. 171

[374] Hans Bender, Parapsychologie und Spiritismus, in: Zeitschrift für Parapsychologie 1971, S. 20

es echte, körperliche Erscheinungen gibt und dass es dafür als natürliche Erklärung nur die Halluzination oder Eidetik gibt, deren Vorliegen jedoch zu überprüfen ist.[375]

Die häufig in parapsychologischen Schriften vertretene Gerda Walther weist darauf hin, dass sie selbst von dem oben genannten Schmeing auch überprüft worden sei, ob sie Eidetikerin sei.[376]

Bedeutsam ist auch der Hinweis von Ringger, der vorträgt, dass in einigen Fällen offensichtlich Tiere die jeweiligen Erscheinungen feststellten, was sich aus ihrem Verhalten eindeutig ergab.[377]

Während Karl Rahner 1960 auch körperliche und einbildliche Visionen unterschied[378], hat er 1982 die Auffassung vertreten, dass alle Erscheinungen sich ausschließlich in der "Einbildungskraft" der Visionäre abspielen.[379] Ähnliches schreibt Schallenberg.[380]

Der bekannte Theologe Otto Karrer vertritt die Auffassung, dass ausschließlich die Erscheinungen von Jesus echt gewesen seien, danach gäbe es sie nicht mehr.[381] Auch der leitende Nervenarzt in Bielefeld-Bethel, Rosarius, geht davon aus, dass die Erscheinungen Jesu in einer nach außen hin wahrnehmbaren Realität geschehen seien.[382]

Der Münchener Fundamentaltheologe Scheffczyk präzisiert, dass unter die fundamentaltheologische Kategorie des Wunders bezüglich der Erscheinungen oder Visionen nur solche Ereignisse fallen, die in der Welt, das heißt in der empirisch feststellbaren Wirklichkeit geschehen. Das gelte nur für eine bestimmte Art von Erscheinungen, und zwar von solchen, die man allgemein als objektiv-körperliche anspricht im Gegensatz zu den subjektiven, innerpersönlichen Visionen. Diese könnten auch durchaus über das natürliche Bewirken hinausgehen, es fehle hier aber das Sinnenhafte oder das gestalthafte Erfahrnis.[383] Aradi präzisiert die sog. inneren Visionen auch unter jene, die von

[375] Johannes Torello, Echte und falsche Erscheinungen, in: Arzt und Christ, 1983, S. 211

[376] Gerda Walther, Zum Problem der Visionen, in: Philosophisches Jahrbuch der Görresgesellschaft 1958, S. 349

[377] P. Ringger, Das Weltbild der Parapsychologie, Olten und Freiburg, 1959, S. 58 - 61;

[378] Rahner, Visionen, Freiburg 1960, S. 32

[379] Karl Rahner, Visionen und Offenbarungen, in: Kontakt Nr. 10, 1983 S. 5

[380] Gerd Schallenberg, Visionäre Erlebnisse, Aschaffenburg 1979, S. 79 ff.

[381] Otto Karrer, Wundererscheinungen in aller Welt, in: Orientierung, 1956, S. 13

[382] W. Rosarius, Seele, Tod und Sterblichkeit, Gütersloh 1979, S. 242

[383] Leo Scheffczyk, Die theologischen Grundlagen von Erscheinungen und Prophezeiungen, Leutesdorf 1982, S. 8, 9

der Einbildungskraft getragen sind und die geistige Vision, in welcher der Mensch eine spirituelle Wahrheit ohne Vermittlung eines sinnlichen Bildes empfängt.[384] Die Mystiker erhielten ihre Mitteilungen häufig nicht durch körperliche, sondern durch die genannten geistigen Visionen, wobei sich wieder Unterscheidungsmerkmale zwischen echter und falscher Mystik ergaben, auf die hier nicht näher eingegangen werden kann.[385] Wie Miller[386] gibt auch Mager weitere Unterscheidungsmerkmale zwischen krankhaften Halluzinationen und Visionen gesunder Menschen, wobei er z. B. auch darauf hinweist, dass im Gegensatz zu den Halluzinanten bei echten Visionären häufig zu bemerken ist, dass diese auf Anruf einer kirchlich zuständigen Person oder in deren Auftrag sofort aus der Ekstase zurückgerufen werden können.[387]

Letztlich darf nicht übersehen werden, dass bei nicht wenigen Erscheinungen - wenn natürlich auch längst nicht bei allen - äußere Merkmale zu erkennen waren. So führt z. B. Michell, der nicht von der Theologie herkommt, sondern Anhänger des von Charles Fort (1874 - 1932) begründeten Phänomenalismus ist, als ein Beispiel für die Bilokation die spanische Äbtissin Maria von Agreda (1602 - 1665) an. Diese soll nach seinen Angaben über 500 "Reisen" nach Amerika gemacht haben, wo sie die Jumano-Indianer Neu-Mexikos zum Christentum bekehrt haben soll. Tatsächlich sollen die Kirchenoberen nach ihren schlechten Erfahrungen mit illusorischen Behauptungen religiöser Hysteriker ihr zunächst nicht geglaubt haben, bis sie nicht mehr an den Aussagen von Indianermissionaren vorbeikamen. Einer der Missionare teilte mit, dass ihm die Indianer erklärt hätten, ihre Kenntnisse vom Christentum verdankten sie einer "Frau in Blau", einer europäischen Nonne, die ihnen Kreuze, Rosenkränze und einen Messkelch geschenkt habe. Wie sich später herausgestellt haben sollte, stammte dieser Kelch aus Marias Kloster in Agreda.[388] Maria von Agreda hat übrigens auf Grund sehr lange währender Offenbarungen von Christus und Maria das Leben der Gottesmutter niedergeschrieben.[389]

---

[384] Z. Aradi, Wunder, Visionen und Magie, Salzburg 1959, S. 45

[385] siehe dazu: J. Lhermitte, Echte und falsche Mystiker, Luzern 1953; H. Bremond, Falsche und echte Mystik, Regensburg 1955; G. Walther, Phänomenologie der Mystik, Olten-Freiburg, 1976, besonders S. 33 ff., 75 ff. und Ignaz Familler, Das Heiligenleben in der modernen Psychopathographie, Regensburg 1915

[386] aaO., S. 158 ff.

[387] Alois Mager, Mystik als seelische Wirklichkeit, Graz 1946, S. 377

[388] J. Michell, M. Rickard, Die Welt steckt voller Wunder, Düsseldorf 1979, S. 274

[389] Maria von Agreda, Leben der Jungfrau und Gottesmutter Maria, Gosheim 1979

Dort wird u. a. auch die Entstehung des oben genannten ältesten Marienwallfahrtsortes der Virgen del Pilar in Saragossa geschildert.[390]

Wie Ahlenstiel[391] von Trugbildern ausgeht, ohne äußere Phänomene zu beachten, tut dies Dinzelbacher zum Beispiel bei Höllen- und Fegefeuervisionen, wo es, wie oben ausgeführt, etliche äußere Zeichen gibt.[392]

Von der Vielzahl von Autoren, welche die Echtheit körperlicher Visionen ablehnen, wird auch übersehen, dass Erscheinungen keineswegs nur immer vor ein oder zwei Personen, sondern gegenüber einer ganzen Reihe erfolgten. So hat der Hauptwallfahrtsort in Irland seinen Ursprung darin, dass 15 Personen am 21. August 1879 im Dorf Cnoc Mhuire Erscheinungen u. a. der Gottesmutter und des hl. Josef während einer Dauer von zwei Stunden sahen.[393]

Nun lassen sich zwar nicht alle dadurch überzeugen, dass viele Personen eine bestimmte Erscheinung gesehen haben. So behauptet z. B. Gerhard Lohfink, die Erscheinungen Jesu gegenüber den Jüngern seien nur psychogene Imaginationen gewesen. Es seien "Visionen" gewesen, in denen die "produktive Imaginationskraft der Jünger über das Unterbewusstsein die Anschauung des Auferstandenen konstituiert habe". Nur macht es sich Lohfink allzu leicht, indem er entgegen den obigen Feststellungen der Wissenschaftler insbesondere aus dem medizinischen Bereich gar nicht untersucht, ob eine krankhafte Halluzination oder eine eidetische Veranlagung bei den Jüngern vorgelegen habe, sondern einfach pauschal von seinen psychogenen Imaginationen spricht. Lohfink gehört zu der Gruppe jener Theologen, die im nächsten Kapitel über die Zweitursachentheorie dargestellt werden, welche generell alle unerklärlichen Vorgänge irgendwelchen psychogenen Kräften zuweisen.[394] Während auch Tyrrel generell und ohne jede Nachprüfung des Einzelfalles von der Parapsychologie her Erscheinungen als bloße Vorstellungen ansieht[395], lehnte auch Albrecht praktisch die Möglichkeit von echten Visionen ab. Er ordnet sie insgesamt unter pathologische Erscheinungen, Halluzinationen, eidetische Bilder u. ä. ein, ohne jeweils den Einzelfall zu überprüfen.[396] Auf den Einzelfall stellt Günter ab.[397]

---

[390] aaO., Bd. 4, S. 280 ff.
[391] H. Ahlenstiel, Vision und Traum, Stuttgart 1962, S. 100
[392] P. Dinzelbacher, Vision und Visionsliteratur im Mittelalter, Stuttgart 1981, S. 90 - 105
[393] Igel, Der Himmel verlässt uns nicht, aaO., S. 47
[394] Gerhard Lohfink, Der Ablauf der Osterereignisse und die Anfänge der Urgemeinde, in: Theologische Quartalsschrift 1980, S. 167
[395] G. Tyrrell, Erscheinungen und Visionen, in: Psi-Kraft, Olten und Freiburg, 1979, S. 205
[396] C. Albrecht, Das mystische Erkennen, Bremen 1958, im Nachdruck Mainz 1982, S. 226
[397] Bonifatius Günter, Maria, die Gegenspielerin Satans, Aschaffenburg 1951, S. 119, 137

Nach allem kann man somit auch nicht jeden unerklärlichen Vorgang mit Halluzination oder eidetischer Veranlagung erklären. Das gilt einmal für jene Vorgänge, in denen bestimmte Gegenstände als solche weiter zu sehen sind, wie z. B. bei Levitationen oder den anderen oben geschilderten Vorgängen mit äußeren Beweiszeichen, sondern auch bei den Erscheinungen. Diese sind eine Realität. Wenn jemand vor einem Spiegel steht, so ist sein Bild im Spiegel auch eine Realität, wenn es auch eine andere ist, als die des Menschen unmittelbar davor.

Am Beispiel der oben näher geschilderten Erscheinung der Gottesmutter in Guadalupe/Mexiko sieht man, zu welchen abwegigen Ergebnissen man in der Praxis kommt, wenn man alle von außen kommenden Erscheinungen pauschal als nicht außerhalb dieser Person existent, sondern als deren bloße Einbildung einstuft.

Der Gesamtvorgang der Erscheinung am Berg Tepeyac begann, als Juan Diego dort plötzlich wunderschöne Musik hörte und eine große Lichtfülle erblickte, aus der dann anschließend Maria erschien. Während ihre Erscheinung selbst niemals auch unter Einhaltung der Naturgesetze denkbar ist, so muss man andererseits sagen, dass das Auftreten von Musik und Licht grundsätzlich nichts Außergewöhnliches ist, sondern sonst immer den Naturgesetzen entspricht. Bei Juan Diego waren aber zu diesem frühen Morgen des 09. Dezember 1531 weder die Musik noch die plötzliche Lichtfülle irgendwie durch Naturgesetze erklärbar. Dort hatte sich keine Musikkapelle versteckt. Es war auch niemand auf die Idee gekommen, in der Morgenfrühe ein Feuer zur Erzeugung der Lichtfülle anzuzünden, was schon allein wegen der Plötzlichkeit des Auftretens der großen Lichtfülle nicht möglich war.

Wenn auch alle übrigen Erfordernisse für die Glaubwürdigkeit von Diego vorliegen würden, so käme niemand auf die Idee, seiner Aussage nicht zu folgen, er habe Musik gehört und eine Lichtfülle gesehen, weil beides gut denkbar ist. Wollte man nun bei Vorliegen der Glaubwürdigkeitserweise im übrigen dem Juan Diego jedoch dann nicht glauben, er habe Musik gehört und eine plötzliche Lichtfülle gesehen, wenn diese im Einzelfall hier nicht durch die Naturgesetze erklärbar sind, so könnte man einen Sachverhalt niemals durch Zeugenvernehmungen aufklären. Auch wenn bei einem Zeugen weder eine eidetische noch eine krankhaft halluzinatorische Veranlagung vorliegen würde, brauchte man ihm nie zu folgen, auch wenn er noch so glaubwürdig ist. Man könnte jede Feststellung eines Zeugen mit dem bloßen Hinweis zunichte machen, er habe sich den Vorgang eben eingebildet. Dasselbe gilt z.

B. auch für die äußeren Merkmale bei den Marienerscheinungen im Zusammenhang mit der Empfehlung der sogenannten Wunderbaren Medaille gegenüber Katharina Labouré 1830 in Paris. Auch hier gingen von selbst Türen auf und die Lampen entzündeten sich von selbst, als die Novizin Katharina aus ihrem Zimmer in die Kapelle des Klosters in der Rue de Bac ging. Das gleiche gilt übrigens auch von Erscheinungen Jesu in der Bibel. Nachdem er z.B. bei seiner Erscheinung am Meer nach seiner Auferstehung ein Kohlenfeuer angelegt und einen Fisch und Brot daraufgelegt hatte, nahm er beides und gab es ihnen zu essen.[398] Bei seiner Erscheinung im Abendmahlssaal wurde ihm gebratener Fisch gereicht, den er vor ihren Augen aß.[399]

Genausowenig wie man den Jüngern unterstellen kann, sie wären nicht in der Lage, eine eigene Einbildung von dem äußeren Vorgang zu unterscheiden, dass ihnen Fisch und Brot von einer Roste gereicht werden, so kann man Juan Diego nicht unterstellen, er könne Musik und Lichtfülle nicht erkennen und Katharina Labouré kann man nicht vorhalten, sie könne das selbständige Öffnen von Türen nicht zweifelsfrei verifizieren.

Wenn man also Juan Diego glauben muss, dass er eine plötzliche Lichtfülle von außen kommend gesehen hat, so kann man ihm schwerlich die Gefolgschaft versagen für seine weitere Feststellung, dass unmittelbar aus der Lichtfülle ihm eine sehr schöne Frau erschienen sei. Man kann nicht sagen, die Lichtfülle sei von außen gekommen und die unmittelbar daraus hervorgehende Erscheinung sei eine bloße Einbildung.

Die Gottesmutter soll seit 1981 bis jetzt fortlaufend jeden Tag Kindern bzw. Jugendlichen in Medjugorje in der Diözese Mostar in Jugoslawien erschienen sein.[400] Hier läuft das kirchliche Untersuchungsverfahren noch. Es wurden auch sehr eingehende medizinische Untersuchungen während der Visionen gemacht, um irgendwelche Selbsttäuschungen oder gar bewusste Täuschungen auszuschließen.[401]

Nach diesen theoretischen Erörterungen soll aufgezeigt werden, wie in einem konkreten Fall in einem kirchlichen Untersuchungsverfahren ein unerklärlicher Vorfall untersucht und festgestellt wird.

---

[398] Joh. 21, 1-14

[399] Lk. 24, 36 - 43

[400] Laurentin, R./Rupcic, Das Geschehen in Medjugorje, Graz 1986

[401] Laurentin, R./Joyeux, H., Medizinische Untersuchungen in Medjugorje, Graz 1986

❷

Prozessakten über die Selig- und Heiligsprechung des Konrad von Parzham

Konrad von Parzham wurde 1818 in Parzham in Niederbayern geboren, war zunächst Jungbauer und wurde dann in das Kloster Altötting als 30-jähriger bei den Kapuzinern aufgenommen, versah 41 Jahre den Pfortendienst am dortigen St. Anna Kloster, starb dort 1894, wurde 1930 selig- und 1934 von Papst Pius XI. heiliggesprochen. Er war ein besonderer Verehrer der Heiligen Eucharistie und der Gottesmutter. Altötting ist der größte und bekannteste Marienwallfahrtsort Deutschlands.[402]

Die Seligsprechungsakten gliedern sich in mehrere "Positiones". Unter einer Positio versteht man die Darbietung der Unterlagen über ein bestimmtes Prozessvorhaben. Sie besteht aus

1) einer lateinischen Informatio, z. B. über das Leben des Verstorbenen;
2) aus dem Summarium, aus dem aus manchmal vielen 1000 handschriftlichen Seiten an Vernehmungen die wichtigsten Zeugenaussagen ausgesucht und gewöhnlich in italienischer Sprache zusammengestellt sind;
3) aus den lateinischen Animadversiones, d. h. den Einwendungen, die der "Promotor fidei", also der Anwalt der Kirche, aufgrund der Aussagen des Informativprozesses und anderer Quellen erhebt;
4) aus einer lateinischen Responsio, also einer Beantwortung der Einwendungen durch den Anwalt desjenigen, der durch seinen Antrag die Seligsprechung in Gang gesetzt hat.[403]

Zunächst wird in der Positio super introductione entschieden, ob nach den vorbereitenden bischöflichen Prozessen der päpstliche begonnen werden soll. Dies geschieht bei Konrad von Parzham auf 318 Seiten. Auf weiteren 50 Seiten werden die Schriften erörtert, auf 27 Seiten die Einwendungen und auf weiteren 27 Seiten die Beantwortung dieser Einwendungen.[404]

---

[402] P. Manns, Die Heiligen, Main 1966, Bd. 2, S. 456 f.

[403] für das Verfahren: W. Schamoni, Wunder sind Tatsachen, aaO., S. XXI f.

[404] Heilige Ritenkongregation, Berichterstatter Kardinal Früwirth, die Beatifikation und Kanonisation des ehrwürdigen Dieners Gottes Konrad von Parzham, Rom ohne Datenangabe, da in diesen Akten die Daten jeweils unter den einzelnen Abschnitten stehen.

Die Positio über die Tugenden enthält insgesamt 535 Seiten, wobei zahlreiche Zeugen über das Leben dieses späteren Heiligen befragt wurden.[405]

Falls es um einen Martyrer geht, wird auch eine solche Positio über das Martyrium vorgelegt.

In der Positio über die Wunder wird zunächst auf den Seiten 1 - 10 die Geschichte der Heilung und der Gesundung bezüglich des ersten Wunders bei der Kunigunde Apfelbacher, das gleiche auf den Seiten 11 - 18 bei der Elisabeth Erl geschildert.

Die Überschriften bei beiden lauten:

"Miraculum Primum
Instantaneae perfectaeque sanationis Cunegundis
Apfelbacher ab ulcere magno, inveterato, varioso,
incurabili.

Miraculum Alterum
Instantaneae perfectaeque sanationis puellae
quadrimulae Elisabeth Erla congenita impotentia
standi et ambulandi parta a rachitide."

Die Erstgenannte litt also an einem "großen, fest eingewurzelten, abgewandelten, unheilbaren Geschwür".[406]

Die andere, ein vierjähriges Mädchen, litt an gleichzeitiger Unfähigkeit des Stehens und des Gehens, was von einer Rachitis herkam, wobei ebenfalls "eine sofortige und völlige Heilung" erfolgte.[407]

Auf 71 Seiten werden dann die Vernehmungen der 13 Zeugen bzw. Ärzte zum ersten Fall und auf weiteren 85 Seiten die 11 Zeugen bzw. Ärzte zum zweiten Fall vernommen.

Dann folgen 19 Seiten bzw. auf 29 Seiten gutachtliche Äußerungen von zwei Medizinprofessoren bezüglich des ersten Falles und in gleicher Weise bezüglich des zweiten Falles auf 23 Seiten bzw. 20 Seiten.

---

[405] aaO., Positio super virtutibus

[406] aaO., S. 3

[407] aaO., S. 11

Die Sachverständigen gehen die einzelnen Punkte durch und kommen jeweils zum Schluss in einer Zusammenfassung zum Ergebnis, dass die unheilbare Krankheit plötzlich und endgültig geheilt worden ist.

Auf 16 Seiten folgen dann die Einwendungen des Glaubensanwaltes, die auf weiteren 19 Seiten von dem Anwalt der Antragsteller beantwortet werden.

Der Prozess über die Wunder wird ebenso wie der über die Tugenden oder das Martyrium in drei Instanzen geführt. Es kommt also jeweils zu einer "Positio nova" für die zweite und zu einer "Positio novissima" für die dritte Instanz.

Diese zweite Positio enthält neben einer Einleitung von 17 Seiten zwei weitere Sachverständigengutachten von 21 und 29 Seiten, wobei es sich um die gleichen wie in der ersten Positio handelt. Auch hier folgen wiederum Einwände des Glaubensanwalts und entsprechende Antworten des Anwalts der Antragsteller.

In der "Novissima positio", also der dritten Überprüfung ist zunächst auf 20 Seiten ein gemeinschaftliches Gutachten von drei Ärzten enthalten. Dann folgen wieder auf 15 Seiten die Einwände des Glaubensanwaltes und auf 17 Seiten die Antworten des Anwalts der Antragsteller, die letzte trägt das Datum vom 28. April 1930. Danach erfolgt die Seligsprechung Konrads von Parzham.

Für die Heiligsprechung bedarf es keines erneuten Eingehens auf die Person des Seligen, es geht nur noch um die genaue Überprüfung eines bzw. mehrerer weiterer Wunder nach der Seligsprechung. Zu Konrad von Parzham befindet sich hierüber in der erzbischöflichen Bibliothek in Paderborn ein Band mit 271 Seiten Zeugenvernehmungen über ein weiteres Wunder.

Die Anzahl der Seiten sind bei Konrad von Parzham noch vergleichsweise gering. Die in Paderborn lagernden Bände z. B. über den bekannten italienischen Heiligen Don Bosco umfassen ca. 4000 Seiten.

3

Allgemeine Gründe gegen die Existenz bzw. Beweisbarkeit unerklärlicher Tatsachen.

Während in diesem zweiten Hauptteil unter 1 B) und C) zu den Autoren Stellung genommen wurde, die unerklärliche Ereignisse auf verschiedene Art natürlich und damit nicht mehr als unerklärlich darstellen wollen, ist in den folgenden Ausführungen unter 3) auf die Autoren einzugehen, welche behaupten, dass es gar keine Vorgänge gebe, durch welche die Naturgesetze durchbrochen würden.

A. Philosophisch-theologische Gründe gegen die Existenz unerklärlicher Vorgänge.

In diesem Abschnitt ist insbesondere auf die seit der Dissertation des jetzigen Theologieprofessors und Jesuiten Weissmahr unter katholischen Theologen sehr verbreitete Theorie einzugehen, wonach Gott niemals direkt in die Naturgesetze eingreift, um diese für Wunder zeitweise außer Kraft zu setzen. Er soll sich vielmehr ausschließlich der schon vorher von ihm in die Natur gelegten Gesetze bedienen, somit niemals durch "Erstursachen", sondern nur durch "Zweitursachen" wirken.[408] An sich ist der Begriff der Erst- und Zweitursache schon seit vielen Jahrhunderten in der Theologie bekannt.

a) Stellungnahme von Grimmlinger

Als Beispiel dafür, wie schon vorher diese Gedankengänge behandelt wurden, sei auf die Dissertation von Grimmlinger an der Philosophischen Fakultät der Universität Wien eingegangen.[409] Bei dieser Arbeit kann - ähnlich wie bei vielen Äußerungen von Theologen - nicht auf die Wunderfrage als solche eingegangen werden. Diese und das Verhältnis zu Gott ist natürlich das entscheidende Anliegen der Dissertation von Grimmlinger. Bei ihm, wie auch

---

[408] Bela Weissmahr, Gottes Wirken in der Welt, Frankfurt 1973, S. 57 ff.

[409] Friedrich Grimmlinger, Der Begriff des Wunders und seine Aporien, Wien 1963

bei den Theologen können nur solche, meistens nicht sehr breit angelegte Passagen berücksichtigt werden, welche sich mit der Tatsächlichkeit des Wunders, letztlich also mit der Frage befassen, ob es Vorgänge überhaupt gibt, welche die Naturgesetze durchbrechen.

Er betont völlig zu Recht, dass sich die Wirklichkeitsfrage des Wunders nicht umgehen lässt.[410] Wie dies noch unten aufzuzeigen sein wird, tun das im Gegensatz zu ihm nicht wenige Theologen. Er betont auch ein besonders wichtiges Anliegen dieser Arbeit, wenn er feststellt, dass das moderne Wunder auch rein historisch gesehen das Wunder für den heutigen Menschen in eine existentielle Nähe rückt.[411] Er erwähnt auch positiv die Erscheinungen Marias in Fatima und Lourdes, wo nach seinen Ausführungen ein "straff organisiertes und einer freiwilligen Kontrolle sich unterziehenden Ärztebüro existiert, das die Geschehnisse um die "wunderbare Quelle" mit peinlichster und wissenschaftlicher Sorgfalt verfolgt".[412] Andererseits äußert er bezüglich der Tatsächlichkeit von Wundern Bedenken, wenn er ausführt, dass im Alten Testament viele Geschehnisse "im Rahmen des heutigen Weltbildes mehr oder weniger ungewöhnlich, wenn nicht sogar unmöglich sind".[413]

Dass er jedoch, soweit es in seiner Arbeit um die Wirklichkeit von Wundern geht, wohl von einem Geschehnis ausgeht, das die Naturgesetze nicht durchbricht, lässt sich schon aus seiner Feststellung erkennen, dass im Seligsprechungsprozess der katholischen Kirche ein bestimmter Begriff des Wunders vorausgesetzt würde, der nicht unproblematisch sei.[414]

Im vierten Kapitel geht Grimmlinger dann auch auf die Aporie, also die Ausweglosigkeit des Wunderbegriffs im heilsgeschichtlichen Sinn ein und stellt zwei wesentliche Alternativen auf, die beide unhaltbar seien: Wenn Wunder als unmittelbares Eingreifen Gottes in seine Schöpfung sinnvoll sein sollten, müßte er sich gleich anders besinnen. Das ginge nicht, eine solche Vorstellung sei lächerlich und unvollziehbar. Es ergebe sich also bei dieser Alternative für die Fassung des Wunderbegriffes die Forderung, dass er nicht in einem unüberbrückbaren Gegensatz zu der in den Naturgesetzen als gewöhnlich gedachten Natur gefasst werden dürfe.[415] Dem kann nicht gefolgt

[410] aaO., S. 132 und auch S. 3
[411] aaO., S. 177
[412] aaO., S. 159
[413] aaO., S. 45
[414] aaO., S. 157
[415] aaO., S. 170

werden, da die Größe und Allmacht Gottes nicht dadurch gemindert wird, dass er selten und aus guten Gründen direkt in die Natur eingreift.

Während Grimmlinger somit in dieser ersten Alternative ausschließt, dass Gott direkt durch Setzung von Erstursachen in der Natur wirkt, also praktisch nichts gegen die Naturgesetze geschehen könne, so geht er in seiner zweiten Alternative auf die Frage ein, ob Gott durch Zweitursachen, also unter Zuhilfenahme von Gesetzen der Natur "Wunder" wirken könne. Danach "regiere Gott nicht schlechthin in der Natur, sondern er wirke in der Natur und setze damit zugleich die Natur in ihrem Eigensinn als innere Strukturiertheit voraus, d. h. `er benütze natürliche Ursachen`. Dieser Gedanke führe jedoch ebenso in eine Ausweglosigkeit, denn er dränge automatisch dazu, das Handeln Gottes zu `vernatürlichen`. Es könnte dann letztlich die Natur aus ihr selbst das in frage stehende Geschehen hervorbringen. Unter dieser Voraussetzung müsse dann jedes "außergewöhnliche Geschehen" als Zufall interpretiert werden.[416]

Seine Gedankengänge logisch fortsetzend schreibt er dann noch, dass das von der katholischen Wunderapologetik herausgearbeitete "große Wunder", das insbesondere nach L. Monden nur in der katholischen Kirche vorkommen solle, auch nicht denkbar sei, da es ebenfalls eine Durchbrechung von Naturgesetzen voraussetze.

Genauso knapp und klar wie Grimmlinger das mögliche Wirken Gottes durch Zweitursachen dargestellt hat, so hat er es auch zutreffend als Erklärung irgendwelcher "Wunder" abgelehnt. Sehr zutreffend schreibt er, dass man solche Vorgänge dann nicht mehr als "Wunder", sondern nur noch als "Zufälle" ansprechen könnte. Der Zufall ist eben nicht unerklärlich, sondern nur selten.

b) Zweitursachentheorie von Weissmahr

Weissmahr bemüht sich seit 1973 sehr intensiv darzulegen, dass Gott ausschließlich nur durch Zweitursachen innerhalb der Welt wirken könne. Ihm folgen darin immer mehr katholische Theologen. 1983 drückt er sich wie folgt aus: "Vor allem aber hat eine von immer mehr Theologen als zwingend anerkannte spekulativ theologische Besinnung gezeigt, dass ein Einzelereignis in der Welt, das nur von Gott und nicht auch von geschaffenen Kräften herstammt, undenkbar ist, weil dies sowohl der Göttlichkeit Gottes, als auch der Einheit des von Gott Geschaffenen widerspricht. Würde nämlich Gott ohne die (seine Unmittelbarkeit zum Geschehen nicht ausschließende) Vermittlung

[416] aaO., S. 171

geschöpflich-eigenständig wirkender innerweltlicher Ursachen etwas innerhalb der Welt hervorbringen, so wäre er, da er als die einzige Ursache des Geschehens zu betrachten wäre, in diesem Fall auch die innerweltliche Ursache des sich Ereignenden. Damit wäre er aber zumindest in diesem Fall eine mit anderen innerweltlichen Kräften vergleichbare Kraft, er stünde auf der gleichen Ebene mit anderen weltlichen Ursachen und wäre deshalb nicht mehr der transzendente Schöpfer von Himmel und Erde. Hiermit ist nicht behauptet, es sei für Gott überhaupt unmöglich, ohne geschöpfliche Kräfte zu wirken, sondern nur, dass Gott innerhalb der Welt nicht so zu handeln vermag."[417] Hieraus folgt nicht nur, dass es nach Weissmahr keine die Naturgesetze durchbrechenden Vorgänge geben kann, er versteht es auch so. So hat er schon 1973 klar gesagt, dass "die katholische Lehre, die das Wunder als unmittelbares Wirken Gottes in der Welt ohne Zweitursachen darstellt, eine heute nicht mehr vertretbare Deutung sei."[418] Er interpretiert also die zu Beginn des ersten Hauptteils wiedergegebene Lehre des I. Vatikanums, dass Wunder sicher erkannt werden können, richtig. Er weiß, dass es der gleiche Begriff des durch Naturgesetze nicht erklärlichen Vorganges wie bei den Seligsprechungsprozessen ist, meint aber, dass die Kirche hier irrt. Man kann nicht einfach wie Knauer einen völlig anderen Wunderbegriff prägen, wonach nämlich die Wunder niemals Naturgesetze brechen, und behaupten, so müsse man diese Stelle des Vatikanum I auslegen.[419]

So versucht Knauer seine mit der Lehre der katholischen Kirche nicht übereinstimmende Auffassung stimmig zu machen, was aber tatsächlich dem wirklichen Sinn und Wortlaut dieser Bestimmung krass widerspricht.

Auch der bekannte katholische Theologe Jacob Kremer, der wie völlig selbstverständlich auch die Zweitursachentheorie vertritt, erkennt, dass er damit seiner Kirche widerspricht und schreibt, dass die Äußerungen des Vatikanum I über das Wunder "daher einer näheren Erklärung bedürfen".[420] Er leugnet im Ergebnis - nur leicht verklausuliert - die Wirklichkeit der Auferweckung des Lazarus in der Bibel.[421] Auf über 380 Seiten werden von Kremer zwar sehr viel literarische Stellungnahmen zu Lazarus und der Auferweckung von Toten gemacht. Die

---

[417] Bela Weissmahr, Natürliche Phänomene und Wunder im Geist des geschichtlichen Durchblicks, in: Enzyklopädische Bibliothek, Herausgeber Franz Böckle u. a., Teil Bd. 4, Christlicher Glaube in moderner Gesellschaft, Freiburg 1982, S. 141

[418] Weissmahr, Gottes Wirken in der Welt, aaO., S. 72

[419] Peter Knauer, Der Glaube kommt vom Hören, Bamberg 1984, S. 306

[420] Kremer, Jacob, Lazarus, die Geschichte einer Auferstehung, Stuttgart 1985, S. 338

[421] aaO., S. 331

Prozessakten der Kirche hierzu werden jedoch nur mit einem einzigen Satz wie folgt erwähnt: "Die vielen in den Prozessakten festgehaltenen Totenerweckungen von Heiligen verraten ähnliche biblische oder zum Teil aus den apokryphen Apostelakten bekannte legendäre Motive - z. B. dass Philip Neri und Don Bosco Tote erwecken, nur damit diese ihre Beichte ergänzen und dann wieder sterben."[422] Wie oben am Fall der Erweckung des Ertrunkenen aufgezeigt, geht es in den kirchlichen Prozessen nicht um "legendäre Motive", sondern um die Feststellung von Fakten, ob der Betreffende also wirklich tot und dann plötzlich wieder gesund und lebendig war. Auf all die zahllosen Beweise in den Akten geht er nicht mit einem Wort ein.

Wie Weissmahr schon 1974 es andeutete[423], so hat er es 1982 noch deutlicher gesagt: Es gebe zwar Berichte, welche unsere Vorstellungen darüber sprengen, was natürlicherweise zu erwarten sei. Diese Phänomene würden von der Parapsychologie untersucht. Das von ihr zusammengetragene Material sei beeindruckend. Er spricht auch von Wundern der Seligsprechungsprozesse, wobei er anmerkt, dass die Parapsychologie die "überlieferten Berichte" kritisch sichten könne. Er erwähnt sie also offensichtlich bewusst. Aber er sagt nicht mit einem Wort, dass das Verfahren unverhältnismäßig eingehender ist, als es die Parapsychologie nur annähernd testen kann.[424]

Möglicherweise ahnt er, wie es mit seiner Theorie bestellt sein würde, wenn er die von der Kirche überprüften Wunder anerkennen müßte. Wohin die Erwähnung führen kann, zeigt Knauer, der auch die Zweitursachentheorie vertritt und unter Bezugnahme auf einen Aufsatz über Wunder und Heiligsprechungen von Leo Scheffczyk schreibt, dass Wunderberichte, die auf eine solche "Vermischung von Gott und Welt hinauslaufen, a priori unglaubwürdig seien, selbst wenn sie noch so "überzeugend" vertreten werden". Die von Scheffczyk angeführten Wunderfälle von plötzlichem Zuwachs neuer Körpermaterie und Verlängerung eines Beines um 12 cm hält er offensichtlich für niemals vorgekommen.[425] Noch klarer hält er die von Schamoni aus Heiligsprechungsakten zitierten Wunder zum Teil für "Wunderaberglauben".[426] Er gibt jedoch nicht ein Wort der Begründung zu seiner Ansicht.

---

[422] aaO., S. 101

[423] B. Weissmahr, Anmerkungen zur Frage der Möglichkeit eines nicht durch Geschöpfe vermittelten göttlichen Wirkens in der Welt, in: Zeitschrift für katholische Theologie, 1974, S. 426 ff.

[424] Weissmahr, Natürliche Phänomene, aaO., S. 144 f.

[425] Knauer, aaO., S. 307

[426] Knauer, aaO., S. 313

Knauer bleibt jedoch der einzige, der wenigstens den Mut hat zuzugeben, dass Fälle mit eindeutiger Durchbrechung von Naturgesetzen, wie sie im ersten Hauptteil hier geschildert wurden, von der Zweitursachentheorie nicht "erklärt" werden können, wenn er auch nicht den Mut besitzt, die Zeugnisse eingehend zu überprüfen. Imbach[427], Oelgemöller[428], Grom[429], Pröpper[430], Trütsch[431], der Weissmahr völlig und in jedem Punkt folgt, Ewald[432], Rorbach[433], Schonenberg[434], Tünnich[435], Jelke[436], Schütz[437] und Bornkamm[438] vertreten ausdrücklich oder im Ergebnis die gleiche Auffassung wie Weissmahr. Soweit ihre Arbeiten vor 1973 erschienen sind, sprechen sie weniger von "Zweitursachen" als davon, dass Gott nur mit den geschöpflichen Ursachen wirke. Auch der von der deutschen Bischofskonferenz mit der Federführung bei der Abfassung des neuen Katechismus beauftragte Theologieprofessor Walter Kasper vertritt diese Auffassung und schreibt: "Soll Gott Gott bleiben, dann müssen auch seine Wunder als durch geschöpfliche Zweitursachen vermittelt gedacht werden."[439]

Zuletzt hat Otto Knoch, der früher lange Jahre Leiter des Katholischen Bibelwerks Stuttgart war und jetzt einen Lehrstuhl für Neues Testament in Passau hat, mit aller Entschiedenheit die Zweitursachentheorie vertreten.[440] Am herkömmlichen Wunderverständnis, womit er das von der katholischen Kirche vertretene meint, sei nicht mehr festzuhalten.[441] Er geht davon aus, dass diese Theorie jetzt praktisch einhellig vertreten wird. Er erwähnt die

---

[427] Josef Imbach, Wunder - Zeichen von Gottes Liebe, in: Christ in der Gegenwart 1980, S. 159

[428] Wunder und Wundergeschichten, 1979, S. 136, 140

[429] Wunder zwischen Wahn und Glaube, in: Stimmen der Zeit 1974, S. 581, 592

[430] Thomas Pröpper, Thesen zum Wunderverständnis, in: G. Greshake und G. Lohfink, Bittgebet, Mainz 1978, S. 76

[431] Josef Trütsch, Wunder: mit oder ohne Unterbrechung der Naturgesetze?, in: Josef Pfammatter und Franz Furger, theologische Berichte 5, Zürich, Einsiedeln, Köln, 1976, S. 153

[432] G. Ewald, Wirklichkeit, Wissenschaft, Glaube, Wuppertal 1963, S. 19

[433] H. Rorbach, Biblische Wunder und moderne Naturwissenschaften, Wuppertal 1955, S. 22

[434] Schonenberg, P., Bund und Schöpfung, Zürich 1970, S. 206

[435] P. Tünnich, Systematische Theologie Bd. 2, Stuttgart 1958, S. 12

[436] R. Jelke, Die Wunder Jesu, Leipzig 1923, S. 101 ff.

[437] Christian Schütz, Glaube und Wunder, in: F. Schulz, R. Schnackenburg, Wunderfrage und Wunderglaube, Aschaffenburg 1975, S. 58

[438] Karin Bornkamm, Wunder und Zeugnis, Tübingen 1968, S. 18 ff.

[439] Kasper, W., Jesus der Christus, Mainz 1974, S. 108

[440] Knoch, Otto, Dem, der glaubt, ist alles möglich, Stuttgart 1986, S. 27

[441] Knoch, aaO., S.96

Autoren Scheffczyk[442], Wenisch[443] und Glöckner[444] noch nicht einmal, die ausdrücklich diese Theorie als unhaltbar erklären. Trotz des Umfanges seines Buches von 584 Seiten geht er mit keinem Wort auf die in den kirchlichen Prozessen untersuchten unerklärlichen Vorgänge ein.

Zu welchen Abwegigkeiten die Vertreter der Zweitursachentheorie kommen müssen, wenn sie mit eindeutigen Durchbrechungen von Naturgesetzen konfrontiert werden, zeigt der Aufsatz von Weissmahr, mit dem er auch die Auferstehung Jesu aus dem danach leeren Grab als durch natürliche Kräfte erklärlich darlegte. In diesem 28 Seiten langen Aufsatz beschreibt er fast nur seine Theorie, und man sucht vergeblich nach den natürlichen Kräften, welche bewirkt haben sollen, dass der Leichnam eines Menschen von einer Sekunde zur anderen das Grab und die Erde verlassen hat.

Als praktisch einzige Begründung werden folgende Sätze genannt.[445] "Die geschöpfliche Kraft, die auf der Ebene der innerweltlichen Ursächlichkeit die Auferstehung Jesu und damit auch das Verschwinden seines Leichnams aus dem Grab bewirkt hat (oder durch deren Vermittlung Gott die Auferstehung Jesu auch als das Leerwerden seines Grabes bewirkt hat), ist die menschliche Gottes- und Nächstenliebe Jesu bis zum Äußersten.

Dieser Gedanke dürfte denkerisch keineswegs unvollziehbar sein. Man sollte nur folgendes bedenken:

Wenn behauptet werden kann (und dies ist wegen der oben angegebenen Gründe wohl möglich), dass die Selbsthingabe der Heiligen auf der Ebene der innerweltlichen Verursachung zumindest eine Teilursache der aus der Anrufung sich ergebenden zeichenhaften Veränderungen innerhalb der materiellen Wirklichkeit ist, so dürfte es nicht unredlich sein, das große Zeichen des leeren Grabes, das Verschwinden des Leichnams des Auferstandenen, zweitursächlich auf die alles übertreffende menschliche Selbsthingabe Jesu zurückzuführen."

Dass diese Sätze keine echte Erklärung sind, haben wohl die anderen Vertreter der Zweitursachentheorie eingesehen, da sie diese Frage gar nicht erst angehen oder lieber behaupten, das Grab sei gar nicht leer gewesen. Nach

---

442 Scheffczyk, Leo, Die theologischen Grundlagen von Erscheinungen und Prophezeiungen, Leutesdorf, 1982, S. 11

443 Wenisch, Bernhard, Geschichte oder Geschichten?, Salzburg 1981, S. 30

444 Glöckner, Richard, Biblischer Glaube ohne Wunder, Einsiedeln 1979 S. 33

445 B. Weissmahr, Kann Gott die Auferstehung Jesu durch innerweltliche Kräfte bewirkt haben?, in: Zeitschrift für katholische Theologie 1978, S. 456/457

Büchel sollen der Leichnam Jesu und der Stein durch psychogene Kräfte der Frauen am Grabe entfernt worden sein.[446]

Auf die briefliche Frage des Verfassers an Weissmahr, welche natürliche Kraft verursacht habe, dass in dem oben geschilderten Wunder von Calanda/Saragossa plötzlich ein Bein wieder anwuchs, schrieb er unter Bezugnahme auf den obigen Aufsatz bezüglich der Erklärung des leeren Grabes unter dem 12. November 1984 an den Verfasser u. a. folgenden Satz als Antwort: "Aus diesem Aufsatz können Sie sich auch eine Idee machen, wie ich das auf die Fürbitte von der Gottesmutter von Pilar geschehene Wunder erklären könnte." Bei der gleichen brieflichen Frage des Verfassers an den oben genannten katholischen Theologieprofessor Kasper antwortete dieser unter dem 27. September 1984 und schrieb u. a., indem er dargelegt hatte, dass er die Zweitursache nicht konkret benennen könne: "Das heißt für mich, dass ich mich nicht bequem auf die sog. psychogenen Kräfte zurückziehen kann. Dieses Argument nützt m. E. bei den eigentlichen Naturwundern gar nichts. Ich lasse die Naturwunder also als solche stehen und sage nur, dass sich hier Gott auf wunderbare (d. h. nicht erklärbare) Weise der weltlichen Zweitursache bedient hat."

Kasper merkt also, dass die Erklärung mit den "psychogenen Kräften" eine reine Leerformel ist. Sein oben zitierter Satz aus einem weiteren Brief an den Verfasser vom 17. September 1984, dass seine These mit einschließe, "dass Gott sich bei Wundern der weltlichen Zweitursachen auf wunderbare Weise bedient", ist eine ebensolche Leerformel. Wenn dieser Satz eine echte Erklärung sein soll, dann nur im Wege der Deutung, dass der Passus "sich auf wunderbare Weise bedienen" das unmittelbare Eingreifen Gottes bedeutet. Wenn man etwa beim Tränenwunder von Syrakus sagt, der Gips sei natürlich und die Tränen seien grundsätzlich auch natürlich, Gott habe sich aber in diesem Falle beider natürlicher Ursachen in wunderbarer Weise derart bedient, dass die Tränen eben aus dem Madonnenbild aus Gips kamen, so liegt in Wirklichkeit ein eindeutiges Eingreifen Gottes im Sinne einer Erstursache vor. Und gerade ein solches Eingreifen Gottes soll es ja auch nach Kasper nicht geben.

Erwähnt sei noch, dass in den Briefen des Verfassers jeweils auch gefragt wurde, welche natürliche Ursache nun bei der leiblichen Aufnahme Mariens mitgewirkt habe. Interessanterweise hat hierauf niemand der Angeschriebenen geantwortet. In diesem Dogma der katholischen Kirche heißt es u. a. wörtlich: "Die unbefleckte, immerwährend jungfräuliche Gottesmutter Maria ist, nach-

---

[446] W. Büchel, wie die 3 Frauen am Grabe, in: Theologisches 1970, Spalten 15, 16

dem sie ihren irdischen Lebenslauf vollendet hatte, mit Leib und Seele zur himmlischen Herrlichkeit aufgenommen worden."[447] Das bedeutet nach der Lehre der Kirche eindeutig, dass das Grab leer war, wenn selbstverständlich der Leib nach der Aufnahme, also der Wegnahme aus dem Grab nicht mehr der gleiche war, wie bei der Grablegung.[448]

Was jene Meinungen anbelangt, welche den klaren Sinn und Wortlaut des Dogmas verkennen und behaupten, man könne es auch dahin auslegen, dass der Leib im Grab geblieben sei, der sei auf den evangelischen Theologen von Loewenich hingewiesen. Er sagt zu Recht, dass derjenige, der behaupte, die Aufnahme des Leibes Mariens besage nichts über den Leib im Grab, den Sinn des Dogmas in das Gegenteil verkehre.[449] Im Ergebnis muss also auch hier die Zweitursachentheorie völlig versagen.

Nach allem sind also allgemeine philosophisch-theologische Überlegungen nicht geeignet, das Vorliegen von Ereignissen, welche die Naturgesetze durchbrechen, als unmöglich erscheinen zu lassen. Wie aufgezeigt wurde, fehlt es völlig auch nur am geringsten Versuch, auf einen einzigen solcher behaupteten Vorgänge präzise einzugehen. Die meisten Vertreter gehen auf diese überhaupt nicht ein. Soweit sie es tun, leugnen sie entweder wie Knauer die eindeutigen Vorgänge oder sie erklären deren Zustandekommen, wie Weissmahr, so wenig nachvollziehbar mit "psychogenen Kräften", dass deren tatsächliches Vorliegen mit dieser Begründung nur unglaubwürdig sein kann.

Man könnte nun sagen, die Zweitursachentheorie sei für die Frage, ob es durch die Naturgesetze nicht erklärliche Vorgänge gibt, unerheblich, da es in erster Linie um die Feststellung dieses Vorganges gehe. Die Feststellung, ob dadurch auch die Naturgesetze durchbrochen würden, sei dann eine Frage der Interpretation. Das ist durchaus richtig. Diese Frage der Interpretation wird allerdings dann auch für die Frage, ob überhaupt ein bestimmter unerklärlicher Vorgang vorliegt, bedeutsam, wenn man behauptet, diese Vorgänge könne es jedenfalls dann niemals geben, wenn sie eine eindeutige Durchbrechung der Naturgesetze beinhalten. Insoweit muss sie behandelt werden.

Auch Scheffczyk führt zu Recht aus, dass bei der Leugnung einer über die Zweitursachen hinausgehenden Wirkung Gottes in der Welt die Jungfrauengeburt - also die Geburt des Sohnes Gottes aus der Jungfrau Maria - und auch

---

[447] zitiert bei: W. von Loewenich, Der moderne Katholizismus, Witten 1956, S. 236

[448] Johannes Brinktrine, Die feierliche Definition der leiblichen Aufnahme der allerseligsten Jungfrau, Paderborn, 1951, S. 19

[449] von Loewenich, aaO., S. 247

die Auferstehung unmöglich werden. Im Grunde müßten dann alle besonderen Ereignisse auch im Leben Jesu als natürliche Ausstrahlungen seiner Persönlichkeit erklärt werden. Ja, das Wunder als außerordentliche, geschichtliche Tat Gottes, dem man dann den Zwang auferlegen würde, sich selbst durch seine Schöpfung festgelegt und gebunden zu haben, sei danach unmöglich.[450] Das gleiche führt Zeilinger aus.[451]

Übrigens schreibt er auch zutreffend gegen das Hauptargument der Zweitursachentheorie, Gott könne nicht zu einer Ursache neben allen anderen Ursachen degradiert werden, die Erst- und Allursache könne sehr wohl in den Bereich der Zweitursachen hineinwirken, ohne selbst zu einer Zweitursache zu werden.[452]

Dass die Annahme der Zweitursachentheorie, Naturgesetze würden nie durchbrochen, nicht begründbar ist, beweist schon die konsequente Weigerung ihrer Vertreter, auch nur auf die Beweiswürdigung eines einzigen der oben im ersten Hauptteil aufgeführten Fälle einzugehen.

B. Naturwissenschaftliche Argumente gegen die Existenz unerklärlicher Vorgänge.

Wimmer, der jetzt Vorsitzender Richter am Landgericht in Mannheim ist und schon 1972 als Staatsanwalt mit Nachdruck behauptet hat, dass es keine Ereignisse gebe, welche gegen die Naturgesetze verstießen[453], hat 1979 ausdrücklich vorgetragen, dass "das gegenwärtige naturwissenschaftliche Weltbild stürzen" würde, wenn die von der Parapsychologie geschilderten Vorfälle stimmen würden. Dadurch würde "unser gesamtes Dasein entscheidend verändert".[454] Auch nach Forell[455] ist die Aufhebung eines Naturgesetzes unmöglich, was auch Russel meint.[456]

---

[450] Scheffczyk, Leo, Die theologischen Grundlagen von Erscheinungen, aaO., S. 11
[451] Zeilinger, F., Zum Wunderverständnis der Bibel, in: Bibel und Liturgie, Klosterneuburg 42, 1969, S. 4042
[452] aaO., S. 12
[453] Wolf Wimmer, Wiederkehr der Magie?, in: Zeitschrift für Rechtsmedizin 1972, S. 136 ff.
[454] Wimmer, Okkultismus und Rechtsordnung, in: Archiv für Kriminologie, 1979, S. 1
[455] U. Forell, Wunderbegriffe und logische Analyse, Göttingen 1967, S. 57
[456] Bertrand Russel, Warum ich kein Christ bin, München 1963,S. 51

Soweit die Parapsychologie auch deswegen angegriffen wird, weil sie behauptet, die unerklärlichen Vorkommnisse stammten von menschlichen Kräften[457], ist der Vorwurf richtig. Insoweit wurde schon oben dargelegt, dass selbst einige führende Parapsychologen jetzt klar darlegen, dass sie nicht die Herkunft der unerklärlichen Kräfte erklären, sondern die Vorgänge nur beschreiben.

Die meisten derer, welche behaupten, dass es die unerklärlichen Vorgänge, wie sie insbesondere von der Parapsychologie beschrieben werden, überhaupt nicht gebe, stützen sich in erster Linie dabei auf die Erkenntnisse der Naturwissenschaft, dass es so etwas nicht geben könne.[458]

a) Die Forderung nach Wiederholbarkeit

Ein wesentliches Argument dabei ist, dass es bei diesen unerklärlichen Vorgängen an der Wiederholbarkeit fehle. Prüfstein empirischer Wissenschaft sei das Experiment.[459] Das "Kriterium naturwissenschaftlicher Arbeitsweise sei nun einmal die Verifizierung von Hypothesen in wiederholbaren Experimenten und nicht die unkritische Hinnahme von Zeugenerzählungen, die erst einer Glaubwürdigkeitsprüfung bedürfen".[460] Die sich in der Sowjetunion mit parapsychologischen Fragen befassenden Wissenschaftler Bassin und Platonov betonen, dass dann, wenn "nur einmalige Phänomene, Geschehnisse, die man einmal ausgelöst hat, deren Reproduktion aber nicht gelingt, vorliegen, so bleibe ihre wahre Natur unerforscht, und den Ehrentitel wissenschaftlich beweisbarer Tatsache "könnten solche ephemeren Phänomene nicht beanspruchen".[461]

---

[457] so z. B.: F. Irro, Über den wahren naturwissenschaftlichen Gehalt der Parapsychologie und des Okkultismus, in: Zeitschrift für ärztliche Fortbildung Nr. 50, 7, 356, 1961 S. 357 und Wimmer: Die merkwürdige Wissenschaft der Spukprofessoren, in: Zeitschrift für Kriminalistik 1970, S. 336/37

[458] so z. B.: A. Pfleiderer, Ist die Existenz parapsychologischer Phänomene bewiesen?, in: Münchener medizinische Wochenschrift 99, 1002, 1957, S. 1005; Otto Prokop, Naturwissenschaft kontra Parapsychologie, in: Zeitschrift für Kriminologie 154, 1974, S. 100; A. Biedermann, Wunderwesen, Wunderwelten und Erlebbarkeit des Irrealen, Graz 1980, S. 139; Joachim Leithäuser, Das neue Buch vom Aberglauben, Berlin 1964, S. 290 ff.; C. Pelz, Der große Irrtum der Parapsychologen, in: Zeitschrift für Kriminalistik 1960, S. 223 f; I. Schöck, Bemerkungen zum Aberglauben, in: Württembergisches Jahrbuch für Volkskunde 1970, S. 68; F. Irro, Parapsychologie und gerichtliche Medizin, in: Zeitschrift für Psychologie 1962, 1958, S. 150 ff. und E. Grubner, Der Parapsychologe vor dem Fremden, in: Der Wissenschaftler und das Irrationale, herausgegeben von Hans Peter Duerr, Band 2, 1981, S. 371 ff.

[459] Wimmer, Wiederkehr der Magie?, aaO., S. 137

[460] W. Wimmer, Besprechung des Buches von Hans Bender, Unser sechster Sinn, in: Zeitschrift für die gesamte Strafrechtswissenschaft LXXXV, S. 967

[461] F. Bassin und K. Platonov, Verborgene Reserven des höheren Nervensystems, Stuttgart 1973, S. 209

Hierzu ist schon ein Hinweis des Physikers J. H. Rush bemerkenswert, der sich "gegen die Überspitzung der Forderung nach Wiederholbarkeit in der Parapsychologie wandte". Er illustrierte seine Kritik am Beispiel des Kugelblitzes, der ebenfalls nicht beliebig wiederholbar sei und so von der Wissenschaft lange fast ignoriert worden sei, bis die theoretischen Grundlagen der Physik soweit fortgeschritten gewesen seien, dass diese Naturerscheinung theoretisch wenigstens plausibel wurde.[462]

Auf das eigentliche Problem weist Dreier unter Bezugnahme auf den weltbekannten Naturwissenschaftler Pauli hin, wenn er folgendes schreibt:[463]

"Ob in der Physik oder in einer anderen Wissenschaft, ein Experiment ist nur dann beweiskräftig, wenn es - bei identischen experimentellen Bedingungen - überall und jederzeit zu den gleichen Ergebnissen führt. Deswegen kommt Wolfgang Pauli zu dem Schluss, dass der Naturwissenschaftler nur mit "einer besonderen Wirklichkeit" zu tun hat, und zwar nur mit solchen Phänomenen, die unter bestimmten Bestimmungen "reproduzierbar" sind. "Ich behaupte nicht", so Pauli, "dass das Reproduzierbare an und für sich selbst wichtiger ist als das Einmalige, aber ich behaupte, dass das wesentlich Einmalige sich der Behandlung durch naturwissenschaftliche Methoden entzieht." Auch hier handelt es sich um eine grundsätzliche Grenze der naturwissenschaftlichen Methode, die durch keinen Fortschritt in der experimentellen Technik je aufgehoben werden könnte."

Der Naturwissenschaftler und Theologe Dolch unterscheidet zutreffend zwischen Nachprüfbarkeit und Wiederholbarkeit, wenn er schreibt:[464]

"Nachprüfbarkeit ist nicht Wiederholbarkeit. Wiederholbarkeit setzt das Vermögen, etwas wieder "herbeiholen" zu können, also die Beherrschung aller erforderlichen Versuchsbedingungen voraus, Nachprüfbarkeit nicht. Ob z. B. die Ablenkung des Lichtes im Schwerefeld der Sonne durch die Einsteinsche Allgemeine Relativitätstheorie richtig vorausberechnet werden kann, ist nachprüfbar. Diese Nachprüfung ist aber nicht ohne weiteres, sondern nur bedingt wiederholbar, sie setzt ja eine totale Sonnenfinsternis voraus."

Diesen beiden Autoren ist zu folgen, die im Gegensatz zu Wimmer zutreffend unterscheiden zwischen dem wissenschaftlichen Experiment auf der

---

[462] in: G. Vilhjalmsson, Bericht über den siebten Kongress der parapsychologischen Gesellschaft in Oxford, in: Zeitschrift für Parapsychologie 1964, S. 183

[463] T. Dreier, Wissen und Welt in den modernen Naturwissenschaften, in: Hans Peter Duerr, Der Wissenschaftler und das Irrationale, Frankfurt 1981, 1. Bd., S. 130

[464] H. Dolch, Theologie und Physik, Freiburg 1951, S. 59

einen Seite, das tatsächlich grundsätzlich wiederholbar sein muss, und einem einmaligen Vorgang in der Gesamtwirklichkeit der Welt, der nicht deswegen unwirklich oder nicht beweisbar ist, weil er nicht wiederholbar ist. Im übrigen sind alle historischen Vorgänge nicht wiederholbar, ohne dass man sie als unseriös abtun kann. Das will gewiss auch Wimmer nicht. Nur muss er daraus auch die notwendigen Konsequenzen ziehen und darf die unerklärlichen Vorgänge der Vergangenheit nicht deswegen abtun, weil sie nicht wiederholbar sind. Deswegen können entgegen der obigen Auffassung von Bassin solche einmaligen Vorgänge aus der Vergangenheit durchaus "wissenschaftlich beweisbare Tatsachen" sein. Die Frage, ob gewisse Vorgänge in der Vergangenheit beweisbar sind oder nicht, ist Gegenstand der Geschichts- und eben auch der Gerichtspraxis. Man kann sie jedenfalls nicht deswegen als unwirklich hinstellen, weil sie nicht beliebig durch Experimente und entsprechenden menschlichen Willen wiederholbar sind.

Die weitere Argumentation, dass alle behaupteten Vorgänge gar nicht geschehen sein können, soweit sie mit den Naturgesetzen nicht irgendwie erklärbar sind, ist natürlich nicht neu. Bron, der evangelische Theologe aus Göttingen, stellt in einer sehr eingehenden Habilitationsschrift die Geschichte des Wunders seit der Antike dar. Als ersten Autoren, der es ausschließt, dass Gott die Naturgesetze außer Kraft setzt, um Wunder im Sinne von Durchbrechung von Naturgesetzen zu wirken, nennt er Giordano Bruno (1548 - 1600), einen aus seinem Orden ausgetretenen Dominikaner.[465]

b) Die Argumentation von David Hume

Nach dem ähnlich denkenden holländischen Philosophen Spinoza (1632 - 1677), der mit seinem "theolog.-polit. Traktat" auf die Bibelkritik einwirkte, betonte insbesondere der schottische Philosoph, Historiker und Nationalökonom David Hume (1711 - 1776), dass es keine Vorgänge gebe, welche die Naturgesetze durchbrechen. Er wird auch heute immer wieder in diesem Zusammenhang genannt, wofür ein Beispiel der Theologe Seckler sein mag, der betont, dass die "Wunderkritik David Hume`s der Wunderfrage für die Neuzeit den Ton angibt, dem er (Seckler) in seiner Arbeit, ob "wirkliche" Wunder denkbar sind und erkennbar wären, auch grundsätzlich sich zuge-

[465] B. Bron, Das Wunder, Göttingen 1979, S. 23

wandt habe".[466] Besonders bekannt und einschlägig für die hier interessierenden Fragen ist der 10. Abschnitt seines Buches über den menschlichen Verstand mit der Überschrift "Von den Wundern".[467] Hume, der übrigens auch Rechtswissenschaft studiert hat, stellt im ersten Teil fest, dass die Gesetze der Natur durch eine feste und unveränderliche Erfahrung festgestellt worden seien. Von einem Wunder sei zu reden, wenn ein Vorgang dagegen verstoßen haben solle. So sei ein Wunder, "wenn ein Toter wieder lebendig würde, weil so etwas nie und nirgends beobachtet worden sei". Dann bringt er den bekannten Satz, dass "kein Zeugnis zureiche, ein Wunder festzustellen, sofern das Zeugnis nicht solcher Art sei, dass seine Falschheit wunderbarer wäre, als das Ereignis, das es festzustellen sucht".[468]

Im zweiten Fall vertritt er dann die Auffassung, dass sich in der ganzen Geschichte nicht ein einziges Wunder findet, das von einer "genügenden Anzahl von Personen bezeugt würde, deren gesunder Sinn, Erziehung und Kenntnisse so außer Frage wären, dass wir gegen jede Täuschung auf ihrer Seite sicher sein dürften".[469] Er führt dann weiter aus, dass bezüglich der Wunder ein Religiöser ein Schwärmer sein könne und sich etwas zu sehen einbilde, was es nicht gebe. Möge er auch wissen, dass seine Erzählung falsch sei, dann würde er doch dabei beharren, "um eine so heilige Sache zu fördern".[470] Dann führt er aus:[471]

"Die vielen Beispiele von erdichteten Wundern und Prophezeiungen und übernatürlichen Vorgängen, die zu allen Zeiten entweder durch Gegenbeweise aufgedeckt worden sind oder durch ihre Ungereimtheit sich selbst verraten, beweisen zur Genüge den starren Hang der Menschheit zum Außerordentlichen und Wunderbaren und sollten vernünftigerweise einen Verdacht gegen alle Berichte dieser Art hervorrufen."

Nachdem er dann ausführt, dass alle übernatürlichen und wunderbaren Berichte hauptsächlich bei unwissenden und barbarischen Völkern vorgekommen sein sollen, trifft er die Feststellung, dass es "kein Zeugnis für Wunder,

---

[466] Max Seckler, Plädoyer für Ehrlichkeit im Umgang mit Wundern, in: theologische Quartalsschrift 1971, S. 339

[467] David Hume, Untersuchung über den menschlichen Verstand, Leipzig 1910, S. 60 ff.

[468] Hume, aaO., S. 63

[469] aaO., S. 64

[470] aaO., S. 64

[471] aaO., S. 65

selbst nicht für diejenigen, welche nicht ausdrücklich aufgedeckt worden sind, gebe, denen nicht eine unendliche Zahl von Zeugen entgegenstünde".[472]

Bemerkenswert ist nun, dass er das oben geschilderte plötzliche Anwachsen eines Beines in Calanda-Saragossa erwähnt unter Bezugnahme auf einen Bericht des Kardinal von Retz. Sein Sachverhalt ist in wesentlichen Punkten unrichtig, wenn er nämlich schreibt, der Geheilte sei 7 Jahre Türhüter an der Kathedrale von Saragossa gewesen, und man habe ihn die ganze Zeit über nur mit einem Bein gesehen. Die übrigen entscheidenden Vorgänge im Haus seiner Eltern erwähnt er nicht, sondern schreibt nur, er habe das Bein wiederbekommen, nachdem er den Stumpf mit heiligem Öl eingerieben habe. Das Wunder sei nach allen Regeln der Kirche bestätigt worden. Nachdem er darlegt, dass der Kardinal der Geschichte selbst "keinerlei Glauben zu schenken scheine", kommt er zu dem Schluss, dass dieser Vorgang die Falschheit geradezu auf der Stirn trage. Es könne sich niemals ereignet haben.[473]

Dieser Aufsatz von Hume, der auch nach diesem Beispiel nur eine Reihe von allgemeinen Gründen bringt, warum Zeugenaussagen unglaubwürdig sein können, zeigt die Problematik besonders deutlich: Für Hume und viele andere ist die Frage, ob es Ereignisse gibt, welche die Naturgesetze durchbrechen, in Wirklichkeit nicht abhängig von der Würdigung der angebotenen Beweise, sondern für sie kann es so etwas einfach nicht geben. Bei ihnen, und zwar insbesondere bei dem Aufsatz von Hume, fällt auf, dass sie zwar viel von Beweisen reden, jedoch immer nur allgemeine Fragen der Beweiswürdigung vortragen und nicht eingehend am Einzelfall prüfen, ob und wo ein Irrtum vorgelegen hat. Dafür hat Hume dann die durch nichts bewiesene Behauptung vorgetragen, Wunder und übernatürliche Vorgänge seien "zu allen Zeiten entweder durch Gegenbeweise aufgedeckt worden oder hätten sich durch ihre Ungereimtheit selbst verraten". Außer Vorgängen aus der Antike und am Grabe eines Jansenisten zeigt der einzige von ihm konkret vorgetragene Fall, nämlich das Wunder von Saragossa, dass es in Wirklichkeit bei ihm und seinen Anhängern an der eingehenden konkreten Würdigung des Einzelfalles fehlt.

Wie völlig oberflächlich Hume vorgeht, hat Déroo nachgewiesen. Er verglich die Texte bezüglich dieser Passage von Hume in seiner Auflage von 1748 und der von 1758, auf dem der hier benutzte deutsche Text von Hume beruht. 1748 schrieb Hume sogar, dass der später Geheilte 20 Jahre Türhüter

---

[472] aaO., S. 66
[473] aaO., S. 68

an der Kathedrale in Saragossa war, während dieser 20 Jahre ohne Bein herumgelaufen sei. Er schrieb darüber hinaus, dass der Kardinal Retz sein geheiltes Bein an ihm überprüft habe. Es stimmen weder die 7 noch die 20 Jahre - wie oben ausgeführt, waren es nur 3 -, sondern der Kardinal von Retz konnte den Geheilten gar nicht mehr gesehen haben, da dieser schon 1647 verstorben war, und der Kardinal zum ersten Mal 1654 nach Saragossa kam.[474]

Nachdem Hume nun merkte, dass sein Text von 1748 in wesentlichen Punkten nicht stimmte, hätte er wenigstens dann nähere Nachforschungen nach dem wirklichen Sachverhalt machen können und müssen, was er offensichtlich nicht tat. Übrigens weist Déroo auch nach, dass der Kardinal von Retz in seinem Bericht keineswegs das Wunder in Zweifel zieht.[475] Es gelang Déroo nach der Drucklegung seines obigen Buches, den Bericht eines Zeitgenossen in der Nationalbibliothek in Paris auszumachen, der nach einer Spanienreise von diesem Wunder berichtet.[476]

Anstatt dass Hume, der immerhin zeitweise Unterstaatssekretär war, bei seiner nächsten Auflage von 1758 nähere Informationen über den Prozess beim Erzbischof von Saragossa einholte, ließ er nur die Behauptung, dass der Kardinal das Bein gesehen habe, weg.

Nach allem hat Hume zwar richtig erkannt, dass es auf die eingehende Würdigung der Zeugenaussagen ankommt. Er weiß auch, dass es zu dem Wunder von Saragossa einen kirchlichen Prozess gegeben hat. Aber hier, wie auch in allen anderen, ihm bekannten Fällen von Wundern, unterlässt er es, auch nur in einem einzigen Fall, eine wirklich konkrete Beweiswürdigung vorzunehmen. Wenn es in der ganzen Weltgeschichte nur einen einzigen unerklärlichen Vorgang wie etwa den von Saragossa oder die anderen hier aufgeführten Vorfälle gegeben hätte, so könnte man für die obige Forderung von Hume, dass in einem solchen Falle die Falschheit des Zeugnisses wunderbarer sein müßte, als das Bezeugte selbst, noch ein gewisses Verständnis aufbringen, obwohl es letztlich auch nur eine Beweisanforderung ist, die man hinnehmen kann oder nicht, die man aber kaum sachlich in sich begründen kann. Da es nun aber auch zu Lebzeiten von Hume schon eine ganze Fülle solcher unerklärlicher Vorfälle gab, die in eingehenden kirchlichen Untersuchungsverfahren in der oben näher dargelegten Weise überprüft worden waren, wobei die Zeugnisse als glaubhaft angesehen wurden, ist selbst diese

---

[474] A. Déroo, L`Homme … la jambe coupée, Montsurs, Frankreich 1977, S. 139 - 141
[475] Déroo, aaO., S. 141 f.
[476] aaO., S. 171

Beweisanforderung von Hume erfüllt. Da es jeweils zahlreiche ähnliche Fälle unerklärlicher Art gibt, so könnte man sagen, dass unter Berücksichtigung dieser Vielzahl ähnlich gut bezeugter Fälle die Falschheit der Zeugenaussagen wirklich wunderbarer wäre, als das Bezeugte selbst. Hume behauptet einfach, es sei noch nie ein Toter lebendig geworden. Der oben niedergelegte Fall der Wiedererweckung des Ertrunkenen hat sich vor Hume ereignet, und es gab noch zahlreiche andere.

c) Weitere Autoren, welche die Durchbrechung von Naturgesetzen verneinen

Ähnlich wie Augstein[477] hat auch der seinerzeitige Vorsitzende der humanistischen Union in Deutschland Szezesny klar dargelegt, dass es keine Vorgänge gibt, welche den Naturgesetzen widersprechen.[478] Entgegen der Auffassung sehr vieler moderner Theologen, dass es auf die Tatsächlichkeit des Wunders überhaupt nicht ankäme, schreibt Szezesny folgendes:[479]

"Das echte Wunder, das heißt die offensichtliche Aufhebung der naturgesetzlichen Kausalverknüpfungen, wäre allein ein Existenznachweis des christlichen Gottes. Bisher sind solche Wunder aber nur denen begegnet, die daran glauben wollten. Die Erfahrungen aller anderen Menschen dagegen ergeben übereinstimmend, dass der Kausalnexus bisher weder irgendwann und irgendwo durchbrochen worden ist, noch dass er druchbrochen werden könnte."

Auch Schäfer[480], Langen[481], Hall[482], All[483] und Lindner[484] gehen davon aus, dass es keine Vorgänge geben kann, welche den Naturgesetzen widersprechen, ohne jedoch die angebotenen Beweise im einzelnen zu würdigen. Dafür ist Lindner ein besonders klares Beispiel: Bezüglich des oben eingehend zitierten Spukfalles mit dem russischen Hauptmann schreibt Lindner nur folgenden Satz: "In dem berühmt gewordenen, zuerst von Aksakoff beschriebenen Fall von Lipzy führte der Spukteufel einen recht menschlich motivierten, erheiternden Kampf gegen die visitierende Polizei, die mit Steinen

---

[477] R. Augstein, Jesus Menschensohn, Gütersloh 1972, S. 171
[478] G. Szezesny, Die Zukunft des Unglaubens, München 1959, S. 129/130
[479] aaO., S. 162
[480] H. Schäfer, Der kriminelle Aberglaube in der Gegenwart, Gladbeck 1963, S. 62, 82, 89 ff.
[481] D. Langen, Wunder, Glaube und Beeinflussbarkeit, in: Deutsches Ärzteblatt 1974, S. 2664 ff.
[482] A. R. Hall, Die Geburt der naturwissenschaftlichen Methode, Gütersloh 1963, S. 294, 402
[483] Allan, Schiff, Kramer, Falsche Geister - echte Schwindler, Wien-Hamburg 1969, S. 13 ff.
[484] M. Lindner, Zur Psychopathologie der sogenannten Spukphänomene, in: Archiv für Psychiatrie und Nervenkrankheiten 1950, S. 114 ff.

und anderen Gegenständen beworfen wurde."[485] So einfach kann man gerichtliche Untersuchungen von über 200 Seiten abtun!

Als Gegenbeispiel sei der Professor für Gerichtsmedizin an der Universität Lille und Mitherausgeber der "Annales de medecine legale et de criminologie" Christians zitiert, der auch insbesondere den Spukfällen kritisch gegenüberstand. Er geht einem besonders markanten Spukfall nach, der sich vom 30. September bis zum 06. November 1940 in einem französischen Dorf zugetragen hatte, wo eine kleine katholische Ordensgemeinschaft von Nonnen lebte. Es handelte sich um die Spukvorgänge im Zusammenhang mit einem 19-jährigen Mädchen, das in dem Ordenshaus lebte. Gegenstände wurden durch die Gegend getragen, die 19-jährige wurde erheblich geschlagen, insbesondere religiöse Gegenstände wurden ihr von unsichtbarer Hand vom Leib gerissen und auf die Erde geworfen, und der Lärm nahm ein derart ungeheures Ausmaß an, dass auf der Straße eine Menschenmenge zusammenlief.[486] An der Stelle, wo u. a. von unsichtbarer Hand während dieser Vorfälle immer an die Fensterscheibe geklopft wurde, befanden sich hinterher fingerähnliche Abdrücke, die weder durch Wasser, Alkohol oder sonstige Maßnahmen entfernt werden konnten.[487]

Obwohl schon ein Polizeibericht hierüber vorlag, hat Christians Zeugen eingehend angehört und kam zu dem Ergebnis, dass die äußeren Fakten zutreffend seien. Massenpsychose oder ähnliches habe schon deswegen auszuscheiden, da das jähe Aufhören aller dieser Phänomene mit der Abreise der Josiane am 06. November 1944 zusammenfalle. Auch Wahnideen ließen sich nicht als Erklärung anbieten.[488] Vernehmungen der Zeugen durch Christians und seine Mitarbeiter erfolgten ein Jahr nach den Vorfällen.[489]

Wimmer macht überhaupt nicht erst den Versuch der Würdigung solcher Zeugenaussagen im einzelnen, wie z. B. in seinem Aufsatz vom Juni 1979.[490] Auf die Entgegnung der Parapsychologen Bauer, Kornwachs und von Luca-

[485] Lindner, aaO., S. 116
[486] L. Christians, War es ein Geist?, in: Neue Wissenschaft 1960/61, S. 1 ff., 5, 12
[487] aaO., S. 14
[488] aaO., S. 15, 16
[489] aaO., S. 15
[490] W. Wimmer, Die Bedeutung der Parapsychologie für die Medizin, in: Ärzteblatt Baden-Württemberg, S. 398 ff.

dou[491] hierzu geschieht das in dem direkt anschließenden Schlusswort dazu von Wimmer auch nicht.

Nach allem können die Argumente derer, welche behaupten, dass die im ersten Hauptteil dieser Arbeit angeführten Vorfälle nicht stattgefunden haben können, da sie den Naturgesetzen widersprechen, nicht überzeugen, da sie bei der Vielzahl der eingehend überprüften Fälle niemals die Zeugenaussagen als solche genau überprüft, geschweige denn widerlegt haben.

C. Gründe von Theologen gegen die Existenz von Vorgängen, welche die Naturgesetze durchbrechen.

Sämtliche in diesem Abschnitt aufgeführten Theologen leugnen, dass es Vorgänge gibt, welche die Naturgesetze durchbrechen, wenn das auch mit verschiedener Begründung und mit verschiedener Intensität vom klaren bis zum verklausulierten Leugnen geschieht. Sie befassen sich in der Hauptsache mit der Frage, ob die Wunder der Bibel, soweit darin Vorgänge geschildert werden, welche die Naturgesetze klar durchbrechen, tatsächlich stattgefunden haben. Hier ist nicht auf die Frage einzugehen, die von diesen Autoren häufig sehr eingehend behandelt wird, ob die historischen Zeugnisse ausreichen, um die Wunder der Bibel als wirklich geschehen anzunehmen. Die Autoren werden nur dann und deswegen aufgeführt, wenn sie entweder ausdrücklich oder stillschweigend davon ausgehen, dass sich solche Wunder auch bis heute nicht ereignet haben und auch nicht ereignen können, da es die Durchbrechung von Naturgesetzen nicht gebe. Die meisten dieser Theologen führen deswegen mehr oder weniger eingehend auf, dass es die Wunder der Bibel in der geschilderten Form nicht gegeben hat, weil der heutige Mensch wisse, dass es solche Durchbrechung von Naturgesetzen niemals geben könne und ihm daher durch solche Berichte der Zugang zur Bibel versperrt wäre. Sie könnten dieses Ziel nicht erreichen, wenn sie zwar die Wunder der Bibel als nicht vorgekommen darstellten, soweit sie diese nicht "natürlich" erklären, aber andererseits zugeben müßten, dass gleiche Wunder bis in unsere heutigen Tage protokollarisch nachgewiesen sind.

---

[491] E. Bauer, K. Kornwachs, W. von Lucadou, Die Bedeutung der Parapsychologie für die Medizin, Entgegnung auf den Beitrag von W. Wimmer, in: Ärzteblatt Baden-Württemberg Heft 9, September 1979

Wenn in der Folge eine Einteilung durchgeführt wird, so sei nochmals darauf hingewiesen, dass die Übergänge innerhalb der Gruppen und zwischen den Gruppen sehr fließend und verschiedenartig sind. Wenn bestimmte Autoren für bestimmte Argumente angeführt werden, so führen diese Autoren häufig auch noch andere Argumente auf, die wiederum in andere Gruppen passen würden.

a) Eindeutige Leugnung von Wundern, soweit diese die Naturgesetze durchbrechen.

Von evangelischer Seite seien hier die Eheleute Keller zitiert, die nach einem geschichtlichen Überblick über das Verhältnis zum Wunder, das für einen kürzeren Zeitraum auch Marquardt bringt[492], eindeutig erklären, dass "für Wunder in der Wirklichkeit kein Platz sei". Kausalität und Wunder würden einander ausschließen".[493] Ebenso klar sagt es Küng, der auch David Hume entsprechend erwähnt.[494] Ähnlich argumentiert Zahrnt[495], wenn er insbesondere auf die bekannten Sätze von Rudolf Bultmann Bezug nimmt, wonach derjenige, der elektrisches Licht und den Radioapparat benutzt, nicht gleichzeitig an die Geister- und Wunderwelt des Neuen Testaments glauben kann, Käsemann[496], Winkelmann[497], Koppelmann[498], der als Hochschullehrer für Elektrotechnik über Jesus schreibt, Sell[499], Keßler[500], Koehler[501], Baltensweiler[502], Bornkamm[503] und Fascher[504]. Vandré kommt auch zu dem Ergebnis, dass die "Wunder nicht objektivierbar seien" und dass die Wunder Jesu sich

---

[492] G. Marquardt, Das Wunderproblem in der deutschen protestantischen Theologie der Gegenwart, München 1933, S. 36 ff.

[493] Ernst und Marie-Luise Keller, Der Streit um die Wunder, Gütersloh 1968, S. 180

[494] H. Küng, Gretchenfrage des christlichen Glaubens?, in: Theologische Quartalsschrift 1972, S. 214 ff., 215, 220; auch H. Küng, Christsein, München 1974, S. 217 ff.

[495] H. Zahrnt, Die Sache mit Gott, München 1967, S. 279

[496] E. Käsemann, Exegetische Versuche und Besinnungen, Göttingen 1965, S. 224, 226 ff.

[497] M. Winkelmann, Biblische Wunder, München 1977, S. 158, 161 ff.

[498] F. Koppelmann, Jesus, nicht Christus, S. 39, 89 ff., J. Lindblom, Gesichte und Offenbarungen, Lund 1968, S. 75 ff.

[499] Karl Sell, Der Wunderglaube, in: Zeitschrift für Theologie 1982, S. 691

[500] L. Keßler, Wunder und Causalität, in: Zeitschrift der Theologie und Kirche, Tübingen und Leipzig 1900, S. 323

[501] F. Koehler, Geist und Wunder, Berlin 1927, S. 241 ff.

[502] H. Baltensweiler, Wunder und Glaube im Neuen Testament, in: Theologische Zeitschrift Basel 1964, S. 241 ff.

[503] Günter Bornkamm, Jesus von Nazareth, Stuttgart 1972, S. 115 ff.

[504] E. Fascher, Kritik am Wunder, Berlin 1960, S. 7 ff.

nicht so abgespielt hätten, wie sie geschildert seien.[505] Er und die anderen genannten Autoren gehen davon aus, dass es eine Durchbrechung von Naturgesetzen nicht gibt, ohne auf die Beweisangebote aus den kirchlichen Prozessen einzugehen, ja ohne sie überhaupt zu erwähnen.

Das Gleiche tun die folgenden Autoren, wobei diese besonders das Argument herausstellen, dass die Evangelisten einen historischen Kern aus dem Leben Jesu, der die Naturgesetze nicht durchbrach, "überhöht" hätten, wobei diese "Überhöhung" in Wirklichkeit nicht stattgefunden hätte, sondern nur aus theologischen Gründen erfolgt sei: Betz-Grimm[506], Lapide[507], J. Wendland[508], C. Clemen[509], Deißler[510], Suhl[511], Neidhard[512], Wilms[513] und Theißen[514]. Das Buch von Theißen ist deswegen besonders erwähnenswert, da es vielfach empfohlen wird. Es befasst sich auch sehr eingehend mit der Frage des Wunders. Der Autor - es handelt sich um eine evangelische Habilitationsschrift - bringt aber an den beiden Stellen eindeutig zum Ausdruck, dass die Wunder, soweit sie nicht natürlich erklärbar seien, durch die "Überhöhung" der Evangelisten ihre derzeitige, insoweit unwirkliche Form erhalten hätten. Recht unkritisch geht er auch vor, wenn er die Wunder von Lourdes praktisch mit den antiken Heilungsgeschichten von Epidaurus gleichstellt.[515]

b) Theologische Darlegungen, aus denen die Nichtexistenz von unerklärlichen Ereignissen geschlossen werden muss.

Als Beispiel für jene Theologen, die nicht so klar wie die oben genannten Autoren behaupten, dass es Wunder, soweit diese die Naturgesetze durchbrechen, nicht gebe, wobei diese Folgerung aber letztlich aus ihren Ausführungen nur gezogen werden kann und offensichtlich auch gezogen werden

---

[505] R. Vandré, Wundergeschichten im Religionsunterricht, Göttingen 1975, S. 12, 13
[506] O. Betz - W. Grimm, Wesen und Wirklichkeit der Wunder Jesu, Frankfurt 1977, S. 63
[507] P. Lapide, Er wandelte nicht auf dem Meer, Gütersloh 1984, S. 50 ff.
[508] J. Wendland, Der Wunderglaube im Christentum, Göttingen 1910, S. 106 ff.
[509] C. Clemen, Der geschichtliche Jesus, Gießen 1911, S. 65
[510] A. Deißler, Die Grundbotschaft des Alten Testamentes, Freiburg 1972, S. 49 ff.
[511] A. Suhl, Der Wunderbegriff im Neuen Testament, Darmstadt 1980, S. 20 und der Aufsatz in diesem Buch von A. Wurkill, Die Vorstellung vom Wunder, S. 337
[512] Neidhard-Eggenberger, Erzählbuch zur Bibel, Köln 1976, S. 87
[513] E. Wilms, Wunder im Alten Testament, Regensburg 1979, S. 175
[514] G. Theißen, Urchristliche Wundergeschichten, Gütersloher Verlagshaus 1974, S. 274, 293
[515] aaO., S. 265

soll, ist das Buch über Wunder von Weiser zu nennen.[516] Dieses Buch hat besonders deswegen eine erhebliche Verbreitung und einen großen Einfluss erreicht, da es von einem katholischen Theologieprofessor geschrieben und vom katholischen Bibelwerk Stuttgart herausgegeben worden ist. In diesem Buch von 183 Seiten mit vielen ansprechenden Illustrationen wird zunächst dargelegt, dass man aus der Tatsache, dass gewisse Bibelstellen eine gewisse Form haben, vielfach zu entnehmen habe, dass diese Schilderung keine historischen Fakten wiedergebe, sondern theologische Aussagen, die in bestimmte Fakten gekleidet worden seien.[517] Bezüglich der Heilungswunder und Dämonenbannungen werden intensive Vergleiche zu ähnlich klingenden Schilderungen aus der Antike gezogen. Heilungen werden z. T. wenigstens als möglich angesehen. Dämonenbannungen werden, soweit überhaupt vorgekommen, unter mögliche psychische Heilungen eingeordnet.[518]

Von den Wundern an Menschen, also den Heilungen, werden die "Naturwunder an Gegenständen und an den Elementen der Natur" unterschieden.[519] Hierunter fallen also z. B. das Weinwunder, das Wandeln auf dem See, die Brotvermehrung oder die Stillung des Seesturmes. Obwohl immer gesagt wird, dass diese grundsätzlich stattgefunden haben könnten[520], werden sie im Ergebnis als Überhöhung[521] oder literarische Umschreibung[522] angesehen.

Bezüglich der Totenerweckungen Jesu wird auch zunächst gesagt, dass die "Möglichkeit von Totenerweckungen" anzuerkennen sei.[523] In der Folge wird dann jedoch dargelegt, dass das "aus dem gesamten Quellenmaterial nicht mit genügender Sicherheit hervorgeht, dass auch nur in einem einzigen Fall ein wirklich Toter in das irdische Leben zurückgekehrt sei".[524] In den Berichten, wo der Tod als sicher vorausgesetzt werde, sei die Erweckung nicht hinreichend verbürgt. Wenn das der Fall sei, bestehe Zweifel an dem wirklichen Todeszustand. Wenn beides (Tod und Erweckung) in aller Deutlichkeit hervorgehoben sei, wie etwa bei der Erweckung des Lazarus in der Bibel, der 4 Tage im Grab lag, so sei dort der auf die Heilsverkündigung ausgerichtete

---

[516] Alfons Weiser, Was die Bibel Wunder nennt, Stuttgart 1975
[517] aaO., S. 9 ff.
[518] aaO., S. 37 ff., S. 78 ff.
[519] auch aaO., S. 105
[520] aaO., S. 119
[521] aaO., S. 115
[522] aaO., S. 117
[523] aaO., S. 131
[524] aaO., S. 132

Charakter der Erzählung so stark, dass an der Geschichtlichkeit der Einzelheiten mit Recht gezweifelt werden könne.

Nachdem Weiser durch entsprechende Textvergleiche dem Leser klar zu machen versucht, dass es sich bei den Schilderungen in der Bibel bezüglich der Naturwunder und der Totenerweckungen um die Übernahme in ähnlicher Form geschilderter Vorgänge aus der Antike handelt, führt er dann später aus, dass diese bis auf natürlich zu erklärende Heilungen und Geschehnisse, die als Exorzismen galten, keine "Durchbrechung oder Aufhebung von Naturgesetzen darstellten und die in der Antike geschilderten Naturwunder, Totenerweckungen und Begleitwunder insgesamt nicht historisch belegbar seien, also nicht vorgekommen seien".[525] In der Folge unterstreicht Weiser dann nochmals, dass die Heilungen und Exorzismen Jesu glaubhaft seien, da sie natürlich zu erklären seien, während sich "der urchristliche Osterglaube stärker bei der Entstehung und Formung der Texte über die Naturwunder, Totenerweckungen und Begleitwunder ausgewirkt hätte". Geschichtliche Haftpunkte der wunderhaften Bezüge dieser Erzählungen seien in konkreten Einzelereignissen des Lebens Jesu nicht mit hinreichender Sicherheit zu erweisen. Die Texte hätten dennoch einen tieferen wahrheitsgetreuen Sinn: sie enthüllten in bildhafter Darstellung etwas von dem Unfassbaren der Gestalt Jesu in ihrer heilschaffenden Bedeutsamkeit für den Menschen.[526] Bezüglich des leeren Grabes drückt sich Weiser etwas vorsichtiger aus. Die "Wirklichkeit der Auferstehung Christi" hält er für sehr wichtig. Das dürfe aber nicht dazu verleiten, sie selbst als rein geschichtliches Faktum in die Reihe geschichtlicher anderer Ereignisse einzuordnen. Hier sei nichts zu beweisen, sondern nur zu glauben.

Dieses Buch ist auch ein Schulbeispiel dafür, dass auf der einen Seite immer wieder darauf hingewiesen wird, wie völlig unwichtig die Frage ist, ob "Naturgesetze durchbrochen werden" oder nicht, wie aber auf der anderen Seite eine - man muss fast sagen - panische Angst besteht, auch nur ein einziges Ereignis offen anzuerkennen, durch welches die Naturgesetze durchbrochen werden. Das ganze Buch ist ein einziger Versuch darzulegen, dass es das

---

[525] aaO., S. 156, 157
[526] aaO., S. 160

in Wirklichkeit nicht gibt. Stange[527], Delling[528], Koch[529], Schlingensiepen[530], Robinson[531], Grant[532], Heising[533], Becke[534], Bornkamm-Barth-Held[535], Becker-Wibbing[536], Blank[537], Baur-Kögel[538], Lohfink[539], Thielicke[540], Greshake[541], Grant[542], Harborth[543], Hierzenberger[544], Jeremias[545] Kümmel[546] und Wilkens[547] argumentieren im Ergebnis ebenso wie Weiser.

Nicht wenige dieser und anderer Theologen setzen als mehr oder weniger selbstverständlich voraus, dass die Wunderberichte, wie sie in der Bibel z. B. bei den Naturwundern geschildert werden, gar nicht so stattgefunden haben, sondern nur "literaturgewordenes Kerygma" sind. Sie leugnen die Tatsächlichkeit, indem sie eingehend darlegen, dass mit diesen Wunderberichten nur bestimmte theologische Aussagen in eine - angeblich häufig aus der Antike übernommene - Form gekleidet sind. Das betonen z. B. Busse[548], Halbfas[549] bezüglich des Wandelns über das Wasser, Knauer[550], Smitmans[551], Kertelge[552],

---

[527] C. Stange, Christentum und moderne Weltanschauung, Naturgesetz und Wunderglaube, Leipzig 1914, S. 28, 56 ff.

[528] Delling, Das Verständnis des Wunders im Neuen Testament, in: Zeitschrift für systematische Theologie 24, S. 265 ff.

[529] D. A. Koch, Die Bedeutung der Wundererzählungen, Berlin 1975, S. 19, 188 ff.

[530] H. Schlingensiepen, Die Wunder des Neuen Testaments, Gütersloh 1933, S. 36, 217 ff.

[531] Robinson, Gott ist anders, München 1965, S. 41 ff.

[532] M. Grant, Jesus, Bergisch-Gladbach 1979, S. 55

[533] A. Heising, Die Botschaft der Brotvermehrung, Stuttgart 1967, S. 10 ff.

[534] J. Becker, Wunder und Christologie, in: New Test. Stud.16, 133 ff.

[535] G. Bornkamm, G. Barth, H. J. Held, Überlieferung und Auslegung im Matthäus-Evangelium, Neukirchen 1960, S. 53, 170, 187 ff.

[536] U. Becker-S. Wibbing, Wundergeschichten, Gütersloh 1965, S. 5 ff.

[537] Josef Blank, Jesus von Nazareth, Freiburg 1972, S. 71 ff.

[538] A. Baur-H. Kögl. Die Wunder Jesu, Donauwörth 1970, S. 16 ff.

[539] G. Lohfink, Jetzt verstehe ich die Bibel, Stuttgart 1975, S. 31, 117 ff.

[540] H. Thielicke, Das Wunder, Leipzig 1939, S. 11 ff.

[541] G. Greshake, Auferstehung der Toten, Essen 1969, S. 258, 338 ff

[542] R. M. Grant, Miracle and Natural Law, Amsterdam 1852, S. 266 ff.

[543] A. Harborth, Werk statt Bibelauslegungen, Stuttgart 1976, S. 80 ff.

[544] G. Hierzenberger, Der magische Rest, Düsseldorf 1969, S. 236 ff.

[545] J. Jeremias, Neutestamentliche Theologie, Gütersloh 1971, I. Teil S. 90 ff.

[546] W. Kümmel, Jesusforschung seit 1965, Wunderberichte, in: Theologische Rundschau 1978, S. 148, 156

[547] W. Wilkens, Die Erweckung des Lazarus, in: Theologische Zeitschrift Basel 1959, S. 39

[548] U. Busse, Die Wunder des Propheten Jesu, Stuttgart 1977, S. 161, 451, 485

[549] Hubertus Halbfas, Über Wasser wandeln, in: Katechetische Blätter, Jahrgang 1968, S. 100 ff.

[550] P. Knauer, Glaubensbegründung heute, in: Stimmen der Zeit 1984, S. 203 ff.

[551] A. Smitmans, Das Weinwunder von Kana, Tübingen 1966, S. 271 ff.

[552] K. Kertelge, Die Wunder Jesu im Markus-Evangelium, München 1970, S. 118, 188 ff.

Ristow-Matthiae[553], Lentzen-Deis[554] und Pesch[555]. Den Gesichtspunkt, dass insbesondere die Naturwunder der Bibel nicht stattgefunden haben können, da die Berichte sich auch in der Form nach an ähnliche, ebenfalls ähnlich lautende Berichte aus der Antike stützen, betonen besonders die Theologen Kratz[556], Braun[557], Schweizer[558], Kunath[559] und Trede[560].

Bei diesem evangelischen Theologen Trede ist zunächst bemerkenswert, dass er für seine Vergleiche zu den Wundern der Bibel aus der Antike nicht nur die üblicherweise von ähnlichen Autoren gebrachten Vorfälle bringt. Das sind nämlich die behaupteten Heilungen im griechischen Epidaurus im Tempel des Heidengottes Asklepios, der im 4. Jahrhundert vor Christus errichtet wurde, die von Tacitus und Sueton beschriebenen Heilungen des Kaisers Vespasian (69 - 79 nach Christus), die Schilderung phantastischer Vorfälle von Lukian und schließlich die bekannte Schilderung des Philostratus über das Leben des Apollonius von Tyana im 2. Jahrhundert nach Christi, in der auch Totenerweckungen geschildert werden. Wenn diese Schilderungen, bis auf einige Heilungen von nahezu allen Autoren als nicht wirklich im Ergebnis angenommen werden, so fällt doch auf, dass bewusst Parallelen etwa zu den römischen und griechischen Sagen, wo man die gleichen Parallelen ziehen könnte, nicht erfolgen. Das tut nun Trede, der zum Vergleich auch auf diese Sagen, also auf Venus, Athene, Herkules und andere als Parallelen Bezug nimmt.[561] Er schildert auch, dass der oben genannte Lukian in der zweiten Hälfte des 2. Jahrhunderts nach Christus lebte und bewusst den Wunderglauben verspottet hat in seinem Buch "Der Lügenfreund".[562] Zu dem genannten Philostratus schreibt er zutreffend, dass dieser mit seinem Apollonius bewusst einen Helden dem Stifter Jesus gegenüberstellen wollte.[563]

Im übrigen geht er jedoch, genau wie die anderen Autoren, nicht auf die eingehende Überprüfungspraxis der Wunder aus den Heiligsprechungsprozes-

---

[553] H.Ristow-K. Matthiae, Der historische Jesus und der kerygmatische Christus, Berlin 1964, S. 400 ff.
[554] F. Lentzen-Deis, Die Wunder Jesu, in: Zeitschrift für Theologie-Philosophie 1968, S. 392 f.
[555] R. Pesch, Jesu ureigene Taten, Freiburg 1970, S. 20, 141 ff.
[556] R. Kratz, Rettungswunder, Frankfurt 1979, S. 209, 360 ff.
[557] H. Braun, Jesus, Stuttgart-Berlin 1973, S. 34
[558] Schweizer, Die Wunder und das Wunder, in: Zeitwende 1974, S. 379
[559] S. Kunath, Antike Parallelen zu den Wundergeschichten im Neuen Testament, in: Göttinger Quellenhefte Nr. 4, herausgegeben von G. Isermann, Göttingen 1972, S. 2 11 ff.
[560] T. Trede, Wunderglaube im Heidentum und in der alten Kirche, Gotha 1901, S. 6, 21, 57 ff.
[561] Trede, aaO., S. 6, 14
[562] Trede, aaO., S. 30
[563] Trede, aaO., S. 163

sen ein, sondern schreibt nur, dass die Wunder des 19. Jahrhunderts an diejenigen des 3. Jahrhunderts erinnern würden.[564]

Wie Trede die unerklärlichen Vorgänge der Neuzeit erwähnt, aber ebenso wie all die anderen genannten Theologen, die angebotenen Beweise auch nicht nur andeutungsweise würdigt, so gibt es andere Theologen, die ebenso wie die oben genannten zumindest im Ergebnis das Vorliegen von Wundern unter eindeutiger Durchbrechung von Naturgesetzen zur Lebenszeit Jesu verneinen, hierbei aber ausdrücklich als weitere Begründung dafür anführen, dass es solche Vorgänge schließlich heute auch nicht gibt. So führt z. B. Bultmann aus, dass das Wunder als eine Durchbrechung des gesetzmäßigen Zusammenhanges des Naturgeschehens aller Erfahrung widerspräche:[565] Auch der häufig zitierte Theologe Günter Klein sagt ausdrücklich, dass ein "Mirakel im Sinne eines widernatürlichen Naturgeschehens mit übernatürlicher Ursache als Element des Glaubens endgültig erledigt sei, und zwar nicht bloß deswegen, weil es unserer Wirklichkeitserfahrung widerspreche, wenn dieser Grund auch schon sehr ernst zu nehmen sei".[566] Noch konkreter drückt sich der bekannte holländische Theologe Schillebeck aus, der eindeutig sagt, dass es "heute keine Brotvermehrung gebe, Wasser bleibe gewöhnliches Wasser und Tote kehrten nicht mehr wieder".[567] Auch für Steiner-Wegmann liegt die "Totenerweckung im krassen Widerspruch zur erfahrbaren Wirklichkeit, die Lehre, dass nicht wieder lebendig wird, wer einmal tot sei".[568] Auch er geht auf die in Heiligsprechungsprozessen dokumentierten Totenerweckungen mit keinem Wort ein, stellt aber die Totenerweckungen Jesu mit denen des oben zitierten Apollonius von Tyana auf eine Stufe.[569] Ähnlich argumentieren folgende Theologen: Suhl[570], Vögtle[571], Elliot[572], Petzke[573], de Pater[574], Beinert[575], wonach sich "die Welt von Teufel und Dämonen nicht mehr mit

---

[564] Trede, aaO., S. 57

[565] R. Bultmann, Glauben und verstehen, 1. Band, 8. Aufl., 1980, S. 214, die 1. Auflage erschien 1933

[566] G. Klein, Ärgernisse, Wunderglaube und Neues Testament, München 1970, S. 34

[567] E. Schillebeck, Jesus, Freiburg 1976, S. 161

[568] A. Steiner-V. Wegmann, Wunder Jesu, Basel-Köln 1978, S. 77

[569] aaO., S. 81

[570] A. Suhl, Die Wunder Jesu, Gütersloh 1968, S. 749

[571] A. Vögtle, Jesu Wunder einst und heute, in: Bibel und Leben 1961, S. 251

[572] G. Elliot, Biblische Wunder im Licht moderner Jenseitsforschung, Freiburg 1960, S. 15

[573] G. Petzke, Die historische Frage nach den Wundertaten Jesu, in: New Test. Stud. 22, S. 182

[574] W. de Pater, Sprache der Wunder und Sprache der Wissenschaft, München 1971, S. 97

[575] W. Beinert, Müssen Christen an den Teufel glauben?, in: Stimmen der Zeit, Freiburg 1977, S. 541, 552

der Wirklichkeitserfahrung des heutigen Menschen decke", Müller[576], Marxen[577], Neidhardt[578] und Blank[579].

Als Beispiele für diese Art von Autoren, die darüber hinaus noch ausdrücklich behaupten, dass niemals ein Wunder passiert wäre, wobei plötzlich ein Arm oder Bein nachgewachsen sei, sei auf folgende hingewiesen: Trütsch[580], Gerloff[581], wobei dieser als Parapsychologe schreibt, Koch[582], Kolping[583], Löbsach[584] und Maier[585], wobei dieser als Mediziner schreibt.

Das Buch des evangelischen Theologen Maaß über Mystik fällt dadurch auf, dass er darüber eingehend auf 250 Seiten schreibt, aber nicht ein einziges Wort über die körperlichen Begleiterscheinungen der Mystik, also die übernatürlichen Vorgänge verliert.[586] Ähnlich geht der katholische Theologe Blasig vor, dessen neues Buch 1984 erhebliches Aufsehen erregte, da darin eine ganze Fülle von Lehrsätzen seiner Kirche, wie z. B. die Dreifaltigkeit Gottes geleugnet wurden. Er erwähnt zwar Erscheinungen im Zusammenhang mit dem Ostergeschehen. Er gibt einen Bericht von zwei engeren Verwandten von ihm, zwei Ursulinen, weiter, deren Bericht ihn deswegen beeindruckte, weil er so glaubwürdig von diesen Verwandten berichtet wurde: Deutsche Offiziere wollten neben anderen Räumen schließlich auch den Aufenthaltsraum des Klosters der Ursulinen im Kriege beschlagnahmen. Hierauf hätten die Ursulinen zu ihrer Gründerin um Hilfe gebetet. Um Mitternacht sei den Offizieren im Raum plötzlich eine Ursuline "in gebieterischer Haltung erschienen mit einem leuchtenden Stern auf der Stirn, dem ikonographischen Zeichen der seligen Ordensgründerin Angela Merici". Diese habe schweigend zur Tür gewiesen, worauf die kriegserfahrenen Offiziere fluchtartig den Raum verlas-

---

576 P. Müller, Wunder oder Naturgesetz, Metzingen, 1958, S. 5

577 W. Marxen, Die Auferstehung Jesu von Nazareth, Gütersloh 1968, S. 116

578 Neidhardt, aaO., S. 68

579 Josef Blank, Christliche Orientierung, Düsseldorf 1981, S. 146

580 Josef Trütsch, Wunder: Mit oder ohne Durchbrechung der Naturgesetze;, in: J. Pfammater, Theologische Berichte, Zürich 1976, S. 155

581 Hans Gerloff, Die Heilungen von Lourdes, Tübingen 1959, S. 35

582 Anton Koch, Zur Wunderfrage, in: Stimmen der Zeit 1947, S. 391

583 Adolf Kolping, Wunder und Auferstehung Jesu Christi, Frankfurt 1969, S. 33 - Es ist nicht der Gründer des Gesellenvereins -

584 T. Löbsach, Wunder, Wahn und Wirklichkeit, Naturwissenschaft und Glaube, München 1976, S. 184

585 L. Maier, Die Analogie der Wunder im Lichte der Medizin, in: Theologisch praktische Quartalsschrift, Linz 1959, S. 221

586 F. D. Maaß, Mystik im Gespräch, Würzburg 1972

sen hätten, in den sie nie wieder gekommen seien.[587] Im übrigen geht Blasig jedoch auf die Frage, ob die Wunder Jesu so passiert seien oder nicht, praktisch mit keinem Wort ein.

Nach allem ist also entscheidend festzuhalten, dass im Ergebnis all die oben genannten Theologen zu der Frage, ob es Ereignisse gibt, welche die Naturgesetze durchbrechen, mehr oder weniger klar die gleiche Auffassung vertreten wie der Bundesgerichtshof. Die besonders erstaunliche Tatsache, auf die - soweit ersichtlich - bisher noch keiner unter Anführung der Autoren hingewiesen hat, ist jedoch, dass sie alle auch nicht den geringsten Versuch machen, die zahlreichen in den Selig- und Heiligsprechungsprozessen sowie anderen kirchlichen Überprüfungsverfahren angebotenen Beweise zu untersuchen. Da sie andererseits alle als Theologen wissen, dass es diese Beweisantritte gibt, so sind alle ihre Ausführungen - wenn sie das natürlich auch nicht wollen - geradezu ein Beweis für die Unbestreitbarkeit der Beweise. Nicht nur im juristischen Bereich, sondern ganz allgemein im menschlichen Zusammenhang kann man von der Regel ausgehen: Wenn für eine bestimmte Behauptung sehr eingehende und spezifizierte Beweisantritte vorgebracht werden, so kann derjenige, der sie bestreitet, nur dann ernstgenommen werden, wenn er auf die Beweisangebote in angemessener Form eingeht, nicht aber wenn er nur ohne jegliche Spezifizierung bei seinem bloßen Nein bleibt.

Da diese Theologen also keine Argumente gegen die Richtigkeit der Untersuchungen bringen, können solche auch nicht bewertet werden. Es soll jedoch kurz darauf hingewiesen werden, dass zwei immer wieder als praktisch unbestritten von ihnen hingestellte Fakten gar nicht so unstreitig sind. Einmal ist es nicht richtig, dass man sich in der Antike keinen Gedanken um Naturgesetze und die Fragen der Kausalität machte. Hier führt Mensching[588] eine Stelle von Cicero aus seinem Buch "De Divinatione" II, 28 an, wonach nichts ohne Ursache geschehen könne. Folglich gebe es keine Wunder. Das, was nicht hat geschehen können, sei auch niemals geschehen und das, was geschehen sei, sei kein Wunder. Der Cicero-Forscher Seel hat folgende Übersetzung von Cicero aus dem Buch "Seele und Gott" der Nummern 530, 531 vorgenommen: "Denn, um die Wahrheit zu sagen: Der Aberglaube hat sich über alle Völker ergossen, fast alle Herzen unterjocht und in der menschlichen Schwachheit Fuß gefasst.

[587] Blasig, Winfried, Christ im Jahr 2000, München 1984, S. 161

[588] G. Mensching, Das Wunder im Glauben und Aberglauben der Völker, Leiden, 1957, S. 88

Denn alles, was sich ereignet, was immer es auch sei, hat notwendigerweise eine natürliche Ursache, so dass es, auch wenn es der Gewohnheit widerspricht, dennoch nicht der Natur widersprechen kann."[589]

Diese Aussage formuliert Glöckner allgemeiner, wenn er sagt, dass die Annahme falsch sei, als hätten die von Jesus erzählten Wunder für die Zuhörer nichts mit einer Durchbrechung der geltenden Naturordnung zu tun. Man sei auch damals der Überzeugung gewesen, dass das natürliche Leben nach festen unwandelbaren Regeln und Gesetzen verlaufe. Wenn jemand tot sei und sogar 3 Tage im Grab gelegen hätte, so habe er als unwiederbringlich tot gegolten. Man habe auch gewusst, dass das Gehen über Wasser nicht den natürlichen Gesetzen entspreche.[590]

Beilner drückt sich dahin aus, dass man nicht glauben dürfe, dass jene Zeit besonders wundersüchtig gewesen sei.[591] Den gleichen Gedanken führt Gnilka aus.[592]

Was das von obigen Theologen immer wieder vorgebrachte Argument anbetrifft, unerklärliche Vorgänge seien auch deswegen unglaubwürdig, da sie immer in einer bestimmten Form erzählt seien und daher nur als wesentlich unwirkliche Geschichte zur Betonung bestimmter theologischer Wahrheiten dienen sollten, so sei auf den evangelischen Theologen Schellong hingewiesen. Dieser führt aus, dass die Form lediglich durch den Inhalt bedingt sei. Er fragt sich, wie eine Heilung z. B. anders aufgebaut werden sollte.[593] Staudinger, der mit näherer Begründung eindeutig für die Glaubwürdigkeit von Wunderberichten eintritt[594], weist zu Recht darauf hin, dass die Schilderung z. B. einer Schlacht nicht deshalb unglaubwürdig ist, weil sie naturnotwendig mehr oder weniger immer in der gleichen äußeren Form und Zeitabfolge geschildert wird.[595]

Wenn nicht wenige der oben genannten Theologen sich entschieden gegen den Vorwurf gewehrt haben, sie würden die Wunder mit ihrer Bibelkritik nur herunterspielen bzw. historisch wegerklären, so seien ihnen folgende Sätze vorgehalten aus einem der neuen Bücher eines ihrer führenden Vertreter,

---

[589] Otto Seel, Vox Humana, ein Lesebuch aus Cicero, Stuttgart 1949, S. 259

[590] R. Glöckner, die Wunder Jesu, Freiburg 1982, S. 4

[591] W. Beilner, Jesus ohne Retuschen, Graz 1974, S. 76

[592] Gnilka, Zeichen - Wunder, in: Handbuch theologischer Grundbegriffe Bd. 4 München 1970, S. 879

[593] D. Schellong, Hinweis und Widerspruch, in: Zeitwende 1974, S. 390

[594] Hugo Staudinger, die historische Glaubwürdigkeit der Evangelien, Würzburg 1977, S. 51 ff.

[595] H. Staudinger, Die Wunderinterpretationen Bultmanns, in: Theologisches 1974, Spalte 1379

nämlich des katholischen Hochschultheologen aus Tübingen Gerhard Lohfink:[596] "Die Zeiten, in denen die Heilungswunder Jesu durch die Bibelkritik heruntergespielt oder gar historisch wegerklärt wurden, gehen ihrem Ende entgegen. Seitdem klargeworden ist, dass sich göttliches Heilshandeln und natürlich-psychogene Heilwirkungen theologisch keineswegs ausschließen (...), besteht kein Grund mehr, die neutestamentlichen Heilungswunder nicht völlig ernst zu nehmen."

c) Theologen, welche die Existenz von Wundern bejahen, welche die Naturgesetze durchbrechen.

Von den Theologen, welche nicht bestreiten, dass es Wunder im Sinne von Vorfällen, welche die Naturgesetze durchbrechen, gebe, seien folgende genannt, wobei es sich nur um eine kleine Auswahl handelt, insbesondere was die weiter zurückliegende Zeit betrifft: Haupt[597], Seitz[598], Knackstedt[599], der im Gegensatz zu den obigen Erklärungen der Brotvermehrung diese als selbstverständlich tatsächlich zutreffend unterstellt, die beiden evangelischen Theologen Minck[600] und May[601], die allerdings stark in der Minderheit sind. Ferner sind zu nennen Pfammatter[602], Wunderle[603], als Arzt, Wimmer[604], der in seinem Buch eine Fülle von Fällen aus dem Leben der Heiligen bringt, Wenz[605], Madinger[606], Stauffer[607], Molinari[608], der selbst lange Postulator in Seligsprechungsprozessen war und auf Seite 54 des Buches sehr bedauert, dass die Prozesse nicht näher ausgewertet werden, van der Loos[609], Dollin-

---

[596] Gerhard Lohfink, Wie hat Jesus Gemeinde gewollt?, Freiburg 1984, S. 22

[597] E. Haupt, Wunder früher - jetzt, in: Deutsch-evangelische Blätter, Leipzig 1902, S. 81 ff.

[598] Anton Seitz, Neuzeitliche Wunder bei Heiligsprechungen, in: Theologisch praktische Quartalsschrift 1918, S. 77 ff.

[599] J. Knackstedt, Die beiden Brotvermehrungen im Evangelium, in: New testament studies Cambridge 1964, S. 309 ff.

[600] W. Minck, Greift Gott ins Leben ein? Basel 1953, S. 140

[601] E. May, Die Wahrheit über Jesus Christus, Moers 1982, S. 202 ff.

[602] Josef Pfammatter, Eigenschaft und Verhaltensweisen Gottes im Neuen Testament, in: Mysterium salutis, Köln 1967, S. 278 ff.

[603] G. Wunderle, Arzt und Mystik, Würzburg 1949, S. 17 ff.

[604] Otto Wimmer, Kennzeichen und Attribute der Heiligen, Innsbruck 1979

[605] H. Wenz, Mythos oder historisch zeichenhaftes Geschehen?, in: Theologische Zeitschrift 1962, S. 419 ff.

[606] H. Madinger, Der unmittelbare göttliche Antrieb, in: Jahrbuch für mystische Theol. 1958, S. 184,196 f.

[607] E. Stauffer, Zur Wunderfrage, in: Theologisches 1970, Spalte 61

[608] P. Molinari, Die Heiligen und ihre Verehrung, Freiburg 1964, S. 16 ff.

[609] van der Loos, The miracles of Jesus, Leiden 1965, S. 46 ff.

ger[610], Scheffczyk[611], Hasenfuß[612], de Groot[613], Siegmund[614], Zehrer[615], Rovira[616] und Görres[617].

Aix wendet sich ausdrücklich gegen Halbfas, der in seinem oben zitierten Aufsatz "Über Wasser wandeln" in teils umschreibender, teils die Frage der Tatsächlichkeit auslassender Art nicht anerkennen will, dass Jesus wirklich über das Wasser gegangen ist. Nur, "wenn der Herr durch das gesetzte Factum, das von seinen Zeugen bestätigt wird" sich erweise, könne er Glauben wecken, nicht aber, wenn ihm nur eine Geschichte angehängt würde, mit der er nichts zu tun hatte, so dass er dann nur den Kleiderständer abgebe für all die schönen Sachen, die man ihm aufhänge.[618]

Erwähnenswert ist weiter Janek, der in einem neueren Aufsatz zutreffend ausführt, dass diejenigen, die Wunder für grundsätzlich unmöglich halten und alle Wunderberichte ausschließlich als Bilder für geistliche Wirklichkeiten ansehen, sich "mit Wundern konfrontieren lassen müssen, die in unseren Tagen geschehen und gut dokumentiert sind, wie mit Berichten von Wundern durch die Jahrhunderte hindurch."[619]

Ein neues Buch von Lenssen über Wunder ist deswegen erwähnenswert, weil es durchaus bei den verschiedenen Wundern der Bibel nicht beim Tatsächlichen stehenbleibt, sondern klar aufzeigt, dass das falsch wäre, weil dann der viel tiefer liegende Sinn all dieser Berichte wenig berücksichtigt wird. Im Gegensatz zu den oben angeführten Theologen wird dabei aber nicht krampfhaft versucht, jeden Vorgang, der eine Durchbrechung von Naturgesetzen beinhaltet, als bildhaft und unwirklich darzustellen. Es wird vielmehr als selbstverständlich unterstellt, dass die Berichte auch insoweit tatsächlich waren, wenn das Buch auch nicht auf die Tatsachen, sondern auf die Erklärung den größeren Wert legt. Bezeichnenderweise wird darin auch - wenn auch nicht sehr eingehend - aus Heiligsprechungsprozessen zitiert, und er führt das entsprechende Buch von Schamoni an.[620]

---

[610] Ingo Dollinger, Wunder, Aberglaube oder Wirklichkeit, Donauwörth 1967, S. 32 ff.
[611] Leo Scheffczyk, Wunder und Heiligsprechung, in: Münchener medizinische Zeitschrift 1981, S. 292 ff.
[612] Josef Hasenfuß, Glauben, aber warum?, Aschaffenburg 1963, S. 98 ff.
[613] A. de Groot, Das Wunder im Zeugnis der Bibel, Salzburg 1965, S. 6 ff.
[614] Georg Siegmund, Wunder, eine Untersuchung über ihren Wirklichkeitwert, Berlin 1958, S. 5 ff.
[615] Franz Zehrer, Das Problem der Wunder Jesu, in: Theol. Prakt. Quartalsschrift 1973, S. 233, 235
[616] German Rovira, Der Widerschein des Ewigen Lichtes, Aachen, 1984
[617] A. Görres, Kennt die Religion den Menschen?, Wunderbericht und Wunderglaube, 1984, S. 74, 75
[618] Guido Aix, Über Wasser wandeln, in: Katechetische Blätter 1968, S. 289, 290
[619] L. Janek, Und das Wasser trug, Die Wunder Jesu: Wirklichkeit und Zeichen, in: Stadt Gottes 1986, S. 27
[620] J. Lenssen, Wunder, Zeichen der Macht Gottes, Aschaffenburg 1985, S. 103 ff.

4

Stellungnahme zu Autoren, die konkrete Gründe gegen die als bewiesen behaupteten Tatsachen aufgrund unerklärlicher Kräfte vorgebracht haben.

Während oben unter 3) Autoren angeführt wurden, welche das Vorliegen unerklärlicher Vorgänge verneinen, jedoch im wesentlichen auf keine Einzelfälle eingingen, sollen hier die wenigen Vertreter dargestellt werden, welche einige solcher Einzelfälle wenigstens erwähnen und darauf eingehen, wenn sie auch insoweit das Vorliegen solcher unerklärlicher Vorgänge verneinen.

a) Fatima

Das meiste ist dazu über Vorgänge von Fatima vorhanden. Soweit diese auf den Inhalt des den Kindern von Fatima Mitgeteilten abstellen, soll hier darauf nicht eingegangen werden. Es geht nur um die äußerlichen Phänomene, insbesondere um das Sonnenwunder.

Von Loewenich hält "die natürliche Erklärung, dass es sich um ein atmosphärisches Problem gehandelt habe, für nicht ausgeschlossen, er könne aber auch die Annahme einer Massenpsychose nicht einfach von der Hand weisen".[621] Auch der evangelische Theologe Rössler bringt die Marienerscheinung in Verbindung mit Suggestionen, Neurosen und Psychosen.[622] Auch die evangelischen Theologen Delius[623], Södeker[624], Benko[625], Viering[626], Heiler-

[621] von Loewenich, Der moderne Katholizismus, Witten 1956, S. 265

[622] D. Rössler, Marienerscheinungen, in: Religion in Geschichte und Gegenwart, Bd. 4, S. 761

[623] W. Delius, Geschichte der Marienverehrung, 1963, S. 269, 300

[624] H. Södeker, Was haben wir als evangelische Christen zu dem neuen Mariendogma der römischen Kirche zu sagen?, Detmold 1950, S. 12

[625] S. Benko, Protestanten, Katholiken und Maria, eine kritische Darstellung der römisch-katholischen und der protestantischen Äußerung zur Mariologie, Hamburg 1972, S. 80

[626] F. Viering, Römisch-katholischer Marienglaube und die Botschaft der Reformation, Gladbeck 1955,S. 41

Schulze[627], Valeske[628] und Miegge[629] gehen davon aus, dass es sich bei dem Sonnenwunder von Fatima um kein bewiesenes Faktum handelt. Haack erwähnt Fatima. Anstatt aber auf das Sonnenwunder einzugehen, bringt er als Beispiel für die Unglaubwürdigkeit solcher Vorgänge u. a. angebliche Erscheinungen von Heroldsbach, die von der katholischen Kirche als nicht erwiesen abgelehnt wurden.[630]

Der Spiegel bringt in einem Titelbericht über Maria auch eine Seite über Fatima. Auch hier wird nur auf den Inhalt der Botschaft, jedoch mit nicht einem einzigen Wort auf das Sonnenwunder eingegangen.[631]

Der evangelische Theologe Grote weist auf die Marienerscheinungen sachlich hin, ohne zu behaupten, es seien keine Fakten.[632] Der evangelische Theologe Mund schreibt bezüglich von Marienerscheinungen: "Wir Protestanten machen uns das Urteil über dergleichen Dinge im allgemeinen zu leicht".[633]

Auch der französische evangelische Theologe Petit bringt die Fakten über Fatima sachlich, fragt sich aber, ob bezüglich solcher Erscheinungen ein Zeuge ausreicht.[634]

Eingehender äußert sich der bekannte katholische Theologe und Physiker Dolch zu Fatima. Während er zunächst die Fakten zutreffend schildert und zunächst zu dem Schluss kommt, dass ein "ruhiger, unvoreingenommener Leser nach Lektüre dieser Berichte zu dem Schluss kommen müsse, dieses Wunder sei eine Wirklichkeit[635], stellt er eben diese Wirklichkeit im nächsten Satz wieder in Frage. Keine Sternwarte habe das Ergebnis beobachtet. Wenn man die große Anzahl der Berichte vom eingetretenen Sonnenwunder einerseits, andererseits aber das rein prozentual gesehen viel schwerwiegendere Schweigen der ganzen Welt außerhalb dieser Berichte betrachte, so würde eine Anerkennung des Sonnenwunders als wirkliches Ereignis schwer, wenn

---

[627] F. Heiler, S. Schulze, Evangelische Marienverehrung, in: eine heilige Kirche, Heft 1, 1955/56, S. 20 und F. Heiler, Das neue Mariendogma, in: Ökumenische Einheit, 2. Jahrg. Heft 2, 3, 1951 S. 1 ff.

[628] U. Valeske, Evangelisches zum Marienjahr, Gütersloh 1954, S. 28

[629] G. Miegge, Die Jungfrau Maria, Göttingen 1962, S. 206

[630] S. W. Haack, Rendez-Vous mit dem Jenseits, Hamburg 1973, S. 84, 154

[631] Maria, Jungfrau, Gottesmutter, Königin, in: Der Spiegel vom 19. September 1983, S. 154, 163

[632] H. Grote, Maria, Marienverehrung, in: Taschenlexikon Religion und Theologie Bd. 3, Göttingen 1983, S. 229

[633] H. J. Mund, Maria in der Lehre von der Kirche, Paderborn 1979, S. 83

[634] G. Petit, Lourdes, les protestants et la tradition chretienne, Paris 1958, S. 29

[635] H. Dolch, Sind Wunder möglich?, in: Theologie und Glaube 1951, S. 211

nicht unmöglich. Wenn man diesen Erwägungen zustimme, befände man sich ganz in den Spuren von David Hume.[636]

Dieser Schluss von Dolch ist um so erstaunlicher, als er noch eine Seite zuvor zutreffend einen Aufsatz des Jesuiten Brenninkmeyer zitiert, wonach das Sonnenwunder "natürlich nicht als astronomisches Vorkommnis, sondern als Lufterscheinung aufzufassen sei". Brenninkmeyer, der in diesem Aufsatz ein Buch des belgischen Jesuiten Dhanis bespricht und ebenso wie dieser zwar bezüglich des Inhalts zu den Äußerungen in einigen Punkten Bedenken anmeldet, die Tatsächlichkeit des Sonnenwunders jedoch anerkennt, hat diese Feststellung richtig getroffen.[637]

Tatsächlich handelt es sich bei Fatima um eine Lufterscheinung, die man aber nicht wie Bender oder von Loewenich als einen natürlich zu erklärenden atmosphärischen bzw. meteorologischen Vorgang bezeichnen kann. Gerade hierbei zeigt sich, wie sehr man nicht mit Allgemeinplätzen auskommt, sondern jeweils strikt am Fall bleiben muss: Es gibt auch erklärliche Luftspiegelungen, wie etwa die sog. Fata Morgana in der Wüste. Die hierbei wirklich gegebenen natürlichen Erklärungen entfallen bei Fatima. Sehr bezeichnend ist auch hierbei, dass nicht ein einziger der ablehnenden Autoren auch nur den Versuch gemacht hat, eine Erklärung ähnlich wie bei der Fata Morgana auch bei Fatima zu finden.

Sehr eingehend befasst sich Hanauer mit Fatima. Dem entscheidenden Sonnenwunder widmet aber auch er nur wenige Seiten und kommt zu dem Ergebnis, dass es sich "offensichtlich lediglich um natürliche Lichterscheinungen handele, die von den auf ein Wunder Wartenden als außerordentlich empfunden worden seien". Der Eintritt des erwarteten Ereignisses sei von der Menge noch suggeriert worden durch den Ruf: "Schaut auf die Sonne". Hanauer schreibt wörtlich weiter: "Wie leicht konnte sich zu der Zeit, da an dem regnerischen Tag das Sonnenlicht durch das Gewölk drang, in den Augen der Zuschauer der Eindruck des Wunderbaren einstellen! Wäre der Himmel vollkommen klar und wolkenlos gewesen, niemand hätte den Eindruck eines Wunders gehabt, weil es dann unmöglich gewesen wäre, in die Sonne zu blicken. Offenbar war diese durch den Dunst verschleiert."[638] Dass es sich nicht um ein wirkliches Geschehen handelte, sondern bloß suggestive Wir-

---

[636] aaO., S. 212

[637] B. Brenninkmeyer, Zu den Erscheinungen und der Botschaft von Fatima, in: Geist und Leben 1948, S. 214, 216

[638] J. Hanauer, Fatima, Bad Honnef 1980, S. 42

kungen vorlagen, beweise die Tatsache, dass die Eindrücke bei einzelnen Personen verschieden gewesen seien.[639]

Hanauer führt weiter den Hochschullehrer für Physik und Astronomie Stöckl an, der bei nicht zu hohem Sonnenstand, namentlich bei Dunst oder Staub einige Minuten in die Sonne blicken konnte, ohne Schaden zu nehmen. Dann habe er geglaubt, eine blaue dunkle Scheibe vor der Sonne zu sehen. Da diese dunkle Scheibe immer kleiner als die Sonnenscheibe sei, so dass der Sonnenrand ringförmig über die dunkle Scheibe hinausrage, habe man auf einmal den Eindruck, als ob die Sonnenscheibe sich mit rasender Geschwindigkeit drehe in der einen oder anderen Richtung, wie man wolle.[640]

Diese Überlegungen sind nicht geeignet, die Richtigkeit der Zeugenaussagen in Fatima und der von ihnen getroffenen Feststellungen in ernsthaften Zweifel zu ziehen. Die Eindrücke von Stöckl sind nicht annähernd das, was in Fatima festgestellt wurde. Wenn die Ausführungen von Hanauer richtig wären, dass man bei der gegebenen Witterung solche Vorgänge wie in Fatima ohne weiteres auch sonst erleben könne, so hätte das in gleicher Form an zahllosen Stellen in der Welt immer wieder passieren müssen und nicht nur etwa hier oder da in ganz wenigen Fällen. Zu diesem Punkt schreibt Karrer, auf den sich Hanauer teilweise auch beruft, da er insbesondere bezüglich des Inhalts Vorbehalte macht, richtig: Das Auffallende sei nicht allein die meteorologische Erscheinung in sich, sondern vor allem der Umstand, dass die Kinder im voraus ein ungewohntes Himmelszeichen zur Beglaubigung ihrer Erlebnisse angekündigt hatten, weshalb auch an diesem Tag die Massen zusammengeströmt waren.[641] Wenn Hanauer auch Halluzinationen ins Feld führt, so ist das schon deswegen nicht überzeugend, da er nicht alle Zeugen als psychisch krank oder eidetisch bezeichnen kann. Hierzu weist auch Burger zutreffend darauf hin, dass man Halluzinationen nicht nach vorhergehender Anordnung an einem vorher genau festgesetzten Ort und zur festgesetzten Zeit erlebt.[642] Dass die Zeugen nicht jede Kleinigkeit des Vorganges deckungsgleich geschildert hatten, ist völlig normal, wenn nur die entscheidenden Punkte in den entscheidenden Umrissen richtig wiedergegeben sind. Unter dem 03. Mai 1922 hatte der zuständige Bischof Josef von Leiria unter mehr-

[639] aaO., S. 43
[640] aaO., S. 48, 49
[641] O.Karrer, Privatoffenbarungen und Fatima, in: Schweizer Rundschau 1947, S. 493
[642] F. Burger, Der Teufel als Gegenspieler in Lourdes, in: Theologisch-praktische Quartalsschrift, Linz 1959, S. 298

facher Bezugnahme auf die Vorschriften des kanonischen Rechts eine Kommission und 7 qualifizierte Mitglieder bestellt, die jeweils wieder Sachverständige zu bestellen hatten.[643]

Unter dem 13. Oktober 1930 hat dann dieser Bischof in einem Dokument von 13 Seiten die eingehenden Beweiserhebungen dahin gewürdigt, dass die Erscheinungen echt seien.[644] Auch er weist darin u. a. auf die genaue Vorhersage dieser Erscheinung und auch darauf hin, dass das Phänomen beobachtet sei von Personen aller Berufe und sozialen Schichten, von Gläubigen und Ungläubigen, von Journalisten der führenden portugiesischen Tageszeitungen und auch von Leuten, die kilometerweit entfernt waren, ein Umstand, der jegliche Erklärung als Massenillusion zunichte macht."[645] Die Untersuchungen stützen sich ferner auch auf Vorschriften des Tridentinischen Konzils.[646]

Der Bischof von Leiria geht auch auf den Inhalt ein. Auch dieser wurde erst nach eingehender Überprüfung angenommen, weil eine lehramtliche Begutachtung erfolgt, was für alle Privatoffenbarungen gilt.[647] Stakemeier legt u. a. dar, dass diese möglicherweise Anlass für gewisse lehramtliche Aussagen sein können, aber niemals die eigentliche Begründung.

Als Beispiel eines Zeugen, der in Gegnerschaft zur Kirche stand, sei A. de Almeida genannt, der als Gegner der katholischen Kirche galt. Er schrieb für eine Zeitschrift der Freimaurer und war Redakteur der Zeitung Seculo, die ebenfalls nicht gerade als kirchenfreundlich bezeichnet werden konnte. Nachdem er schon vorher auf diesen 13. Oktober 1917 in seiner Zeitung hingewiesen hatte, gab er dort einen längeren Bericht über den Vorfall, in welchem er das Sonnenwunder im wesentlichen bestätigt. Dann schreibt er u. a., dass die Sonne "nie gesehene, heftige ganz jenseits aller kosmischen Gesetze stehende Bewegungen" gemacht habe. Sie habe "getanzt", wie der typische Ausdruck des Landvolkes lautete. Die Mehrzahl habe das "Schwanken und Tanzen der Sonne gesehen, sie schwören, die Sonne habe sich um sich selbst gedreht, wie das Rad eines Feuerwerkes, sie sei tief herabgesunken, beinah soweit, dass sie die Erde mit ihren Strahlen verbrennen musste. Manche behaupten auch, sie hätten die Sonne nacheinander die Farbe wechseln sehen".[648] Zum Schluss des

---

[643] Ludwig Fischer, Fatima im Lichte der kirchlichen Autorität, Bamberg 1931, S. 22 ff.
[644] Fischer, aaO., S. 49 ff.
[645] Fischer, aaO., S. 57
[646] Henze, Neue Wunder, in: Zeitschrift für Philosophie und Theologie 1954, S. 412 ff.
[647] E. Stakemeier, Über Privatoffenbarungen, in: Theologie und Glaube, Paderborn 1954, S. 39 ff.
[648] L. Fischer, Die Botschaft unserer Lieben Frau von Fatima, Bamberg, 1937, S. 152, 1956, 160

Artikels schreibt de Almeida: "Bleibt nur noch, dass die Zuständigen ihr Urteil abgeben über den unheimlichen Tanz der Sonne, der heute in Fatima die Herzen der Gläubigen in Hosannarufe ausbrechen ließ und - wie mir glaubwürdige Persönlichkeiten versicherten - natürlich auch Eindruck machte auf die Freidenker und andere von Vorurteilen religiöser Art freie Leute, die auch nach der bereits berühmt gewordenen Heide gekommen."[649]

Fischer zitiert später noch ein Flugblatt des "Zivilstandsregisterverbandes und des portugiesischen Freidenkerbundes", in dem - wenn auch ohne Nennung seines Namens - de Almeida wegen dieses Berichtes angegriffen wurde. Es habe "sogar noch Leute gegeben, die diesem schamlosen Schwindel zum hellen Licht der breiten Öffentlichkeit verholfen und dadurch die Verantwortung für dieses Verbrechen auf sich genommen hätten". In dem gesamten Flugblatt ist aber nicht enthalten, was im einzelnen falsch geschildert sei.[650] Man solle die Leute davon überzeugen, dass "nichts die Naturgesetze abändern könne". Da in diesem Flugblatt auch nicht ein einziger konkreter angeblicher Fehler dargelegt ist, spricht es mehr für als gegen die Richtigkeit der Zeugenaussagen über die Tatsächlichkeit des Sonnenwunders.

Hanauer wendet sich auch gegen die Höllenvisionen der Kinder, wonach sie etwas sahen "wie ein großes Feuermeer und in ihm versunken schwarze verbrannte Wesen, Teufel und Seelen in Menschengestalt, die fast wie durchsichtige glühende Kohlen aussahen, wobei diese so entsetzliche Klagelaute, Schmerzens- und Verzweiflungsschreie ausstießen, dass die Kinder vor Grauen und Schrecken zitterten", ein Märchen, das ohne Zweifel in Anlehnung an eine entsprechende Lektüre erfunden worden sei.[651] Einmal würdigt Hanauer nicht genügend, dass die Kinder während dieser Vision tatsächlich schmerzverzerrte Gesichter hatten. Sie hatten die gleiche Vision weder vorher noch nachher jemals gehabt. Wenn das alles nur aufgrund irgendwelcher Schilderungen Dritter über die Hölle gekommen sein soll, so bleibt Hanauer die Erklärung schuldig, warum dies dann nicht häufiger so passiert sei. Das hätte um so näher gelegen, da er selbst anführt, dass schon am 13. Mai 1917 Maria die Kinder zum Gebet aufforderte, um Menschen vor der Hölle zu bewahren.[652] Wenn sich die Kinder die Höllenvisionen am 13. Juli 1917 nur

---

649 Fischer, aaO., S. 162
650 Fischer, aaO., S. 214
651 Hanauer, aaO., S. 59
652 Hanauer, aaO., S. 59

eingebildet hätten, so hätte es doch denkbar nahegelegen, sich am 13. Mai eine solche erst recht einzubilden oder eben an irgendwelchen anderen Tagen.

Bei all diesen kirchlichen Untersuchungen wird natürlich auch die Frage des Vorliegens krankhafter Halluzinationen oder eidetischer Veranlagung geprüft. Schon jeder Laie kann im übrigen sagen, dass diese hier allein schon deswegen nicht vorlagen, da sonst fortlaufend solche Bilder bei den Visionären entstanden wären und nicht nur jeweils an den bestimmten Tagen. Wie oben dargelegt, bleibt dann nur noch die Echtheit solcher Erscheinungen, wenn die persönliche Redlichkeit auch ausreichend festgestellt ist.

Auch Bernardus stellt Fatima in einem längeren Aufsatz mit ähnlichen Gründen wie Hanauer in Frage. Auch er schreibt bezüglich des Sonnenwunders nur etwas von "einem atmosphärischen Phänomen, das nach plötzlichem Aufhören eines strömenden Regens nicht unwahrscheinlich sei". Im übrigen sei auch die Erklärung einer Massenpsychose nicht ohne weiteres abzuweisen. Wie das bei den 50.000 vorgegangen sein soll, schreibt er ebensowenig wie er dazu Stellung nimmt, wie dann auch mehrere Kilometer entfernt wohnende Leute das gleiche Sonnenwunder gesehen haben.[653]

Im übrigen bringt er nur allgemeine Überlegungen. So schreibt er z. B. , dass an den bekanntesten Marienwallfahrtsorten Loreto "unzählige Gebetserhörungen und zahllose Wunder geschehen seien" und doch "wer möchte heute noch in Abrede stellen, dass Loreto eine fromme Fiktion sei".[654] Als Beweis führt er dann ein zweibändiges Werk von Hüffer an. Er meint die Behauptung, dass sich dort das kleine Haus befunden habe, in dem der Engel Gabriel Maria ihre Gottesmutterschaft ankündigte und das durch Engel aus dem nahen Osten nach Loreto gebracht worden sein soll. Darauf soll hier nicht näher eingegangen werden. Immerhin wäre es nur eine der häufig bewiesenen Varianten einer Levitation. So unterschlägt Bernardus auch, dass Hüffer keineswegs ein solches Wunder für unmöglich hält, sondern im Gegenteil, die Möglichkeit dieses Wunders unterstellt.[655] Bernardus tut weiter so, als ob Hüffer dargelegt hätte, dass alles eindeutig dafür spreche, dass dieser Vorfall, der früher übrigens Gegenstand eines kirchlichen Festes war, nie stattgefunden habe. Tatsächlich führt Hüffer in der Literatur darüber weit

---

[653] P. Bernardus, Fatima - Wahrheit oder Täuschung?, in: Ökumenische Einheit, Jahrgang 1951, S. 255, 261
[654] Bernardus, aaO., S. 257
[655] G. Hüffer, Loreto, eine geschichtskritische Untersuchung der Frage des heiligen Hauses, I. Bd., Münster 1913, S. 31

mehr Literaturstellen dafür als dagegen auf[656], wenn er auch selber zu dem Ergebnis kommt, dass der historische Nachweis nicht zu führen sei. Aus den zahlreichen positiven Literaturstellen sei J. Sauren angeführt.[657] Er sieht mit überzeugenden Argumenten den historischen Nachweis als geführt an.

Mit allgemeinen Überlegungen gegen Wallfahrtsorte kann Bernardus nicht die Fakten des Sonnenwunders aus den Angeln haben, zumal er z. B. auch auf die Tätigkeit des ebenfalls in Fatima bestehenden medizinischen Untersuchungsbüros mit den Heilungen in keiner Weise eingeht.

Weitere Argumente für die Wirklichkeit des Sonnenwunders bringt ein Gutachten[658], ebenso wie Netter.[659] Auf weitere unerklärliche Vorgänge, wie etwa den Blütenregen bei der fünften Erscheinung geht Fonseca ein.[660] Unerklärliche Vorgänge im Rahmen der Ausbreitung der Botschaft von Fatima, für die wie seine Vorgänger auch der jetzige Papst Johannes Paul II. eintritt[661], geschahen insbesondere bei den zahllosen Prozessionen mit der Statue der Gottesmutter von Fatima, wie z. B. Baumann schildert[662],auf die hier aus Platzgründen nicht näher eingegangen werden kann.

b) Guadalupe

Die Stellungnahme Drewermanns zu Guadalupe soll nicht nur deswegen im vollen Wortlaut gebracht werden, weil dieser besonders mit der Tiefenpsychologie arbeitende Paderborner Privatdozent für katholische Theologie in den letzten Jahren sehr bekannt geworden ist. Gerade der Wortlaut zeigt besonders deutlich, wohin es führt, wenn man Fakten nicht berücksichtigt bzw. sie bewusst weglässt, weil sie nicht ins Konzept passen. Drewermann schreibt:

"Tatsächlich hat der Katholizismus, geschichtlich gesehen, den Reichtum seiner dogmatischen Bilder immer wieder mit gewissen Erscheinungen zu verknüpfen gewusst und müßte demnach ehrlicherweise auf die Feststellung

---

656 Hüffer, aaO., S. 67

657 J. Sauren, Das Heilige Haus zu Loreto und die Einsprüche seiner neuesten Gegner, Bonn 1909

658 Arbeitsgemeinschaft Marianische Vereinigungen für Deutschland, Gutachten zur Fatima-Denkschrift Otto Karrers, Leutesdorf 1958, S. 18

659 A. Netter, 50 Jahre Fatima, Chronik und Dokumentation, Freiburg 1966, S. 125 ff.

660 G. da Fonseca, Maria spricht zur Welt, Freiburg-Schweiz, 1953, S. 80

661 Papst Johannes Paul II., Die Botschaft von Fatima enthält die ewige Wahrheit des Evangeliums, in: Osservatore Romano vom 28. 05. 1982

662 F. Baumann, Fatima und die Rettung der Welt, Kevelaer 1951, S. 165

wohl vorbereitet sein, dass es an sich auch noch eine Fülle anderer in der Religionsgeschichte der Völker vorgegebener Deutungsmöglichkeiten archetypischer Visionen gibt.

Das berühmteste Beispiel für eine derartige Umdeutung von Erscheinungen, die ursprünglich dem Erlebnisraum einer "heidnischen" Religion zugehörten, lieferte die katholische Kirche im 16. Jh. in Mexiko mit der Verehrung der Heiligen Jungfrau von Guadalupe. "Am 9. Dez. 1531 sah ein schlichter Eingeborener mit Namen Juan Diego zum ersten Mal eine wunderschöne indianische, in glänzende Gewänder gekleidete Dame auf dem Hügel von Tepeyac, wo heute die Basilika von Guadalupe steht. Sie sprach in Nahuatl und gab sich als Gottesmutter zu erkennen. Juan Diego berichtete seine Vision dem Bischof Zumarraga." Zunächst wehrten sich die Ordensbrüder gegen den neuen Kult; denn auf "dem Hügel von Tepeyac stand früher das Heiligtum der Göttin Tonantzin (wörtlich: `unsere Mutter`). Diese Göttin kann man sogar als identisch mit Coatlicue betrachten, der Mutter Huitzilopochtliss mit ihrem Halsband aus menschlichen Herzen und Händen". Dass die Kirche die indianische Madonna schließlich doch "umtaufte", zeugt nicht nur von großem Mut, sondern auch von tiefer Menschlichkeit und Wahrheitsliebe."[663]

Hier soll nicht näher darauf eingegangen werden, dass Drewermann an anderen Stellen dieses Buches die Existenz von Wundern, also von unerklärlichen Vorgängen unter Durchbrechung von Naturgesetzen, verneint. Er deutet das alles tiefenpsychologisch als Einbildung.[664]

Bei dieser Stellungnahme zu Guadalupe lässt er die äußeren Merkmale einfach weg. Das gilt zunächst dafür, dass Juan Diego vorher plötzlich Musik und eine unerklärliche Lichtfülle wahrnahm. Wie oben näher ausgeführt, müßte man auf sämtliche Tatsachenfeststellungen durch Zeugen - und damit praktisch auf jede Tatsachenfeststellung - verzichten, wenn man auch das Hören von Musik und das Sehen einer bloßen Lichtfülle, die sonst immer natürlich erklärbar sind, immer auch als bloße Einbildung, auch wenn sie im übrigen noch so sicher erwiesen sind, abtun könnte.

Noch schwerwiegender ist, dass Drewermann das Pflücken der Rosen im Winter und den plötzlichen, unerklärlichen Abdruck des Bildes der Gottesmutter auf dem Mantel mit den weiteren damit zusammenhängenden äußeren

---

[663] Eugen Drewermann, Tiefenpsychologie und Exegese, Bd. II, Olten 1985, S. 318
[664] aaO., S. 75, 76

Tatsachen, die bis heute festgestellt wurden, verschweigt. Das ist um so unvertretbarer, als gerade deswegen Guadalupe so bekannt wurde.

Vollends verzerrt Drewermann den Sachverhalt, wenn er davon spricht, dass Erscheinungen, "die ursprünglich dem Erlebnisraum einer heidnischen Religion zugehörten" umgedeutet worden wären, dass "die Kirche die indianische Madonna schließlich doch umgetauft" habe. Dass bei Guadalupe zunächst eine Erscheinung aus einer heidnischen Religion vorlag, ist ebenso eine Erfindung von Drewermann wie seine Behauptung der "Umtaufe". Richtig ist nur, dass dort früher eine heidnische Kultstätte war. Gegen die untersuchten Fakten von Guadalupe hat Drewermann nichts vorzubringen.

Mc Clure bringt zwar den plötzlichen Abdruck des Bildes der Madonna auf dem Mantel, schreibt dazu aber: "Dann ist anscheinend ein Wunder geschehen, und zwar von der Art, wie man sie aus anderen Legenden kennt, etwa aus der Geschichte mit dem Schweißtuch der heiligen Veronika."[665] Er erwähnt auch die Personen in den Augen der Madonna von Guadalupe, meint dazu aber nur, die Erklärung des Autors Johnston könne kaum überzeugen.[666] Auf die eingehenden Beweisangebote geht er jedoch nicht ein.

Kautz spricht ohne jede Begründung bei Guadalupe von einer "Legende".[667]

Selbst Laurentin, der grundsätzlich die Echtheit von Erscheinungen anerkennt, äußert Bedenken bezüglich der Grundlagen von Guadalupe, ohne konkret darzulegen, an welchem Punkt er Zweifel ansetzt. Er erwähnt auch nicht die äußeren Fakten.[668]

Der Verfasser hat nähere Ausführungen zu Guadalupe in einem Aufsatz gemacht.[669] Darin ist auch Näheres zur Beweisführung gesagt:

Die katholische Kirche hat das Wunder nicht nur durch den Bau der Kapelle durch den damaligen Bischof Zumarraga anerkannt. Das geschah auch im kirchlichen Prozess durch das Erzbistum Mexiko 1666, in dem zunächst die eindeutige mündliche Tradition festgestellt wird, wie Ugarte durch Anführung der Zeugen näher dargelegt hat.[670] Die Azteken waren an mündliche Überlie-

---

[665] Mc Clure, Kevin, Beweise: Erscheinungen der Jungfrau Maria, München 1987, S. 23

[666] aaO., S. 25

[667] Kautz, A., Im Land der Sonne, in: Weite Welt, Juli/August 1986, Steyler Missionare, Nettetal, S. 28

[668] Laurentin, René, Marienerscheinungen, in: Wolfgang Beinert, Heinrich Petri, Handbuch der Marienkunde, Regensburg 1984, S. 530

[669] Grochtmann, Harald, Das Wunder von Guadalupe und die Bestätigung seiner Echtheit auch durch neueste Forschungsergebnisse, in: Theologisches/Mariologisches, August 1987, S. 37 ff.

[670] Ugarte, José Bravo, F. J. Cuestiones Historica Guadalupanas, Jus, Mexiko, 1966, S. 16 ff.

ferung gewohnt. Fast die ganze Geschichte der aztekischen Nation vor der Ankunft der Spanier wurde erst von den spanischen Chronisten aus mündlichen Überlieferungen zusammengetragen.[671] Abgesehen von mexikanischen Codices und Bildergeschichten, welche über die Erscheinungen berichteten, und abgesehen von gemalten Kopien des Heiligen Bildes, die im ganzen Land in Umlauf waren, gibt es auch schriftliche Berichte aus jener Zeit.

Das bekannteste ist der sog. Nican Mopohua, der Urbericht über Guadalupe, in welchem der gesamte Sachverhalt in der indianischen Nahuatl-Sprache im einzelnen niedergelegt wurde. Dieser Bericht wurde irgendwann zwischen 1548 und 1554 von einem aztekischen Adeligen, einem Neffen des Kaisers Montezuma, geschrieben, der in der Taufe den Namen Antonio Valeriano erhielt. Er war ein glänzender Schüler und der erste, der ein Studium in Latein und Griechisch absolviert hatte. Er wurde schließlich Professor der Philosophie und Dekan des dortigen Heilig-Kreuz-Kollegs. Mehr als 25 Jahre wirkte er auch als Richter und dann als Gouverneur in Mexiko Stadt. Er war ein naher Freund Juan Diegos und dessen Onkels und konnte daher aus erster Hand den Bericht für die Nachwelt festhalten. Der genaue Titel seines Werkes lautet: "Hierin wird in ordentlicher Reihenfolge über die Art und Weise berichtet, in welcher die allzeit jungfräuliche Muttergottes kürzlich auf wunderbare Weise auf dem Tepeyac erschien, der Guadalupe genannt wird."

In 218 kleinen Absätzen wird darin der Reihe nach alles geschildert, wie es sich zugetragen hatte. Don Valeriano vermachte alle seine Schriften einem entfernten Vetter, von dem sie über mehrere Stellen schließlich in die Bibliothek der Universität von Mexiko kamen, wo sie während der Besetzung der Stadt durch amerikanische Truppen im mexikanischen Krieg von 1847 verschwanden. Nach intensiver Suche wurden Kopien in Mexiko und in der Bibliothek der hispanischen Gesellschaft von Amerika in New York aufgefunden.[672] Genausowenig wie man die Bibel und überhaupt alle historischen Dokumente nicht deswegen als unecht bezeichnen kann, weil das Original nicht mehr vorliegt, so kann man es auch nicht bei diesem Nican Mopohua.

Es gibt noch weitere schriftliche Erklärungen der Erscheinungen, die zum Teil in Schriftstücken nebenbei, in anderen ausdrücklich genannt werden. Als Beispiel sei das Testament eines Verwandten von Juan Diego genannt, in dem es u. a. heißt: "Durch dieses Werkzeug (Juan Diego) sollte sich das Wunder

---

[671] Johnston, aaO., S. 86
[672] Johnston, aaO., S. 90

ereignen, dort auf dem Tepeyac, wo die geliebte Herrin, die Heilige Maria, deren liebenswertes Bild wir in Guadalupe sehen, erschienen ist."[673] So führen Ugarte[674] und Johnston[675] noch weitere Beispiele für schriftliche Dokumente mit weiteren Erläuterungen an.

Schließlich wurde das Wunder von Guadalupe auch in einem römischen Verfahren anerkannt. Papst Benedikt XIV. schrieb nach einer gründlichen Untersuchung eines jeden Aspektes über die Geschichte von Guadalupe ein Breve und legte das Fest der Muttergottes von Guadalupe auf den 12. Dezember mit einem Messformular als Schutzpatronin der mexikanischen Nation fest.[676]

c) Pater Pio und die erlittenen Quälereien

In einem weiteren eingehenden Buch bestreitet Hanauer auch die unerklärlichen Vorgänge im Zusammenhang mit dem oben schon genannten Pater Pio aus Süditalien. Soweit er gegen den Inhalt ihm mitgeteilter Offenbarungen angeht - so hält er es für unglaubwürdig, dass Jesus dem Pater Pio u. a. einmal gesagt habe, keine Seele gehe verloren, ohne es zu wissen, denn in Wirklichkeit sei der Erfinder dieser Worte Pater Pio - soll darauf nicht näher eingegangen werden.[677]

Aber auch die äußeren Phänomene bei Pater Pio hält Hanauer für nicht vorgekommen. Das gilt einmal von häufig aufgetretenen unerklärlichem Wohlgeruch in seiner Umgebung, aber auch in der Ferne. Hierzu berichtet Hanauer mehrere behauptete Fälle. So veranlasste einmal ein plötzlich und mehrfach auftretender sehr intensiver und ihm schon bekannter Wohlgeruch einen Priester, der sich als "geistiger Sohn Pater Pios" bekannte, seine Arbeit zu verlassen und auf die Straße zu gehen, wo er zufällig zu einem Verkehrsunfall kam, wo er einem Schwerverletzten gerade noch die Absolution erteilen konnte. Später stellte sich heraus, dass die Angehörigen dieses Mannes, der seit Jahren der Kirche und den Sakramenten ferngeblieben war, über längere Zeit bei Pater Pio vorstellig wurden, damit dieser für seine Rettung bete.[678]

---

[673] Johnston, aaO., S. 87
[674] Ugarte, aaO., S. 20 ff.
[675] Johnston, aaO., S. 28
[676] Havers, aaO., S. 19
[677] J. Hanauer, Der stigmatisierte Pater Pio, Bad Honnef 1979, S. 53
[678] aaO., S. 78

Hanauer bringt noch weitere Fälle, wo plötzlich mehrere 100 oder sogar 1000 km entfernt bei Dritten ein solcher intensiver Wohlgeruch auftrat, wobei diese dann zu einer bestimmten Handlung veranlasst wurden. Diese waren dann jeweils erstaunt, dass bei späterem Treffen Pater Pio ihnen sagte, dass zu dem bestimmten Zeitpunkt doch bei ihnen dieser Geruch aufgetreten sei.[679]

Dem hat Hanauer praktisch nur zu entgegnen, dass in der Nähe des Pater Pio nicht alle einen solchen Geruch festgestellt hätten. Das reicht zur Widerlegung insbesondere auch bei den Phänomenen in der Ferne nicht aus.

Wenn Hanauer als Gegenargument weiter ausführt, dass z. B. ein Dr. Romanelli im Juni 1919 beim ersten Betreten der Zelle des Paters diese mit einem seltsamen und köstlichen Wohlgeruch erfüllt fand, davon aber nichts mehr feststellte, als er zurückkehrte, dann erst wieder einen heftigen Duftstoß nach einigen Tagen im Kloster merkte, so spricht das eher für als gegen die Richtigkeit der Feststellungen. Ein dauernder intensiver Duft könnte möglicherweise eher auf eine irgendwie geartete natürliche Ursache etwa durch unbemerkte Sprühungen eines Dritten hinweisen als das plötzliche Auftreten und anschließende Verschwinden.

Soweit keine krankhaften sog. Geruchshalluzinationen vorliegen, wogegen schon die Vielzahl der Zeugen spricht, welche die Wohlgerüche wahrgenommen haben, kann von einer natürlichen Erklärung keine Rede sein.

Bevor Hanauer recht eingehend die Schilderungen über die zahlreichen, auf unerklärliche Weise erfolgten Quälereien des Pater Pio darlegt, schreibt er, dass "Teufelsspuk schon im Leben von Mystikern ein beliebtes Thema" gewesen sei. Der "Inhalt der Erzählungen sei aber von einer Art, dass er sich ohne weiteres als Märchen ausweise".[680] Er weiß also sehr wohl, dass es sich bei diesen Quälereien bei Pater Pio - übrigens ebenso wie bei den Geruchsphänomenen, die in zahlreichen anderen Fällen vorgekommen sind - nicht um einen Einzelfall handelt. Anstatt sich mit den zahlreichen vorhandenen Beweisangeboten auseinanderzusetzen, tut er sie als "Märchen" ab.

Nachdem er auf mehreren Seiten zahlreiche Phänomene brachte, wie z. B. die festgestellten erheblichen Verletzungen, die mit Fotos des Paters belegt sind und die Zellgenossen miterlebt hatten, oder den fortlaufenden ohrenbetäubenden Lärm vor zahllosen Zeugen und andere äußere Merkmale, meint Hanauer all diesem z. B. mit folgenden Sätzen begegnen zu können.

---

[679] aaO., S. 79
[680] aaO., S. 130

"Dass es sich bei diesen "teuflischen Plackereien" nicht um reale Ereignisse, sondern um episodisch auftretende Sinnestäuschungen und Wahnvorstellungen eines Psychotikers handelt, ist jedem Mediziner offenkundig, wenn er das Krankheitsbild des Paters Pio überblickt. Seine eigenartigen Zustände wurden von den Ärzten als "Starrsucht" bezeichnet; dies entspricht der Allgemeinbeschreibung des psychiatrischen Krankheitsbildes der "Katatonie". Auch optische, akustische und sensorische Trugwahrnehmungen gehören zur Symptomatik der Katatonie. Wie weit die halluzinierten Inhalte für wirklich gehalten werden, hängt von der Kritikfähigkeit und der Mentalität des Erlebenden ab. Je nach sozialer Herkunft, beruflicher Vorbildung und der Intensität bestimmter Ereignisse erfahren die Halluzinationen eine andersartige Zusammensetzung. Die Lektüre erbaulicher Schriften und Legenden von Heiligen mag das Auftreten der "Teufelsgestalt" und der Halluzinationen des Pater Pio induziert haben. Der als körperloses Geistwesen gedachte Teufel erhält in den Trugwahrnehmungen des Paters Pio körperliche Züge, ähnlich den zahlreichen Sagen des Volksglaubens und der Hexenliteratur.

P. Pio fühlt sich von den schrecklichen Ungeheuern und gruseligen Gestalten verprügelt, gequält, terrorisiert, so dass sein Körper ganz zerquetscht ist. Der Dämon bringt auch sein Zimmer durcheinander und droht ihn umzubringen. Von Todesangst gequält, zittert der Pater am ganzen Körper. Zu den optischen und sensorischen Trugwahrnehmungen gesellen sich auch akustische Halluzinationen, wie beispielsweise die schmutzigen Worte des Teufels. P. Pio kämpft mit Geistern, die sich in seinem Innenleben personifizieren. Beeinflussungen durch irrationale Wesen oder Erscheinungen werden tagtäglich bei Geisteskranken in der psychiatrischen Sprechstunde verzeichnet. Seltsam ist nur, dass Theologen im Falle P. Pios die "Teufelsschilderungen" als reale Gegebenheit deuten."[681]

Zum einen behauptet Hanauer einfach eine psychische Krankheit des Pater Pio, die dieser tatsächlich nicht hatte. Er wurde mehrfach untersucht, weil gerade die Oberen ein sehr großes Interesse daran hatten, die Ursachen der Vorkommnisse festzustellen. Hanauer macht hier den gleichen Fehler wie zahlreiche andere Autoren mit gleicher Ansicht bei solchen Fällen auch: Sie haben keinerlei Beweise für das Vorliegen einer psychischen Krankheit bei dem jeweils Betroffenen und übergehen meist auch die vorhandenen ärztlichen Berichte über die tatsächliche Gesundheit des Jeweiligen. Anstatt

[681] aaO., S. 136

dessen schließen sie aus dem Vorliegen der äußeren Umstände einfach auf eine psychische Krankheit, ohne hierfür auch nur den geringsten ärztlichen Beleg zu haben.

Bei Pater Pio ist das Seligsprechungsverfahren erst eingeleitet. In dem schon abgeschlossenen Seligsprechungsprozess beim heiligen Pfarrer von Ars, der unter den gleichen Quälereien zu leiden hatte, hat der Arzt Dr. Saunir, der während 17 Jahren Hausarzt bei ihm war, folgendes Urteil über den Gesundheitszustand des Pfarrers abgegeben:[682]

"Ich habe über die sogenannten psychologischen Erklärungen derartiger Phänomene nur ein Wort zu sagen." - Man hatte den Arzt über die nächtlichen Geräusche befragt und hatte dabei das Wort Halluzination fallen lassen. - "Solche Erklärungen sind zulässig, wenn es sich darum handelt, den Charakter von Tatsachen zu bestimmen, die von pathologischen Umständen begleitet sind... Man kann sie aber unmöglich auf die gleiche Ursache zurückführen, wenn sie wie bei Vianney zusammengehen mit einem so regelmäßigen Verlauf der organischen Funktionen, mit solcher Gedankenklarheit, mit dieser Feinheit des Wahrnehmungsvermögens, mit dieser Sicherheit in seinen Urteilen und Ansichten, mit dieser vollen Selbstbeherrschung, mit dieser wunderbaren Erhaltung seiner Gesundheit, die fast nie versagt inmitten all der ununterbrochenen, aufreibenden Arbeiten."

Man kann bei Hanauer kaum noch von Beweiswürdigung sprechen, wenn er zu dem Ergebnis kommt, dass Pater Pio alle Verletzungen sich selbst zugefügt habe, wobei es aber durchaus möglich sei, dass er sich "dessen nicht recht bewusst war".[683] Hierbei lässt er nicht nur die teilweise vorhandenen Zeugen, den unbeschreiblichen Lärm und andere äußere Phänomene außer Betracht, sondern bezeichnet damit Pater Pio als einen abgefeimten Lügner. Hierbei ist es auch unerfindlich, wie Pater Pio dann, wenn er sich wirklich zahllose Verletzungen in vielen Jahren immer jeweils selbst beigebracht hätte, sich dessen "nicht recht bewusst" gewesen sein sollte.

Tatsächlich wird Pater Pio in allen Beschreibungen und Stellungnahmen als denkbar ehrlich, lauter und demütig bezeichnet.[684] In diesem Zusammenhang sind die jeweils in den Seligsprechungsprozessen sehr eingehenden Erhebun-

---

[682] F. Trochu, Der hl. Pfarrer von Ars, Kolmar 1940, S. 222

[683] Hanauer, aaO., S. 139

[684] Patres von Giovanni Rotondo, So war Pater Pio, Zeugen, Briefe, Dokumente, Aschaffenburg 1975, S. 54 f., S. 102 ff; L. Patri, Pater Pio, Wiesbaden 1956, S. 106 ff.; R. Villedeu, Das Geheimnis des Pater Pio, Aschaffenburg 1965, S. 35

gen über den sog. "heroischen Tugendgrad" der jeweils Betreffenden auch von erheblicher Bedeutung.

Die eindeutig positiven Beurteilungen über den heroischen Tugendgrad des Pater Pio kannte Hanauer wohl, wenn er an anderer Stelle ausführt, es liege ihm in dieser Schrift "ferne, Pater Pio irgendwie zu verurteilen".[685] Tatsächlich verleumdet er ihn massiv, weil er auf andere Art gegen die Phänomene nicht ankommt. Hierbei muss nochmals darauf hingewiesen werden, dass genau die gleichen Phänomene bei sehr vielen Selig- und Heiliggesprochenen - wie oben namentlich näher angeführt - vorkommen. Bei diesen liegen schon die abgeschlossenen Prozesse vor, in denen der jeweils heroische Tugendgrad, auf den es in der Kirche weit mehr als auf die Feststellung der Wunder ankommt, in jedem Einzelfall sehr eingehend dargelegt wurde. Auch diese alle macht Hanauer mit einem Federstrich zu ausgeklügelten Lügnern, da auch diese Vorfälle, die er offensichtlich zumindest teilweise kennt, "Märchen" sein sollen.

Ähnlich wie Pater Pio haben auch andere nach Kräften diese Quälereien vor Dritten zu verbergen versucht, aber es ging wegen der Umstände kaum. So wurde auch die oben schon erwähnte 1945 gestorbene Provinzoberin der Kongregation der Unbefleckten Empfängnis, Maria Pierina de Micheli, welche im Auftrage des Herrn die Verehrung seines heiligen Antlitzes verbreiten sollte, auf ähnliche Weise wie Pater Pio gequält. Das geschah jeweils nachts, während sie im übrigen ihre umfangreichen Verpflichtungen als Provinzoberin erfolgreich wahrgenommen hat. Wenn sie so häufiger auf diese Art geschlagen, gewürgt und gegen die Wand geworden wurde[686], so sagte sie dann, wenn auf irgendeine Weise eine Mitschwester etwas davon erfahren hatte, dass diese nichts davon weitergeben sollte. Erst nach ihrem Tode wurden die Dinge untersucht.

Ohne nähere Begründung hält Prokop z. B. die Bilokationen von Pater Pio für unbegründet. Er führt nur den oben von dem Parapsychologen angeführten Fall an, wo ein Ungläubiger mit seiner Frau weit entfernt von Pater Pio diesen um Heilung bittet, er ihm erscheint im Wege der Bilokation und er dann geheilt wird. Dazu schreibt der Gerichtsmediziner Prokop nur, dass Halluzinationen Schwerkranker nicht neu seien.[687]

---

685 aaO., S. 151

686 Rigamonti, Sendbotin des hl. Antlitzes, Konstanz 1959, S. 144, 152, wobei während eines Exerzitienvortrages vor allen die Bank der Oberin zweimal in die Luft erhoben und polternd wieder zurückfiel, 178, 185, 226.

687 O. Prokop und G. Uhlebruck, Was gestern schon nicht mehr als Wunder galt, in: Deutsches Ärzteblatt 1975, S. 1316

Cutsem hält den oben angegebenen Vorfall, wonach Pater Pio im Wege der Bilokation einen Flieger, dessen Fallschirm sich nicht öffnete, sicher zur Erde brachte, für eine Legende.[688] Es wären zwar keine Lügen, aber Gabe der Dichtung und schöpferischer Vorstellung, was er dort auch noch für andere Vorfälle von Pater Pio annimmt. Ob die Beweise in diesem Falle ausreichen, muss dahinstehen, da die Zeugenaussagen nicht eingesehen werden konnten, da der Prozess noch nicht abgeschlossen ist. Wenn man aber grundsätzlich das Phänomen der Levitation und das der Bilokation anerkennt, so wäre ein solcher Vorfall durchaus nichts Außergewöhnliches im Rahmen der anderen oben geschilderten unerklärlichen Vorfälle.

Zu folgenden Einzelpunkten konnte der Verfasser wenigstens Erwähnungen finden:

d) Blutwunder von Neapel

Zu diesem schreibt Adler, es gehöre zu den "best dokumentierten Phänomenen, da genaue und bezeugte Protokolle bis weit in die Geschichte zurückreichen",[689] Dort schreibt er weiter, die Paranormalogie habe zunächst zu bestimmen, ob dieses Geschehnis von den bekannten Naturgesetzen abweiche. Die Frage habe etwa zu lauten, ob es im Bereich von Physik und Chemie Erfahrungen gebe, die eine spontane Verflüssigung, eine Volumenerweiterung und eine Gewichtszunahme dieser Blutmasse erklären könnte. Dass diese Erklärung noch nicht geleistet werden könne, bedeute jedoch noch nicht, dass die empirische Wissenschaft den religiösen Volksglauben, der Heilige wirke immer noch, bewiesen habe. Adler weist dann auf Bender, der diese Blutwunder deute "mit dem ortsgebundenen Spuk auf der Basis eines affektiven Feldes in unserem Beispiel mit religiöser Prägung".

Dieser Hinweis ist keinerlei überzeugende Erklärung, zumal oben schon nachgewiesen wurde, dass die Parapsychologie ohnehin nichts erklärt, sondern nur beschreibt. Wirkliche Erklärungen sind für diesen Vorfall bis jetzt nicht vorgebracht worden.

---

[688] van Cutsem, Les merveilles du Padre Pio, in: Nouvelle Revue theologique 1956, S. 956
[689] G Adler, Es gibt Dinge zwischen Himmel und Erde, Frankfurt 1974, S. 167

e) Unverweslichkeit von Leichen

Hierzu führt Däniken, der übrigens das Sonnenwunder von Fatima für echt hält[690], Ausführungen von Kaiser, eines Arztes, an, wonach solche Vorgänge natürlich zu erklären seien.[691] In Wirklichkeit ergeben seine Ausführungen das übliche Bild, wenn es darum geht, unerklärliche Vorgänge zu leugnen oder als natürlich erklärbar darzustellen: Er führt einige Beispiele an, wie Leichen auf natürliche Weise - etwa durch trockenen Luftzug u. ä. - erhalten werden können. Er führt aber nicht eingehend aus, dass nun an den tatsächlich unverwesten Leichen im Einzelfall diese besonderen Umstände vorlagen. Dann hätte er zugeben müssen, dass diese Menschen normal begraben wurden und von den vor und nach ihnen im gleichen Zeitraum und unter den gleichen Umständen Begrabenen praktisch nichts mehr vorhanden war, während die betreffende Leiche noch völlig unverwest war. Wenn, wie in nicht wenigen Fällen, die Leichen auf normalen, häufig nassen Friedhöfen begraben wurden, so ist ein Hinweis darauf, dass in Pharaonengräbern ein Luftzug herrschte, kein Weg zur natürlichen Erklärung.

Demgegenüber drückt sich Adler wesentlich sachgerechter aus, wenn er zutreffend unter Bezugnahme auf eine Äußerung von Andreas Rösch, der sich eingehend mit parapsychologischen Fragen befasst hat, darauf hinweist, dass zunächst Geologen, Biologen und andere Fachwissenschaftler herangezogen werden müssen, um zu überprüfen, ob eine unversehrte Leiche aus natürlichen Gründen nicht verweste und dass man erst dann den Begriff des Wunders hineinbringen könnte, wenn diese Nachforschungen keine natürliche Erklärung ergeben haben.[692]

Der bekannte evangelische Theologe Cullmann geht davon aus, dass ein solches Phänomen nicht möglich ist und fragt: "Eine unverwesliche Leiche: wie sollen wir uns das vorstellen?"[693] Er unternimmt keinerlei nähere Überprüfungen.

Ein neuerer Fall eines nahezu unverwesten Leichnams ist der des vor 30 Jahren gestorbenen Mailänder Kardinal Alfredo Schuster. Als Anfang 1985 im Rahmen des Seligsprechungsprozesses sein Sarg geöffnet wurde, fand man den Leichnam nahezu vollkommen unverwest.[694]

---

[690] E. von Däniken, Erscheinungen, Düsseldorf 1974, S. 25 f.

[691] Däniken, aaO., S. 210 ff.

[692] G. Adler, aaO., S. 177

[693] O. Cullmann, Unsterblichkeit der Seele?, Stuttgart 1959, S. 51

[694] KNA-Meldung in: Deutsche Tagespost 1985, S. 4: Wird deutschstämmiger Kardinal bald seliggesprochen werden?

f) Hostienwunder

Obwohl es gerade zu diesen geschilderten eucharistischen Wundern sehr viele Vorfälle gibt, ist praktisch kein Verfasser zu finden, der spezifiziert gegen die angebotenen Beweise angeht. Hain erwähnt nur die "mittelalterlichen Hostien- und Marienlegenden", ohne näher zu begründen, warum es nur eine Legende sei.[695] Wimmer hält eine "fliegende Hostie", die also aus dem Hostienkelch ohne menschliches Zutun aber für alle sichtbar in den Mund eines Gläubigen kommt, für "unsinnig". auch er denkt nicht daran, irgendwelche angebotenen Beweise zu überprüfen, was auch für die von ihm genannten blutenden Hostien gilt.[696] Anstatt auf die Beweisangebote einzugehen, bringt er bezüglich der blutenden Hostien folgenden Satz: "In Wahrheit handelte es sich um verdorbene Oblaten, die durch eine Ansammlung von Bakterien (Serratia marcecen) mit einem roten Schimmel überzogen schienen; ältere Mediziner sprachen deshalb vom Bacterium Prodigiosum oder schlicht vom Hostienpilz."[697] Dass es einen solchen Pilz gibt, ist unbestritten. Das wissen auch die kirchlichen Behörden, welche die jeweiligen Fälle untersuchen. Wenn die jeweils Untersuchenden eindeutig Blut feststellen, kann nicht jemand vom Hostienpilz reden, der den Einzelfall gar nicht untersucht hat.

Bezüglich der Hostie sei auf das Buch von Andreas hingewiesen, der als Parapsychologe fotografiert hat, wie in einem solchen Fall eine Hostie auf die Zunge eines Mädchens kam, was im übrigen vor vielen Zeugen geschah.[698] Für diesen Vorfall liegen keine veröffentlichten kirchlichen Untersuchungen vor. Es soll in Garabandal geschehen sein, wo bis jetzt noch keine positive Stellungnahme der kirchlichen Behörden vorliegt. Diese Feststellungen stammen also nicht aus einem kirchlichen Prozess, sondern von einem Parapsychologen.

---

695 M. Hain, Arme Seelen und helfende Tote, eine Studie zum Bedeutungswandel der Legende, in: Rheinisches Jahrbuch zur Volkskunde, Bonn 1958, S. 57

696 Wimmer, Das Wunder von Konnersreuth im Lichte der Kriminalistik, Teil II, in: Kriminalistik 1976, S. 461, 462

697 aaO., S. 462

698 P. Andreas, Was morgen wahr sein kann, Düsseldorf, Wien 1981, S. 90

g) Levitationen

Diese Levitationen meint Hitsching dadurch natürlich erklären zu können, dass sie nur zwei Ursachen haben können: entweder außergewöhnliche Kontrolle über den Körper oder zeitweilige Störung der Anziehungskraft der Erde.[699] Wie bei allen Autoren mit ähnlicher Begründung wird auch hier keine nur annähernd echte "Erklärung" gegeben und insbesondere wird nicht näher durch Beispiele und Experimente belegt und dargelegt, woher und in welchen Fällen nun diese "außergewöhnliche Kontrolle über den Körper" kommen soll und unter welchen Umständen es eine "zeitweilige Störung der Anziehungskraft der Erde" geben kann.

Wimmer hat für die Levitation nur Spott übrig und meint, "alle diese Wundermenschen seien längst als Betrüger entlarvt, wie die Geschichte des Okkultismus lehre".[700] Als Beweis dafür, dass "alle entlarvt sind", bringt er aber auch nicht ein einziges Beispiel, geschweige denn, dass er auf die zahllosen Beweisangebote bei Levitationen eingeht. Im übrigen ist seine Argumentation in sich schon unverständig: Es gibt durchaus Fälle aus dem okkulten Bereich, wo ein Betrüger entlarvt wurde. Wenn jedoch Levitationen vor Zeugen passieren, gibt es nichts zu "entlarven", sondern man kann höchstens sagen, dass alle Zeugen sich geirrt haben oder bewusst die Unwahrheit sagen.

Während Schringer genau wie Hitsching bei Fernbewegungen und Levitationen mit natürlichen Erklärungen durchzukommen meint - das Gesetz der Schwerkraft sei zwar nicht aufgehoben, aber in seiner Wirkung kompensiert und überboten durch gegensätzlich wirkende Kräfte, wobei auch wieder jede nähere Erklärung wie bei Hitsching fehlt[701] - schreibt der bekannte Hochschullehrer für evangelische Theologie Ernst Benz, dass "das Bestreiten des Phänomens der Levitation aufgrund der Zeugnisse aus allen Jahrhunderten nicht möglich sei."[702]

Aufgrund denkbar eingehender Untersuchungen über die Levitation kommt der britische Professor Leroy, der auch viele Fälle von Levitationen konkret schildert[703], zu dem Ergebnis, dass die eingehend untersuchten Fälle zutreffen

[699] F. Hitsching, Die letzten Rätsel unserer Welt, Frankfurt 1983, S. 124
[700] W. Wimmer, Hexenwahn an Universitäten?, in: Zeitschrift für Allgemeinmedizin 1980, S. 1392
[701] E. Schringer, Christlicher Glaube und Parapsychologie, Pforzheim 1969, S. 64
[702] Ernst Benz, Die Vision, Marburg, S. 219
[703] O. Leroy, Levitation, an examination of the evidence and explanations, London 1928, S. 33 ff.

würden. Er nennt auch nähere Voraussetzungen für die Anerkenntnis.[704] Ferner führt er Argumente und Gegenargumente im einzelnen aus.[705]

Er weist darauf hin, dass bei den 14000 Seligen und Heiligen, welche erwähnt sind in den sog. Bollandisten, das sind Italiener, die eingehend das Leben der Heiligen aufgrund der Unterlagen mit den Wundern geschildert haben, nur bei 60, also bei 0,4 %, Levitationen erwähnt werden.[706]

Er führt auch Levitationen von spiritistischen Medien, wie etwa bei dem bekannten Home aus Großbritannien,[707] an.

Bei den oben erwähnten sog. Bilokationen ist in einem Punkt die Beweisfrage erheblich anders als bei den Levitationen. Bei den Bilokationen erhebt sich nämlich nicht derselbe Mensch in die Höhe und bleibt als solcher dort, um nach gewisser Zeit wieder auf den Boden zu kommen, sondern der Körper bleibt im Trancezustand an seinem Ort und erscheint, wie etwa oben bei Don Bosco geschildert, zur gleichen Zeit viele 100 Kilometer entfernt bestimmten Menschen. Bei Bilokationen gilt es zu prüfen, ob eine Halluzination oder eine eidetische Veranlagung der Zeugen vorliegt und im konkreten Fall auch gegeben ist. Wenn das nicht vorliegt, ist sie als ein echtes Phänomen anzuerkennen. Man kann es nicht so machen, wie Haack, der meint, Bilokation sei "vermutlich durch fehlerhafte Information zustande gekommen, und er glaube, möglich sei auch, dass Doppelgängerbilder beim Betrachten durch innere Beschäftigung als "außen erlebt gedeutet werden".[708] Auch Haack geht nicht näher darauf ein, wo nun konkret in den vielen nachgeprüften Fällen der Bilokation "die fehlerhafte Information" liegen soll.

Anders ist es bei der Levitation: Wenn genügend Zeugen - manchmal sogar unterstützt durch Fotos - glaubwürdig bezeugen, dass der Mensch schwebte, ist unerfindlich, warum man diesen einfach Täuschung oder Irrtum unterschiebt. In Wirklichkeit werden ja auch diese Zeugenaussagen niemals im Einzelfall gewürdigt, sondern es wird einfach pauschal gesagt, dass es so etwas nicht geben kann.

---

[704] aaO., S. 160
[705] aaO., S. 250 ff.
[706] aaO., S. 187
[707] aaO., S. 193 ff.
[708] F. W. Haack, Psi-Parapsychologie, München 1977, S. 32

h) Weinende Madonna von Syrakus

Diesbezüglich ist nirgends ein spezifiziertes Bestreiten zu finden, obwohl der Vorfall recht bekannt geworden ist und eben auch zahlreiche ähnliche Fälle vorliegen. Leipelt meint nur, das "Wunder" des Vergießens von Tränen oder Blut könne auch natürliche Ursachen haben. "Etwa bei dem Madonnenbilde in Syrakusa auf Sizilien, das an einigen Sommertagen des Jahres 1953 Tränen vergoss. Hier seien genaue Untersuchungen notwendig."[709] 1957 waren die eingehenden Untersuchungen längst abgeschlossen. Es ist unerfindlich, warum Leipelt darauf nie eingeht, sondern einfach "genaue Untersuchungen" fordert.

Über die genauen Untersuchungen, etwa die Tränenanalyse oder die zwei Filme, die während des Tränens gemacht wurden, berichtet Musumeci in seiner Dokumentation von über 200 Seiten.[710]

i) Weitere Vorfälle

Außer den oben genannten Punkten erwähnt Wimmer noch weitere Vorfälle, wie sie auch in kirchlichen Prozessen zum Teil untersucht wurden, wie die Bilokation[711], die sog. Xenoglossie, dass jemand in fremden Sprachen spricht, die er nie gekannt hat bzw. diese versteht[712] ein sich bewegendes Kruzifix[713] und außer der Stigmatisation die Gabe der sog. Hierognosie, wobei auf übernatürliche Weise echte Reliquien von falschen unterschieden werden können, was auch für die Unterscheidung von normalem Brot und geweihten Hostien gilt.[714] In Teil II des genannten Aufsatzes bringt er auch den oben erwähnten Vorfall unter Bezugnahme auf Ausführungen von Hans Bender bezüglich des unerklärlichen Abdrucks eines Daumens bzw. einer Hand in einem Messbuch im Zusammenhang mit Erscheinungen Verstorbener aus dem Fegefeuer.[715]

---

[709] J. Leipelt, Von Epidauros bis Lourdes, Hamburg-Bergstedt 1957, S. 92

[710] Ottavio Musumeci, Die Muttergottes von Syrakus hat geweint, Wiesbaden 1955, S. 48, 73 ff

[711] W. Wimmer, Die Wunder von Konnersreuth im Lichte der Kriminalistik, Teil I, in: Kriminalistik 1976, S. 402

[712] aaO., S. 403

[713] aaO., S. 401

[714] aaO., S. 400

[715] Wimmer, aaO., Kriminalistik 1976, S. 461

In diesen Aufsätzen bringt Wimmer, auf den sich der Bundesgerichtshof bekanntlich entscheidend stützt, praktisch die meisten der hier im ersten Teil angeführten Vorfälle. Dass er sie auch kennt, geht ferner daraus hervor, dass er im Literaturverzeichnis auch das hier mehrfach genannte Buch von Herbert Thurston, die körperlichen Begleiterscheinungen der Mystik, Luzern 1956, zitiert.[716] Er zitiert sogar die tatsächlich große Zurückhaltung der katholischen Kirche gegenüber diesen Vorfällen, wenn er schreibt: "Immerhin verdient festgehalten zu werden, dass die katholische Kirche alle Zeit eine weise Zurückhaltung gegenüber den Phänomenen geübt hat."[717] An anderer Stelle schreibt er in Verbindung mit der Überprüfung der angeblichen Nahrungslosigkeit von Therese von Konnersreuth: "Die Amtskirche selbst, durch jahrhundertealte reiche Erfahrung vorgewarnt, bestand auf einer neuen gründlicheren Untersuchung. Die bayerischen Bischöfe, später auch die römische Kurie, forderten strictissime eine exakte, jeden Betrugsverdacht ausschließende ärztliche Beobachtung in einer Klinik..."[718]. Wimmer gibt wohl zu, dass aufgrund der Urinproben während der oben genannten Beobachtung von Therese von Konnersreuth an allen 24 Stunden des Tages sie jedenfalls während der zwei Wochen nichts gegessen haben konnte, meint aber, es habe im übrigen keine dauernde Nahrungslosigkeit vorgelegen. Wie es tatsächlich war, kann hier dahinstehen, zumal ohnehin gerade die dauernde Nahrungslosigkeit letztlich ausschließlich auf der Glaubwürdigkeit oder Unglaubwürdigkeit des Betroffenen selbst beruht, da man niemals ihn immer so bewachen kann - und auch gar kein Interesse daran hat -, um jegliche Nahrungsaufnahme auszuschließen. Man kann nur nicht wie Büscher, der auf diese Untersuchung der Therese Bezug nimmt, behaupten, dass jahre- und jahrzehntelange Nahrungslosigkeit auch natürlich zu erklären sei.[719] Als Chemiker setzt sich Klosa mit den Kritikern von Konnersreuth auseinander.[720] Wimmer, der in dem Aufsatz mehrfach auf die Untersuchung kirchlicher Kommissionen hinweist, macht nun den gleichen Fehler, den er mit aller Schärfe der Parapsychologie vorwirft, dass diese nämlich angeblich die unbequeme Literatur verheimlicht.[721] In diesen genannten Aufsätzen bringt er eine Reihe von Fällen, in denen

---

[716] Wimmer, Die Wunder von Konnersreuth im Lichte der Kriminalistik, Teil III als Literaturverzeichnis zu Teil I und Teil II in: Kriminalistik 1976, S. 516

[717] Wimmer, aaO., in: Kriminalistik 1976, S. 463

[718] aaO., S. 403

[719] E. Büscher, Buch der Wunder, Berlin 1954, S. 368

[720] Josef Klosa, Das Wunder von Konnersreuth in naturwissenschaftlicher Sicht, Aschaffenburg 1974

[721] Wimmer, Hexenwahn an Universitäten, aaO., S. 1394

angeblich oder tatsächlich Betrügereien auf diesem Feld aufgedeckt wurden. Hierbei führt er auch gerade Betrugsaufdeckungen durch bischöfliche Kommissionen an. Dass es auf all diesen Gebieten erhebliche Betrügereien gegeben hat, ist völlig unstreitig und gerade deswegen kommt es auf die genaue Untersuchung des Einzelfalles an und nicht auf pauschale Behauptungen unter Bezugnahme auf vorgekommene Betrügereien. Wimmer kennt also aus dem obigen Buch von Thurston, der äußerst zahlreiche unerklärliche Vorgänge aus Heiligsprechungsprozessen bringt, um welche Vorfälle es geht, und dass eben die Untersuchungen vorliegen. Darauf geht er jedoch nicht ein. Anstatt dessen behauptet er, 1923 seien bei Pater Pio betrügerische Manipulationen entlarvt worden, da er nämlich mit Zugsalbe aus der Drogerie seine Wundmale hervorgebracht habe. Hierfür bringt er trotz des ungeheuren Vorwurfes kein Zitat. Tatsächlich hatte Pater Pio die Stigmen in denkbarer Eindeutigkeit über 50 Jahre. Mit Zugsalbe geht es ohnehin nicht.[722] Man ist fast versucht zu fragen, ob Pater Pio nun jede Woche Zugsalbe aus der Drogerie gekauft haben soll. Auch Wimmer stellt also diesen Pater als hochgradigen Lügner vor, obwohl 1976, also 8 Jahre nach seinem Tod, schon genügend gegenteilige Dokumente vorlagen. Wimmer weiß nicht zuletzt aus seiner Tätigkeit als Vorsitzender Richter am Landgericht Mannheim und ehemaliger Staatsanwalt, dass man die Unglaubwürdigkeit eines Zeugen nicht damit begründen kann, dass ein anderer Zeuge in einem ganz anderen Fall, aber in ähnlicher Situation, auch gelogen hat. Ein solches Argument mag zwar durchaus bei der Beweiswürdigung im Einzelfall berücksichtigt werden, für sich allein reicht es offensichtlich nicht aus.

j) Krankenheilungen

Bezüglich der unerklärlichen Krankenheilungen geht es weniger um das Bestreiten der erfolgten Heilung, sondern um die Frage, ob diese nicht doch irgendwie natürlich erklärbar ist. Auch hier beschränkt sich die völlig überwiegende Anzahl der Autoren auf allgemeine Hinweise, dass im Bereich der aufgrund psychischer Kräfte des Menschen möglichen Heilungen noch vieles unklar sei. Man erkennt insbesondere die Heilungen der Bibel mit dem Hinweis an, dass es sich um psychogene, also natürlich erklärbare Heilungen handelt. Bei den Heilungen der Bibel bleibt es bei bloßen Behauptungen. Bei

[722] Klosa, aaO., S. 187

den Heilungen, die in kirchlichen Prozessen eingehend überprüft wurden, lässt man auch nicht einen Mediziner konkret dazu Stellung nehmen, warum denn nun eine Heilung doch natürlich erklärbar sein soll, die nach den oben beschriebenen eingehenden Verfahren etwa im Ärztebüro von Lourdes als unerklärbar hingestellt wurde. Man zieht sich allgemein auf "psychogene" Kräfte zurück und fügt hinzu, dass diese doch auch irgendwie auf organische Krankheiten einwirken könnten, ohne das am Einzelfall durch einen Mediziner darlegen zu lassen.

Ein Schulbeispiel für ein solches Vorliegen ist der schon oben erwähnte Knauer. Er kennt offensichtlich das oben zitierte Buch von Wilhelm Schamoni "Wunder sind Tatsachen" mit wörtlichen Zitaten aus den Heiligsprechungsprozessen und nimmt Bezug auf die "Heilung eines von den Lenden ab knochenlosen Kindes, das sofort auch gehen konnte, das in dem Heiligsprechungsprozess des hl. Josef von Leonessa untersucht und anerkannt wurde". Schamoni zitiert mehrere Aussagen von Zeugen und eines Arztes, der das Kind im kranken Zustand im Februar 1738 und auch nachher nach der Heilung untersucht hatte. Knauer führt diesen Fall als Beispiel an, um dann generell zu sagen, "den aus früheren Heiligsprechungsakten zu Tage geförderten Wunderberichten komme keine Bedeutung für die Fundamentaltheologie zu, die Texte seien zum Teil eher ein Beleg für die Hemmungslosigkeit eines frommen Wunschdenkens und Wunderaberglaubens, die auch durch die Vereidigung ihrer Urheber oder Opfer nicht glaubwürdiger würden."[723] Knauer macht in diesem Buch von 382 Seiten noch nicht einmal den geringsten Versuch, auch nur an einer einzigen Zeugen- oder Sachverständigenaussage aufzuzeigen, warum diese falsch sein soll. Soll z. B. in dem von Knauer zitierten Fall der Arzt Ercolani vorher, als er das Kind untersucht hatte und feststellte, dass es von den Lenden ab knochenlos war oder soll er sich hinterher geirrt haben, als das Kind plötzlich geheilt war und wieder gehen konnte? Ähnliches gilt für die andern dort zitierten Zeugen, die das Kind vorher und nachher gesehen haben.[724] Gleiches gilt für all die anderen zahllosen Fälle in den Prozessakten, die zum Teil von Schamoni zitiert worden sind.

Wie oben angeführt, ist der Mediziner Schleyer insoweit konkret gegen einige in Lourdes anerkannte Heilungen angegangen, als er zwar nicht selbst im medizinischen Büro in Lourdes war, wo alle Akten von jedem Mediziner eingehend eingesehen werden können, sondern sich nur auf ihm bekannte

---

[723] Knauer, Der Glaube kommt vom Hören, Bamberg 1984, S. 313
[724] Schamoni, Wunder sind Tatsachen, aaO., S. 178 ff.

Berichte stützte. Aus diesen Berichten meint er entnehmen zu müssen, dass auch natürliche Erklärungen möglich seien, ohne aber die gesamten Akten selbst im einzelnen zu untersuchen. Im übrigen hat er eine Auswahl von Fällen genommen und auch in einigen Fällen dargelegt, dass auch er in diesen eine natürliche Erklärung nicht bieten könne. Das sind letztlich medizinische Fachfragen, auf die hier nicht näher eingegangen werden kann.

Bezüglich des plötzlich wieder angewachsenen Beines in Saragossa-Calanda wurde schon oben im zweiten Hauptteil unter 3 B auf die Argumente Humes dagegen eingegangen. Wie schon ausgeführt, wird in der gesamten oben zitierten Literatur das Wunder mit keinem Wort erwähnt. Das muss schon deswegen erstaunen, da der genannte Artikel über Wunder von David Hume sehr häufig zitiert wird und darin nun einmal der Fall erwähnt und insbesondere gesagt wird, dass ein kirchenrechtliches Überprüfungsverfahren vom Bischof von Saragossa vorliegt. Es gab also die Möglichkeit der Information, die man offensichtlich nicht wahrgenommen hat.

Die oben zitierte Schilderung des "Wunder von Calanda" ist in der theologischen Zeitschrift "Der Fels" 1971 erschienen, so dass zumindest in der Literatur seit 1972 ein irgendwie geartetes Eingehen auf diesen Fall zu erwarten gewesen wäre. Auch das ist nicht geschehen, obwohl die Schilderung eingehend unter Bezugnahme auf die Prozessakten erfolgte.

In dem oben näher dargelegten sehr eingehenden Buch mit der Dokumentation über den Fall des spanischen Autors Naval ist im Kapitel 15 etwas über die Kontroversen zum Wunder von Calanda gesagt. Weder der dort genannte Niederländer Secall noch der Brite Stillingfleet gehen auf die kirchlichen Untersuchungen als solche ein. Etwa 30 Jahre nach der unerklärlichen Heilung von 1640 gibt es diesbezüglich zwischen Stillingfleet und dem englischen Jesuiten Worsley eine Kontroverse, die Naval teilweise dokumentiert hat.[725] Der oben zitierte französische Autor Déroo zeigte auf, dass Stillingfleet einmal grundsätzlich alle behaupteten Wunder nach Abfassung der Bibel für Lügen und Täuschungen hält.[726] Bezüglich des Wunders von Calanda zieht sich Stillingfleet darauf zurück, dass "es leicht möglich sei, dass ein Stumpf zu einem Bein heranwächst, wenn das Gerücht von Spanien bis hierher gelangt", also bis nach England.[727] Auch hier wieder dasselbe Problem: Natürlich hat Stillingfleet recht, dass ein Gerücht auf dem Wege von Saragossa

[725] Naval, aaO., S. 383 ff.
[726] Déroo, aaO., S. 128
[727] Déroo, aaO., S. 129

nach London aus der Mücke den bekannten Elefanten machen kann. Er übersieht nur, dass sich sein Kontrahent Worsley nicht auf ein solches Gerücht, sondern auf die Prozessaussagen von Saragossa stützt.

Naval führt dann noch vier weitere Autoren, die vor längerer Zeit zu dieser unerklärlichen Heilung von Calanda geschrieben haben, an, die sich jedoch nur unter Bezugnahme auf Hume gegen die Wirklichkeit des Vorganges richten.[728] Déroo bringt auch einige Beispiele von namhaften Persönlichkeiten jener Zeit, die von der Tatsächlichkeit des Vorganges von Calanda überzeugt waren. So zitiert er den damaligen britischen Botschafter in Spanien Lord Hopton, der dabei war, als der spanische König Philipp IV. mit dem Geheilten M. J. Pellicer zusammenkam, sein geheiltes Bein untersuchte und keinen Zweifel an der Richtigkeit des Vorganges hatte. Auch der englische König Charles I. erklärte ausdrücklich, von der Tatsächlichkeit des Vorganges überzeugt zu sein. Das gleiche tat die Königin Christine von Schweden, nachdem sie sich entsprechend orientiert hatte.[729] Im übrigen wird auf die oben geschilderten näheren Ausführungen von Naval zu den Umständen und der nachfolgenden Aufnahme der Vorgänge Bezug genommen.

Weiteres hat dazu der Verfasser in einem Aufsatz dargelegt.[730]

Bezüglich der weiteren im ersten Hauptteil geschilderten Vorgänge sind dem Verfasser keine spezifizierten gegenteiligen Behauptungen bekannt geworden, soweit sie nicht in diesem Abschnitt dargelegt wurden.

Als Beispiel für den Wortlaut des Abschlussdekrets einer anerkannten Heilung in Lourdes sei daher folgender Wortlaut gebracht:

"Dekret der Anerkennung der wunderbaren Heilung.

Wir, Petrus Maria Théas, Bischof von Tarbes und Lourdes,

Angesichts der Dokumente, welche die Krankheit und Heilung von Thea Angele, als Ordensfrau Schwester Maria Mercedes, bestätigen;

Angesichts der Protokolle des Ärztebüros von Lourdes über die Heilung;

Angesichts der Entscheidung des Internationalen Medizinischen Komitees von Lourdes mit Datum vom 23. April 1961;

[728] Naval, aaO., S. 388

[729] Déroo, aaO., S. 131

[730] Harald Grochtmann, Das Wunder von Calanda, seine Untersuchung im kanonischen Prozeß und seine Behandlung in der Literatur von den Zeitgenossen bis heute, in: Theologisches, Mariologisches 1986, S. 7194 ff. u. S. 7431 f.

Angesichts des Berichtes und der Schlüsse der von Uns am 5. Mai 1961 eingesetzten Kanonischen Untersuchungs-Kommission;

Nach Anrufung des Heiligen Namens Gottes;

Kraft der Autorität, die Uns in dieser Hinsicht vom Konzil von Trient erteilt ist und unter völliger Unterordnung Unserer Entscheidung unter die Autorität des Papstes;

Erklären Wir hiermit, dass die Heilung von Thea Angele, als Ordensfrau Schwester Maria Mercedes, am 20. Mai 1950 in Lourdes geschehen, wunderbar ist, und zuerkannt werden muss einer besonderen Machtkundgebung der Allerseligsten und Unbefleckten Jungfrau Maria und Gottesmutter.

Gegeben zu Lourdes am 28. Juni 1961.

Petrus Maria Théas
Bischof von Tarbes und Lourdes"

5

Zusammenfassung des zweiten Hauptteiles

Nach allem ergibt sich, dass die im ersten Hauptteil dargelegten unerklärlichen Vorfälle auch beweisbar und bewiesen sind. Die katholische Kirche hat seit vielen Jahrhunderten ein sehr eingehendes Überprüfungsverfahren entwickelt und angewandt, wobei sie unerklärlichen Vorgängen, die ihr vorgetragen werden, grundsätzlich skeptisch und ablehnend gegenübersteht und keinesfalls jede solche Behauptung begierig und kritiklos als wahr unterstellt. Die in diesem Verfahren durch Zeugen und andere Beweismittel festgestellten Tatsachen können nur dann glaubhaft bestritten werden, wenn die Unrichtigkeit der Beweiswürdigung am konkreten Einzelfall dargelegt wird. Tatsächlich bestreitet die völlig überwiegende Mehrzahl der Autoren, nach deren Ansicht es solche Vorfälle nicht gibt, diese nur pauschal, ohne Einzelvorfälle auch nur anzudeuten. Eine geringe Anzahl deutet diese an, geht aber auf die jeweils vorliegenden Beweisangebote nicht ein, obwohl allen das kirchliche Untersuchungsverfahren zumindest als vorhanden bekannt ist. Wo einige ganz wenige Autoren mit der Beweiswürdigung beginnen, geschieht auch das fast immer nicht am konkreten

Fall, sondern man bringt Irrtümer oder Täuschungen in ähnlich gelagerten Fällen mit der Behauptung vor, dass danach auch alle anderen überprüften Fälle genauso wenig glaubwürdig seien. Soweit viele Autoren den Sinn der Überprüfungen, insbesondere in Seligsprechungsprozessen verneinen, da nach ihrer Meinung die meisten unerklärlichen Vorgänge tatsächlich natürlich erklärbar sind, handelt es sich um bloße Behauptungen ohne jeden Beweis, wobei insbesondere niemals im Einzelfall dargelegt wird, wo nun wirklich diese natürlichen Kräfte herkommen sollen. Dass die Parapsychologie nur beschreibt, aber nicht erklärt, wo die Kräfte für unerklärliche Vorgänge herkommen, ergibt sich nicht nur tatsächlich aus den Veröffentlichungen von Parapsychologen, sondern es gibt sogar führende Vertreter unter ihnen, die offen zugeben, dass sie ausschließlich beschreiben, nicht aber erklären. Es gibt nicht eine einzige Veröffentlichung, in der konkret nachgewiesen wird, dass in einem Einzelfall das nicht erklärbar festgestellte Ereignis aufgrund falscher Würdigung der Beweise nicht vorliegt oder doch erklärbar ist.

Adler zitiert folgenden Satz wörtlich aus dem Buch von T. W. Adorno, Mini moralia, Berlin-Frankfurt 1951, S. 468: "Seit den frühen Tagen des Spiritismus hat das Jenseits nichts Erheblicheres kundgetan, als Grüße der verstorbenen Großmutter nebst der Prophezeiung, eine Reise stünde bevor."[731] Wenn man die unbekannten Kräfte mit dem "Jenseits" in Verbindung setzt, so ist diese Behauptung ganz offensichtlich falsch und wie immer nicht näher begründet.

Wenn Wiesner schreibt, dass Wunder grundsätzlich nicht zum Thema Wissenschaft gehörten, die es nur mit den gesetzlichen Zusammenhängen des Geschehens zu tun habe[732], so sind die Zusammenhänge zumindest unklar dargestellt. Echte Wissenschaft kann festgestellte Fragen nicht außer Betracht lassen. Dass die Naturwissenschaften gerade die Erforschung der Natur und ihrer Gesetze zum Ziel haben, steht dem nicht entgegen. Im Gegenteil: durch ihre Tätigkeit wird gerade erst die Feststellung ermöglicht, ob ein Vorgang durch Naturgesetze erklärlich ist oder unerklärlich bleibt.

Es ist zu unterscheiden zwischen der Frage der Beweisbarkeit des Sachverhalts als solchen und seiner Interpretation als unerklärlicher Vorgang. Gerade in den kirchenrechtlichen Überprüfungsverfahren wird auf beide Punkte mit großer Genauigkeit eingegangen, weil beide für die endgültige Entscheidung unverzichtbar sind.

---

[731] E. Adler, Es gibt Dinge zwischen Himmel und Erde, Frankfurt 1974, S. 117

[732] E. Wiesner, Christlicher Glaube und modernes Weltbild, in: Zeitschrift für systematische Theologie 1961, S. 363

Für die Feststellung des Sachverhalts sind die aufgezeigten Beweismittel erforderlich, die auch sonst zur Erforschung eines Vorfalls eingesetzt werden.

Die weitere Frage, ob dieser festgestellte Vorgang den Naturgesetzen entspricht oder unerklärlich ist, kann nur unter Zuhilfenahme der Naturwissenschaften entschieden werden. In den kirchlichen Prozessen werden die Naturwissenschaftler auch zu der Frage um Stellungnahme gebeten, ob für einen bestimmten Vorgang, für den zur Zeit zwar noch keine Erklärung gefunden werden kann, evtl. spätere Erklärungen nicht ausgeschlossen werden können. Nur, wenn das ausgeschlossen werden kann, wird der Sachverhalt als ausreichend für eine Anerkennung als Wunder angesehen.

Das übersehen auch die zahlreichen Vertreter der oben behandelten Zweitursachentheorie.

Der Verfasser hat führende katholische Vertreter dieser Ansicht ganz konkret gefragt, wie sie zu den kirchlich überprüften oben dargelegten Vorgängen bezüglich des plötzlichen Wiederanwachsens eine ca. 3 Jahre vorher abgenommenen Beines, der Wiedererweckung des ca. 6 Stunden im Wasser gelegenen Ertrunkenen und der Weinenden Madonna von Syrakus ständen, welche Naturgesetze hier zugrunde liegen sollen. Auch wurde ihnen vorgehalten, dass nach ihrer Ansicht die katholische Kirche in ihren zahlreichen Überprüfungsverfahren nicht nur etwas prüft, was es nach ihrer Ansicht gar nicht geben kann, nämlich, ob in einem Einzelfall die Naturgesetze durchbrochen sind. Sie stellt auch noch fest, dass dieses in zahlreichen Fällen eindeutig der Fall war. In den Antwortschreiben wurde auf beide Punkte trotz besonders unterstrichener Bitte nicht eingegangen. Man wollte aber auch von dieser Theorie nicht abrücken.

Obwohl sie es verneinen, wollen sie bei ihrer theoretischen Begründung in Wirklichkeit Gott vorschreiben, was er insoweit tun oder nicht tun darf: Wenn z. B. nach den wissenschaftlichen Erkenntnissen eine bestimmte große Wunde frühestens in 5 Tagen zuwächst, so darf Gott sie evtl. auch in 4 oder gar 3 Tagen heilen lassen. Trotz entgegenstehender ärztlicher Erfahrungen könnte man evtl. hier eine natürliche Heilung nicht völlig ausschließen. Gott darf die große Wunde aber nicht in einem Tag oder gar in einer Stunde oder in einer Minute zuheilen lassen, denn das würde dann auch bei größter Strapazierung der Naturgesetze nicht mehr darunter zu bringen sein. Die Zweitursachentheorie würde also Gott an einen Zeitplan für eine Heilung binden, bei der er eine gewisse Zeitgrenze nicht überschreiten darf.

Wenn Knaut schreibt, dass ihn beglaubigte Fälle nicht interessieren, für die er ein okkultes Dunkel zugeben müsse[733], so ist auch das ein ebenfalls offensichtlich abzulehnender Weg, um die Tatsächlichkeit behaupteter Vorgänge zu überprüfen. Es geht zunächst um den Vorgang, erst bei dessen Nachweis kann eine Wertung erfolgen.

Ebensowenig kann der Weg von Halbfas für richtig gehalten werden, der folgendes schreibt: "Wer aus der Hagiographie (also der Beschreibung des Lebens der Heiligen) die Legende streicht, raubt den Heiligen ihr mystisches Leben.[734] Auch hier wird der richtige Weg in das Gegenteil verkehrt: Man sollte nicht die unerklärlichen Vorgänge als unwirkliche Legenden bezeichnen und im gleichen Atemzug sie als unverzichtbar ansehen, aber eben nicht als Tatsachen, was sie sind. Mystik ist keine Legende.

Viele interessante Fakten aus der Geschichte werden gerade deswegen nicht untersucht, weil man sie von vornherein als unwirklich ansieht. Bezüglich solcher Vorgänge beginnt man gar nicht erst mit der Überprüfung, ob sie wirklich stattgefunden haben könnten, da man es von vornherein für unmöglich hält. Diese falsche Hemmung kann man durch die Kenntnisnahme der im ersten Hauptteil dieser Arbeit vorgetragenen und untersuchten Fälle abbauen. Dann ist auch der Weg zu echten historischen Untersuchungen geöffnet. Als Beispiel sei darauf hingewiesen, dass aus dem Leben des hl. Gebhard, des Bischofs von Konstanz (949 - 995), aus seiner Lebensbeschreibung, der sog. Vita, folgender Fall gebracht wird: Der Bischof Gebhard war auf der Flucht und kam mit einer Heiligenreliquie, dem Haupt des hl. Papstes Gregor, in Italien an den stark angeschwollenen Fluss Po. Auf sein Gebet hin teilte sich dieser auf wunderbare Weise und öffnete ihm und seinen Begleitern eine Furt, wobei sich die Wasser wieder schlossen, als er am anderen Ufer war.[735] In diesem Buch ist dieser Vorfall bewusst in der Lebensbeschreibung, nicht in dem Anhang "St. Gebhard in der Legende" aufgeführt. Die in der Literatur an einigen Stellen - so auch, wie angegeben, von dem Parapsychologen Bonin - aufgestellte Forderung nach weit intensiverer Beschäftigung mit den Ergebnissen der Heiligsprechungsprozesse könnte auch fruchtbar für die Erforschung solcher "Viten", also der Lebensbeschreibungen heiligmäßiger Personen dienen.

---

[733] H. Knaut, Rückkehr aus der Zukunft, Bern-München 1970, S. 14

[734] Hubert Halbfas, Die Vermittlung mystischer Erfahrung, in: A. Cancik, Rausch, Ekstase, Mystik, Düsseldorf 1978, S. 143

[735] T. Humpert, Der hl. Gebhard, Konstanz 1949, S. 13

III.
HAUPTTEIL

Ist die mögliche Beweisbarkeit von Tatsachen, die durch naturgesetzliche Kräfte nicht erklärt werden können, in der Rechtsprechung und den Verwaltungsentscheidungen des Staates verwertbar?

1

Verfahren staatlicher Gerichte oder Behörden, bei denen unerklärliche Tatsachen eine Rolle spielten.

Dass "sogenannte okkulte Phänomene" in der Rechtspflege von Bedeutung sein können, hat schon Meyer, der Direktor in der Psychiatrischen Klinik in Königsberg war, näher dargelegt.[736] Er führt Autoren auf, welche die amtliche Verwendung von Hellsehern ablehnen und äußert diesbezüglich Bedenken. Auf der anderen Seite weist er auf den damaligen Landgerichtsdirektor Hellwig, der sich seit langem mit diesen Fragen beschäftigte, sowie auf weitere Autoren hin. Er definiert Okkultismus und Parapsychologie dahingehend, dass es hierbei um das Studium solcher psychischen und mechanischen Phänomene gehe, die durch bis jetzt noch unbekannte "okkulte Naturkräfte" bewirkt sein sollen. Während er anführt, dass psychische Phänomene, zu denen er Hellsehen, Telepathie, Hypnosen u. ä. zählt, häufiger forensische Bedeutung erlangt haben sollen, seien bei mechanischen okkulten Phänomenen die gerichtlichen Verfahren weit seltener. Im Ergebnis warnt er davor, sich in den Okkultismus zu vertiefen. Das gelte auch von Sachverständigen zu solchen Fragen im Gerichtsverfahren. Er warnt ganz allgemein schon vor dem bloßen Eingehen auf die Möglichkeit okkultistischer Fähigkeit.[737]

Tatsächlich hat der von Meyer genannte Hellwig eine Reihe von Gerichtsverfahren zu diesen unerklärlichen Vorfällen dokumentiert.[738] In einigen von diesen war er als Gutachter tätig. Er wendet sich gegen Hellsehen und auch Spukphänomene und meint, dass man sie nur dann nicht aus Verfahren mit solchen Phänomenen ausscheiden könne, soweit diese irgendwie die Gerichte oder die Polizei beschäftigt haben, wenn sich die Okkultisten des betreffenden Falles bemächtigt haben.[739] Schon im Vorwort warnt er vor den Folgen "kritikloser Wundersucht".[740]

---

[736] E. Meyer, Hellsehen und andere sog. okkulte Phänomene in ihrer Beziehung zur Strafrechtspflege, in: Deutsche medizinische Wochenschrift, 1926, S. 517 ff.

[737] aaO., S. 519

[738] A. Hellwig, Okkultismus und Verbrechen, Berlin 1929

[739] aaO., S. 25

[740] aaO., S. 12

In der Folge schildert er viele solche Gerichtsverfahren. Soweit sie das Hellsehen betreffen, wird in einigen Fällen gezeigt, wie solche "Hellseher" wegen Betruges verurteilt wurden wie etwa vom Schöffengericht Bernburg vom 18. Dezember 1924.[741] In einem anderen Fall hat das Schöffengericht Bernburg einen solchen Angeklagten, dessen Prozess ebenfalls nicht näher dargelegt werden soll, es war der Lehrer Drost, aus subjektiven Gründen freigesprochen.[742]

In einem ähnlichen Fall erfolgte vom Schöffengericht Balingen eine Verurteilung, wobei das Urteil vom Landgericht Hechingen und vom Oberlandesgericht Stuttgart jeweils bestätigt wurde.[743]

Von den sog. Spukfällen bringt er z B. den in der Literatur bekannten Fall von Resau. Hier zeigten sich, wie in den oben näher geschilderten Spukfällen, typische Spukphänomene. Hierbei hatte eine Reihe von Zeugen, die auch im einzelnen angeführt werden, bestätigt, dass sie gesehen haben, wie plötzlich Gegenstände durch die Luft flogen, ohne dass sie feststellen konnten, dass sie von jemand stammten. Nur der Zeuge Kupac hat in einem Fall festgestellt, dass der beschuldigte 15-jährige Dienstknecht Karl Wolter in einem Fall eine Kartoffel selbst geworfen habe, was er auch selbst bestätigt habe.[744] Das Schöffengericht Werder sprach ihn am 10. Januar 1889 der Sachbeschädigung und des groben Unfugs für schuldig, verurteilte ihn zu 14 Tagen Gefängnis und 4 Wochen Haft ohne Bewährung. Dass im wesentlichen die Zeugen den Angeklagten beim Werfen nicht gesehen hätten, so meint das Schöffengericht, erkläre sich daraus, dass die einzelnen Würfe schnell hintereinander und meist an ein und derselben Stelle erfolgten. Weitere Klärung finde sich vor allem "in der jede objektive Beobachtung ausschließenden Bestürzung der drei Personen, die insgesamt an einen "Spuk" geglaubt hätten".[745] Unter den Zeugen war auch ein evangelischer Pfarrer.

Hellwig führt in der Kommentierung zum Urteil u. a. folgendes aus: Die Frage, ob es Hellsehen, Spukerscheinungen oder irgendwelche andere okkulte Phänomene gebe oder nicht, werde nicht im Gerichtssaal entschieden, sondern in den wissenschaftlichen Laboratorien. Solange nicht die herrschende Wissenschaft eine andere grundsätzliche Stellungnahme gegenüber der Frage der

---

[741] aaO., S. 37 - 88
[742] aaO., S. 88 - 246
[743] aaO., S. 247 - 324
[744] aaO., S. 359
[745] aaO., S. 350

Tatsächlichkeit solcher okkulten Erscheinungen eingenommen habe als bisher, solange sie mit anderen Worten sich nicht auf den Standpunkt gestellt habe, dass es tatsächlich Hellseher, Spukerscheinung und dergleichen gebe, könnten die Gerichte in allen solchen Prozessen, wenn sie nicht den Boden unter den Füßen verlieren wollen, nichts anderes tun, als dass sie die noch heute durchaus herrschende wissenschaftliche Betrachtungsweise annehmen, wie sie dies ja auch mit anderen Fragen ohne weiteres tun. Töricht sei es, dem Gericht vorzuwerfen, dass es auf dem Standpunkt stehe, dass es erwiesene Spukerscheinungen nicht gebe, da hierbei unzulässigerweise Privatkenntnisse verwertet worden seien. Es sei vielmehr diesen Kritikern vorzuwerfen, dass sie von den Erfahrungsregeln der Wissenschaft abwichen.[746] (Stellungnahmen zu all dem siehe S. 255 ff. und S. 264 ff.)

Dieses Urteil wurde dann von der Strafkammer Potsdam am 13. März 1889 im wesentlichen bestätigt, die anschließende Revision an das Kammergericht führte durch Urteil vom 20. Juni 1889 bezüglich der Höhe der Strafe zur Zurückweisung, da die Strafkammer Potsdam die Strafe auf zwei Monate erhöht hatte. Am 20. September 1889 änderte dann die Strafkammer Potsdam die Strafe, die erneute Revision wurde durch das Kammergericht am 25. November 1889 zurückgewiesen. Hier entschieden also fünf Instanzen innerhalb eines Jahres![747]

Dieses Urteil wird von Prokop und Wimmer begrüßt.[748] Büchel meint offensichtlich dieses Urteil, wenn er auch schreibt, dass er nur aus der Erinnerung zitiert und ihm die Stelle zur Zeit nicht greifbar sei, wo "ein Hausknecht wegen Sachbeschädigung verurteilt wurde, obwohl Zeugen eindeutig erklärten, der Hausknecht könne diese durch die Luft geflogenen Steine nicht geworfen haben, weil sie ihn in der fraglichen Zeit genau beobachtet und keinerlei Wurfbewegungen wahrgenommen hätten". Ein "sich aufgeklärt vorkommendes Gericht habe den Hausknecht trotzdem verurteilt, weil es nicht möglich sei, dass Steine von selbst durch die Luft flögen".[749]

Erhebliches Aufsehen erregte auch der in der Folge von Hellwig dokumentierte sog. Spukfall Hopfgarten. Dem Angeklagten Sauerbrey wurde vorgeworfen, seine Stiefmutter fahrlässig an der Gesundheit geschädigt zu haben,

---

[746] aaO., S. 358, 359

[747] aaO., S. 327, 362

[748] Prokop-Wimmer, Der moderne Okkultismus, Stuttgart 1976, S. 169; Wimmer, Die merkwürdige Wissenschaft der Spukprofessoren, in: Kriminalistik 1970, S. 134

[749] Büchel, Zur Kritik einer Parapsychologie, in: Zeitschrift für Parapsychologie 1976, S. 166

weil er sie hypnotisiert und dadurch auch "unbewusst Geräusche und Tischrücken verursacht habe". In den Gründen heißt es u. a., dass in mehreren Nächten mit wechselnder Heftigkeit und Stärke erhebliche Klopfgeräusche zu hören waren und sich auch Tische, Stühle und andere Gegenstände auf unerklärliche Weise fortbewegt hätten. Auf Bitten von Angehörigen sei dann eine Anzahl Polizeibeamter unter Führung eines Polizeikommissars in das Haus gekommen und habe diese Geräusche und unerklärlichen Bewegungen von Gegenständen auch festgestellt. Der Angeklagte wurde dann vom Schöffengericht Vieselbach am 19. April 1921 freigesprochen, da ihm Hypnose und das Veranlassen der Geräusche und der nicht geklärten Bewegung der Gegenstände nicht nachzuweisen sei.[750] Die Stiefmutter des Angeklagten war durch die Geräusche und Vorgänge in außerordentliche Angst versetzt worden, so dass sie krank geworden war.

Auch Kaufmann bringt eine Reihe von Spukfällen, die Gegenstand von Gerichtsverfahren waren.[751] (Zur Wertung siehe S. 255 ff.)

Oben wurde schon auf den sog. Rosenheimer Spukfall in der Kanzlei eines dortigen Anwalts hingewiesen, wo sich die üblichen Spukphänomene zeigten, hier noch ergänzt durch unerklärliche Vorgänge am Stromnetz und am Telefon. Über die physikalischen Untersuchungen hierzu haben die Physiker Karger und Zicher berichtet.[752]

Stein hatte Überprüfungen mit optischen Geräten durchgeführt.[753] Prokop hält den Rosenheim-Fall für ein Märchen.[754]

Außer Ermittlungen der Kriminalpolizei schwebte auch ein Zivilrechtsstreit vor dem Landgericht Rosenheim. Der betroffene Rechtsanwalt klagte gegen einen Verleger, der ein Buch herausgegeben hatte, worin behauptet wurde, der Rechtsanwalt habe die Vorgänge selbst durch Manipulationen hervorgebracht. Am 11. Juni 1970 wurde dann ein Vergleich geschlossen, der u. a. folgenden Wortlaut hatte:[755]

---

[750] Hellwig, aaO., S. 366

[751] R. Kaufmann, Das Übersinnliche, Köln und Düsseldorf 1970, S. 108 ff.

[752] F. Karger und G. Zicher, Physikalische Untersuchung des Spukfalles in Rosenheim 1967, in: Zeitschrift für Parapsychologie 1968, S. 112 ff.

[753] W. Stein, Versuch einer Dokumentation angeblicher Spukphänomene mit Hilfe optisch elektronischer Geräte, in: Der Elektroniker 9, 1970, S. 319 ff.

[754] O. Prokop, Medizinischer Okkultismus, Stuttgart 1977, S. 73

[755] Aktenzeichen 4 O 408/69 LG Rosenheim, Bl. 143

"Rechtsanwalt A. hat gegenüber dem Verlag festgestellt, dass er nicht an Spuk und Geister glaube und daher die Tendenz des Buches "Falsche Geister - echte Schwindler", den Kampf gegen Geister- und Hexenglauben und gegen Okkultschwindel jeder Art begrüße. Er sei jedoch davon überzeugt, dass die im Kapitel "Die Geisterschaukel von Rosenheim" geschilderten Vorgänge, die sich in seiner Rechtsanwaltskanzlei zugetragen haben, naturwissenschaftlich nicht erklärbar sind, Wissenschaft und Technik vor ein Rätsel stellen, aber auch dem Erkenntnisvermögen des menschlichen Verstandes ins Gesicht schlagen.

Der Verlag und A. erklären gegenüber Herrn Rechtsanwalt A., dass sie nicht die Absicht hatten, mit dem teilweise dichterisch gestalteten Kapitel "Die Geisterschaukel von Rosenheim" Herrn Rechtsanwalt A. zu verunglimpfen, zu beleidigen, zu verleumden oder in irgendeiner Weise zu schädigen.

Die Parteien sind darüber einig, dass sie in dem Kapitel "Die Geisterschaukel von Rosenheim" nur Möglichkeiten einer Manipulation aufzeigen, nicht aber behaupten wollten, dass die Ursachen für die Vorkommnisse in der Kanzlei des Rechtsanwalts A. damit geklärt wurden."

Bender berichtet von einem Urteil eines Londoner Tribunals, das 1952 dem Bewohner eines Hauses, das von unerklärlich spukhaften Schlägen heimgesucht worden war, eine Mietherabsetzung gewährte.[756]

Auch heute ist der Hexenaberglaube leider noch relativ weit verbreitet. Dazu bringt Schäfer Beispiele und auch weitere Literatur.[757] Bei diesen Prozessen geht es in aller Regel um betrügerische Vorspiegelungen, sog. "Hexenbanner". Ein Frankfurter Gericht sprach einen Angeklagten wegen mangelnder Schuldfähigkeit vom Vorwurf des versuchten Totschlages seiner Bekannten frei, da er die wahnhafte Vorstellung hatte, dass diese eine Hexe sei und deshalb so reagierte.[758]

In sog. Hellseherprozessen geht es um die Frage, ob die sog. Hellseher ihr Publikum mit ihren Voraussagen gegen Bezahlung betrogen haben. Ein solcher "Hellseher" wurde am 24. September 1958 vom Schöffengericht Tiergarten aus subjektiven Gründen freigesprochen, da er evtl. von seinen angeblichen Fähigkeiten selbst überzeugt war.[759] Dieses Urteil wurde durch die Berufungskammer am 08. Juni 1959 unter Verurteilung des Angeklagten zu einem Jahr Zuchthaus

---

[756] Bender, Parapsychologie, Darmstadt 1966, S. 111

[757] H. Schäfer, Der Okkulttäter, Hamburg 1959, S. 52 ff.

[758] W. Richtberg, ein Fall von Hexenwahn und seine forensische Beurteilung, in: Zeitschrift für Kriminalistik 1974, S. 148 ff.

[759] Schöffengericht Tiergarten 51 Ls 39/57 (322/57)

und 5.000,00 DM Geldstrafe aufgehoben. Die Vernehmung des Freiburger Parapsychologen Bender wurde mit der Begründung abgelehnt, dass nach dem Stand der Wissenschaft offenkundig sei, dass kein Mensch die Fähigkeit habe, zukünftige ungewisse Ereignisse richtig zu beantworten.[760] Das Urteil wurde am 17. Februar 1960 durch das Kammergericht bestätigt.

Ein anderer "Hellseher" wurde angeklagt, weil er einen falschen als Täter angegeben hatte, er sich nunmehr den unberechtigten Vorwürfen des Geschädigten ausgesetzt sah. Das Schöffengericht Kirchen-Sieg verurteilte ihn wegen übler Nachrede zu 2 Monaten Gefängnis.[761] In der Berufung wurde er am 06. Oktober 1953 durch das Landgericht Koblenz freigesprochen. Das Oberlandesgericht Koblenz hob das Urteil am 06. Mai 1954 auf, und das Landgericht Koblenz verurteilte dann den Angeklagten am 12. Juli 1955 zu 1 Monat Gefängnis auf Bewährung. In diesem Verfahren gab Hans Bender ein Sachverständigengutachten ab, in dem er u. a. berichtete, dass der bekannte holländische "Telepath Croisett" bei 21 % der ihm übertragenen Fälle zur Aufklärung und Ermittlung des Täters beigetragen hätte, in 40 % der Fälle nur interessante Angaben gemacht hätte und in weiteren 40 % der Fälle nur unbrauchbare Angaben gemacht habe.[762] Die Revision gegen dieses Urteil wurde im September 1955 vom OLG Koblenz zurückgewiesen; da die Angaben des Angeklagten nicht sicher sein konnten, hätte er auch unabhängig von seiner eigenen Überzeugung diese nicht als sicher weitergeben dürfen.

In einigen von Gerichten entschiedenen Fällen geht es auch um die Verurteilung gem. § 263 StGB, weil von den Angeklagten behauptet wurde, sie könnten durch "Abschirmen von Erdstrahlen" bei Krankheiten und Wirtschaftssorgen helfen, wo zu Recht schon das Reichsgericht aufgrund solcher Behauptungen eine Verurteilung gem. § 263 StGB ausgesprochen hat.[763] Hier wurde eine Kausalität behauptet und dabei verschwiegen, dass dafür kein ausreichender Nachweis vorlag.

Nicht wenige Gerichtsfälle gibt es auch, in denen ein Verstoß gegen das Heilpraktikergesetz auch in Verbindung mit Betrug festgestellt wurde. So verurteilte das Landgericht Mannheim 1972 wegen dreifachen Betruges, versuchten Betruges und unerlaubter Ausübung der Heilkunde zu 2.000,00 DM Geldstrafe. Auf S. 435 der Akten wurde im Urteil ausgeführt, dass die Ein-

---

[760] S. 88 der Akte
[761] Schöffengericht Kirchen-Sieg 3 Ms 59/52
[762] aaO., S. 196 des Urteils
[763] RG in: JW 1938, S. 503

holung eines Sachverständigengutachtens zur Frage, ob es übersinnliche Kräfte, insbesondere die Fähigkeit zum Vorausschauen künftiger Ereignisse gebe, dahinstehen könne, weil der Angeklagte 100 %ig zutreffende Aussagen ankündigte, was er selbst nach seinen eigenen Angaben in Wirklichkeit nicht könne.[764]

Das OLG Bremen stellte am 05. Dezember 1956 in einem ähnlichen Fall fest, dass Heilen auch dadurch geschehen könne, dass "angeblich übernatürliche Gewalten mit vermeintlichen oder vorgetäuschten übersinnlichen Kräften bekämpft werden". Hier wollte der Angeklagte nämlich einen Freispruch mit der Behauptung erwirken, mit seinen Manipulationen habe er überhaupt keine Heilkunde ausgeübt.[765]

Der Bundesgerichtshof stellte am 13. September 1977 in einem Fall einen Verstoß gegen § 5 des Heilpraktikergesetzes fest. Hierbei führte er u. a. aus: wenn der Angeklagte vor der Behandlung ein Gebet spreche, beschränke er sich nicht darauf, die Hilfe Gottes für den Kranken zu erbitten, sondern er selbst sei nach seiner Behauptung derjenige, von dem die Heilkräfte ausgehen, mit denen den Kranken geholfen wird. Der BGH hat hier sehr entscheidend auf die Frage der Kausalität abgestellt und zu Recht eine Verurteilung vorgenommen.[766]

Letztlich sei auf eine Entscheidung einer Schulbehörde aus diesem Themenkreis hingewiesen, die oben schon angedeutet wurde. Bender berichtet von einem Spukfall, zu dem er hinzugezogen war, in dem die Schule eine Entscheidung treffen musste. In einer Familie kamen fortlaufend Bücher und Hefte der Kinder weg, und zwar besonders morgens, wenn sie sich für den Schulweg rüsteten. Die Hefte mit den Hausaufgaben fanden sich manchmal bald auf oder hinter Schränken oder Betten wieder. Oft aber auch erst nach längerer Zeit. Weiter waren Verbesserungen, die der Schüler Dieter mit dem Bleistift machen musste, morgens wieder ausradiert, das betreffende Blatt war herausgerissen. Auch in der Schule gerieten die Hefte und Bücher aus dem Ranzen an unbekannte Stellen, oft sogar in die Schränke der Schule. Die Vorgänge nahmen noch größere Ausmaße an. Die Eltern berichteten, dass vor ihren Augen Gegenstände im Raum herumflogen, ohne dass der Urheber erkannt wurde. Für das Verschwinden von Büchern und Heften sind zu Hause die Eltern Zeugen und in der Schule Lehrer und Hausmeister. Der Klassenlehrer glaubt nicht an Spukvorgänge, erkannte aber, dass Dieter für die wochenlang fehlenden Hausarbeiten nicht verantwortlich war und bestrafte ihn

[764] Urteil des LG Mannheim vom 19. 12. 1972, 5 KMs 5/70
[765] OLG Bremen: MDR 1957, S. 310
[766] BGH in: NJW 1978, S. 599

nicht. Bender berichtet weiter, dass die Spukphänomene sich oft im Zusammenhang mit Kirche und Religion ereigneten. Man fuhr in ein bayerisches Kloster. Auf der Fahrt habe sich der Schüler Dieter, wie sein Vater berichtet, wie ein Besessener verhalten.[767] Der Fall trug sich in den 70-er Jahren zu.

❷

Grundsätze, welche den hier herangezogenen Entscheidungen zugrunde gelegt wurden.

In der oben am Ende der Einleitung zitierten Entscheidung des Reichsgerichts[768] wurde eine Frau von der Anstiftung zum Mord an ihrem Ehemann freigesprochen. Sie hatte eine dritte Frau bestimmt, diesen "mit Hilfe des Teufels" mit Beschwörungen und ähnlichen Mitteln zu töten. Das Reichsgericht geht nur unter Bezugnahme auf diese Methoden auf die "hier fraglichen Kräfte" ein, die nicht beweisbar seien, sondern "lediglich dem Glauben oder Aberglauben, der Vorstellung oder dem Wahne angehörten". Da sie nicht in der "wissenschaftlichen Erkenntnis und Erfahrung des Lebens begründet seien", könnten sie auch nicht als Quelle realer Wirkungen anerkannt werden.[769] In der Folge stellt das Reichsgericht entscheidend darauf ab, dass diese Kräfte "aus dem Kreise kausaler Veranstaltungen ganz hinausfallen" und damit rechtlich indifferent seien. Das Reichsgericht verlangt also, dass ein Vorgang in der naturgesetzlichen Kausalität festgestellt werden muss, wenn er rechtlich berücksichtigt werden soll und sah ausdrücklich von der Frage ab, ob überhaupt ein Mensch auf solche Kräfte einwirken könne.

In dem oben angeführten sog. Spukfall von Resau, in dem der Dienstknecht Wolters wegen Sachbeschädigung und groben Unfugs verurteilt wurde, wurde dieser Grundsatz noch verschärft: Hier waren zahlreiche äußerliche Phänomene, und zwar insbesondere das Herumfliegen von Gegenständen, Grundlage der Entscheidung, während es beim Reichsgericht nur um Beschwörungen ohne

---

[767] H. Bender, Psychohygienische und forensische Aspekte der Parapsychologie, in: G. Condrau, Herausgeber, die Psychologie des 20. Jahrhunderts, Bd. XV, Zürich 1979, S. 664 f.

[768] RGSt Bd. 33, S. 321 ff.

[769] aaO., S. 322, 323

äußere Phänomene ging. Bei der Würdigung der Zeugenaussagen wurde dabei als selbstverständlich vorausgesetzt, dass die Gegenstände nur von Menschen, die sich im Raum befunden hatten, geworfen sein konnten, nicht jedoch durch wie immer geartete unsichtbare Kräfte. Soweit in diesem Verfahren Zeugen angegeben hatten, dass sie gesehen hätten, wie die Gegenstände geflogen seien, ohne dass ein Mensch sie geworfen hatte, konnten also nach dieser Grundeinstellung des Gerichts die Zeugenaussagen objektiv nur falsch sein.

Wenn demgegenüber insbesondere britische Gerichte Mietminderungen bei sog. Spukhäusern zuerkannten, so wird hier das Faktum einer Lärmbelästigung anerkannt, auch wenn man den Ursprung, die Kausalität, nicht feststellen konnte.

Ähnlich wurde auch vom Schöffengericht der oben angeführte Spukfall "Hopfgarten" entschieden, in dem die unerklärlichen Geräusche, das durch unbekannte Kräfte erfolgte Wegrücken von Schränken und anderen Gegenständen dem angeklagten Ehemann nicht zugerechnet wurden, der nach der Beweisaufnahme als einziger Mensch dafür in Frage kam.

In dem oben genannten sog. Rosenheim-Fall wurden letztlich auch ähnliche Grundsätze zugrunde gelegt. Zunächst hatte das Landgericht Traunstein den Antrag des Rechtsanwalts, in dessen Kanzlei sich die Spukvorfälle zutrugen, auf Widerruf der Behauptungen, er habe selber die Manipulation vorgenommen, zurückgewiesen. Es folgte dann die Aufhebung des Urteils und die Zurückverweisung der Sache durch das übergeordnete Oberlandesgericht. Dieses hatte eine Beweisaufnahme über die Vorgänge für erforderlich angesehen, was dann auch das Landgericht Traunstein tat. Es wurde also über Behauptungen des Klägers Beweis erhoben bezüglich von Vorgängen, die nach dem Vortrag des Klägers ohne feststellbare Kausalität erfolgten.

In den sog. Hexenbanner-Fällen der neueren Zeit hatten die Gerichte über das Bestehen angeblicher unerklärlicher Kräfte nicht zu entscheiden, da jeweils der Angeklagte jedenfalls nicht genau die Fähigkeiten hatte, die er zu haben vorgab.

Ähnlich wurden die sog. Hellseher-Prozesse entschieden: Soweit ein "Hellseher" von vornherein seinen Kunden mitgeteilt hatte, dass er seine Angaben mit keinerlei Sicherheit geben konnte, erfolgte in der Regel Freispruch. Soweit er jedoch vorgab, Voraussagen mit völliger Sicherheit machen zu können, erfolgte Verurteilung, da ihm jeweils nachgewiesen werden konnte, dass er das selbst nicht einmal angenommen hatte. Eine ganz besondere

Sorgfalt und Aufklärung wurde von den Gerichten angewendet, wenn durch diese sog. Voraussagen Dritte belastet wurden.

Ähnliche Maßstäbe wurden an die Heiler gelegt, die mit Methoden vorgingen, die außerhalb der anerkannten medizinischen Grundsätze lagen. Hier ging es den Gerichten allerdings nicht nur um die vorherige ausreichende Aufklärung, sondern mit Rücksicht auf die §§ 1 und 5 des Heilpraktikergesetzes auch um die Frage, was eine "Heilbehandlung" sei. Diese liege auch dann vor, wenn "angebliche übernatürliche Gewalten mit vermeintlichen oder vorgetäuschten übersinnlichen Kräften bekämpft würden", wie der Bundesgerichtshof 1955 ausgeführt hat.[770] Hier werden also einerseits "übernatürliche Gewalten" nur als "angeblich, vermeintlich oder vorgetäuscht" angesehen. Andererseits wird die Berufung darauf jedoch als Heilbehandlung angesprochen (siehe S. 264 ff.).

Bei den Entscheidungen von Verwaltungsbehörden wurde eher auf die Frage geachtet, ob äußere Phänomene vorlagen und weniger darauf, ob auch eine naturgesetzliche Kausalität festgestellt werden konnte. Das liegt bei dem zahlreichen Einschreiten der Polizei schon in der Natur der Sache, da jeweils auch zu prüfen war, ob die Belästigungen nicht doch von menschlicher Hand erfolgten. Der Einsatz der Polizei, wie ihn z. B. der oben angegebene Tizané in ca. 100 Spukfällen festgestellt und weitergegeben hat, hörte allerdings auch dann nicht auf, wenn offensichtlich kein menschliches Handeln festzustellen war.

Bei dem oben genannten Fall des Schülers, dem über längere Zeit in spukähnlicher Weise Hefte und Bücher wegkamen, die dann irgendwo wiedergefunden wurden, entschied sich der Lehrer nach längerer Beobachtung und Besprechung des Falles dafür, das unerklärliche Abhandenkommen als Tatsache hinzunehmen und nicht dem Schüler anzulasten, den er folglich mit keiner Strafe belegte. Da die Verwaltungsbehörde vielfach sofort entscheiden muss, wird sie besonderes Gewicht auf die äußeren Phänomene legen.

---

[770] BGH in: NJW 1956, S. 313

❸

Stellungnahme der juristischen Literatur zu diesen Fragen.

Oben wurde schon auf Verfasser hingewiesen, die Stellungnahmen aus ihrem medizinischen, psychologischen, naturwissenschaftlichen oder anderen Fachgebiet im Hinblick auf juristische Klärung dieser Fragen abgegeben hatten. Die Verzahnung in diesen Fragen ist also zwischen den einzelnen Wissensgebieten erheblich. Soweit juristische Literatur zu Fragen der Beweiswürdigung aus diesem Gebiet Stellung nimmt, soll dazu in der Folge unter 4) die Untersuchung erfolgen.

In den Kommentaren zur Strafprozessordnung werden diese Fragen kaum angeschnitten. Herdegen führt im Karlsruher Kommentar aus, dass das Gebiet der Parapsychologie zur Wahrheitsfindung ausscheide, da es sich hierbei noch um keine naturwissenschaftlich gesicherten Erkenntnisse handele.[771]

Etwas näher geht auf diese Fragen Krause ein. Schon 1966 sagte er, dass "der Richter seinen Beruf verfehlt habe, der bei der Rekonstruktion des tatsächlichen Geschehens das Vorliegen okkulter Phänomene wie Telekinese, Levitation usw. nicht auszuschließen zu können glaubt."[772]

1974 macht Krause zu dieser Problematik noch eingehendere Ausführungen und schreibt u. a.:[773]

"So wenig der Richter, hat er keine besseren Argumente, sich über feststehende Erkenntnisse der Naturwissenschaften hinwegsetzen darf, darf er sich bei seiner Überzeugungsbildung von etwas leiten lassen, was mit dem heutigen Bildungsgut schlechthin unvereinbar ist. Hierzu würden beispielsweise Aussagen der Astrologie oder die Annahme der Möglichkeit von Hexerei gehören. Was er seiner Überzeugungsbildung nicht zugrunde legen darf, kann ihm andererseits als Mittel der Beweisaufnahme auch nicht oktroyiert werden. Und schließlich: Da wissenschaftliche Erkenntnisse prinzipiell intersubjektive Gültigkeit beanspru-

---

[771] Karlsruher Kommentar zur StPO, München 1982, zu § 72 Anm. 2

[772] Krause, Der Urkundenbeweis im Strafprozess, Hamburg 1966, S. 57

[773] F. W. Krause, Grenzen richterlicher Beweiswürdigung im Strafprozess, in: Einheit und Vielfalt des Strafrechts, Festschrift für Karl Peters, herausgegeben von J. Baumann und K. Tiedemann, Tübingen 1974, S. 328

chen, kann der Richter seine Tatsachenfeststellung auch nicht auf "Offenbarungen", "gnadenhafte Eingebungen" oder dergleichen stützen.

So gesehen, kann der wissenschaftliche Charakter der strafrichterlichen Tatsachenfeststellung nicht bestritten werden. Wie verhalten sich dazu aber die vielfältigen gesetzlichen oder in der Rechtsprechung entwickelten Regulative, die den Richter bei der Auswahl der Beweismittel, der Art ihrer Vorführung hinsichtlich der Beweisthemen oder der Verwertung von Erkenntnissen oder Erkenntnismitteln binden und damit der Wahrheitsfindung bewusst Hindernisse in den Weg legen, sie im Einzelfall sogar verhindern können?

Sind zwar Wahrheit und Gerechtigkeit oberstes Ziel des Strafverfahrens, so muss man doch differenzieren: Es ist nicht Aufgabe des Strafrichters, die Wahrheit "um jeden Preis", sondern, wie Eb. Schmidt es ausdrückt, auf "justizförmigem Wege" zu erforschen; nicht das Menschenmögliche an Wahrheit gilt es zu eruieren, sondern zu trachten, unter Beachtung der für die spezifischen Zwecke des Strafprozesses als höherwertig anzusehenden Maximen die Wahrheit zu finden. Lassen sich auf diese Weise zuverlässige Tatsachenfeststellungen nicht treffen, darf der Strafrichter nicht auf "schuldig" erkennen. Das ist eine bewusste und durchaus legitime Beschränkung der strafrichterlichen Aufgabe gegenüber der des Historikers, wie es dem Recht ohnehin unbenommen ist, mit Vermutungen, sogar mit Fiktionen zu operieren. Es wäre somit falsch, die Tätigkeit des Strafrichters, soweit er aus den ihm gezogenen Grenzen Konsequenzen zieht, als unwissenschaftlich zu bezeichnen. Diese Grenzen könnte der Gesetzgeber theoretisch sogar beliebig eng ziehen. Der wissenschaftliche Charakter der strafrichterlichen Sachaufklärung wäre erst tangiert, wenn das Gesetz den Richter zwingen würde, etwas als historisch erwiesen anzusehen, was sein kritischer Verstand nicht akzeptieren, was er nicht überprüfen oder im Einzelfall gut widerlegen könnte." Die Fiktion bei Schuldfeststellungen entfällt.

In der Folge schreibt er weiter, dass der Richter völlig frei sei zu erklären, dass er noch nicht überzeugt sei, sofern seine Zweifel nicht "allgemein anerkannte Erfahrungssätze in Frage stellen, auf purer Willkür beruhen oder absurd seien". Als Beispiel führt er einen Freispruch etwa mit der Begründung an, es sei nicht mit letzter Sicherheit ausgewiesen, dass die bei dem wegen Taschendiebstahls Angeklagten gefundene fremde Uhr ohne dessen Zutun im Wege der Levitation dort hingelangt sei.[774]

---

[774] aaO., S. 329

Paulus sagt im KMR-Kommentar, die Parapsychologie gehöre nicht zu den einem Sachverständigenbeweis zugänglichen gesicherten wissenschaftlichen Erkenntnissen.[775] Das gleiche sagt Meyer.[776]

Nüse führt aus, es gebe Erfahrungssätze und sonstige allgemeine Wissenskenntnisse, die über jeden ernsten Zweifel erhaben seien. Keinem Richter sei zuzumuten, über solche Tatsachen Beweis zu erheben, die nur im Widerspruch mit diesen Erfahrungssätzen wirklich sein könnten. So sei die Vernehmung von Zeugen darüber, dass ihnen durch eine himmlische Erscheinung der Urheber eines Mordes offenbart worden sei, wie sie 1754 vor einem schottischen Gericht stattgefunden haben soll, ebensowenig zulässig wie die Anhörung von Sachverständigen zur Frage, ob es eine Besessenheit gebe, worüber u. a. das Landgericht Eichstätt 1892 Beweis erhoben habe, wobei diese Frage bejaht worden sei.[777]

In der dritten Auflage zu diesem Buch wird dann erstmals die Parapsychologie ausdrücklich genannt, deren Lehren keinerlei Beweiskraft zukomme. Das gleiche gelte für die Existenz anderer übersinnlicher Erscheinungen. Es stehe fest, "dass kein Einzelfall bekannt geworden sei, in dem okkulte Phänomene erwiesen worden seien."[778] Er bejaht dort die BGH-Entscheidung von 1978 und meint nur, die Ablehnung hätte nicht wegen völliger Ungeeignetheit des Beweismittels, sondern deswegen erfolgen müssen, weil das Gegenteil der Beweistatsache offenkundig sei. Nur bei präsenten Beweismitteln müsse auf die Ungeeignetheit des Sachverständigen ausgewichen werden, da § 245 Abs. 2 Satz 3 StPO die Ablehnung eines Beweisantrages wegen Offenkundigkeit des Gegenteils der Beweistatsache nicht zulasse.[779] Es sei verwehrt, Hellseher, Parapsychologen oder ähnliche "Sachkundige" dem Gericht vorzuführen.[780]

Hagemann meint in ihrer Dissertation, es sei keine Frage der "völligen Ungeeignetheit", sondern vielmehr selbstverständlich, dass das Gericht in keinem Fall zur Verwendung von Beweismitteln gezwungen sein kann, die mit dem Bildungsgut des 20. Jahrhunderts nicht vereinbar seien.[781] Es ist allerdings nicht völlig klar, was sie darunter verstehen will. Einerseits nennt

---

[775] KMR-Kommentar zur StPO, 7. Aufl. 1980, § 244, 137

[776] Kleinknecht-Meyer, Kommentar zur StPO, 36. Aufl. 1983, § 244 Randnummer 59

[777] Max Alsberg, K. H. Nüse, Der Beweisantrag im Strafprozess, 2. Aufl, Köln-Berlin 1956, S. 132, 133

[778] Alsberg-Nüse-Meyer, Der Beweisantrag im Strafprozess, Köln 1983, S. 557

[779] aaO., S. 557

[780] aaO., S. 828

[781] Sigrid Hagemann, Entstehung, Entwicklung und Bedeutung der Vorschrift über die präsenten Beweismittel im Strafprozessrecht (§ 245 StPO), juristische Dissertation an der Universität Würzburg 1980, S. 100 Anm. 401

sie als Beispiele nur Zaubereien, Verhexung und Wahrsagerei, also nicht die im ersten Hauptteil dieser Arbeit aufgeführten unerklärlichen Vorfälle. Andererseits führt sie die genannte BGH-Entscheidung vom 21. Februar 1978 an, die in diesem Sinne liegen würde.

Scholz führt aus, dass Wahrsagen, Astrologie und Okkultismus nicht als Wissenschaft im Sinne von Art. 5 Abs. 3 des Grundgesetzes qualifizierbar seien, wobei er die Parapsychologie nicht ausdrücklich erwähnt.[782]

4

Generelle Grundsätze für die Behandlung unerklärlicher Tatsachen in staatlichen Verfahren.

A. Ziel und Umfang der Beweiserhebung in staatlichen Verfahren.

Zu Recht schreibt Spendel, dass die Wahrheitssuche und -erkenntnis des Juristen, speziell des Prozessualisten, sich in verschiedener Hinsicht von der des Naturwissenschaftlers, so des Mediziners oder Psychologen, ja selbst von der des Historikers, der als Geisteswissenschaftler ähnlich dem Richter einen in der Vergangenheit liegenden Vorgang zu erforschen und festzustellen habe, unterscheide.[783] Diese Eigenart der prozessualen Wahrheitsfindung bestehe einmal darin, dass nicht erst die rechtliche, sondern schon die tatsächliche Wahrheit in einem Streitgespräch herausgearbeitet werde in dem Kampf von Anklage und Verteidigung, in dem Widerstreit von These und Antithese. Die Antithetik der prozessualen Betrachtungs- und Denkweise müsse sich daher auch auf die Wahrheitsfindung im Strafverfahren auswirken und ihr ein eigentümliches Gepräge geben. Schon aufgrund des Rechtes zur Stellung von Beweisanträgen könne die Wahrheitssuche von den Beteiligten entscheidend beeinflusst und sogar in eine bestimmte Richtung gelenkt werden.

---

[782] Scholz, Kommentar zum Grundgesetz von Maunz-Dürig, 1977, Art. 5 Abs. 3 Randnummer 92
[783] G. Spendel, Wahrheitsfindung im Strafprozess, in: JuS 1964, S. 466

Wenn Spendel das Streitgespräch um die rechtliche Wahrheit erwähnt, so ist richtig, dass dieser Punkt für die Feststellung der unerklärlichen Tatsachen ohne besondere Bedeutung ist. Mit dem Streit um die "tatsächliche Wahrheit" meint er, ob behauptete Tatsachen wirklich vorliegen, was hier erheblich ist.

Auch Adomeit unterscheidet im Prozess zwischen der Wahrheit im Tatsächlichen und im übrigen. Nicht Wahrheit werde im Prozess festgestellt, sondern es werde entschieden. Zu Recht schränkt er aber ein, dass im Tatsächlichen bei einem Prozess Wahrheit festgestellt werden könne.[784] Adomeit unterscheidet 3 Wahrheitsbegriffe: Wahrheit kraft Definition (D-Wahrheit), logische Wahrheit (L-Wahrheit) und empirische Wahrheit (E-Wahrheit).[785]

Empirie heißt Erfahrung, gewonnen aus der Beobachtung von Wirklichkeit, die den Naturwissenschaftlern möglich macht, ständig neue Wahrheiten des E-Typs hervorzubringen. Zur Überprüfung eines E-Satzes ist die Wirklichkeit zu befragen, während zur Überprüfung einer D-Wahrheit nur der Sprachgebrauch und zur Überprüfung einer L-Wahrheit nur der Kanon logischer Gesetze herangezogen wird.[786] Hier geht es im wesentlichen um die empirische Wahrheit. Bei dem zur E-Wahrheit von Adomeit[787] angeführten Problem, dass man Aussagen über die Wirklichkeit nicht an dieser selbst prüfen kann, sondern nur an unseren Beobachtungen, gibt er den zutreffenden Hinweis, dass uns das nicht zu beunruhigen brauche, solange nur die Beobachtungen konsistent bleiben.

Im Strafprozess muss Beweis erhoben werden über entscheidungserhebliche Tatsachen, die der Angeklagte nicht glaubhaft eingesteht und über Erfahrungssätze, die nicht allgemeingültig sind.[788] Mit diesen Erfahrungssätzen sind insbesondere auch naturwissenschaftliche Erkenntnisse gemeint, über die erforderlichenfalls Sachverständigengutachten einzuholen sind. Spendel führt richtig aus, dass der Richter "zuerst und hauptsächlich konkrete Tatsachen ermitteln und einen bestimmten Sachverhalt aufklären muss".[789] Das gleiche gilt im Zivilprozess, soweit im Rahmen der Verhandlungsmaxime über einen bestimmten Sachverhalt Beweis erhoben wird. Hierbei gibt es grundsätzlich keine Begrenzung mit Rücksicht auf die Art des zu ermittelnden Sachverhalts.

---

[784] Klaus Adomeit, Rechtswissenschaft und Wahrheitsbegriff, in: Jus 1972, S. 628, 632

[785] Klaus Adomeit, Rechtstheorie für Studenten, 2. Aufl., Heidelberg, Hamburg 1981, S. 30 ff. und in Jus, aaO., S. 629 f.

[786] Klaus Adomeit, Rechtstheorie für Studenten, aaO., S. 37

[787] in JuS, aaO., S. 630

[788] Kleinknecht-Meyer, Kommentar zur StPO, 36. Aufl. 1983, § 244 Randnr. 3

[789] Spendel, aaO., S. 466

Die in § 244 StPO für das Strafrecht gesetzten Grenzen gelten nicht von vornherein für unerklärliche Tatsachen. In § 244 Abs. 2 wird die Beweisaufnahme auf alle für die Entscheidung bedeutsamen Tatsachen und Beweismittel erstreckt. Nur wenn die "Beweisbehauptung" absurd und deshalb nach vernünftigem Denken keinem Beweise zugänglich ist, so ist der Beweisantritt nicht sachzugehörig.[790] Hier ging es um unsinnige und beleidigende Behauptungen bezüglich des jüdischen Volkes.

B. Mögliche Bedenken gegen die Berücksichtigung unerklärlicher Tatsachen.

Es fragt sich nun, ob eine solche "völlige Ungeeignetheit" gemäß § 244 Abs. 3 StPO dann gegeben ist, wenn das Vorliegen unerklärlicher Tatsachen behauptet wird.

a) Sind unerklärliche Tatsachen vor staatlichen Gerichten mit ausreichender Sicherheit feststellbar?

Zunächst ist festzustellen, dass insoweit das Beweisergebnis vor kirchlichen Gerichten nicht deswegen in sicherer und zuverlässiger Art und Weise gefunden werden kann, weil bei kirchlichen Gerichten auch Glaubensfragen eine erhebliche Rolle spielen. Bei der Beweiserhebung der Fakten wird dort ausschließlich geprüft, ob diese vorliegen, und zwar völlig unabhängig davon, ob und wie diese mit dem Glauben vereinbar sind. Von daher kann Freitag[791], dem Peterson im Ergebnis folgt[792], nicht gefolgt werden, der bei der Befragung eines Zeugen, der einen unerklärlichen Vorgang gesehen haben will, für die Beweiserhebung auch die Frage für erheblich hält, ob der Zeuge "einer Religionsgemeinschaft angehört, welche die Wirkung satanischer Kräfte als Dogma lehrt". Solch eine Frage mag in einer langen Vernehmung irgendwo auch einmal angedeutet werden, sie darf aber nicht entscheidend für die Beweiswürdigung sein. Wichtig ist, ob die Feststellungen mit ausreichender Sicherheit

---

[790] BGH Bd. 17 S. 28

[791] E. Freitag, Der Okkulttäter aus kriminalistischer Sicht, in: Parapsychologie und Okkultismus in der Kriminologie, Arbeitstagung der deutschen kriminologischen Gesellschaft vom 20. 05. 1978, Heidelberg 1979, S. 96

[792] F. Peterson, Die Beziehung der Kriminologie zum Aberglauben und Okkultismus, in: Parapsychologie und Okkultismus, aaO., S. 12 ff.

getroffen wurden und nicht, ob der Zeuge bestimmte Glaubensüberzeugungen hat, die ihm den jeweiligen Vorgang evtl. wahrscheinlicher erscheinen lassen als anderen. So hat der russische Amtsrichter in dem oben geschilderten Spukfall von Lipzy bezüglich der Tatsächlichkeit der äußeren Vorgänge keine Zweifel geäußert, obwohl er an die Existenz des Teufels nicht glaubte.

Man kann auch nicht den Weg von Gubisch gehen, der mehr oder weniger generell Zeugenaussagen für solche unerklärlichen Vorgänge als nicht ausreichend ansieht.[793] Hierzu macht der Fundamentaltheologe Lang folgende zutreffende Ausführungen, wobei es um Bewertung von Zeugen geht:[794]

"Es ist ein Fehlschluss zu behaupten, gegen die Wahrheit eines jeden Wunderberichtes stehe immer eine stärkere Gewissheit als für seine Wahrheit. Die letzte entscheidende Instanz für die Konstatierung eines historischen Ereignisses ist die unmittelbare Beobachtung oder das Zeugnis derer, die es unmittelbar erlebt haben. Man kann einwandfrei bezeugte Tatsachen nicht bestreiten deshalb, weil sie sich nicht in die erwartete Gesetzmäßigkeit einfügen. Man wird in solchen Fällen die Zuverlässigkeit der Bezeugung besonders kritisch prüfen, aber a priori könnte man sie nur dann verneinen, wenn eine absolute, metaphysische Unmöglichkeit vorläge. Die Gewissheit, die aus der Geltung der Naturgesetze gegen ein konkretes, einzelnes Wundergeschehen gewonnen werden kann, ist nur eine hypothetische Gewissheit, d. h. sie gilt nur unter der Voraussetzung, dass keine anderen Kräfte höherer Art eingewirkt haben.

Der Bericht zuverlässiger Zeugen, dass dieses bestimmte Ereignis faktisch geschehen ist, vermittelt eine unbedingte, direkte Gewissheit davon. Die hypothetische, aus der physischen Gesetzmäßigkeit abgeleitete Gewissheit muss aber gegen die unbedingte, durch direkte Bezeugung gewonnene moralische Gewissheit zurückweichen. Außerdem sind manche Wunderberichte so glaubwürdig bezeugt, dass ihre Ablehnung die Zuverlässigkeit jedes menschlichen Zeugnisses in Frage stellen und damit an den Grundlagen des menschlichen Zusammenlebens rütteln würde. Der Historiker hat festzustellen, wie es eigentlich war (L. v. Ranke). E. Bernheim hat in seinem Lehrbuch der historischen Methode (2. Aufl. 1894, S. 240 f.) als eine unzulässige Ausflucht erklärt, wenn man die Tatsächlichkeit gut beglaubigter Vorgänge nur deshalb anzweifeln oder wegleugnen wollte, weil die Berichterstatter in den Tatsachen selber Wunder erblickten.

---

[793] W. Gubisch, Hellseher, Scharlatane, Demagogen, München-Basel 1961, S. 28 f.

[794] Albert Lang, Fundamentaltheologie, Bd. 1, München 1962, S. 125, 126

Der Historiker hat nicht die Tatsachen nach seiner vorgefassten Meinung zurechtzurücken, sondern aufgrund der Tatsachen seine Vorurteile zu korrigieren."

Auch der Parapsychologe Mischo geht davon aus, dass sorgfältige Zeugenaussagen auf diesem Gebiet unter Einbeziehung objektiver Momente durchaus "jenen Grad der forensischen Gewissheit für sich beanspruchen können, den auch die Rechtsprechung zur Grundlage des Urteils akzeptieren würde". [795]

Dass die Beweisanforderungen bezüglich unerklärlicher Vorgänge außergewöhnlich streng sein müssen, ergibt sich schon aus der Tatsache, dass solche Vorfälle schon immer denkbar selten waren. Irrtums- und Täuschungsmöglichkeit müssen also bei solchen Vorfällen besonders eingehend geprüft werden. Unrichtig wäre es nur, mit Seelig[796] oder Graßberger[797] generell davon auszugehen, dass "okkulte Phänomene im Strafverfahren keinen Platz haben". Dass bei diesen Fragen viel Betrug im Spiel ist, führte schon Gatterer aus[798], der annahm, dass "bei professionellen Medien man ruhig annehmen könne, dass fast alle ihre Leistungen auf Betrug beruhten".

In diesem Zusammenhang wird auch der Vorfall eines Lehrlings gebracht, in dessen Beisein 1965 in Bremen Spukvorgänge, die von dem Freiburger Institut für Parapsychologie untersucht wurden, sich zugetragen haben sollten. Einige Jahre später soll dieser angegeben haben, er habe gewisse Phänomene selbst verursacht. Bender und Mischo haben dazu ihre Auffassung näher begründet, dass dieses Geständnis nicht richtig sein konnte.[799] Müller führt an, welche Täuschungsmöglichkeiten im einzelnen denkbar sind.[800]

Schon bei Kindern und Jugendlichen sind die Aussagen jeweils besonders eindeutig zu überprüfen. Undeutsch bringt außer diesen Fällen jedoch auch noch weitere, in denen aus irgendwelchen Gründen die Wahrnehmungsfähigkeit von Erwachsenen in Frage gestellt ist, ohne dass es dabei um unerklärliche Tatsachen geht.[801] Während Undeutsch, der selbst als Sachverständiger sehr häufig tätig war, eine solche Untersuchung von Zeugen bejaht, kommt Wüst in seiner juristischen Dissertation zu dem Ergebnis, dass der Richter in den meisten Fällen ohne Hilfe psychologischer Sachverständiger auskomme und

---

[795] J. Mischo, Parapsychologie und Wunder, Teil 3,. in: Zeitschrift für Parapsychologie 1971, S. 34

[796] Groß-Seelig, Handbuch der Kriminologie, Berlin 1954, S. 99

[797] R. Graßberger, Psychologie des Strafverfahrens, Wien 1968, S. 16

[798] Gatterer, Der wissenschaftliche Okkultismus und sein Verhältnis zur Philosophie, Innsbruck 1927, S. 73

[799] A. Bender und J. Mischo, Das "Geständnis" des Heiner Scholz, in: Zeitschrift für Parapsychologie 1978, S. 235 ff.

[800] L. Müller, Parapsychologie und Tricktäuschung, in: Zeitschrift für Parapsychologie 1978, S. 129 ff.

[801] U. Undeutsch, Beurteilung und Glaubhaftigkeit von Zeugenaussagen, Göttingen 1964, S. 45 ff., 138, 152

diese nur in Ausnahmefällen zu laden seien.[802] Während Witter bei unerklärlichen Vorgängen die Prüfung fordert, ob krankhafte Halluzinationen oder Illusionen vorliegen[803], stellen Schmeing[804] und Völkel[805] fest, dass eidetische Phänomene auch bei Gesunden auftreten. Schmeing, der häufig als Gutachter bei Gericht auftrat, betont, dass die eidetischen Erscheinungen bei Kindern und auch Erwachsenen für die juristische Wahrheitsfindung von Bedeutung sein können.[806] Entscheidend jedoch ist, dass er, ebenso wie Völkel, zu Recht davon ausgeht, dass man die Eidetik durch entsprechende Überprüfungen feststellen könne und müsse und dass sie insbesondere langsam komme und erst nach einiger Zeit - wenn überhaupt - langsam wieder sich verliere.

Von Wimmer und anderen wird, wie oben ausgeführt, gern das Beispiel genannt, dass ein Taschendieb vor Gericht seinen Freispruch mit der Begründung beantragen könne, der betreffende Gegenstand sei im Wege der Levitation ohne sein Wissen in seine Tasche gekommen. Dem könnte man gegenüberstellen, dass die von vielen Autoren benutzte Begründung, der von den jeweiligen Zeugen behauptete unerklärliche Vorgang habe so nicht stattgefunden, da die Zeugen sich das nur im Wege der Eidetik selbst eingebildet hätten, auch zu unhaltbaren Folgen kommen kann. Ein Angeklagter könnte dann nämlich bei ihm unangenehmen Aussagen von Zeugen auch einfach behaupten, diese seien durch die Eidetik zu erklären, aber nicht real gewesen.

Man muss noch weiter gehen: Gerade wenn die Ansicht Wimmers und vieler anderer richtig wäre, echte Erscheinungen von außen beruhten auch dann auf einem Irrtum von Zeugen, wenn diese weder krankhaft noch eidetisch veranlagt und auch im übrigen im Einzelfall völlig glaubhaft seien, so müßten sie für unfähig erklärt werden, überhaupt sichere Beobachtungen treffen zu können. Das wurde oben bei den Erscheinungen von Guadalupe näher dargelegt, wo der Erscheinung selbst unerklärliche, aber sonst völlig normale Phänomene einer plötzlichen Lichtfülle und unerklärlicher Musik vorangingen. Wenn man dem Seher und Zeugen Juan Diego dort schon nicht abnimmt, plötzlich Licht und Musik festgestellt zu haben, nur weil sie dort unerklärlich waren, so könnte man das theoretisch bei jeder Beobachtung

---

802 A. Wüst, Richter und psychologischer Sachverständiger im Strafprozess, München 1968, S. 141

803 H. Witter, Grundriss der gerichtlichen Psychologie und Psychiatrie, Berlin 1970, S. 72 f.

804 K. Schmeing, Justiz und Eidetik, in: Monatsschrift für Kriminalbiologie und Strafrechtsreform, 1937, S. 116 ff.

805 H. Völkel, Zur kriminalpsychologischen Bedeutung der Eidetik, in: Monatsschrift für Kriminalpsychologie, 1958, S. 34 ff.

806 aaO., S. 119

eines Zeugen, die einem nicht passt. Man darf also nicht in einer Art vorweggenommener Beweiswürdigung behaupten, dass unerklärliche Vorfälle nie passiert sein können, sondern muss immer den Einzelfall durchprüfen.

Gollwitzer[807] fordert, dass eine richterliche Entscheidung auf einer tragfähigen, verstandesmäßig einsichtigen Tatsachengrundlage beruhen muss. Die Denkgesetze und die gesicherten wissenschaftlichen Erkenntnisse müßten ebenso beobachtet werden wie das vielfältige Erfahrungswissen, das aus der Lebenskenntnis und den Erkenntnissen der hereinspielenden Wissenszweige erwachse. Die Überzeugung müsse sich auf rationelle Überlegungen von intersubjektiver Gültigkeit stützen, die mit dem heutigen Bildungsgut und Wissenschaftsstand vereinbar seien. Nicht von Tatsachen verstandesmäßig ableitbare Einsichten reichten nicht aus.

Diese Anforderungen stehen der Anerkennung unerklärlicher Vorfälle nicht entgegen. Entscheidend ist nur, ob die entsprechende Tatsache wirklich festgestellt wurde. Dann kann sie auch als Grundlage von Einsichten gelten. Dass sie in sehr seltenen Ausnahmefällen auch unerklärlich sein kann, lehrt die Lebenskenntnis der im ersten Hauptteil aufgeführten Fälle. Die Denkgesetze geben nur den Regelfall an, ohne diese Ausnahmen je ausschließen zu wollen und zu können.

Im Zusammenhang mit der Behandlung der Dialektik weist Adomeit darauf hin, dass weder die Wirklichkeit einer Kontrolle durch das Denken unterworfen werden könne, was nie gelingen könne, noch dürfe das Denken mit seinen Ergebnissen einer Kontrolle durch die Wirklichkeit entzogen werden. Schon Hegel sollte auf die Frage, wie es stünde, wenn sich die Tatsachen seinem System nicht fügen wollten, geantwortet haben: "Um so schlimmer für die Tatsachen!"[808] Beweiskräftig festgestellte Tatsachen müssen in jedem Fall beachtet werden, auch wenn sie in eine bestimmte Theorie nicht passen. Es muss bei dem altrömischen Satz verbleiben: "Contra facta non valent argumenta = Gegen Tatsachen können Argumente nichts ausrichten."

Nach allem kann und muss das Gericht auch bei behaupteten unerklärlichen Tatsachen, soweit diese beweiserheblich sind, in eine eingehende Beweisaufnahme eintreten, wobei denkbar strenge Beweisanforderungen im Einzelfall sich aus der Natur der Sache ergeben.

---

[807] Gollwitzer, in: Löwe-Rosenberg, Kommentar zur Strafprozessordnung § 261 Randziff. 57
[808] Klaus Adomeit, Rechtstheorie für Studenten, 2. Aufl., Heidelberg, Hamburg 1981, S. 68

b) Können die staatlichen Gerichte für die Ursachen der unerklärlichen Tatsachen Feststellungen treffen?

Schon im Seligsprechungsprozess und anderen kirchlichen Überprüfungsverfahren, in denen sehr eindeutig auch zu der Frage Stellung genommen wird, ob ein bestimmtes Wunder als von Gott gewirkt angesehen werden kann, wird schon bei diesen Fragen vom Sachverhalt her mit einem anderen Kausalitätsbegriff bezüglich der Ursache gearbeitet als es sonst geschieht. Wenn geprüft wird, ob ein bestimmtes Wunder auf die Fürsprache eines bestimmten Menschen gewirkt wurde, so weiß man einmal, dass dieses Wunder nicht etwa von den Menschen selbst direkt gewirkt werden konnte. Zum anderen weiß man, dass dieser auch nicht direkt auf Gott in dem Sinne einwirken konnte, dass das Erbetene auch tatsächlich geschieht. Wenn im Seligsprechungsprozess der Nachweis mehrerer auf die Fürsprache des Betreffenden hin von Gott gewirkten Wunder erforderlich ist, so kann das niemals heißen, dass nicht Gott in seinem Plan dieses Wunder auch ohne die Bitten von bestimmten Lebenden zu dem Verstorbenen, um den es geht, gewirkt hätte. Man kann und will auch nicht ausschließen, dass noch andere Heilige oder Verstorbene um die Heilung in auswegloser Situation um Fürsprache gebeten wurden. Gefordert ist nur der Nachweis, dass einmal eindeutig zu dem Verstorbenen um Fürsprache gebeten wurde und dass zum anderen danach ein eindeutiges Wunder nachgewiesen ist.

Während aber kirchliche Gerichte mit den Mitteln des Glaubens und der Lehre prüfen können und müssen, ob der bestimmte unerklärliche Vorgang von Gott gewirkt wurde, so kann und darf eine solche Prüfung bei unerklärlichen Vorgängen vor staatlichen Gerichten nicht erfolgen. Das folgt schon daraus, dass staatliche Gerichte als solche gar nicht die Mittel des Glaubens und der Lehre zur Anwendung haben, welche erforderlich sind, um die Herkunft der Kräfte festzustellen. Bei dieser Frage kann man, wie oben dargelegt, ohnehin die naturwissenschaftlich nachweisbaren Grundsätze der Kausalität nicht anwenden. Mit diesen Grundsätzen kann das staatliche Gericht sehr wohl das Vorliegen einer unerklärlichen Tatsache feststellen, nicht aber deren Herkunft. Es kann diese unerklärliche Tatsache feststellen, aber nicht deren Interpretation geben.

Dass man bei der Frage der Bewirkung der unerklärlichen Tatsachen zu unrichtigen Ergebnissen kommt, wenn man den Maßstab des Glaubens und der Lehre nicht anlegen kann, ergibt auch ein Blick auf die Parapsychologie. Insbesondere ihr führender deutscher Vertreter Hans Bender betont seit

Jahrzehnten immer wieder mit den anderen Parapsychologen, dass die unerklärlichen Vorgänge im religiösen Zusammenhang genauso auch im außerreligiösen Bereich zu finden seien. Hiermit soll dann gesagt werden, dass die von der Kirche getroffene Feststellung der göttlichen Bewirkung eines bestimmten Wunders nicht haltbar sei und dass insbesondere die oben zitierte Beweiskraft des Wunders gemäß dem ersten Vatikanischen Konzil wie auch etwa die Merkmale zur Feststellung der Besessenheit nicht stimmten.[809] Tatsächlich lässt sich ein religiöser und außerreligiöser Bereich insoweit gar nicht trennen. Die Kirche weiß in ihren Prozessen genau, dass bestimmte Phänomene für sich allein noch keinen Aufschluss über die Frage des Woher geben. So war z. B. die Kraft, die den Pater Pio hochhob und gegen die Wand warf und die anderen Quälereien durchführte, nach kirchlichem Urteil eine andere als diejenige, die ihn hochhob, als er die hl. Messe las oder die in dem oben genannten Fall dem hl. Joseph von Copertino half, schwebend ein Kreuz in den Boden zu setzen.

Der von diesen Parapsychologen z. B. immer wieder gebrachte Hinweis, dass die beim Exorzismus festgestellte Tatsache, dass die gequälte Person ihr völlig unbekannte Sprachen wie etwa Chinesisch genau verstand und auch darin antwortete, ebenso in Afrika oder in der Südsee außerhalb eines formellen Exorzismus festgestellt worden sei, kann weder - wie schon oben angeführt - als "natürliche Erklärung" angegeben noch als nicht aussagekräftig hingestellt werden. Wenn auch beim besten Willen keine natürliche Erklärung für diese Phänomene gefunden werden kann, so liegt sie auch nicht darin, dass ein ähnlicher Vorgang sich an anderer Stelle auch ereignet hat, ob nun innerhalb oder außerhalb eines religiösen Zusammenhanges. Man kann nur sorgfältig überprüfen, ob ein bestimmtes Faktum durch Naturgesetze erklärbar ist oder nicht. Wenn sich die Unerklärbarkeit ergibt, so kann man die Herkunft der entsprechenden Kräfte weder vor staatlichen Gerichten oder Behörden untersuchen noch naturwissenschaftlich feststellen, da dieser Bereich zur Entscheidung von Glaubensfragen nicht berufen ist.

Im übrigen ist auch sachlich gar nicht einmal richtig, dass die unerklärlichen Vorfälle, welche einem Wunder zugrunde liegen, "in der Parapsychologie", also im außerreligiösen Rahmen, genauso vorkommen. Hans Bender hat dem Verfasser selbst mit Brief vom 19. November 1984 mitgeteilt, dass ein Vorgang wie das Wunder von Calanda mit dem plötzlich nachgewachsenen

[809] H. Bender, Umgang mit dem Okkulten, Freiburg 1984, S. 101 ff.

Bein - seine Tatsächlichkeit einmal unterstellt - im parapsychologischen Bereich nicht festgestellt worden sei. Bekanntlich werden in Lourdes abertausende von Heilungen untersucht. Als völlig unerklärlich wurden jedoch nur ca. 70 anerkannt. Dass solche ganz außerordentlichen Heilungen auch schwerer organischer Krankheiten im außerreligiösen Bereich stattgefunden haben, hat der Verfasser auch noch nicht feststellen können, ebensowenig, dass aus Gips nicht nur eine Flüssigkeit, sondern eine solche in der Zusammensetzung menschlicher Tränen oder mit einem intensiven Rosenduft kommt. Darauf kommt es aber gemäß den obigen Ausführungen nicht entscheidend an.

Oben wurde schon ausgeführt, dass das Reichsgericht entscheidend auch auf die Frage der Kausalität abhob. Auch der Bundesgerichtshof hat in seinem Urteil vom 13. September 1977[810], in dem es um die Frage des Verstoßes gegen § 5 des Heilpraktikergesetzes ging, diese Fragestellung richtig gesehen. Ein Angeklagter behauptete, dass seine "Behandlung" Kranker deswegen nicht als "Heilen" im Sinne des Gesetzes anzusehen sei, da er zu Gott um die Heilung des Kranken gebetet habe. Der BGH ging dabei also zu Recht davon aus, dass das bloße Beten um Heilung eines Kranken nicht als Heilen im Sinne des Gesetzes angesehen werden kann, da hierbei vorausgesetzt ist, dass nicht der Betende selbst, sondern Gott die Heilung bewirken soll. Man kann auch im Sinne naturwissenschaftlicher Kausalität nicht auf Gott einwirken, dass er die Heilung vornimmt. Der BGH warf dann dem Angeklagten jedoch vor, er habe behauptet, dass in Verbindung mit dem Gebet die Heilkräfte von ihm ausgehen würden, die dann den Kranken heilen. Hier wurde also eine direkte Kausalität zwischen dem Betenden und dem Kranken behauptet, die es tatsächlich nicht geben kann. Es liegt Betrug vor.

---

[810] in NJW 1978, S. 599

5

Konkreter Vorschlag zur Lösung des Problems: Abgestufte Verwertungsmöglichkeit der Beweisergebnisse über unerklärliche Tatsachen.

A. Erste Stufe: Grundsätzliche Berücksichtigung aller unerklärlichen Tatsachen, soweit sie äußerlich feststellbar sind, durch staatliche Gerichte und Behörden.

Es ist kein Grund ersichtlich, weswegen eine unerklärliche, aber äußerlich feststellbare Tatsache im Falle der Beweiserheblichkeit von staatlichen Gerichten oder Behörden nicht berücksichtigt werden sollte. Im Gegenteil: Es wäre eine denkbar schwere Missachtung der geltenden prozessualen Grundsätze, wenn ein solcher unter Beweis gestellter und beweiserheblicher äußerlich feststellbarer Vorgang nur deswegen nicht berücksichtigt und von vornherein als nicht bestehend angesehen würde, da er den Naturgesetzen widerspricht und selten vorkommt. Dass bei einem solchen Vorgang die Beweisanforderung außerordentlich streng sein müßte, wurde oben dargelegt. Wichtig bei der Beweiswürdigung ist allerdings andererseits, dass diese Vorkommnisse zwar äußerst selten, aber doch im Laufe der Geschichte insgesamt relativ häufig vorgekommen und entsprechend belegt sind.

Wenn also z. B. bei dem oben angeführten Fall der tränenden Madonna von Syrakus deren Eigentümer polizeiliche Hilfe zur Aufrechterhaltung von Sicherheit und Ordnung wegen des übergroßen Andranges angefordert und dieser verweigert worden wäre, so hätte z. B. das mit einem Antrag auf einstweilige Anordnung angemessener polizeilicher Maßnahmen angerufene Verwaltungsgericht die behauptete Tatsache als solche untersuchen müssen. Es hätte insbesondere nicht davon ausgehen dürfen, ob ein solcher Vorgang nur dem Wahn angehören könne mit der Folge, dass darüber überhaupt kein Beweis erhoben worden wäre. Tatsächlich hatte sich ja die Polizei in Syrakus eingeschaltet und die Figur der Madonna mit auf die Wache genommen, wo dann festgestellt wurde, dass die Tränen ohne jegliche Manipulationen kamen. Sie hat dann im Verwaltungswege entschieden, dass ein unerklärlicher Vorgang vorliegt. Andernfalls hätte sie nämlich gegen die Familie wegen Störung der öffentlichen Sicherheit und Ordnung vorgehen müssen.

Wenn tatsächlich die Bewacher des hl. Hieronymus Aemiliani (1481 - 1537) wegen Gefangenenbefreiung belangt worden wären, hätte das damalige Gericht über die vom hl. Hieronymus behauptete Befreiung auf sein Gebet durch die Gottesmutter, dass die Ketten von ihm abfielen, die Türen sich öffneten und er durch die Wachen hindurchgeführt wurde, Beweis erheben müssen. Über die Bewirkung des Gebetes und ob es die Gottesmutter war, die ihm erschien, hätte das Gericht natürlich keinerlei Ausführungen machen können, sondern nur zu den äußeren Fakten der Befreiung. Eine Beweisaufnahme wäre außerordentlich schwierig gewesen. Aber da vermutlich eine ganze Reihe von Soldaten die Wache an den verschiedenen Toren vorgenommen hatten, hätte schon ein einigermaßen einleuchtendes Motiv vorliegen müssen, weswegen alle diese Soldaten wegen eines jungen feindlichen Offiziers sich einer solchen Gefangenenbefreiung schuldig machen sollten, zumal er ihnen vorher im Kampf einen außerordentlichen Widerstand geleistet hatte. Dass solche Befreiungen ebenfalls aus der Bibel bekannt waren, wäre auch ein Gesichtspunkt gewesen, der Berücksichtigung hätte finden müssen. Es kann dahinstehen, wie die Beweisaufnahme letztlich ausgegangen wäre. Es wäre aber ein Fehlurteil gewesen, die Wachsoldaten einfach deswegen zu bestrafen, weil außer ihnen kein Dritter als Befreier des Hieronymus Aemiliani in Frage gekommen wäre.

Wenn in dem oben aufgeführten Fall der Wiedererweckung des H. Genin 1623 auf die Fürsprache des späteren Heiligen Franz von Sales z. B. der Wiedererweckte Schmerzensgeld vom Eigentümer der evtl. defekten Brücke verlangt hätte, so hätte auch hier das Gericht in eine Beweisaufnahme über die äußeren Fakten eintreten müssen. Das Gericht hätte nicht die Klage deswegen abweisen dürfen, weil der Wiedererweckte offensichtlich nicht derjenige sein könne, der von der Brücke gefallen war, da dieser 6 Stunden im Wasser gelegen hätte mit den entsprechenden Folgen. Er könne also folglich jetzt nicht mehr vor Gericht stehen und sei nicht klagebefugt.

Wegen der oben geschilderten Quälereien des Pater Pio musste dieser wegen der erheblichen Verletzungen im Krankenhaus ärztlich behandelt werden. Wenn nun z. B. die Krankenkasse die Zahlung dieser Kosten verweigert hätte, weil er sich die Verletzungen im voll zurechnungsfähigen Zustand selbst beigebracht hätte, so wäre das angegangene Gericht verpflichtet gewesen, über das behauptete Zustandekommen der Verletzungen Beweis zu erheben. Auch hier hätte in keiner Weise überprüft werden dürfen, ob eine dämonische Macht diese Quälereien durchgeführt hat. Beweiserheblich wäre nur die Behauptung gewesen, dass eine unerklärliche Kraft den Pater hochgehoben und z. B. gegen die Wand geworfen hätte, wenn die Beweisaufnahme im übrigen ergeben hatte, dass er sich die Verletzungen nicht selbst beigebracht hatte.

In ähnlicher Weise könnten auch bezüglich der anderen oben geschilderten unerklärlichen Tatsachen gedachte Fälle vor Gericht konstruiert werden, wobei für die äußeren Fakten Beweis hätte erhoben werden müssen.

Wie schon im vorhergehenden Abschnitt 4) dargelegt, muss das Gericht nicht nur von jeglicher Überprüfung der Herkunft der unerklärlichen Kräfte absehen, sondern darf auch keinerlei Kausalität zwischen dem Wunsch oder der Bitte eines Menschen in Bezug auf das Bewirken der unerklärlichen Tatsache annehmen.

Auch hier seien zur Erläuterung Beispiele gebracht: Oben wurde dargelegt, dass im Mai 1705 der Jesuit Antonius Baldinucci unter einer großen Ulme dem Volk sagte, dass die Seelen in die Hölle stürzen würden wie Blätter von dem Baume fallen, unter dem er stand, worauf dann sämtliche Blätter von dem Baum abfielen, während das bei allen anderen Bäumen nicht geschah, da es völlig windstill war. Wenn nun der Eigentümer dieses Baumes den Pater auf Schadenersatz verklagt hätte, weil auf seine Predigt hin alle Blätter abfielen, so hätte die Klage ohne jede Beweisaufnahme abgewiesen werden müssen. Es war zwar offensichtlich, dass die Blätter nach den Worten des Paters abfielen. Hier liegt jedoch keine Kausalität im Sinne einer direkten Einwirkung des Paters auf das Abfallen der Blätter vor. Und nur eine solche direkte Kausalität, die naturwissenschaftlich nachzuweisen wäre, dürfte vor einem staatlichen Gericht berücksichtigt werden. Unerklärliche Vorfälle sind ja gerade deswegen unerklärlich, weil eine Kausalität im naturwissenschaftlichen Sinne auszuschließen ist. Der Jesuit Baldinucci hat natürlich im übrigen nie einen Zweifel daran gelassen, wer die wirkliche Ursache des Herabfallens der Blätter war.

Oben wurde von den mehrfachen Höllenvisionen der 1923 verstorbenen Ordensschwester Josefa Menéndez berichtet. Nachdem die umstehenden Schwestern um ein Zeichen baten, wurde zugelassen, dass jeweils am Schluss der Ekstase Josefas Kleidung und Bettwäsche plötzlich brannten, so dass sie auch selbst etliche Brandwunden davontrug. Unabhängig davon war jeweils im Raum ein unerträglicher Gestank. Da auch hier jegliche feststellbare Kausalität fehlt, könnten die Schwestern für den Schaden oder die Heilungskosten in keiner Weise in Anspruch genommen werden.

Umgekehrt könnte z. B. bei einer als unerklärlich anerkannten Heilung in Lourdes oder Fatima kein Mensch für die Heilung als solche von dem jeweils Geheilten eine Bezahlung verlangen, sondern nur z. B. für die ärztliche Tätigkeit im übrigen.

So hat das Reichsgericht insoweit in der oben zitierten Entscheidung[811] festgestellt, dass die dortige Angeklagte schon deswegen nicht wegen ihres Bemühens, ihren Ehemann durch Beschwörungen töten zu lassen, bestraft werden konnte, da auf solche behaupteten unerklärlichen Kräfte jedenfalls ein Mensch keinen Einfluss nehmen könne.

Nach allem müssen staatliche Gerichte zwar die unerklärlichen Tatsachen als solche, soweit sie äußerlich feststellbar waren oder sind, berücksichtigen, wenn auch an die Beweisforderung äußerst strenge Maßstäbe gesetzt werden müssen. Andererseits kann und darf es aber weder prüfen, woher die Kräfte für diese unerklärlichen Tatsachen kommen, noch darf es diese, wenn eine natürliche Kausalität aufgrund der Naturgesetze nicht festzustellen ist, den Beteiligten in irgendeiner Form - sei es zum Vorteil oder zum Nachteil - zurechnen.

Man kann auch nicht die Tatsächlichkeit der unerklärlichen Vorgänge zwar anerkennen, aber trotzdem ihrer Verwertung durch staatliche Gerichte oder Behörden widersprechen. Wenn man diese Auffassung damit begründen würde, dass vor staatlichen Stellen nur das Anerkennung finden kann, was durch Naturgesetze erklärbar ist, so würde das vielleicht zunächst manchem einleuchten: Diese Stellen seien schließlich an die Grundsätze der Wissenschaften gebunden und könnten daher nicht berücksichtigen, was diesen widersprechen würde. Für sie müßten also immer und in jeder Beziehung unerklärliche Tatsachen völlig unbeachtlich bleiben, diese müßten aus staatlichen Verfahren "herauskatapultiert" werden.

Diese Ansicht berücksichtigt zunächst nicht genügend, dass die Feststellung unerklärlicher Tatsachen keineswegs den Naturgesetzen widerspricht. Die Naturwissenschaftler stellen fest, nach welchen Gesetzen sich die Naturabläufe vollziehen. Sie sagen damit aber nicht, dass es nicht auch Vorfälle gibt, welche diesen Gesetzen widersprechen. Sie können nur bei einem bestimmten Ereignis sagen, ob und inwieweit es sich nach den Naturgesetzen

---

[811] RGSt 33, S. 321 f.

gerichtet hat. Ein staatliches Gericht würde also keineswegs die Erkenntnisse der Naturwissenschaft unbeachtet lassen, wenn es die Tatsächlichkeit eines unerklärlichen Vorfalls bejaht und diesen auch beachtet, wie es auch die kirchlichen Gerichte tun. Wie oben ausgeführt, beachten diese ganz besonders die Naturgesetze, da sie bei behaupteten Wundern denkbar eingehend prüfen, ob der zugrunde liegende Sachverhalt ohne den geringsten Zweifel natürlich nicht zu erklären ist oder ob es irgendeine, wenn auch noch so weit liegende Erklärung durch Naturgesetze geben kann.

Zum anderen wäre es für die Rechtsfindung unerträglich, wenn unerklärliche Tatsachen zwar eindeutig erwiesen, aber trotzdem nicht berücksichtigt werden dürfen, nur weil sie den Naturgesetzen nicht entsprechen. Wenn durch Filme, Fotos, zahllose Zeugenaussagen und Analysen festgestellt wurde, dass eine Madonna aus Gips - wie in dem oben geschilderten Fall der Tränenden Madonna von Syrakus - über mehrere Tage hinweg eine Flüssigkeit in der chemischen Zusammensetzung menschlicher Tränen ausscheidet, so würde es zu offensichtlich unerträglichen Ergebnissen führen, wenn staatliche Gerichte und Behörden bei ihren Entscheidungen so tun müßten, als ob es den Vorgang gar nicht gegeben hätte. Wenn bei dem oben geschilderten Wunder von Calanda/Saragossa der geheilte Miguel Pellicer öffentlich der Lüge bezichtigt worden wäre wegen seiner Behauptung, ihm sei sein vor ca. 3 Jahren abgenommenes Bein plötzlich wieder angewachsen, so würde man ihm jeglichen Rechtsschutz verweigern mit dem Einwand, vor staatlichen Gerichten bliebe der von ihm behauptete Sachverhalt gänzlich unbeachtlich, da dieser den Naturgesetzen widersprechen würde.

B. Zweite Stufe: Bei Erscheinungen können staatliche Gerichte und Behörden nur das äußere Phänomen als solches, aber nicht die Äußerungen und die behauptete Identität berücksichtigen.

Nach den obigen Grundsätzen müssen die staatlichen Gerichte und Behörden zwar im Einzelfall anerkennen, dass es Erscheinungen als Faktum gibt. Wenn im Einzelfall jeglicher begründete Verdacht auf unbewusste oder bewusste Täuschung mit völliger Sicherheit auszuschließen ist, was in solchen Fällen immer ganz besonders sorgfältig zu überprüfen wäre, und wenn auch krankhafte Halluzinationen oder Illusionen bzw. eine eidetische Veranlagung auszuschließen sind, so würde es gerade den Grundsätzen der Naturwissenschaften, insbesondere der medizinischen Wissenschaft widersprechen, wollte man trotzdem in einem solchen Falle eine Erscheinung ausschließen. Hierbei soll gar nicht einmal berücksichtigt werden, dass in vielen Fällen in Verbindung mit den Erscheinungen auch körperlich feststellbare Tatsachen auftreten, wenn z. B. im Wege der Bilokation wie bei Pater Pio oder anderen oder durch Engel in sinnlich feststellbarer Erscheinung die Kommunion gebracht wurde.

Auch ohne solche zusätzliche Feststellungen bleibt ein bloßes Faktum, wenn auch besonderer Art, bestehen.

In der Wertung der Erscheinungen ergibt sich ein entscheidender Unterschied zwischen den kirchlichen und den staatlichen Gerichten. Bei den kirchlichen Überprüfungen wird sehr eingehend mit dem Maßstab des Glaubens, der Lehre und anderen Mitteln geprüft, ob die jeweilige Erscheinung auch die Person war, die sie angab zu sein. Solche Überprüfungen kann und darf das staatliche Gericht nicht vornehmen. Es kann zwar entgegennehmen, wie sich die Erscheinung bei dem jeweiligen Menschen darstellte. Hierbei muss es jedoch strikt verbleiben, insbesondere muss offenbleiben, ob die Angabe zutraf.

Im Leben vieler Heiliger, bei denen häufig Erscheinungen vorkamen, ist nachzulesen, wie sie sich immer wieder vor Täuschungen zu bewahren hatten. Als ein Beispiel unter vielen sei die Heilige Gemma Galgani (1878 - 1903) gebracht. Sie hatte viele Erscheinungen und sah über lange Jahre ihres Lebens ihren Schutzengel in sichtbarer Gestalt, mit dem sie sich unterhielt und der ihr Ratschläge erteilte. Sie erhielt nur von ihrem Beichtvater den Befehl, jede Erscheinung durch das Kreuzzeichen oder das Weihwasser zu überprüfen.[812] Vielfach wurde der Erscheinung auch aufgegeben, etwa den Satz "Jesus, ich liebe dich" auszusprechen. Wenn die Erscheinung ein Dämon in Engelsgestalt war, so konnte diese den Satz nicht aussprechen. In einem solchen Falle löste sich daraufhin bei Gemma Galgani die Erscheinung in ein Nichts auf und es verblieb sichtbar ein Haufen Asche.[813]

In dem oben von Blasig (S. 226) angeführten Fall, in dem während des Zweiten Weltkrieges die Offiziere fluchtartig den von ihnen als Kasino benutzten Gemeinschaftsraum der Ursulinen verließen, als ihnen die Ordensgründerin gebietend erschien, hätte also die vorgesetzte Militärbehörde das

---

[812] J. F. Villepelée, Die Torheit des Kreuzes, die Heilige Gemma Galgani, Hauteville Schweiz, 1978, S. 146

[813] Annette di Rocco, Über den Teufel und sein Wirken, Gröbenzell 1966, S. 129

Faktum der Erscheinung als solches hinnehmen müssen. Sie hätte nicht sämtliche dortigen Offiziere zu psychisch Kranken mit Halluzinationen oder zu Eidetikern machen können. Das hätte andernfalls die Behörde aber tun müssen, da alle Offiziere offensichtlich unabhängig voneinander dieselbe Erscheinung sahen. Diese hatte dann auf alle auch die gleiche Wirkung. Tatsächlich hatten sie den Raum in Zukunft nicht mehr betreten. In einem gedachten Disziplinarverfahren wegen einer evtl. Weigerung, diesen Gemeinschaftsraum der Schwestern als Kasino beizubehalten, hätte das Faktum der Erscheinung als Grund für die Weigerung beachtet werden müssen. Wer es gewesen war, hätte nicht untersucht werden können.

Ähnliches gilt in dem oben geschilderten Fall, als am 06. Februar 1886 der bekannte italienische Heilige Don Bosco im Wege der Bilokation dem Heimleiter Don Brando in dem Jugendheim in Barcelona erschien, mit ihm durch die Räume ging und dabei eingehend mit ihm Angelegenheiten der Heimleitung besprach. Dass die Erscheinung erfolgt war und die Beleuchtung von selbst anging, hätte in einem gedachten Fall die zuständige staatliche Aufsichtsbehörde berücksichtigen müssen, wenn etwa jemand ein Aufsichtsverfahren mit der Begründung gefordert hätte, ein Mann mit solchen Halluzinationen könne nur psychisch krank und nicht geeignet zur Heimleitung sein. Der Inhalt der Gespräche hätte jedoch nicht berücksichtigt werden dürfen.

C. Dritte Stufe: Nicht-Berücksichtigung von Hellsehen, Vorhersagen und Prophezeiungen durch staatliche Gerichte und Behörden.

Aus dem Vorhergehenden unter A) und B) folgt schon, dass staatliche Gerichte und Behörden in ihren Verfahren solche Vorhersagen nicht auf ihren Wahrheitsgehalt überprüfen können und dürfen, da dieses nur mit Hilfe des Glaubens und der Lehre möglich wäre. Die Angaben von Hellsehern müssen in staatlichen Verfahren erst recht unberücksichtigt bleiben, da sie diese auf Grund innerer Eingebungen o. ä. machen.

Es ist somit nicht dem juristischen Hochschullehrer Bernd Bender - er unterstützte sehr den Parapsychologen Hans Bender - zu folgen, der nur deswegen bei einer gesetzlichen Gestaltung des Berufes eines "Diplom-Wahrsagers" Bedenken hat, weil es sich hier nicht um die Ausübung einer wissenschaftlichen Tätigkeit handele und es auch an einer genügenden Zahl von wissenschaftlich qualifizierten, zur Prüfung befähigten Sachverständigen fehle.[814] Er wendet sich in dem Aufsatz gegen eine Entscheidung des Staatsgerichtshofs Baden-Württemberg vom 15. Februar 1964[815], wegen Artikel 28 b des Württembergischen Polizeistrafengesetzes nach dem Stand von 1964, wonach Wahrsagen gegen Entgelt und "ähnliche Gaukeleien" mit Strafe bedroht wurde. Er meint, dass von den Gerichten und Behörden sehr wohl parapsychologische Sachverständige zur Aufklärung herangezogen werden sollen.

Was für Worte von sinnlich wahrnehmbaren Erscheinungen gilt, hat natürlich auch allgemein für innere Eingebungen und sog. Auditionen zu gelten. Hierzu sei ein Zitat aus dem spiritistischen Bereich angemerkt, das Siegmund anführt.[816] Er zitiert eine Stelle aus dem Buch von Eva Herrmann `Von drüben`, Botschaft, Information und praktische Ratschläge, Remagen 1976. Diese Autorin hat sich über viele Jahre als "Medium" ausbilden lassen und darauf gewartet, Botschaften aus der jenseitigen Welt zu erfahren. Auf Seite 20 schreibt sie dann:

"Endlich, nach fast zwanzig Jahren Wartezeit, öffnete sich das Tor. Mein Glück war unbeschreiblich! Ich hörte, und ich schrieb das Gehörte auf! Sehr bald aber musste ich entdecken, dass es Lügen waren, die ich bebenden Herzens Tag und Nacht zu Papier brachte. Und nicht nur das! Die mich nach einer so vernichtenden Entdeckung mit liebevollen Worten zu trösten versuchten, brachen plötzlich in ein höllisches Hohngelächter aus und entpuppten sich ebenfalls als Dämonen. Die Sprache, deren sie sich bedienten - wenn sie nicht gerade meine Schutzgeister nachäfften, was sie glänzend fertigbrachten -, war das Abscheulichste und Obszönste, was man sich denken kann. Kurz, es war alles dazu angetan, mich entweder ein für allemal von meinem Vorhaben abzubringen oder aber mich in den Wahnsinn zu treiben."

Staatliche Gerichte und Behörden können sich auf solche Art von Angaben nicht stützen. Sie können nur solche Aussagen berücksichtigen, für die sie auch Mittel haben, um die Glaubwürdigkeit zu überprüfen. Da ihnen diese Mittel bei Vorhersagen fehlen, dürfen sie diese auch nicht berücksichtigen.

Die staatlichen Stellen können nicht über Glaubensfragen Entscheidungen treffen. Man kann überhaupt nur an die Wertung von Aussagen bei Erscheinungen herangehen, wenn man sich auf Fragen des Glaubens einlässt, ob es gute und böse Engel, d. h. personale körperlose Wesen und die anderen Aussagen und Feststellungen des Glaubens gibt. Es wurde schon aufgezeigt, dass die katho-

---

[814] B. Bender, Gaukeleivorschriften und Verfassung, in: Die öffentliche Verwaltung 1965, S. 326, 329
[815] in: JZ 1964, S. 501
[816] G. Siegmund, Ist mit dem Tod alles aus?, Leutesdorf, 1983, S. 18

lische Kirche bei der Erteilung der kirchlichen Druckerlaubnis für Aussagen aus Erscheinungen und anderen Offenbarungen niemals bestätigt, dass diese wirklich auf die angenommene übernatürliche Art und Weise zustande kommen. Sie bestätigt nur, dass diese Aussagen nicht im Widerspruch zu der von ihr verkündeten Lehre stehen, wenn sie in einigen Fällen diese Aussagen sehr wohl auch im pastoralen Bereich als solche verwendet. Wenn also schon die Kirche aus den sogenannten Privatoffenbarungen keine Lehrsätze ableitet, sondern umgekehrt jene an diesen misst, so kann erst recht der Staat nicht anders handeln, der gar keine Glaubenslehre zu vertreten hat.

Es kann daher auch weder Walter[817] noch Gruhle[818] gefolgt werden, die beide betonen, dass Hellseher als Sachverständige sehr wohl von der Rechtspflege und in der Kriminalistik einzusetzen seien. Sie meinen beide, dass das Hellsehen positive Ergebnisse zeigen könne, wenn dies "in der richtigen Weise" geschehe. Sie können aber nicht aufzeigen, mit welchen Mitteln nun die Richtigkeit solcher Angaben von Hellsehern überprüft werden soll. Ihnen bleibt ausschließlich die spätere Rückschau. Sie berücksichtigen auch zu wenig, dass ganz offensichtlich nur ein geringer Prozentsatz solche Angaben von Hellsehern sich im nachhinein als irgendwie brauchbar erwiesen haben soll, wie es selbst Hans Bender als Sachverständiger in dem o. a. Verfahren dargelegt hat. Wenn die Hellseher auch nicht behaupten, ihre Angaben stammten von Erscheinungen oder Auditionen, so nehmen sie doch eine Art von Eingebung für sich in Anspruch, für welche ein staatliches Gericht erst recht keinen Maßstab bzw. Mittel zur Überprüfung der Richtigkeit hat. Das gleiche gilt für die von der Parapsychologie so bezeichnete "außersinnliche Wahrnehmung" insgesamt, also auch für die Telepathie, was die Übertragung bzw. Übernahme fremder seelischer und gedanklicher Inhalte ohne Zuhilfenahme der gewöhnlichen Sinne bedeuten soll.

Wollte man solche Aussagen ohne die Möglichkeit der vorherigen Überprüfung auf ihre Richtigkeit von Gerichten und Behörden übernehmen, so wäre die große Gefahr der Verfolgung Unschuldiger gegeben, und zwar nicht nur durch staatliche Organe, sondern es drohte insbesondere die tatsächliche Herabsetzung von Personen durch solche unrichtigen Aussagen, wofür oben ein Fall angegeben wurde.

---

[817] Gerda Walter, Aufklärung von Verbrechen durch Hellsehen, in: Neue Wissenschaft 1953, S. 86

[818] H. Gruhle, Die Verwendung der Hypnose und die Mitwirkung von Medien in der Rechtspflege, in: Zeitschrift für gesamte Neurologie und Psychiatrie, 1923, S. 82, 91

❻

Konkrete Anwendung dieser Grundsätze auf den Beschluss des Bundesgerichtshofes vom 21. Februar 1978 und das Urteil des Landgerichts Aschaffenburg vom 21. April 1978 im sogenannten Klingenberg-Fall.

A. Entscheidung des Bundesgerichtshofes vom 21. 02. 1978: Richtig im Ergebnis, unrichtig in Teilen der Begründung.

Nach allem ist dem Bundesgerichtshof im Ergebnis darin zuzustimmen, dass zur Frage, ob und ggfls. wo die nach Ansicht des Schwurgerichts getötete Frau noch lebe bzw. wo ihre Leiche sei, ein Sachverständiger nicht dazu gehört werden kann, ob eine bestimmte Frau die Gabe der Telepathie und des Hellsehens besitze. Der BGH hat zutreffend festgestellt, dass es "wissenschaftliche Erkenntnisse" gibt, denen eine unbedingte, jeden Gegenbeweis mit anderen Mitteln ausschließende Beweiskraft zukommt und die der Tatrichter als richtig hinnehmen muss, "wenn er ihre Grundlagen im einzelnen nicht selbst erschöpfend nachprüfen kann".[819] Zu diesen Erkenntnissen gehört, dass ein Gericht - wie oben näher ausgeführt - keinen Maßstab und keine Mittel hat, um vorher zu überprüfen, ob die aufgrund von Telepathie oder Hellsehen gemachten Angaben mit Sicherheit richtig sind. Das Gericht darf seine Entscheidung nicht auf Angaben stützen, von denen es weiß, dass sie durchaus auch falsch sein können.

Der damalige Leiter des Freiburger Instituts für Grenzgebiete der Psychologie und Psychohygiene Hans Bender wendet sich gegen dieses Urteil u. a. damit, dass ein parapsychologischer Sachverständiger hätte darlegen können, dass "Fähigkeiten einer Wahrnehmung außerhalb der uns bekannten Sinnesorgane" in solchen Fällen, wie die Erfahrungen zeigten, zu Erfolgen führen könnten. Sie könnten aber auch falsch sein, Aussagen eines Mediums könnten

[819] BGH, aaO., S. 1207

bestenfalls dem Finden dienen. Im übrigen gehörten die Ergebnisse der Parapsychologie nicht lediglich dem Glauben oder Aberglauben an.[820]

Der Jurist Bernd Bender hatte schon 1977 die Verwendung von parapsychologischen Sachverständigen in staatlichen Prozessen befürwortet, weil die entsprechenden Ergebnisse wissenschaftlich gesichert seien.[821] Zu dem obigen Beschluss des BGH nimmt er die gleiche Position ein. Die Hellseherin könne nur als Zeugin vernommen werden. Ein seriöser, parapsychologischer Sachverständiger könne darüber Auskunft geben, bei welcher Gelegenheit und mit welchen Methoden Phänomene wie Telepathie oder Hellsehen als existent festgestellt worden seien und ob ein Medium zuverlässige Antworten zu erteilen vermöge bzw. wie groß die Fehlerquote sei.[822] Es sei ferner eine erstaunliche Kompetenzüberschreitung des Gerichts, die Frage nach der Existenz bestimmter paranormaler Phänomene schlechthin zu verneinen bzw. prinzipiell als unbeweisbar anzusehen. Bemerkenswert ist sein folgender Satz, dass "diese Phänomene nach der Meinung einer Vielzahl kompetenter Wissenschaftler zwar nicht "erklärt", wohl aber mit wissenschaftlichen Methoden empirisch als existent nachgewiesen worden seien".[823]

Die Physiker und Parapsychologen Kornwachs und von Lucadou werfen dem BGH vor, er sei nicht hinreichend sachverständig auf dem Gebiet der Parapsychologie und Physik. Einer normativen Wissenschaft, wie sie die Jurisprudenz darstelle, sei es von ihrer Methodik und ihrem Gegenstand her nicht möglich, ein Methodenurteil über naturwissenschaftliche Untersuchungen abzugeben.[824]

Zu den beiden letzten Autoren ist zu sagen, dass die Gerichte sehr wohl darüber entscheiden müssen, ob die - insbesondere im Rahmen eines Sachverständigengutachtens - abgegebene naturwissenschaftliche Begutachtung überzeugend ist oder nicht. Das stellt keine Kompetenzüberschreitung dar.

Die beiden Autoren Bender sind auf den in dieser Arbeit als entscheidend angesehenen, oben näher begründeten, Gesichtspunkt, dass nämlich Hinweise

---

[820] H. Bender, Stellungnahme des Instituts für Grenzgebiete der Psychologie und Psychohygiene, der Bundesgerichtshof über Parapsychologie, eine Dokumentation, in: Zeitschrift für Parapsychologie, S. 119, 121

[821] Bernd Bender, Parapsychologie und Rechtsordnung, in: NJW 1977, S. 1977, 1989 ff.

[822] Bernd Bender, Juristischer Kommentar zum Revisionsurteil des BGH vom 21. 10. 1978, in: Zeitschrift für Parapsychologie 1978, aaO., S. 122

[823] aaO., S. 122

[824] K. Kornwachs, W. von Lucadou, Stellungnahme der mit dem Institut für Grenzgebiete der Psychologie und Psychohygiene zusammenarbeitenden Physiker, in: Zeitschrift für Parapsychol. 1978, aaO., S. 124

oder Voraussagen aufgrund "außersinnlicher Wahrnehmung" mangels eines zu Gebote stehenden Mittels zur Überprüfung der Richtigkeit bzw. Glaubwürdigkeit gar nicht vor Gericht verwertet werden dürfen, nicht eingegangen. Gerade weil nur ein bestimmter Prozentsatz solcher Angaben richtig ist, was dem BGH auch ohne Sachverständigengutachten klar war, dürfen solche Angaben überhaupt nicht vor Gericht verwertet werden.

Wenn also auch z. B. Mirjam Gzara[825] und Wimmer[826] insoweit zuzustimmen ist, als sie den Beschluss des BGH vom 21. Februar 1978 für richtig halten, so kann ihnen doch nicht darin gefolgt werden, dass sie auch die Begründung insgesamt für zutreffend halten. Gzara hat zwar zu Recht darauf hingewiesen, dass durch Hellsehen Unschuldige verdächtigt werden können[827], und es kann nicht verwundern, dass Wimmer, auf den sich der Bundesgerichtshof u. a. entscheidend stützt, das Urteil überaus begrüßt. Es kann aber seiner begeisterten Bezugnahme auf den Bundesgerichtshof insoweit, als es Kräfte, welche unerklärliche Tatsachen schaffen, nicht gebe[828], nicht gefolgt werden. Wie oben schon ausgeführt, hat Wimmer in diesem Aufsatz einen erheblichen Teil auch der im ersten Abschnitt dieser Arbeit genannten unerklärlichen Vorfälle angeführt und meint, sie seien nun alle durch das Urteil des BGH erledigt. So nennt er z. B. auch die Levitation und die Bilokation, ohne aber in dem anschließenden Literaturverzeichnis von 79 Titeln das oben mehrfach zitierte Buch von Thurston über die körperlichen Begleiterscheinungen der Mystik anzuführen, das er in einem Brief an den Verfasser und auch in einem anderen Aufsatz aufgeführt hat. In diesen Vorfällen geht es nicht um theologische Fragen, sondern um behauptete Tatsachen, deren Beweisangebote zu überprüfen sind, auch wenn sie häufig in religiösem Zusammenhang vorkommen. Wenn etwa die Bilokation in den oben genannten Fällen im Rahmen von Seligsprechungsprozessen geprüft wird, so geht es bei der Überprüfung dieser Vorgänge selbst um keinerlei "religiöse Angelegenheiten", sondern nur um die Frage, ob die jeweiligen Zeugen sich getäuscht haben oder nicht. Wenn Wimmer diese ohne jede weitere Nachprüfung als "einfache Halluzination der Körpersinne" ansieht[829], so reicht das nicht aus. Ja, er wirft sogar den Parapsychologen vor, dass sie überhaupt erst prüfen, ob solches

[825] M. Gzara, Scharlatanerie, zur Sprache und Beweisführung pseudowissenschaftlicher Literatur, medizinische Dissertation der Universität Marburg, Institut für Rechtsmedizin, Marburg 1980, S. 56

[826] W. Wimmer, Hexenwahn an Universitäten?, in: Zeitschrift für Allgemeinmedizin 1980, S. 1395

[827] aaO., S. 56

[828] Wimmer, aaO., S. 1395

[829] W. Wimmer, Parapsychologie, Wissenschaft und Rechtsordnung, in: NJW 1979, S. 587, 589

möglich sei[830], wobei er übersieht, dass hierfür die unverhältnismäßig weit eingehenderen Untersuchungen aus den Seligsprechungsprozessen und anderen Überprüfungsverfahren der katholischen Kirche vorliegen.

Es ist somit den beiden obigen Autoren Bender darin zuzustimmen, dass der BGH nicht die Existenz "bestimmter paranormaler Phänomene" bestreiten könne, obwohl diese in wissenschaftlichen Methoden empirisch als existent nachgewiesen worden sind.[831] Der BGH kommt also zu Unrecht in seinen Gründen zu dem Ergebnis, dass die unerklärlichen Kräfte nur dem "Glauben oder Aberglauben, der Vorstellung oder dem Wahne" angehören. Es wurde vielmehr aufgezeigt, dass sie und die von ihnen bewirkten unerklärlichen Tatsachen existieren, dass sie beweisbar und bewiesen sind und dass die unerklärlichen Fakten als solche auch vor staatlichen Gerichten und Behörden zu berücksichtigen sind, wenn auch auf die Herkunft dieser Kräfte von diesen Stellen nicht eingegangen werden kann.

B. Urteil des LG Aschaffenburg im sog. Klingenberg-Fall: Unrichtig in der Begründung und insoweit unhaltbar im Ergebnis.

a) Sachverhalt

Der folgende kurze Sachverhalt wird entnommen dem mit seinen vollen 86 Seiten nicht veröffentlichten Urteil des Landgerichts Aschaffenburg (KLS 4 Js 6880/76), einigen Zeugenvernehmungen in dieser Sache unmittelbar nach dem Vorfall vor der Polizei, zwei ärztlichen Sachverständigengutachten und der eingehenden Schilderung des Falles von Felizitas Goodman, einer deutschstämmigen Amerikanerin, die 1968 - 1979 einen Lehrstuhl für Linguistik und Anthropologie an der Denison-Universität in Ohio/USA hatte und 1947 in die Vereinigten Staaten von Deutschland ausgewandert ist. Sie ist nicht katholisch und auch nicht Theologin, sondern von ihrem Fachgebiet der Kulturanthropologie mit dem Hauptfach transkultureller Religionsforschung geht sie an den Fall heran, zu dem sie alle erreichbaren Unterlagen eingesehen hat.[832]

---

[830] aaO., S. 589

[831] Bernd Bender, aaO., S. 122

[832] F. Goodman, Anneliese Michel und ihre Dämonen, Der Fall Klingenberg in wissenschaftlicher Sicht, Stein am Rhein 1980

Am 01. Juli 1976 starb in der fränkischen Kleinstadt Klingenberg die damals 23 Jahre alte Studentin Anneliese Michel, wobei ihr voller Name schon deswegen genannt werden soll, da er in mehreren Veröffentlichungen immer wieder voll genannt wurde. Das Urteil führt im Sachverhalt aus, dass Anneliese, die ebenso wie ihre Eltern als praktizierende Katholikin tief religiös war, seit dem 16. Lebensjahr an Epilepsie gelitten haben soll. Das wird allerdings bestritten. Eine nervenärztliche Behandlung wegen nächtlicher Anfälle erfolgte ab 1969. Nach dem Urteil waren jedoch die Hirnstrombilder bis 1973 ohne Befund. Sie war bei mehreren Ärzten u. a. auch im Institut für Psychotherapie und medizinische Psychologie der Universität Würzburg. Auch die Medikamente halfen nichts. In dieser Klinik wurden am 04. Dezember 1973 erstmalig am Hirnstrombild epileptische Muster festgestellt.

Etwa ab der Jahreswende 1973/74 klagte Anneliese darüber, dass sie "Teufelsfratzen" furchtbarer Art sehe und auch stinkende Gerüche wahrnehme, die jedoch ihr Bekannter Peter Himsel nicht feststellte. Diesen hatte sie im Oktober 1973 kennengelernt. Sie wollte schon nach 3 Wochen die Freundschaft beenden, man kam jedoch überein, weiterhin freundschaftlich verbunden zu bleiben. Wie Peter Himsel, der bei seiner polizeilichen Vernehmung am 02. Juli 1976 fast 1 Jahr als Junglehrer tätig war, weiter aussagte, kamen Ende Juni 1975 zu den bisherigen Merkmalen bei Anneliese neue Erscheinungsformen hinzu. Sie, die schon immer tiefgläubig war, konnte plötzlich keine der Religionsverehrung dienenden Gegenstände mehr sehen. Sie warf in ihrem Zimmer in Würzburg eine Weihwasserflasche in die Ecke, zerriss einen Rosenkranz und zerschlug in der Wohnung in Klingenberg ein Kruzifix. Weitere Symptome waren: Schlaflosigkeit, gesteigertes aggressives Verhalten und Unfähigkeit, den Gottesdienst zu besuchen.[833]

Unter dem 30. September 1974 schrieb der damalige Kaplan Alt an seinen zuständigen Bischof von Würzburg Dr. Josef Stangl. Ein Jahr zuvor war er erstmalig mit dem Fall Anneliese Michel in Berührung gekommen. In dem Brief schreibt er u. a.:[834]

"Zwei Tage danach besuchte mich ein Mitbruder (dies war Pfarrer Herrmann), der mit dem Fall betraut war. Ich bekam von ihm zwei Briefe in die Hand, je einen von Mutter und Tochter Michel. Ich habe die Briefe nicht gelesen - es wurde mir plötzlich übel, so dass ich jeden Augenblick die Be-

[833] Seite 4 der Aussage Himsel

[834] Goodman, Anneliese Michel, aaO., S. 72 - 73

sinnung verlieren konnte. Ich geriet dabei in eine seltsame, nie gekannte Erregung, alles zum Schrecken und Erstaunen meines anwesenden Mitbruders. Damit konnte man aber immer noch keine Besessenheit beweisen.

Am Abend während der Abendmesse, als ich mich mental auf die heilige Wandlung vorbereitete und dieses mir noch unbekannte Mädchen in das Opfer mit einschloss, bekam ich plötzlich wie einen Stoß in den Rücken. Ein kalter Luftzug überstrich meinen Kopf von hinten her. Zu gleicher Zeit roch es intensiv nach Brand. Ich musste mich an den Altar lehnen. Mit großer Mühe und Konzentration sprach ich die Wandlungsworte und den Rest des Kanons. Ich war irgendwie in Bedrängnis - benommen. Ich spürte, wie eine negative Macht mich umgab, die mir aber außer Quälereien nichts anhaben konnte.

Nach dem Gottesdienst begab ich mich sogleich zu einem Mitbruder, dem ich alles ruhig und ausführlich berichtete. Die darauffolgende Nacht war die unruhigste meines Lebens. Obwohl ich eine stark wirkende Schlaftablette, die sonst immer half, genommen hatte, konnte ich keine Ruhe finden. Eine ganze Skala von Gestank erfüllte meine Wohnung: Brand-, Mist-, Kloaken- und Fäkaliengeruch wechselten ab. Wenn ich zum Rosenkranz griff, wenn ich irgend ein anderes Gebet sprach - es stank im wahrsten Sinne infernalisch! Hinzu kam einige Male lautes Gepolter in meinem Rollschrank. Ich lag in großer Bedrängnis im Bett und versuchte zu beten; besann mich auf meine priesterliche Macht. Ich sprach in eigenen Worten einen Exorzismus. Es wurde für mich einige Augenblicke leichter. Ich war eiskalt, aber nassgeschwitzt. In meiner Not rief ich Pater Pio an, von dem ich wusste, dass er ähnliches erlebt hatte. Es geschah nichts. Ich wiederholte die Anrufung - und plötzlich erfüllte ein intensiver Veilchengeruch mein Zimmer...

Als ich am kommenden Abend dies meinen Mitbrüdern berichtete, konnten sie plötzlich auch diesen eigenartigen Gestank wahrnehmen. Das ganze Pfarrhaus der Nachbargemeinde (Pfarrhaus Unserer Lieben Frau, wo er auf Besuch war) roch nach Brand, obwohl die Fenster offenstanden."

In der Folge schreibt er dann noch, dass sich diese Vorgänge auch in minderem Maße wiederholt hätten. Bei Gesprächen über Anneliese mit seinem Freund Kaplan Roth sei auch ein solcher Gestank aufgetreten.

Unter dem 16. September 1975 schreibt der inzwischen zum Pfarrer in Ettleben bei Schweinfurt ernannte Ernst Alt dem Bischof Dr. Stangl in Würzburg. Nach eingehender Beratung, insbesondere mit dem in Fragen der Besessenheit sehr vertrauten Frankfurter Pater Rodewyk stellt man fest, es müsse von einer echten Besessenheit bei "Anna Lieser", wie Anneliese Michel aus Geheimhaltungsgründen gegenüber Dritten genannt wurde, ausgegangen werden. Pater Renz wird als Priester für den Exorzismus nach dem hierfür einschlägigen Rituale Romanum der katholischen Kirche vorgeschlagen. Der Bischof beauftragt "nach reiflicher Überlegung und guter Information" Pater Renz, einen Superior der Salvatorianer damit gemäß § 1151 CIC. Sein Gebet gelte seit längerer Zeit diesem Anliegen, Gott möge helfen, er danke aufrichtig für diesen Einsatz, schreibt der Bischof abschließend.[835]

Nachdem Anneliese im Sommer 1973 ihr Abitur gemacht hatte, zog sie im Oktober 1973 in das Studentenheim Ferdinandeum in Würzburg, wo sie das Studium der Pädagogik und Theologie an der dortigen pädagogischen Hochschule aufnahm. Am 08. Februar 1975 hielt sie eine mit "gut" bewertete Lehrprobe hier zum Thema "Jesus hat auch die Kinder lieb und segnet sie".[836] Das Fauchen mit anderer Stimme stellte sich erstmals im Juli 1975 heraus, verbunden jeweils mit den anderen oben geschilderten Merkmalen.

Am 24. September 1975 betete der Pater Renz erstmals den sog. großen Exorzismus im Elternhaus Michel in Klingenberg.[837] Ab 01. Oktober 1975 wurden Tonbandaufnahmen von den Sitzungen gemacht. Insgesamt erfolgten 67 solcher Sitzungen.

Auf Seite 22 und 23 des Urteils heißt es wie folgt:

"Eine aus der Sicht der Beteiligten besonders bemerkenswerte exorzistische Sitzung fand am Freitag, 31. 10. 1975, statt. Bei dieser waren u. a. sämtliche 4 Angeklagten zugegen. Es fuhren - wie die Versammelten glaubten - aus A. M. sechs Teufel aus. Sie nannten sich Luzifer, Judas Iskariot, Kain, Nero, Hitler und Pfarrer Fleischmann (= ein im 16. Jahrhundert in Ettleben amtierender Pfarrer, der seine Geliebte umgebracht haben soll). Den Tag ihrer "Ausfahrt" hatten die Dämonen bei vorausgegangenen Sitzungen am 20. und 22. 10. 1975 angekündigt. Luzifer hatte dabei angegeben, dass er "schon immer drin" gewesen sei, womit nach dem Verständnis der Beteiligten der Mutterschoß der Angeklagten A. M. gemeint war. Auf die allgemeine Erleichterung - es wurde gerade ein Danklied gesungen - folgte eine große Enttäuschung. Unter Gebrüll - so glaubten die Anwesenden - kamen die meisten der Dämonen wieder. Der Angeklagte R. wollte es erzwingen und setzte seine Bemühungen bis nach Mitternacht fort. Über diese Geschehnisse berichtete

835 aaO., S. 121
836 S. 14 des Urteils
837 S. 20 des Urteils

der Angeklagte A. ausführlich dem Bischof von Würzburg mit Schreiben vom 13. 11. 1975.

Wie die Angeklagten festgestellt haben wollen, dass die Teufel aus- und zum Teil wieder eingefahren sind, konnten sie und auch die übrigen Anwesenden keine Angaben machen.

A. M. fühlte sich nach dem 31. 10. 1975 nach dem Urteil ihr nahestehender Personen wesentlich freier als vorher. Sie ging ab 7. 11. 1975 wieder zur Beichte und zur Kommunion. Auch hielt sie sich in Würzburg auf, wo sie ihr Studium fortsetzte und sogar Teilprüfungen ablegte. Die exorzistischen Sitzungen, an denen wiederholt der Angeklagte A. teilnahm, fanden weiterhin in Klingenberg statt."

In seiner polizeilichen Vernehmung vom 16. Juli 1976 sagt der Zeuge Himsel, dass er allen Sitzungen zur Ausübung des Exorzismus beigewohnt hatte. Anneliese sei "besonders ablehnend gegenüber Gebeten, Handauflegungen, Auflegen der Stola, Auflegen von Reliquien und Weihwasserausteilen" gewesen.[838]

Peter Himsel berichtet später von einem Vorfall in der Kirche von Ettleben, wo Franz Alt Pfarrer war. Anneliese ging mit Himsel spazieren, wollte jedoch vorher noch kurz die dortige renovierte Kirche anschauen. Kaum waren sie eingetreten, als sich Annelieses Gesicht zu einer Maske verzerrte. Sie sagte, sie müsse bis zur Abendmesse, die erst in drei Stunden stattfand, dort bleiben und beten. Als Himsel sie zu überreden versuchte, doch den Spaziergang zu machen, nützte es nichts. Als er versuchte, sie aus der Bank zu heben, wo sie sich hingekniet hatte, war sie so schwer geworden, dass seine Kraft nicht ausreichte, sie hochzuheben, was sonst sehr leicht ging. Als Pfarrer Alt geholt wurde, und dieser über sie ein Gebet sprach, konnte sie aufstehen.[839] Sie war 1976 mit ihrer Schwester einige Zeit in Ettleben im Pfarrhaus.

Am 09. Mai holten ihre Eltern, Peter Himsel und ihre Schwester Barbara sie von Ettleben wieder nach Klingenberg zurück. Als Anneliese sie sah, kam sie kurz zu sich, dann erstarrte sie wieder und wurde so schwer, dass die Männer sie kaum zum Auto tragen konnten. Während der verbleibenden Wochen ihres Lebens wechselte Annelieses Empfinden unregelmäßig zwischen Raserei und Zeiten, wo sie völlig Herrin ihrer selbst war. Manchmal brüllte sie stundenlang. Sie konnte kaum schlafen, insbesondere nichts essen. Dann gab es wieder Zeiten, wo sie sagte: "Schnell, schnell, jetzt kann ich was

---

[838] S. 86 der Akten

[839] Goodman, Anneliese Michel, aaO., S. 207

essen!" Im übrigen verletzte sie sich in ihrer Raserei erheblich.[840] Obwohl Anneliese immer magerer wurde - sie wog zuletzt nur noch etwa 31 kg - konnte sie manchmal bei den Sitzungen nur mit Mühe von zwei Männern gehalten werden, wobei sie meistens stärker war. Mit der völlig anderen Stimme aus ihr wurden Gott, die Gottesmutter, die Heiligen und religiösen Gegenstände in unflätigster Weise beschimpft. Die Zeugin Thea Hein hat z. B. ausgesagt, dass sie wild um sich schlug und wie ein Tier brüllte, sobald gebetet wurde.[841] Andere Zeugen schildern ähnliche Beobachtungen.

Da sie im ersten Halbjahr 1976 ihre Prüfungsarbeiten nicht fertigstellen konnte, wurde die Verlängerung der Frist gewährt, die dann im Mai 1976 nochmals verlängert werden musste, da die Arbeit noch nicht fertig war.

In den letzten Monaten lehnte sie jede ärztliche Hilfe ab, da diese vorher auch nichts an Besserung gebracht habe. Die Beteiligten gingen davon aus, dass sie, wie früher, bei wieder möglicher Nahrungsaufnahme schnell ihr Gewicht aufholen würde, wofür der Zeuge Himsel mehrere Beispiele angab. So sagte er, dass sie nach längerer Zeit, wo sie nur wenig oder nichts essen konnte, dann ab 15. August 1975 am Feste Maria Himmelfahrt wieder anfing zu essen und zu trinken und ihr normales Gewicht nach einigen Wochen wieder hatte.[842]

Zum Inhalt der Gespräche, welche er bzw. die Priester am Exorzismus mit den von ihnen als Dämonen angesehenen Wesen führte, kann hier nichts näher angeführt werden. Diese hat zum Teil F. Goodman in ihrem Buch über Anneliese dokumentiert.[843] Die Antworten gehen jeweils auf die Frage ein. Unter schmerzhaften Schreien geben sie auf die jeweiligen Fragen Antwort, warum sie in der Hölle sind. So antwortet z. B. der sich als "Nero" bezeichnende Dämon dem Pater Renz lateinisch, er habe u. a. die Christen umgebracht und ein liederliches Leben geführt.[844]

Für alle Beteiligten völlig unerwartet, weil Pater Rodewyk versichert hatte, dass bei einem Exorzismus noch niemals jemand gestorben sei, stirbt Anneliese in der Nacht zum 01. Juli 1976. Als Grund werden später hochgradige Abmagerung, außergewöhnlich hohe körperliche Beanspruchung und eine Lungenentzündung angegeben.[845]

---

[840] aaO., S. 209
[841] S. 67 der Akten
[842] S. 16 der Akten
[843] aaO., S. 223 ff.
[844] aaO., S. 169
[845] S. 40 f des Urteils

b) Begründung des Landgerichts

Das Landgericht kommt in seinem Urteil zu dem Schluss, dass spätestens ab 01. Mai 1976 notfalls zwangsweise Unterbringung in einer psychiatrischen Klinik, evtl. Zwangsernährung hätte durchgeführt werden müssen. Sie sei ab diesem Zeitpunkt schuldunfähig gewesen. Sie habe an einer Psychose gelitten. Die exorzistischen Maßnahmen seien das Ungeeignetste gegen die Psychose gewesen, da sie diese durch die extrem autosuggestive Wirkung objektiv verstärkt hätten. Dass sie nach dem 01. Mai 1976 noch ein paar freie Intervalle hatte und auch noch ihre Examensarbeit abschließen, sowie gelegentlich vernünftige Gedanken äußern konnte, ändere nichts daran. Das hätten alle Angeklagten, nämlich die Eltern der Anneliese Michel, Pfarrer Alt und Pater Renz wissen müssen. Sie wurden durch das Urteil vom 21. April 1978 jeweils zu Freiheitsstrafen von 6 Monaten unter Strafaussetzung zur Bewährung verurteilt. Zur Strafzumessung hat das Gericht u. a. folgenden Satz im schriftlichen Urteil niedergelegt: "Bei sämtlichen Angeklagten, die unumstößlich an die personale Existenz des Teufels glauben, kann zu ihren Gunsten nicht ausgeschlossen werden, dass sie im Zeitpunkt der Tat infolge ihres Glaubens insbesondere auch an die "Besessenheit" A. Ms. in ihrer Einsichts- und Willensfähigkeit erheblich vermindert waren (§ 21 StGB)."[846]

Weiter führt das Gericht u. a. zur Begründung aus: Was es mit dem religiös-theologischen Phänomen der Besessenheit auf sich habe, insbesondere ob A. M. im Sinne der katholischen Lehre besessen war, könne dahingestellt bleiben. Ausweislich des überzeugenden Gutachtens des Sachverständigen Professor Dr. F. gebe es einen Zugang hierzu vom Standpunkt der Naturwissenschaften und damit auch vom Standpunkt der Medizin aus nicht. Es sei letztlich eine Glaubensfrage. Patienten, die Symptome von "Besessenheit" aufwiesen, gehörten zum Alltag eines Psychiaters.[847] Das Vertrauen auf eine von außen kommende Wende der Eheleute Michel sei Ausdruck eines jeglichem Realitätssinn zuwiderlaufenden Wunderglaubens.[848]

Anneliese Michel hatte erklärt, dass Jesus und die Gottesmutter zu ihr gesprochen hätten, wobei ihr gesagt worden sei, dass sie für andere leide und sühne, um diese zu retten. Dazu führt das Gericht aus, "dieser Gedanke des Sühneleidens für andere sei wie zahlreiche ähnliche, die von A. M. geäußert

[846] S. 44 des Urteils
[847] S. 50 des Urteils
[848] S. 55 des Urteils

worden seien, dem Grenzbereich zwischen naiver Frömmigkeit und zwanghaftem Wahn zuzuordnen."[849]

Im übrigen wurden die Angeklagten darauf hingewiesen, dass im Rituale Romanum im Titel XI Kapitel 1 Artikel 18 ausdrücklich die Hinzuziehung eines Arztes bei kritischem Verlauf des exorzistischen Verfahrens vorgesehen sei.[850]

In seinem Gutachten vom 13. Oktober 1976 kam der Sachverständige Professor Dr. S. von der Universitätsnervenklinik Würzburg zu dem Ergebnis, wie es in den Urteilssätzen oben zitiert wurde. Ihm standen 43 der Tonbänder über die Durchführung des Exorzismus zur Verfügung.[851] Das Anhören der Tonbänder ergebe, dass Anneliese die Rolle einer von den oder einem Teufel beherrschten Person wahrnehme. Aus ihren Äußerungen könne man deutlich erkennen, dass sie nicht bewusstseinsgetrübt gewesen sei.[852]

Die Zulassungsarbeit für die erste Lehramtsprüfung an Volksschulen weise keine Gesichtspunkte auf, die dafür sprechen, dass die Verstorbene bei der Abfassung der Arbeit psychotisch beeinflusst gewesen wäre. Die Arbeit wurde am 28. Mai 1976 abgegeben.[853] Die Verstorbene habe sich bis April 1976 außerhalb der exorzistischen Sitzungen weitgehend geordnet verhalten.[854] Nach den Tonbandaufzeichnungen könne kein Zweifel daran bestehen, dass sich die Verstorbene bei den Sitzungen nicht etwa in epileptischen Dämmerzuständen befand, ihre Bewusstseinshelligkeit sei jedenfalls bei den Sitzungen, über die Tonbandaufzeichnungen vorliegen würden, nicht gestört gewesen. Ein epileptischer Dämmerzustand könne ja nicht plötzlich mit dem Beginn einer Sitzung hervorgerufen werden. Die anfängliche Steuerbarkeit der "Besessenheit" sei dann der Verstorbenen ab April 1976 mehr und mehr verlorengegangen. Schließlich sei es zu einem schweren psychotischen Krankheitsbild gekommen, das am ehesten als psychogene Psychose zu bezeichnen wäre, d. h. als eine Geisteskrankheit, in die sich die Verstorbene immer mehr selbst hineinversetzte.[855]

Zum Schluss betont der Gutachter auf S. 55 seines Gutachtens dann, dass die exorzistischen Maßnahmen entscheidend dazu beigetragen hätten, die

[849] S. 58, 59 des Urteils
[850] S. 78 des Urteils
[851] S. 273 der Akten
[852] S. 274, 275 der Akten
[853] S. 43 des Gutachtens, S. 277 der Akten
[854] S. 282 der Akten
[855] S. 283 der Akten

Verstorbene in ihren krankhaften Vorstellungen und wahnhaften Überzeugungen zu bestärken und somit ihren Befund zu verschlimmern.[856]

Zuvor hatte der Sachverständige noch festgestellt, dass beim Anhören der zahlreichen Tonbänder und beim Vergleich derjenigen aus dem Jahre 1975 mit denjenigen aus dem Jahre 1976 sich keine entscheidenden Unterschiede erkennen lassen. Das gurgelnde Knurren und Fauchen sei immer gleich geblieben. Man habe gleichbleibend den Eindruck einer wütenden Abwehr.[857]

Auch das weitere Gutachten des Dozenten für Neurologie und Psychiatrie G. K. Köhlers kommt zu einem ähnlichen Ergebnis. auch darin wird mit keinem Wort erwähnt, dass es in der Vergangenheit zahllose Besessenheitsfälle gegeben hat, die erfolgreich durch einen Exorzismus abgeschlossen wurden. Es wird auch mit keinem Wort auf die äußeren Umstände all dieser Fälle, die denen im vorliegenden Fall gleichen, eingegangen.

c) Häufigkeit des Exorzismus

Wie schon in der Bibel zahlreiche Teufelsaustreibungen von Jesus berichtet werden, wenn diese heute auch gern in Befreiung von psychischen Krankheiten umgedeutet werden, so hat es diese immer wieder im Laufe der Jahrhunderte gegeben. Alles Nähere für den sog. "großen Exorzismus" ist im römischen Rituale im Titel XI geregelt. Zunächst werden in 21 Abschnitten "Richtlinien zur Beschwörung eines bösen Geistes" ausgeführt. Hierbei geht es um die hohen persönlichen Anforderungen an den Exorzisten, die Genehmigung durch den Bischof, die Hinzuziehung von Ärzten und weitere Punkte, wozu insbesondere äußere Merkmale zum Erkennen einer echten Besessenheit angegeben sind. Zu diesen Merkmalen gehört z.B. Anreden, Verstehen und insbesondere Unterhaltungen in fremden Sprachen, das Offenbaren von Entferntem und Verborgenem, Kräfte, die über das Normale hinausgehen, Levitationen, unnatürliche Schwere, Erkennen von verpackten Reliquien, Weihwasser und ähnlichem.[858] Anschließend folgen dann die eingehenden Gebete im einzelnen. In den Vorbemerkungen werden auch eine Reihe von zu stellenden Fragen angeführt.[859]

---

856 S. 289 der Akten

857 S. 276 der Akten

858 Egon von Petersdorff, Dämonologie, 1. Bd. , Stein am Rhein, 1982, S. 347 ff.; J. Zudt, Ergriffenheit und Besessenheit, Bern und München 1975, S. 142

859 E. von Petersdorff, aaO., Bd. 2, S. 208

Eine Fülle von Bessenheitsfällen bringt 1836 schon Josef Görres.[860] In neuerer Zeit war z.B. Severin von Lama erfolgreich als Exorzist tätig.[861] Er lebte von 1883 - 1978. Auch Zehmke nennt neue Fälle.[862] Exorzisten kommen auch außerhalb der katholischen Kirche vor. So schreibt die bekannte Tatjana Goritschewa von Teufelsaustreibungen durch sog. Starez der orthodoxen Kirche.[863] Als der Verfasser in der Presse las, dass die anglikanische Kirche in England sogar in jeder Diözese einen Exorzisten mit Rücksicht auf die nicht wenigen Fälle habe, wandte er sich an den anglikanischen Erzbischof von London. Dieser ließ dem Verfasser unter dem 21. Januar 1986 mitteilen, dass man nicht von "Exorzisten" reden könne, dass aber tatsächlich die meisten anglikanischen Diözesen in England einen Berater zum Exorzisten haben.

Seine eingehenden entsprechenden Erfahrungen hat Rodewyk unter Anführung von Fällen niedergelegt.[864] Hier bringt er auch die äußeren Proben mit Weihwasser und Reliquien. Im sog. Fall Magda nannte er u.a. unerklärliche Verbrennungen der Haut und Unterhaltungen in Latein, Hebräisch und Griechisch, alles Sprachen, die die genannte Magda nicht kannte.[865] Er führt bei ihr auch das Erkennen des Inhalts von Briefen, das Wissen um Vergangenes und psychische Kräfte an.[866] Die erforderlichen medizinischen Untersuchungen zur Unterscheidung führt er in einem anderen Aufsatz besonders aus.[867]

Zum Fall Magda hat Dorothea Wolff eine Dissertation geschrieben. Hierin geht sie auf die gerade im Fall Magda in erheblicher Fülle gegebenen äußeren Phänomene kaum ein bzw. versucht sie natürlich zu erklären und insbesondere würdigt sie den sehr erfolgreichen Ausgang nur unzureichend. [868] Sie geht auf die äußeren Kennzeichen bei Magda ein, führt die drei wesentlichen an - Sprachenkenntnisse, Wissen um verborgene und entfernte Dinge und außergewöhnliche Kräfte - und schreibt dann: " Es ist naheliegend zu vermuten, dass die Patientin - vielleicht durch den Pater selbst - Kenntnis von den drei Kriterien erhielt. Eine Erklärung ihrer "übersinnlichen Leistung" erübrigt sich

---

[860] Josef Görres, Christliche Mystik, Bd. IV, Besessenheit, Graz 1960

[861] L. Gutwenger, Severin von Lama, zwischen Charisma und Dämonen, Stein am Rhein 1982, S. 77 ff.

[862] H. Zehmke, die Realität des Satans, in: Allg. Zeitschrift für Parapsychologie 1983, S. 2111

[863] T. Goritschewa, Von Gott zu reden ist gefährlich, Freiburg 1984, S. 103

[864] A. Rodewyk, S. J., Dämonische Bessenheit heute, Tatsachen und Deutungen, Aschaffenburg 1966

[865] aaO., S. 176, 219 ff.

[866] aaO., S. 224 ff.

[867] A. Rodewyk, Dämonische Besessenheit im Lichte der Psychiatrie und Theologie, in : Geist und Leben, 1951, S. 56, 62 f.

[868] D. Wolff, Ein bemerkenswerter Fall von Teufelsbesessenheit, Medizinische Dissertation, Homburg/Saar 1956

wohl. Die Antwort auf die fremde Sprache ist vermutlich orakelhaft und dunkel und ist deshalb von der Umgebung als Antwort interpretiert. "[869] Auch sie kommt über pauschales Bestreiten nicht hinaus, ohne dass sie auf die einzelnen Punkte, die Rodewyk eingehend ausgeführt hat, eingeht.

Exorzismusfälle aus neuerer Zeit nennt Siegmund aus Wemding in Bayern, Luxemburg und Earling in den USA, die alle erfolgreich abgeschlossen wurden. Alle mussten ähnliche Quälereien dulden wie Anneliese Michel und waren dann nach erfolgreichem Abschluss des Exorzismus von einer Sekunde zur anderen völlig befreit und blieben es auch. [870] In dem Fall von Earling wird als äußeres Zeichen z.B. gebracht, dass die dortige Besessene z.B. eine ganze Schüssel voll Makkaroni, ein anderes Mal eine noch größere Menge kleingehackter Tabakblätter ausspuckte, auch andere Dinge in Mengen brach, obwohl sie nur ein paar Esslöffel voll Wasser oder Milch zu sich nehmen konnte.[871] Auch hierfür gibt es viele Parallelfälle.

Übrigens wurde der dortige mit dem Exorzismus vom zuständigen Bischof beauftragte Priester genauso von Spukvorgängen geplagt wie Pfarrer Alt im Fall Klingenberg.[872] Dieser Fall in den USA trug sich 1927 zu.

d) Zustimmende Stellungnahmen zum Klingenberg-Urteil

Schon vor Klingenberg wurde z.B. von Zutt mit aller Eindeutigkeit behauptet, dass die äußeren Merkmale des Rituale Romanum durch die Erkenntnisse der Parapsychologie natürlich erklärt werden können. Darunter führt Zutt alle Merkmale auf, so z.B. die Levitationen, die unnatürliche Schwere, Geräusche, das besondere Erkennen verpackter Reliquien, das Sprachenverständnis u.ä. .[873] Im Ergebnis ähnlich äußern sich Wimmer[874] , Schöllgen[875] und Hansen[876]. Dass Besessenheit nur eine Nervenkrankheit sei, meinte schon Löwenstimm.[877]

---

[869] aaO., S. 51

[870] G. Siegmund, Von Wemding nach Klingenberg, Stein am Rhein1985

[871] aaO., S.61 f.

[872] aaO., S.75 f., S. 82 ff.

[873] J. Zutt, Ergriffenheit und Besessenheit, Bern und München 1975, S.142

[874] W. Wimmer, Über das Buch von Hans Bender, Unser 6. Sinn, in: Zeitschrift für die gesamte Strafrechtswissenschaft LXXXV, S. 967

[875] W. Schöllgen, Besessenheit oder Krankheit, in: Arzt und Christ, 1965, S. 85, 92

[876] J. Hansen, Zauberwahn, Leipzig 1900, S. 196, 538

[877] A. Löwenstimm, Aberglaube und Strafrecht, Berlin 1897, S. 172

Die Autoren, die ausdrücklich das Klingenberg-Urteil begrüßen, sagen insgesamt nichts davon, dass in zahllosen Fällen Exorzismen erfolgreich abgeschlossen wurden. Die äußeren Phänomene erwähnen sie entweder gar nicht oder kaum und erklären sie dann als natürlich. So z.B.: Kertelge[878], Kasper[879], Schrappe[880], Becker und Schreiner[881], Köhler[882], Fischer, Schniedermaier[883] und Geerds[884].

Zu den äußeren Phänomenen führte Fischer ein Interview mit Pater Rodewyk, der als bekannter Fachmann eingehend gutachtlich gehört wurde, bevor Bischof Stangl die Genehmigung zum Exorzismus gab. Dieses Interview sei teilweise dokumentiert, wobei "F" die Frage und "A" die Antwort bedeute.

" Für mich kam es bei alldem nur darauf an, zu untersuchen, ob das vorliegende Informationsmaterial Daten enthielt, die in Übereinstimmung mit dem Rituale Romanum als Kennzeichen der Besessenheit gelten konnten. Damit war dann zumindest eine verlässliche Grundlage gegeben, nicht nur einschlägige Daten, sondern auch ein sicheres Kriterium zu deren sachgerechter Auswertung zu erlangen. Und dabei ergaben sich nun folgende Punkte:

1) Die Reaktion auf geweihte Objekte. Bei einer Wallfahrt hatten sich die Teilnehmer geweihte Medaillen gekauft und nach außen erkenntlich angesteckt. Anneliese sah diese Medaillen in einem unnatürlich starken und hellen Glanze erstrahlen, so dass sie den Anblick nicht ertragen konnte. Auch sie selbst hatte eine solche umgehängt, konnte sie aber nicht ertragen, weil ihr die Luft abgedrückt wurde; das änderte sich erst, als sie die Medaille wieder entfernt hatte. Selbst das Beten wurde ihr unerträglich, obwohl sie sonst so sehr gerne betete.
2) Anneliese sah des öfteren hässliche Fratzen und Tiergestalten, die ihr großen Schrecken einjagten, sonst aber von niemanden gesehen wurden.

---

[878] Kertelge, Teufel, Dämonen, Exorzismus in biblischer Sicht, in: E. Kaspar; K. Lehmann, Teufel, Dämonen, Besessenheit, 1978, S. 30

[879] W. Kasper, Das theologische Problem des Bösen, aaO., S. 56

[880] O. Schrappe, Der Weg von Epilepsie zur Besessenheit, über Anneliese Michel und ihre Anfallskrankheit, in: Nervenheilkunde, Zeitschrift für interdisziplinäre Fortbildung, 1982, S. 59, 64

[881] K. Becker, H. Schreiner, Wahn oder Glaube, Hannover 1980, S. 157, 158

[882] G.K. Köhler, Kasuistische Beiträge zur multifaktoriellen Betrachtungsweise forensisch relevanter Psychosen bei Epilepsie, in: Interdisziplinäre Problemgebiete, Günsburger Schriften zur klinischen Psychiatrie, Bd. 4, 1979, S. 55,61 f.

[883] K. Fischer, H. Schniedermaier, Die Sache mit dem Teufel, Teufelsglaube und Besessenheit zwischen Wahn und Wirklichkeit, Frankfurt 1980, S. 23,46

[884] F. Geerds, Krimineller Okkultismus, in: Festschrift für Württemberg, Berlin 1977, S. 346 ff.

3) Krisenzustände. Anneliese verfiel oftmals in merkwürdige Trancezustände, während derer sie gänzlich verändert erschien: eine völlig anormale, tiefe Stimme, unanständige Ausdrücke, das Benehmen eines ungezogenen Verhaltens. Es meldete sich eine zweite Persönlichkeit zu Wort, die sich den Namen Judas gab und keinen Hehl daraus machte, ein Teufel zu sein.
4) Das Gesamtbild entsprach durchaus dem, welches man in echten Besessenheitsfällen findet.

F.: Was haben Sie nun mit diesem Befund unternommen ?

A.: Ich habe ihn um einige weniger wesentliche Punkte vervollständigt, zu einem Gutachten zusammengefasst und dem direkt mit der Sache befassten Pfarrer Alt als Entwurf zugesandt, und zwar mit der Bitte, die ihm angezeigt erscheinenden Ergänzungen hinzuzufügen und sodann dem zuständigen Bischof vorzulegen. Dieser sollte dann entscheiden, ob Pater Renz die Erlaubnis erteilt werden konnte und sollte, den Fall in die Hand zu nehmen und den Exorzismus anzuwenden.

F.: Hielten Sie es damals bereits für sicher, dass es sich um einen Fall von echter Besessenheit handelte?

A.: Durchaus nicht. Im allgemeinen treten nämlich gerade erst unter der Einwirkung der Gebete des Exorzismus jene großen Merkmale auf, die ein solches Urteil ermöglichen. Insofern dient er auch der Diagnose.

F.: Haben sich diese "großen Kennzeichen", wie sie in der Fachsprache genannt werden, dann bei Anneliese Michel gezeigt?

A.: Mir bekannte Kennzeichen, die dann später tatsächlich auftraten, sind folgende:

1. Die prompte Reaktion auf den Exorzismus, wie sie für die Besessenheit typisch ist.
2. Das plötzliche Verstehen einer ihr völlig unbekannten Sprache. Als P. Renz als alter Chinamissionar mit ihr chinesisch sprach, verstand sie ohne jede Schwierigkeit jedes Wort.
3. Die Kenntnis geheimer und verborgener Dinge oder, wie P. Renz zu sagen pflegte, "man konnte nichts vor ihr geheim halten, sie wusste einfach alles".
4. Außergewöhnliche Kräfte. Dies wird von allen bestätigt, die sie bei Auftreten der Krisenzustände festzuhalten versucht haben: Sie war kaum zu bändigen.

5. Während der Krisenzustände wurde in allen Punkten ein Verhalten beobachtet, wie es auch nach dem Rituale Romanum zu erwarten stand.

Hier ist also keineswegs nur ein einzelnes Symptom gewertet worden, sondern jedes hinzukommende Symptom bestätigte aufs neue den Verdacht auf Besessenheit.

F.: Nun fanden sich doch aber bei Anneliese Michel offenbar Symptome, wie sie auch bei bestimmten Krankheiten vorkommen oder z.B. bei Medien. Wie steht es da mit dem diagnostischen Wert solcher Symptome ?

A.: Ich bestreite in keiner Weise, dass diese Symptome auch bei Krankheiten auftreten können. Ich bestreite nur, dass darin irgendein Widerspruch läge, wenn Sie das meinen. Es ist immer ein Mensch, der da von Besessenheit befallen wird, und so bleiben auch die Symptome im Rahmen des Menschlichen, ohne dass deshalb Wunder gewirkt würden. Dagegen ist es bedeutsam, wie sich die verschiedenen Kennzeichen gruppieren (der Symptomenkomplex) . Das Rituale Romanum erklärt hierzu dem Sinne nach, wenngleich mit anderen Worten, dass, je mehr Kennzeichen zusammentreffen, desto größer ihr diagnostischer Wert ist. Auch das Fieber ist ja einer Unzahl von Krankheiten gemeinsam und erlaubt nicht für sich allein, eine Lungenentzündung von einem Typhus zu unterscheiden. Aber das ändert doch nichts daran, dass das Fieber sowohl bei Typhus als auch bei Lungenentzündung auftritt, nicht wahr?! Ich kann also aufgrund des Fiebers allein gewiss keine Lungenentzündung diagnostizieren; aber wie könnte ich diagnostizieren, dass es folglich keine ist, sondern Typhus? Hier läge ja die Absurdität, nämlich in den gezogenen Schlussfolgerungen - nicht aber in den Symptomen selbst.

F.: Wenn also bei einem Individuum nur ein einziges der Symptome erscheinen würde, die im Rituale Romanum genannt werden, bei völligem Fehlen aller anderen, würden Sie einen Verdacht auf Besessenheit ausschließen?

A.: Einen Verdacht auszuschließen, ist eine Sache, ihn zu erheben, eine andere. Aber jemanden wegen eines einzigen Symptoms, das er mit echten Besessenheitsfällen gemeinsam hat, als besessenheitsverdächtig zu erklären, würde ich für abwegig halten.

F.: Gibt es denn auch Symptome, die die Bessenheit von einer Krankheit klar unterscheiden?

A.: Das hängt davon ab, auf welche Art von Krankheit Sie sich jetzt beziehen. Wenn sie sich auf die allgemein bekannten körperlichen Krankheitszustände beziehen, so würde ich es als wichtig ansehen, festzuhalten, dass die Besessenheit keine Krankheit ist, sondern ein Gefangensein. Der Mensch als solcher bleibt auch in der Besessenheit kerngesund. Dies zeigt sich, sobald der Bann gebrochen ist: der Mensch ist dann wieder in jeder Hinsicht völlig normal und bedarf auch keiner Rekonvaleszenz.

F.: Als Sie nun aufgrund der vorliegenden Symptome in ihrer Gesamtheit in Ihrem Gutachten auf Besessenheit erkannt hatten ---

A.: Ich muss Sie unterbrechen: ich habe nicht "auf Besessenheit erkannt", wie Sie sagen, sondern auf einen Verdacht auf Besessenheit - das ist nicht dasselbe!

F.: Gut, ich korrigiere. Also, welche Folgerungen zogen Sie daraus?

A.: Nach dem Kirchenrecht, ca. 1151, § 1, musste der Bischof informiert werden, und man musste ihn bitten, einen Priester zu bestimmen, der sich der Angelegenheit als Exorzist annähme.

F.: Was sollte damit erreicht werden?

A.: Als erstes zu untersuchen, ob der Verdacht sich bestätigte und weitere Anzeichen hinzukämen, so dass man mit moralischer Sicherheit eine echte Besessenheit diagnostizieren könnte; und sodann diese zu überwinden."[885]

Es gehören zu denjenigen, die alle äußeren Phänomene als mehr oder weniger natürlich erklärbar halten, sowohl Parapsychologen wie Mischo[886] als auch Theologen.[887]

e) Widerlegung der Autoren, die das Klingenberg-Urteil bejahen

Entscheidende Punkte hat dazu der Lehrstuhlinhaber für paranormale Fragen in Rom, Andreas Resch, in obigem Buch ausgeführt, wenn er u. a. schreibt:[888]

"Man mag hier ins Feld führen, dass die Unterscheidung geweihter von nichtgeweihten Gegenständen, das Sprechen fremder und nicht gelernter Sprachen, Aussagen über völlig unbekannte Begebenheiten aus Vergangenheit, Gegenwart und Zukunft, das Bewegen von Gegenständen ohne erkennbare Verursachung, das Lesen geheimer Gedanken usw. doch greifbare Zeichen

---

[885] H. J. Fischer, Krank oder besessen?, in: Manfred Adler, Tod und Teufel in Klingenberg, eine Dokumentation, Aschaffenburg 1977, S. 28 - 31

[886] J. Mischo, U. Niemann, die Besessenheit der Anneliese Michel, Klingenberg, in interdisziplinärer Sicht, in: Zeitschrift für Parapsychologie 1983, S. 190, 191

[887] R. Schnackenburg, Die Macht des Bösen und der Glaube der Kirche, Düsseldorf 1979, S. 82

[888] Andreas Resch, Wissenschaft und Teufel, in: M. Adler, Tod und Teufel in Klingenberg, aaO.,S. 102, 106

wären. Gesetzt den Fall, dass sich derartige und ähnliche Phänomene als echt erwiesen, tragen sie solange nichts zur Klärung der Frage der Besessenheit durch den Teufel bei, als das Wesen ihrer Verursachung nicht geklärt ist, wobei wiederholt werden muss, dass eine Verursachung durch den Teufel in ihrem Ansatzpunkt außerhalb der wissenschaftlichen Reichweite liegt, ist doch der Teufel, wie schon gesagt, als ein Wesen außerhalb des phänomenalen Raumes gedacht. In diesem Zusammenhang ist es vielleicht auch angebracht, darauf aufmerksam zu machen, dass selbst die Erklärungsversuche genannter außergewöhnlicher Phänomene durch Telepathie, Präkognition, Paragnosie usw. bis heute nicht mehr zu sagen vermögen, als dass es sich bei den genannten Phänomenen um sogenannte paranormale Phänomene handelt, also um Phänomene, deren eigentliche Verursachung noch völlig unbekannt ist."

Einerseits ist zwar die Theologie durchaus in der Lage, mit der Hilfe des Glaubens und der Lehre der Kirche festzustellen, woher die Kräfte kommen, was ja die Grundlage des römischen Rituale über den Exorzismus ist. Andererseits treffen die Sätze aber nicht auf staatliche Gerichte zu. Wie oben ausgeführt ist, können und dürfen staatliche Gerichte, wenn sie einmal einen außerhalb der Naturgesetze liegenden Vorgang zu beurteilen haben, nicht untersuchen, woher die Kraft kommt, ob etwa von Gott oder vom Teufel. Sie haben ausschließlich die äußeren Phänomene festzustellen.

Ob es einen Teufel gibt, ist eine reine Glaubensfrage. Es ist zwar auffallend, dass diejenigen Autoren, welche die Existenz des Teufels leugnen, in ihren Büchern auf die äußeren Phänomene, wie sie hier und oben geschildert wurden, so gut wie überhaupt nicht eingehen. Das tun z. B. nicht: Herbert Haag[889], Thomas und Gertrude Sartory[890], die dort ausdrücklich nur auf die "Psi-Forschung" als Erklärung für die gewöhnlichen Phänomene Bezug nehmen, Barth, Flügl[891], welche dort z. B. die Quälereien bei dem heiligen Pfarrer von Ars als "Remythologisierung" abtun, Kretzenbacher[892], wo die äußeren Phänomene nicht genannt werden und Ernst Bloch[893]. Dieser zitiert ausdrücklich das oben genannte Buch von Petersdorff, das in zwei Bänden eine Fülle äußerer Phänomene aufführt, er geht aber auf sie nicht ein[894].

---

[889] H. Haag, Teufelsglaube, Tübingen 1974, S. 380, 517 f.

[890] T. u. G. Sartory, Nach dem Tod - die Hölle?, S. 188, 194

[891] H. Barth, H. Flügl., R. Riess, Der emanzipierte Teufel, München 1974, S. 113, 126

[892] L. Kretzenbacher, Abendländische Volksüberlieferung, S. 17

[893] Ernst Bloch, Aufklärung und Teufelsglaube, in: Oskar Schatz, Hat die Religion Zukunft, Graz-Wien-Köln 1971, S. 120 ff.

[894] aaO., S. 123

Wie oben dargelegt, muss ein staatliches Gericht zwar das Vorliegen äußerlich erkennbarer, wenn auch unerklärlicher Fakten anerkennen. Es kann aber nicht feststellen, wo diese Kräfte herkommen, für die es keine natürliche Kausalität und Erklärbarkeit ausfindig machen konnte. Das Gericht konnte also weder feststellen, ob nun tatsächlich Jesus oder Maria zu Anneliese gesprochen hatte, wovon diese ausging. Noch konnte es Aussagen darüber machen, ob die Quälereien nun vom Teufel kamen bzw. ob es diesen gibt.

Schon gegen diesen Grundsatz hat das Aschaffenburger Urteil massiv verstoßen. Das stellt nicht nur Siegmund in seiner Besprechung dieses Urteils unter der Überschrift "Der Teufelsglaube - vom Gericht verurteilt" heraus.[895] Er zitiert hierbei einen Ausspruch des Frankfurter Strafverteidigers Schmit-Leichner, der nach der Urteilsverkündung gesagt haben soll, das sei "eindeutig ein Urteil nicht nur gegen die Angeklagten, sondern auch gegen die Kirche".[896] Auch Fischer-Schiedermaier, die im übrigen das Urteil begrüßen, meinen diesbezüglich:

"Freilich nicht nur Theologen, sondern nachdenkliche Christen überhaupt würden sich indessen wundern über so manche weltanschauliche Behauptungen und Belehrungen, welche die Aschaffenburger Richter in ihre Urteilsbegründung meinten einfließen lassen zu müssen." Sie beziehen sich dann nicht nur auf die Behandlung der Fragen Teufel-Besessenheit, sondern auch auf den oben zitierten Satz im Urteil, wonach das Vertrauen auf eine von außen kommende Wende Ausdruck eines jeglichem Realitätssinn zuwiderlaufenden Wunderglaubens" gewesen sei.[897] Tatsächlich ist es unfasslich, wie das Urteil eine mögliche verminderte Schuldfähigkeit aller vier Angeklagten gemäß § 21 StGB darin sehen will, dass sie "unumstößlich an die personale Existenz des Teufels glaubten".[898] Die personale Existenz des Teufels ist nicht nur eindeutige Lehre der katholischen Kirche[899], sondern auch grundsätzlich der orthodoxen und protestantischen Kirchen, wenn es dort auch kein Lehramt mit den gleichen Funktionen wie in Rom gibt. Man kann schlecht allen Christen, die der Lehre ihrer jeweiligen Kirche ganz folgen, unterstellen, dass sie deswegen möglicherweise vermindert schuldfähig sind.~

Wenn das Urteil eine Notiz von Anneliese vom 24. Oktober 1975 zitiert, wonach Jesus ihr gesagt habe, dass sie durch ihr Leiden und Sühnen andere

---

[895] G. Siegmund, Der Mensch zwischen Tod und Teufel, Stein am Rhein, 1978, S. 54 ff.
[896] aaO., S. 54
[897] S. 55 des Urteils
[898] S. 44 des Urteils
[899] Kongregation für Glaubenslehre in Rom, Christlicher Glaube und Dämonenlehre, Stein am Rhein, 1984, S. 9 ff.

Seelen retten werde, so hätte es dieses als Überzeugung von Anneliese zitieren, es jedoch nicht auf seinen Wahrheitsgehalt hin überprüfen können. Anstatt dessen wird das "Sühneleiden" der "naiven Frömmigkeit und dem zwanghaften Wahn" zugeordnet[900], obwohl es ein zentrales Anliegen des christlichen Glaubens nach dem Beispiel Jesu ist. Soweit der vom Gericht massiv beanstandete "Wunderglaube" das Vorliegen von Fakten betrifft, so ist deren Vorliegen, wenn es für die Entscheidung darauf ankommt, nüchtern zu prüfen. Wo es um die Frage geht, ob diese Kräfte von Gott stammen oder nicht, hat das Urteil sich jeglicher Stellungnahme zu enthalten.

Was nun die "Besessenheit" betrifft, so hätte das Urteil strikt unterscheiden müssen zwischen den äußerlich feststehenden Phänomenen und den möglicherweise daraus zu ziehenden Konsequenzen und der Frage, woher die entsprechenden Kräfte stammen und welche Konsequenzen man daraus ziehen kann. Die letzte Frage darf eindeutig nicht vom Urteil angegangen werden. Die erste Frage hätte geprüft werden müssen. Anstatt dessen erfolgte eine solche Trennung nicht. Es wurde vielmehr unter Bezugnahme auf die gleiche Aussage des Sachverständigen Professor F. ausgeführt, dass es dahingestellt bleiben könne, "was es mit dem religiös-theologischen Phänomen der Besessenheit auf sich habe, insbesondere, ob A. M. im Sinne der katholischen Lehre besessen gewesen sei".[901] Auf die äußeren Phänomene wurde mit dieser Begründung genauso wie im Sachverständigengutachten überhaupt nicht eingegangen.

Tatsächlich hätten zunächst einmal die äußeren Phänomene bei Anneliese festgestellt werden müssen: Das waren u. a.: das vollständige Verstehen der chinesischen Sprache, ihre völlig unerklärliche Schwere in der Kapelle, so dass sie auch bei größter Anstrengung trotz ihrer völligen Abmagerung von ihrem Freund nicht hochgehoben werden konnte, was nach dem Gebet durch Pfarrer sofort möglich war, und das heftig abwehrende Reagieren bei Berührung mit Weihwasser, Reliquien oder der Stola des Priesters. Die unnatürliche Schwere führt übrigens auch Frey an, der anführt, dass einige Mystiker, wie etwa Josef von Copertino, Maria Julia Jahenney, Margareta Alacoque und Ursula Benincasa so schwer wie ein Steinbock waren, so dass keine Kraft sie mehr zu haben vermochte.[902] Er führt auch für das heftig abwehrende Reagieren auf Weihwasser und Reliquien den bekannten Besessenheitsfall der sog. Illfurter Knaben an, die sonst nicht so reagierten.[903]

---

[900] S. 58, 59 des Urteils
[901] S. 50 des Urteils
[902] G. Frey, Probleme der Parapsychologie, Parapsychologie und Mystik, S. 231
[903] aaO., S. 138

Das Landgericht Aschaffenburg hätte zunächst die oben genannten Fakten, zum anderen die Tatsache berücksichtigen müssen, dass es zahlreiche sog. Besessenheitsfälle mit ähnlichem Muster gegeben hat, in dem die jeweils Betroffenen zunächst genau reagierten und litten wie Anneliese und nach erfolgreichem Exorzismus sofort und vollständig geheilt waren. Um es noch einmal zu betonen: Es kann und darf nicht um die Frage gehen, ob es den Teufel gibt, und ob die zutage tretenden Kräfte ihm zuzuschreiben sind.

Wenn der seinerzeit bekannte juristische Hochschullehrer Stein sich 1893 gegen das am 17. November 1892 ergangene und von ihm zitierte Urteil des Landgerichts Eichstätt in der Beleidigungssache gegen einen Kapuzinerpater insoweit wendet, dass dieses Gericht u. a. über die Frage Beweis erhoben hat, "ob es eine Besessenheit gibt" und dann diese Frage nach Einholung von Sachverständigengutachten bejahte[904], so hätte diese Stellungnahme spezifizierter ausfallen müssen: Wenn das Landgericht zu der Frage Stellung genommen, geschweige denn darüber Beweis erhoben hätte, ob es einen Teufel gibt und ob dieser in einem Besessenheitsfall die Ursache der äußeren Vorgänge ist, so wäre eine solche Fragestellung oder Beweisaufnahme unzulässig aus den oben angegebenen Gründen. Das Landgericht Eichstätt konnte aber durchaus prüfen und auch darüber Beweis erheben, ob die äußeren Phänomene vorlagen, die nach den Angaben von Sachverständigen einen sog. Besessenheitsfall ausmachen.

Das Landgericht Aschaffenburg hätte nach den obigen Ausführungen also einmal die Tatsache der genannten Phänomene und zum anderen die Tatsache in Betracht ziehen bzw. überprüfen müssen, dass es eine Vielzahl von Besessenheitsfällen gibt, in denen nach erfolgreich durchgeführtem Exorzismus der jeweils Betroffene vollständig geheilt wurde. Natürlich ist, wie das Landgericht Aschaffenburg ausführt, die Besessenheit auch ein "religiös-theologisches Phänomen".[905] Aber es ist andererseits - ganz abgesehen von den Glaubensfragen und der Herkunft der gegeneinander wirkenden Kräfte, über die nicht zu entscheiden ist - auch ein Faktum, dass viele Menschen bei einer solchen "Behandlung" endgültig und auf der Stelle geheilt wurden. So hat z. B. der Inhaber des Lehrstuhls für Geschichte der Medizin an der Universität Freiburg, Schott, in der Fernsehsendung des Zweiten Deutschen Fernsehens vom 17. September 1985 ab 22.05 Uhr mit dem Thema "Geistige Heilung - was ist daran?" ausdrücklich davon gesprochen, dass der Exorzismus auch eine Art des Heilens sei, was der Verfasser selbst in dieser Sendung gehört

[904] Stein, Das private Wissen des Richters, Leipzig 1893, S. 83
[905] S. 50 des Urteils

hat. Die unerklärlichen Heilungen in Lourdes, Fatima und an anderen Stellen sind ja Heilungen, obwohl sie medizinisch-naturwissenschaftlich unerklärbar sind. Auch bei solchen Heilungen könnte ein staatliches Gericht immer nur die äußere Tatsache der vorherigen unheilbaren Krankheit und der nachfolgenden Tatsache der augenblicklichen vollständigen Heilung berücksichtigen und überprüfen, aber nicht zu der Frage Stellung nehmen, wer nun diese Heilung bewirkt hat. Ein solches Gericht kann und muss natürlich im Einzelfall prüfen, ob nicht doch eine natürliche Erklärung gegeben ist. Wenn das aber zu verneinen ist, kann es nur diese Tatsache festhalten.

Um noch klarer zu machen, dass es vor einem staatlichen Gericht ausschließlich um die Fakten bei unerklärbaren Vorgängen, nicht aber um die Frage gehen kann, woher die Kräfte kommen, seien das Gemeinsame und der Unterschied bei einem erfolgreichen Exorzismus und einer unerklärlichen, wunderbaren Heilung etwa in Lourdes hervorgehoben: bei den unerklärlichen Heilungen in Lourdes liegen immer ganz schwere organische Krankheiten vor, die als solche von Ärzten nach entsprechenden eingehenden Untersuchungen festgestellt wurden. Bei einer echten Besessenheit liegt überhaupt keine medizinisch feststellbare "Krankheit" vor, soweit nicht daneben echte Krankheiten, wie etwa Abmagerung, Erkältung, Lungenentzündung o. ä. vorliegen. Nun sind das Toben, das Schlagen und die anderen äußerlich feststellbaren Vorgänge bei einer besessenen Person zwar auch äußerlich feststellbare Fakten, die nicht als Merkmal eines gesunden Zustandes angesprochen werden können. Zu Recht sind jedoch im medizinischen Sinn nur solche körperlichen Beeinträchtigungen als Krankheit zu bezeichnen, die irgendwie ihren Grund in Funktionen des Körpers haben. Die sog. Besessenheit zeichnet sich gerade dadurch aus, dass dort bei dem betroffenen Menschen die feststellbaren äußeren Merkmale, wie im Fall der Anneliese Michel, völlig unerklärbar sind und keineswegs in körperlichen Funktionen ihren Grund haben können.

Gemeinsam ist jedoch einer unerklärlichen, wunderbaren Heilung in Lourdes und einem erfolgreich durchgeführten Exorzismus die Art des "Heilens": Auf sie hat der Mensch keinerlei direkten Einfluss im Gegensatz zu allen übrigen medizinischen Heilungen. Der Exorzismus besteht letztlich ausschließlich aus Gebeten, und auch in Lourdes wird im wesentlichen um Heilung gebetet. Es liegt im Wesen des Gebetes, dass natürlich die Erhörung niemals vom Betenden abhängt und somit keinerlei direkte Kausalität zwischen Gebet und Heilung besteht. Wenn also Schott in seiner oben angegebenen Äußerung davon sprach, dass der Exorzismus auch eine Art des Heilens sei, so kann er damit nicht etwa gemeint haben, dass die Tätigkeit des Priesters bei dem Exorzismus notwendig und direkt kausal zur Heilung des Besessenen führt. Er kann nur das äußere Faktum gemeint haben, dass eben tatsächlich in zahllosen Fällen ein Mensch mit den furchtbaren äußeren Merkmalen der Besessenheit nach dem Exorzismus völlig und auf Dauer gesund war. Die Heilung war also echt. Die "Behandlung" müßte man aber, wie auch in dem vorherigen Absatz geschehen, in Anführungsstriche beim Exorzismus setzen.

Bei der Beurteilung solcher Vorfälle ist also von staatlichen Gerichten und Behörden auf folgendes zu achten: Wie niemand zu einen Gebet gezwungen werden kann, so kann auch niemand gezwungen werden, den Exorzismus durchzuführen. Andererseits muss für staatliche Gerichte und Behörden eine echte Besessenheit - immer vorausgesetzt, dass daneben keine wirkliche Krankheit vorliegt, für welche dann die normalen Maßstäbe gelten - als ein mit medizinischen Mitteln nicht heilbarer Zustand gelten. Wie bei einer unheilbaren Krankheit medizinische Mittel völlig nutzlos und aussichtslos sind, so sind sie es auch bei den äußeren Merkmalen einer echten Besessenheit. Das schließt natürlich nicht aus, dass man in beiden Fällen auf Seiten staatlicher Behörden die noch möglichen Hilfen geben muss, um z. B. Verletzungen zu lindern oder zu verhindern.

Genausowenig wie der Staat einem unheilbar Kranken verbieten kann, sich nach Lourdes bringen zu lassen in der Hoffnung, wunderbar geheilt zu werden, so kann er auch nicht die Gebete für einen Besessenen im Rahmen des Exorzismus als vorwerfbar ansehen, was schon aus der in freiheitlichen Rechtsstaaten garantierten Religionsfreiheit folgt. Im Grundgesetz der Bundesrepublik Deutschland hat sich der Grundgesetzgeber darüber hinaus auch noch ausdrücklich auf seine "Verantwortung vor Gott und Menschen" berufen.[906] Auch von daher kann der Staat Gebete nur begrüßen, die dazu führen, dass ein Besessener von seinen schrecklichen Qualen befreit wird. Immer muss dabei natürlich vorausgesetzt werden, dass die erforderliche medizinische Beobachtung und Begleitung gewährleistet sind.

Da also das Landgericht Aschaffenburg die obigen Grundsätze missachtet hat, ist das Urteil unrichtig. Es hätte eine Beweisaufnahme unter Berücksichtigung dieser Umstände durchgeführt werden müssen, wobei im Rahmen dieser Arbeit nicht gesagt werden kann, wie das Ergebnis danach ausgesehen hätte.

---

[906] 1. Satz der Präambel des Grundgesetzes

Richtig ist, dass, wie es auch im Urteil zutreffend zitiert wird[907], nach dem Rituale Romanum bei entsprechender Sachlage immer ein Mediziner hinzugezogen werden muss. Das ist schon für die äußerst schwierige Feststellung erforderlich, ob überhaupt eine echte Besessenheit oder eine psychische Krankheit vorliegt, was im Einzelfall immer sehr eingehend zu prüfen ist.[908] Tatsächlich war Anneliese bei zahlreichen Ärzten, besonders Nervenärzten, einschließlich klinischer Beobachtung. Gerade weil das alles nichts half und im übrigen die anderen Phänomene vorlagen, wollte Anneliese zum Schluss keine Ärzte mehr sehen. Wenn das Urteil die Behauptung von Rodewyk, den es als "Besessenheits-Experten" bezeichnet, dass bei keinem Exorzismus ein Todesfall aufgetreten war, nicht einer Überprüfung für würdig hält, so liegt auch darin ein Fehler. Hier geht es um Fakten, nicht um Glaubensfragen. Wenn man dabei weiter berücksichtigt, dass Anneliese schon mehrfach erheblich abgemagert war und jedesmal wieder nach einer gewissen Zeit essen konnte und zum normalen Gewicht zurückkehrte, fragt sich, wie man dann zu der Feststellung eines Verschuldens kommen will. Im übrigen ist jeder Exorzismus nicht nur für den jeweiligen Priester, sondern auch für die nahen Angehörigen, die dabei sind, mit ganz außerordentlichen psychischen und physischen Belastungen verbunden. Die Eheleute Michel haben sich bis zur Selbstaufgabe um die Heilung ihrer Tochter bemüht.

Auch die Frage der Geschäftsfähigkeit von Anneliese hätte unter Berücksichtigung obiger Gesichtspunkte geprüft werden müssen, was nicht geschehen ist. Immerhin sind die obigen Zitate aus dem Gutachten bemerkenswert, wonach bei Anneliese "die Bewusstseinshelligkeit in den Sitzungen nicht gestört war", zumal ein "epileptischer Dämmerzustand ja nicht künstlich zu Beginn einer Sitzung hervorgerufen werden könne". Bis dahin habe sie also die aus ihr hervorgegangenen Äußerungen "gesteuert".[909] Danach soll sie sich durch ihre Verhaltensweise selbst in eine psychogene Psychose, in eine Geisteskrankheit hineinversetzt haben.

Zum einen hat der Gutachter selbst festgestellt, dass die "Äußerungen Annelieses" auf den Tonbändern bis zuletzt gleichartig waren. Warum dann hinterher eine Geisteskrankheit vorgelegen haben soll, obwohl Anneliese ihre Examensarbeit bis zuletzt auch während dieser Zeit fertiggestellt hat, wäre erklärungsbedürftig gewesen.

---

907 S. 51 des Urteils

908 Joseph de Tonquedec, Les maladies nerveuses ou mentales et les manifestations diaboliques, Paris, 1930, S. 130 f.

909 Bl. 49 des Gutachtens, Professor F., Bl. 283

Zum anderen sind die Ausführungen des Gutachters allgemein von erheblichem Interesse, da in der Literatur immer so getan wird, als ob aus den jeweils Betroffenen nur deswegen solche unglaublichen Äußerungen in der besonderen Art kämen, da sie psychisch krank seien. Hier bestätigt der Gutachter ihr jedenfalls bis kurz vor Ende der Sitzungen "Bewusstseinshelligkeit" und begründet das auch zutreffend damit, dass diese angebliche Krankheit ja nicht plötzlich zu Beginn der Sitzungen anfangen und am Schluss wieder aufhören kann. Wer nur zeitweise bewusstlos ist - etwa weil er schwer gestürzt ist - kann genausowenig nach Beendigung dieser Bewusstlosigkeit gegen seinen Willen in einer geschlossenen Abteilung festgehalten werden, wie man es bei Anneliese hätte tun können, nachdem sie aus der Besessenheitsphase wieder jeweils herauskam. Der richtige Weg wäre wahrscheinlich eine freiwillige künstliche Ernährung gewesen, der Anneliese bei entsprechender Beratung wohl zugestimmt hätte. Aber genau wie nicht jeder Arzt strafrechtlich belangt werden kann, dessen erfolglose, dabei nach bestem Wissen durchgeführte Behandlung bei späterer Analyse besser hätte anders durchgeführt werden können, so wird man auch kaum einen Priester in einem Verfahren - geschweige denn die Eltern - deswegen belangen können, weil sie vielleicht noch intensiver auf Anneliese hätten einwirken sollen, dass sie doch einen Arzt herankommen lässt mit dem Ziel der freiwilligen künstlichen Ernährung.

Vermutlich wäre es bei Berücksichtigung aller obigen Gesichtspunkte in dieser Sache gar nicht zu einer Anklageerhebung gekommen.

Hier ist auch nicht der Ort, auf die Argumente von Medizinern einzugehen, die Goodman bringt[910], wonach bei Anneliese bei den ersten Untersuchungen das Hirnstrombild in Ordnung war und erst Änderungen eintraten, nachdem sie intensiv mit antiepileptischen Mitteln behandelt worden war. Diese medizinische Meinung hält es durchaus für möglich, dass es durch diese nicht angezeigten massiven pharmazeutischen Mittel erst zu solchen Hirnstrombildern kam. Für die Medizin gilt genauso, dass sie auch die entsprechenden Fakten zu berücksichtigen hat. So macht Balducci zutreffend nähere Ausführungen in Bezug auf die Merkmale echter Besessenheit.[911] Auch Auhofer kommt zu diesem Ergebnis.[912]

---

[910] Goodman, Anneliese Michel, aaO., S. 269 ff.

[911] C. Balducci, Priester, Magier, Psychopathen, Augsburg 1976, S. 211 ff.; auf den Seiten 68, 69 bringt er bezüglich des Falles der sog. Illfurter Knaben, wie sie z. B. gesegnete Feigen, die sie sonst äußerst gern essen, wegwerfen, oder wie sie, obwohl sie schliefen, sofort unter der Bettdecke verschwanden, wenn jemand einen Rosenkranz darauf legte und erst hervorkamen, wenn dieser wieder weggenommen wurde.

[912] H. Auhofer, Aberglaube und Hexenwahn heute, Freiburg 1960, S. 54 ff.

SCHLUSS-
TEIL

Folgerungen dieser Arbeit für andere Wissensgebiete

❶ Folgerungen für die Parapsychologie

Durch die Parapsychologie entsteht deswegen manche Verwirrung, weil sehr viele, wenn nicht die meisten - insbesondere von den Theologen, die sich mit diesen Fragen befassen - meinen, die Parapsychologie würde für sehr viele, wenn nicht für alle unerklärlichen Vorgänge eine natürliche Erklärung bringen. Das ist falsch, wie oben aufgezeigt wurde. Wie sich faktisch aus den Äußerungen der Parapsychologie ergibt und wie es viele ihrer führenden Vertreter auch ausdrücklich sagen, sollte von allen Vertretern dieses Gebietes mit aller Eindeutigkeit gesagt werden, dass sie für die wirklich unerklärten Vorfälle keinerlei Erklärung haben und es insbesondere nicht sog. "Psi-Kräfte" des Menschen gibt, die diese bewirken sollen. Psychische Kräfte können zwar Schmerzen verursachen, sie können aber keine Toten erwecken, kein Bein plötzlich anwachsen lassen und aus Gips keine Flüssigkeit in der Zusammensetzung menschlicher Tränen hervorbringen.

Wie es Hans Bender dankenswerter Weise in dem oben geschilderten Blutwunder des hl. Januarius gemacht hat, sollte die Parapsychologie einerseits die Ergebnisse kirchlicher Untersuchungskommissionen bezüglich der unerklärlichen Tatsachen würdigen und verwerten, zumal dort unverhältnismäßig bessere Überprüfungsmöglichkeiten zur Verfügung stehen als die einzelnen Parapsychologen sie haben können. Auf der anderen Seite könnten die Parapsychologen auch solche Überprüfungen kritisch begleiten und aus ihren Erfahrungen bezüglich der Irrtums- und Täuschungsmöglichkeiten zur noch besseren Aufhellung solcher Sachverhalte beitragen. Wenn die Parapsychologen nach eingehender Überprüfung die Feststellungen der kirchlichen Untersuchungskommissionen als glaubwürdig darlegen könnten, so würden deren Ergebnisse jenen evtl. mehr einleuchten, die mehr oder weniger große Vorbehalte gegen das Christliche oder das Kirchliche haben.

2

Folgerungen für die Medizin

Wie oben im Fall der Anneliese Michel näher dargelegt, sollte die medizinische Wissenschaft eingehend zur Kenntnis nehmen, dass im Rahmen der echten Besessenheit - oder auch der sog. Besessenheit, auf die hier nicht näher eingegangen werden konnte - äußere Phänomene auftreten, die absolut nichts mit einer psychischen oder sonstigen Krankheit zu tun haben. Gerade weil die Unterscheidung zwischen einer echten Besessenheit und einer psychischen Krankheit im Einzelfall äußerst schwierig sein kann, sollte die Medizin auf diese Frage der Unterscheidung mehr ihr Augenmerk lenken. Es ist der Medizin aus den Fällen unheilbarer Krankheiten bekannt, dass es gelegentlich keinerlei medizinische Mittel mehr zur Heilung gibt. als einen solchen Fall muss sie auch die echte Besessenheit ansehen, wobei immer offen bleibt, ob nicht außerdem irgendwelche Krankheiten vorliegen. Für die Medizin geht es hierbei eindeutig nicht um religiöse Fragen. Es geht nur um die Feststellung von Fakten, um die richtige Diagnose, also um die Prüfung, ob die getroffenen Feststellungen für das Vorliegen einer psychischen Krankheit oder für einen Zustand des Patienten sprechen, der keine psychische Krankheit darstellt, sondern der von theologischer Seite als Besessenheit bezeichnet wird. Es kann nämlich sehr negative Folgen haben, wenn z. B. massive pharmazeutische Mittel gegen eine psychische Krankheit gegeben werden, die in Wirklichkeit gar nicht vorliegt. Da der Exorzismus kein eigentliches Heilverfahren ist, sondern die Bitte an Gott um Befreiung von dem vorliegenden Übel, fällt er auch nicht in den medizinischen Bereich.

3

Folgerungen für die Theologie

A. Ohne Wunder kein christlicher Glaube

Zur Frage der Folgen der Leugnung von Wundern - in welcher Form das auch immer geschieht - sei ein Zitat aus einem neuen Buch des Paderborner Erzbischofs Dr. Degenhardt gebracht. Nachdem er die Mentalität vieler Menschen unserer Zeit dahin einschätzt, dass Wunder als Durchbrechung der Naturgesetze verstanden und als unmöglich abgelehnt werden, fährt er fort:[913]

"Wenn man auch sonst gegen Dogmen ist, hier wird dogmatisch postuliert, Wunder könne es nicht geben. Auch Experten, Erklärer der Heiligen Schrift, versuchen, die in den Evangelien als Wunder Jesu berichteten Taten so zu erklären, dass vom Wunder nichts mehr bleibt. Es seien in damaliger Zeit unerklärliche Geschehnisse gewesen, die die Menschen als Wunder gedeutet hätten. Heute seien wir weiter. Das meiste sei psychologisch als Suggestion, Hypnose, Wunschvorstellung oder als maßlos übertriebene Darstellung von Ungewöhnlichem und Aufregendem anzusehen oder nachträglich aus Glaubenseifer gedichtet worden, könne aber im Sinne der historischen Fakten keinen Anspruch auf wirkliches Geschehen erheben.

Dass ein Toter lebendig werde, das gebe es nur im Märchen. Im Neuen Testament solle mit einer solchen Erzählung der Glaube an das Besondere im Leben der Person Jesu deutlich gemacht werden. In einem früheren Weltbild werde das, was nicht erklärbar war, mit Hilfe von Wundern erklärt, zumal alles von göttlichen Wirkmächten durchwaltet schien. Heute wisse man um die Unumstößlichkeit von Naturgesetzen. Göttliches Eingreifen sei weder erforderlich noch denkbar. Aus diesem Grund müßten auch die im Glaubensbekenntnis genannten Gegebenheiten im Leben Jesu, soweit sie ein direktes Eingreifen und Handeln Gottes aussagen - wie jungfräuliche Empfängnis und Geburt Jesu, Auferstehung und Himmelfahrt Jesu, Wiederkunft des Herrn wie

[913] Johannes Joachim Degenhardt, Dienstbereit in der Liebe Christi, Pauline von Mallinckrodt, Paderborn 1985, S. 71, 72

auch das Bekenntnis zum Dreifaltigen Gott, zur Schöpfung der Welt aus nichts - als Interpretamente ohne historische Faktizität angesehen werden.

Es ist leicht einzusehen, dass mit solcher Auffassung kein Raum für die Mysterien des christlichen Glaubens bleibt. Was wir Menschen für möglich halten, was wir für erfahrbar ansehen, was wir uns erklären können, das müssen auch die Grenzen des göttlichen Wirkens sein, so denken viele. Von der Größe und Unbegreiflichkeit Gottes ist nichts mehr da."

Auch Altbischof Simons legt näher dar, dass ohne die Wunder der christliche Glaube nicht denkbar ist.[914]

Diejenigen zahlreichen Theologen, die mehr oder weniger verklausuliert oder ganz offen die Wunder der Bibel leugnen, tun das nach ihren Angaben, um dem modernen Menschen zu helfen, der an eine Durchbrechung von Naturgesetzen nicht glauben will. In Wirklichkeit bringen sie eben diese modernen Menschen mit ihren Theorien nur in ungleich größere Schwierigkeiten: ein großer Teil der faktischen Schilderungen im Neuen Testament sind nun einmal unerklärliche Vorgänge. Wenn diese alle nicht stimmen, warum sollen dann die übrigen Angaben stimmen, und warum sind nicht auch diese ein bloßes Bild ohne realen Bezug, das sich die Evangelisten ausgedacht haben, um ihre eigenen Gedanken vorzutragen? Wie im ersten Hauptteil dargelegt, sind die meisten unerklärbaren Geschehnisse in der Bibel in ähnlicher Art bis in unsere Tage vorgefallen und in einem modernen Prozessverfahren überprüft und nachgewiesen. Wenn sie nun den kritisch Suchenden vortragen, Gott würde niemals Wunder im Sinne der Durchbrechung von Naturgesetzen wirken, so machen sie sich schon angesichts der eindeutigen gegenteiligen Feststellungen in den kirchlichen Untersuchungsverfahren völlig unglaubwürdig, da eben offensichtlich die Naturgesetze bis in unsere Tage immer wieder nachweislich durchbrochen werden. Sie sollten also lieber umgekehrt diese Fakten benutzen, um die Vorgänge der Bibel nur um so verständlicher erscheinen zu lassen. Da sie im Gegensatz zu den staatlichen Gerichten und Behörden sehr wohl die Maßstäbe des Glaubens und der Lehre anlegen können, um auch den Inhalt von Erscheinungen und Offenbarungen zu würdigen, so könnten sie daraus pastoralen Nutzen ziehen, wie etwa bei der Empfehlung bestimmter Gebete, der Einhaltung der Herz-Jesu-Freitage, der Marienverehrung, dem Tragen der Medaille und vielem mehr. Auch die Fegefeuer- und die Höllenvisionen sollten mehr Beachtung finden.

---

[914] Franz Simons, Das Ende des Katholizismus?, in: Theologisches 1985, Heft 2, S. 6230

Beste Voraussetzung dafür, dass diese Hilfen überhaupt in Erwägung gezogen werden, ist die rein faktische und mit dem Religiösen nicht zusammenhängende Frage, ob all diese Erscheinungen überhaupt real sind oder nur in der Vorstellung der jeweiligen betroffenen Personen bestehen.

B. Exkurs: Die Auslegung von Texten durch Juristen und Theologen in der Beziehung zur Begründung des Lehramtes des Papstes.

So sehr auch einerseits durch die auf natürliche Art unerklärlichen Tatsachen des ersten Hauptteils wesentliche Lehren der katholischen Kirche bestätigt werden, so muss andererseits nochmals mit Nachdruck betont werden, dass die Grundlage für die Lehre, die Dogmen, ausschließlich die vom Lehramt weitergegebene und interpretierte Offenbarung bzw. die Bibel in dessen Auslegung sind. Die Begründung dieses Lehramtes - letztlich - des Papstes kann nun aus einer für Juristen - auch für manche, wenn auch längst nicht alle Theologen - völlig selbstverständlichen Tatsache folgen, dass man nämlich bezüglich der Auslegung von Texten besten Willens völlig entgegengesetzter Meinung sein kann.

Im Gegensatz zur Feststellung von Fakten, wie gleich unter C) aufzuzeigen sein wird, gibt es bei der Auslegung von Texten grundsätzlich keine Grenzen, bei deren Überschreitung man keine Gutwilligkeit mehr annehmen kann.

Wenn der bekannte Theologe Norbert Lohfink, ein Bruder des schon genannten Gerhard Lohfink, zu dem Ergebnis kommt, dass Theologie ebenso wie die Rechtswissenschaft Texte interpretiert, so ist das richtig. Wenn er aber weiter schreibt, dass "die Sachgemäßheit der Interpretation selbst in ihrem Verlauf (in beiden Wissenschaften) von jedem vernunftbegabten Beobachter anerkannt werden könne"[915], so ist das zumindest missverständlich. Der Jurist weiß, dass man Gesetzes- und andere Texte besten Gewissens verschieden auslegen kann und muss. Hier gibt es keine absolut "richtige Auslegung". Man muss sich entscheiden und richtet sich z. B. nach der jeweiligen Rechtsprechung der oberen Gerichte, um eine gewisse Rechtssicherheit zu garantieren. Die Auslegung kann also noch so "sachgemäß" sein, sie führt wesensnotwendig niemals nur zu einem einzigen Ergebnis.

---

[915] N. Lohfink, Bibelauslegung im Wandel, Frankfurt 1967, S. 32

Bei den Bibeltexten ist es bezüglich der Fragen der Lehre grundsätzlich genauso. Andernfalls müßten sich die christlichen Kirchen wechselseitig böswillig falsche Auslegung vorwerfen, was ernsthaft niemand tut. Wie also der Jurist zugibt, dass auch die besten Gesetze trotzdem wesensnotwendig verschieden und durchaus entgegengesetzt ausgelegt werden können, wobei die verschiedenen Auslegungen grundsätzlich gleichberechtigt nebeneinander stehen, so sollte auch der Theologe einsehen, dass man mit der Berufung auf die Bibelauslegung allein niemals zwingend nur zu einer "richtigen" Auslegung kommen kann. Die vielen, teilweise auch völlig entgegengesetzten Auslegungen, stehen auch hier, soweit es um die bloße Auslegung der Texte als solche geht, grundsätzlich gleichberechtigt nebeneinander. Wenn also ein Theologe sagt, seine Auslegung "stehe in der Bibel", so ist das richtig und falsch zugleich. Richtig ist, dass sie auch darin enthalten ist. Falsch ist es, wenn er damit gleichzeitig meint, dass die ihm entgegengesetzte Auslegung nicht genauso "in der Bibel steht", und zwar in den gleichen Sätzen, die er für seine eigene, entgegengesetzte Meinung vorträgt.

Die Begründung aller noch so entscheidenden grundlegenden Lehraussagen nur auf die Sätze der Bibel - mit welcher Auslegungsmethode auch immer - hilft also wenig, da grundsätzlich das genaue Gegenteil aus eben denselben Sätzen genauso entnommen werden kann. Während ein Jurist mit dieser für alle Textauslegungen geltenden Regel, wie aufgezeigt, fertig werden kann, ist das für die Lehre einer christlichen Kirche untragbar, soweit es grundlegende Lehraussagen betrifft. Man mag z. B. die Sätze der Bibel verschieden auslegen bezüglich der Frage, ob bei der Wandlung Brot und Wein in Christi Leib und Blut verwandelt werden. Ob diese entsprechende katholische Lehre stimmt, oder ob nach Luthers Meinung im Brot, das unverwandelt bleibt, in dem aber dennoch der Gläubige den Leib Christi sakramental empfängt, oder ob das Brot gemäß der Lehre der reformierten Kirchen nur ein gleichnishaftes Gedächtnis an Christi Hingabe für unser Heil darstellt, kann durch Auslegung der Bibelsätze nicht geklärt werden. Man wird dann zu verschiedenen Meinungen kommen können, wie es ja der Fall ist. Man kann aber niemals behaupten, dass Christus diese sehr entscheidende Frage "offenlassen" wollte. Bei der Einsetzung im Abendmahlssaal hat er mit Sicherheit nur eine Auffassung dazu vertreten und nicht drei sich völlig widersprechende zugleich als seine richtige Lehre den Jüngern weitergegeben.

Ob man also den auch in der Bibel enthaltenen historischen Fakten glaubt, muss man wie jede andere historische Frage würdigen und entscheiden. Ob man dann weiter glaubt, dass dieser Christus auch Gottes Sohn war und die göttliche Lehre offenbart hat, ist eine reine Glaubensfrage, bei der keine historischen oder sonstigen "Beweise" eine zwingende Argumentation liefern können. Beide Fragen sind völlig unabhängig von einem Lehramt und ohne jede Bindung zu entscheiden. Wenn man jedoch beide bejaht, muss man dann wesensnotwendig auch bejahen, dass dieser Christus seine Lehre nur in einer Form weitergeben wollte, die sicherstellte, dass nicht völlig widersprechende Auffassungen ebenso völlig gleichberechtigt nebeneinander bestehen können. Das bleibt - immer nur auf der Grundlage der Anerkennung der Offenbarung durch Christus den Sohn Gottes - schon rein theoretisch nur die Lösung, dass dieser Sohn Gottes auf Erden jeweils einen Menschen bestimmt, der die von ihm gewünschte Auslegung in all den wichtigen Lehrfragen und auch deren Grenzen im besonderen Beistand des Heiligen Geistes bestimmt. Wenn dazu auch nur zwei Personen ausgewählt wären, könnte niemand wissen, wer von beiden denn nun die zutreffende Auslegung gibt. Dessen allgemeiner Beistand ist nach der Offenbarung jedem zugesagt. Der besondere Beistand des Heiligen Geistes bezüglich der Richtigkeit der Dogmen und der Lehre sowie deren Grenzen, da ja längst nicht jede Frage zwingend nur in einer Art denkbar ist, kann letztlich nur jeweils bei einer Person erfolgen. Wie sollten auch sinnvoll zwei Personen, die völlig widersprechende Auffassungen in einer wesentlichen Frage vertreten, mit Fug und Recht behaupten können, sie würden beide im besonderen Beistand des Heiligen Geistes in Bezug auf die wesentliche Frage der Lehre sprechen. Es wäre ein Widerspruch in sich. Auf diese Überlegung kann sich die Reihe der Päpste von Petrus an stützen, wobei auf die vielen wichtigen Einzelheiten in diesem Fragenkomplex nicht eingegangen werden kann.

Dazu gehört z. B., dass man nicht ein solches Lehramt anerkennen kann, aber gleichzeitig die Grenzen selbst bestimmen will, wo die wesentlichen Lehrsätze mit bindender dogmatischer Wirkung beginnen, und wo andere Fragenbereiche aufhören, die man legitim auf vielerlei Weise beantworten kann. Wer so handelt, leugnet das eigentliche Wesen des Lehramtes insgesamt, das ohne Befugnis der Grenzziehung dem freien Belieben eines jeden Einzelnen ausgesetzt wäre, wo er nun seine Grenzen setzen will. Auch wer als Verkünder innerhalb der katholischen Kirche nur ein einziges Dogma nicht anerkennt, entzieht sich damit selbst die Grundlage zur überzeugenden Verkündigung der übrigen Lehrsätze. Wenn er diese auch persönlich für völlig richtig hält und aus der Bibel begründet, so muss er sich dabei entgegenhalten lassen, dass durch bloße, nicht gebundene Auslegung daraus auch die jeweils entgegengesetzte Auslegung entnommen werden kann.

C. Feststellung von Fakten im Unterschied zur Auslegung von Texten

Auslegungsfragen von Texten sind grundlegend zu unterscheiden von der Beweiswürdigung zur Frage, ob bestimmte tatsächliche Vorgänge stattgefunden haben, also zu Fragen von Fakten. Auch hierbei wird man in Grenzfällen durchaus verschiedener Meinung sein können, was schon z. B. bei den Gerichten die verschiedenen Urteile in gleicher Sache bei zwei Tatsacheninstanzen ergeben. Andererseits sind der Beweiswürdigung, ob bestimmte Fakten vorgelegen haben oder nicht, Grenzen gesetzt, bei deren Überschreitung man nicht mehr ernst genommen werden kann. Wer etwa bei der Tränenden Madonna von Syrakus trotz der zahllosen Zeugen, trotz der Filme, trotz der Untersuchung durch die Polizei, trotz der Analysen und all der anderen Beweisergebnisse noch behauptet, der entsprechend geschilderte Vorgang habe in Wirklichkeit nicht stattgefunden, kann nicht mehr ernst genommen werden. Hier kann man sich nicht wie bei Auslegungsfragen von Texten darauf berufen, dass eine Gegenmeinung durchaus auch vertretbar ist. Insoweit muss bezüglich der Fakten ein anderes Denken ansetzen. Das schließt sich schon unmittelbar an Auslegungsfragen an. Wenn z. B. der katholische Theologe Gerhard Lohfink in einem in sehr hoher Auflage erschienenen neuen Buch die Auffassung vertritt, aus den Sätzen der Bibel, in denen Engel besonders eingehend geschildert werden, sei deren reale Existenz nicht zu entnehmen, so ist das eine Frage der Auslegung, wenn sie auch dem Lehramt seiner Kirche widerspricht, das sich bewusst auf die vielen Stellen der Bibel über die Engel bezieht. Wenn er aber diese angebliche Nichtexistenz wesentlich damit begründet, dass die Engel bei Lukas leibhaftig erscheinen und bei Matthäus nur im Traum (was noch nicht einmal stimmt, sie erscheinen auch dort leibhaftig gem. Matth. 4,11; 28,2; 28,5) und dass nun diese Feststellung unvereinbar mit deren Existenz in der Bibel sei, da es ein offensichtlicher Widerspruch sei[916], so hat er das rein äußere Faktum der Erscheinung sowohl im Traum als auch leibhaftig, wie es zahllos vorgekommen ist, übersehen.

Wenn die Theologen aus dem Vorstehenden den Schluss ziehen würden, dass man rein theoretisch bei Auslegungsfragen praktisch nie zu einer Einigung kommen kann, wenn man sich nur auf die Auslegungen verlässt, wohl aber bei der Würdigung von Zeugenaussagen, wenn es um Tatsachen geht, so sollten sie bei ihren theologischen Gesprächen auch einmal die im ersten

[916] G. Lohfink, Jetzt verstehe ich die Bibel richtig, Stuttgart 1975, S. 120

Hauptteil angeführten Tatsachen würdigen. Fakten kann man nicht aus der Welt schaffen, auch wenn sie durch Naturgesetze nicht erklärbar sind.

In dieser Arbeit ging es um die Feststellung und vorurteilsfreie Würdigung von Tatsachen, die gegen die Naturgesetze verstoßen. In der objektiven Würdigung der entsprechenden Beweise sollten sich alle einig sein. Es bleibt zu hoffen, dass folgender Satz des vor einigen Jahren verstorbenen bekannten Theologen und Physikers Heimo Dolch bei möglichst wenigen zutrifft: "Wenn man versucht, sie (die Wunder) in das Gebiet der Legende zu verweisen, so nicht, weil sie einfach Tatsachen sind, sondern weil sie Tatsachen sind, die eine Bedeutung haben, Folgen nach sich ziehen, zu einer Entscheidung aufrufen, der man entgehen möchte."[917]

---

[917] Heimo Dolch, Das Wunder, Paderborn 1953, S. 47

ERGÄNZUNGEN
ab der 7. Auflage

Rezensionen zu den ersten Auflagen dieses Buches

Autoren, die ab 1988, der Fertigstellung dieses Buches, zu Wundern Stellung nehmen

Das Turiner Grabtuch des Herrn eindeutig echt, nicht nur wegen seiner Dreidimensionalität.

Die Angst des WDR vor dem Blutwunder des Heiligen Januarius

❶

Rezensionen zu den ersten Auflagen dieses Buches

A. Negative Stellungnahmen

Aus den ablehnenden Veröffentlichungen, die in der Folge z. T. und nur auszugsweise wiedergegeben werden, folgt in Wirklichkeit eine Bestätigung der wiedergegebenen Untersuchungsprozesse zu Wundern, da nichts davon auch nur ansatzweise widerlegt wird. So schreibt Professor Dr. Renck, Richter am Bayer. Verwaltungsgerichtshof u. a. (BayVBl. 1993 S. 64):

"Und zur modernen christlichen Theologie von Bultmann bis Drewermann fällt ihm nichts ein. Nach deren Vorstellungen sind die biblischen Wunder nur noch Mythen und Legenden, aber keine historischen Daten, keine im geschichtlichen Geschehensablauf verifizierbare Ereignisse. Es sind Bilder die befähigen sollen, etwas zu erfassen und zu erleben, was rational in Worten nicht oder nur unvollkommen ausgedrückt werden kann. So bleibt letztlich auch das religiöse Bemühen des Katholiken Grochtmann auf der Strecke, weil er zu dem manifesten Dissens zwischen Lehramt und Theologie nichts Aufhellendes beisteuert."

Dass zahlreiche Theologen meinen, Gott könne die Naturgesetze nicht aufheben, er tue es jedenfalls nicht, ist bekannt. Auf diese wurde in dem Buch mit zahlreichen Zitaten eingegangen, die beweisen, dass praktisch diese alle offensichtlich nichts gegen die Überprüfungsprozesse vortragen können. Sie verschweigen sie daher. Auch der Jurist Renck behauptet noch nicht einmal einen einzigen Fehler bei der Feststellung der im Buch angeführten Wunder.

Noch massiver geht Frau Prof. Dr. Irmgard Oepen als Rechtsmedizinerin gegen das Buch vor, indem sie am Schluss meint:

"Daher bleibt zu hoffen, dass wir künftig nicht von »wunderbaren« gerichtlichen Entscheidungen heimgesucht werden, sondern dass von juristischer Seite offiziell zu Grochtmanns gefährlichen Thesen Stellung genommen wird."

Vorher legt sie u. a. dar:

"Aber auf S. 319 [frühere Auflage] will er diese, in kirchlichen Untersuchungsprozessen geschilderten Vorfälle (als »Beweis« für von Heiligen bewirkte Wunder) dennoch als Fakten respektiert wissen.

Hier lässt der Autor völlig außer acht, dass es Kenntnisse über Wahrnehmungsstörungen gibt sowie Selbst- und Fremdsuggestion, Beeinflussung durch Gruppenmeinungen (Konformitätsdruck) sowie Manipulationen durch tiefenpsychologische Schlüsselreize, die nicht nur bei Kranken oder verhaltensgestörten Menschen, sondern, wie durch die verheerenden Einflüsse von Sekten bekannt ist, auch bei Gesunden auftreten können.

Der Inhalt des Buches muss daher als unsachlich und irreführend bezeichnet werden."

Sie tut also das, was gerade ein Jurist nicht tun sollte. Anstatt auch nur auf einen einzigen Fehler in den Untersuchungsprozessen hinzuweisen, bringt sie nur vor, dass es Manipulationen u. ä. gebe. Natürlich gibt es allgemein das alles. Offensichtlich kann sie aber die vorgebrachten Beweise in all den angeführten Einzelfällen nicht widerlegen, sonst hätte sie es bestimmt getan.

Georg Stolze (in Publik-Forum Nr. 13, 1990, S. 20) lässt zwar die Argumente des Buches etwas mehr zu Wort kommen.

Aber er stützt sich auf die tatsächlich sehr verbreitete, aber eben nachgewiesen falsche Zweitursachentheorie und führt u. a. an:

"Deshalb sind Wunder im Sinne einer Durchbrechung der Naturgesetze auch theologisch höchst umstritten. Das weiß Harald Grochtmann, der den Theologen vorwirft, die Beweiskräftigkeit der äußeren Fakten schlicht zu ignorieren. Tatsache ist ja, dass die Mehrzahl der Theologen, ob nun katholisch oder evangelisch, die Auffassung des jetzigen Bischofs von Stuttgart-Rottenburg, Walter Kasper, teilt, dass die Wundertaten Gottes, soll Gott Gott bleiben, 'als durch geschöpfliche Zweitursachen vermittelt' gedacht werden müssen. Das heißt: Gott greift nicht unmittelbar direkt in die Naturgesetze ein, um diese zeitweise außer Kraft zu setzen (Erstursache), sondern bedient sich der bereits von Ihm geschaffenen Dinge und Gesetze (der Zweitursachen). Alles andere liefe auf eine sehr menschliche Vermischung von Gott und Welt hinaus, die die Transzendenz Gottes missachte.

Grochtmann aber hält es mit dem Paderborner Erzbischof Johannes Degenhardt, der einmal geschrieben hat: 'Wenn man auch sonst gegen Dogmen ist, hier wird dogmatisch postuliert, Wunder könne es nicht geben ... Was wir Menschen für möglich halten, was wir für erfahrbar ansehen, was wir uns erklären können, das müssen auch die Grenzen des göttlichen Wirkens sein, so denken viele. Von der Größe und Unbegreiflichkeit Gottes ist nichts mehr da.'

Festzuhalten ist: An Wunder muss kein Christ glauben, auch kein katholischer. Der Glaube an Gott braucht Wunder nicht."

Leider hat Stolze die Sätze von Kasper (S. 182 dieses Buches), der inzwischen Kardinal in Rom ist, aus der Korrespondenz mit dem Unterzeichneten nicht gebracht. Am 27. 9. 1984 schreibt Kasper u. a. folgenden Satz:

"Ich lasse die Naturwunder also als solche stehen und sage nur, dass sich hier Gott auf wunderbare, d. h. nicht erklärbare Weise der weltlichen Zweitursache bedient hat."

Wenn man diesen Satz ernst nimmt, gibt es also doch Wunder unter Durchbrechung von Naturgesetzen.

Wenn nun Stolze mit dieser verheerenden, aber sehr weit unter Theologen verbreiteten Ansicht die Existenz von echten Wundern ablehnt, so sollte er nicht trotzdem äußern, "an Wunder muss kein Christ glauben", denn an etwas, was es nicht gibt, braucht und kann man nicht glauben. Es gibt sie aber und auch Stolze hat nicht einen einzigen Gegenbeweis gebracht. Im übrigen ist sein Satz völlig falsch: Viele Glaubenswahrheiten , wie Jesu Auferstehung, seine Empfängnis durch den Heiligen Geist oder die leibliche Aufnahme Mariens in den Himmel sind unmöglich ohne Anerkennung von Wundern im Sinne von Durchbrechung von Naturgesetzen. Bei deren Leugnung kann man also nicht zum Glauben an den von Jesus Christus geoffenbarten dreifaltigen Gott kommen.

B. Positive Stellungnahmen.

Auch von diesen werden nur einige auszugsweise gebracht, die aber sehr deutlich zeigen, wie diese Rezensenten das Anliegen des Buches hervorragend verstanden haben, so dass sich weitere Kommentare erübrigen.

Die Kirchenzeitung "Der Dom" des Erzbistums Paderborn, in dem der Verfasser wohnt. (Nr. 19, 13. 5. 1990):

"Das Buch verblüfft den Leser auch deshalb, weil in ihm erstmals - mit juristischer Akribie und dem Willen zur objektiven Beweiskraft - sämtliche in kirchlichen Prozessen anerkannte Arten von Wundern in eindrucksvollen Beispielen dargelegt werden.

In der Tat: Der Leser ist tief berührt, wenn er aus juristischer Feder erfährt, dass eine 1970 erfolgte medizinische Untersuchung des Wandlungswunders von Lanciano aus dem 8. Jahrhundert ergeben hat, dass es sich bei den Reliquien tatsächlich um unversehrtes menschliches Fleisch und Blut der gleichen Blutgruppe handelt... Der Jurist Harald Grochtmann, ein Mann, für den, wie für andere Juristen auch, im Alltag eigentlich nur nüchterne Tatsachen zählen, wo es keine Wirkung ohne Ursache gibt, wirft mit diesem Buch mutig einige eingefahrene Spielregeln um. Er öffnet die Augen für ein erkenntnistheoretisches Problem - auch auf dem Feld der Rechtswissenschaften.

Harald Grochtmann, der früher Mitglied des Diözesan-Pastoralrats im Erzbistum Paderborn war, hat ein fesselndes, lesenswertes Buch geschrieben, das viele Grenzen sprengt. Nicht nur überirdische."

Die Kirchenzeitung Köln (22. 3. 1991, S. 30):

"Harald Grochtmann nimmt die Frage vieler Menschen auf 'Gibt es Wunder? Gibt es Vorgänge, bei denen die Naturgesetze durchbrochen werden?' Herausgekommen ist eine nüchterne, aber faire Arbeit, auch wenn Exegeten mit Sicherheit andere Ansätze zur Behandlung der Wunderfrage wählen.

Jedenfalls bekommen alle, die in den Wundern der Bibel oder auch in den Wundern der Glaubensgeschichte nur 'Symbolmärchen' oder 'mythologische Geschichten' sehen wollen, sehr viel Material angeboten, um den eigenen Standpunkt zu überdenken. Eine Hauptthese der Arbeit lautet: Es gibt ein konkretes Einwirken Gottes in die konkrete Geschichte der Menschheit."

Prof. Dr. Dirk Budde (in: Kriminalistik 10/1990, Seite 560):

"Das Buch eignet sich ausgezeichnet für die interdisziplinäre Zusammenarbeit in den angesprochenen Fragen und dürfte für denjenigen, der mit unerklärlichen Tatsachen zu tun hat oder sich auch für sie interessiert, ein 'Muss' sein. Der geringe Preis, die wohltuend sachliche aber auch durchweg interessante und lebendige Darstellung, was bei einer Dissertation sonst nicht zu vermuten ist, dürften den Entschluss zum Kauf erleichtern."

❷

Autoren, die ab 1988, der Fertigstellung dieses Buches, zu Wundern Stellung nahmen

Da in der 1. Auflage dieses Buches nur die Literatur bis etwa 1987/88 berücksichtigt werden konnte, soll in der Folge an einigen Beispielen aus der Literatur ab 1988 aufgezeigt werden, wie die Wunderfrage weiter behandelt wurde.

A. Ablehnende Beispiele

Der bekannte Professor Josef Imbach stellt die Frage, ob Jesus überhaupt Wunder gewirkt habe. (Josef Imbach, Wunder, Echter-Verlag 1995, Seite 54). Soweit die Wunder nicht Heilungen oder Dämonenaustreibungen beträfen, die er offensichtlich in seiner Deutung als natürlich erklärbar ansieht, seien die Wunderberichte nur als narrative Katechesen zu lesen (aaO S. 56). Deren Historizität wird verklausuliert bestritten (aaO S. 56). Ab Seite 66 geht er dann auf einzelne Wunder der Bibel ein, die er alle nach einem ähnlichem Schema als so nicht stattgefunden erklärt, insoweit nach dem Bericht der Bibel damit eindeutig die Naturgesetze außer Kraft gesetzt werden. Es taucht vielfach die altbekannte Begründung auf, die Bibel hätte bewusst übertrieben – "Überbietungs-Wunder" -, um damit irgendeine Aussage zu unterstreichen. So bringt er sehr lange Auslegungen darüber, was uns die Wunderberichte alles sagen können. Aber sie sind nicht real. Bezeichnenderweise unterlässt er den Hinweis auf die kirchenrechtlichen Untersuchungsprozesse, wonach sich fast alle Wunder der Bibel bis heute wiederholt haben.

Leider fehlt dieser so sehr wichtige Hinweis auch in dem vom katholischen Bibelwerk Stuttgart 1997 herausgegebenen Buch von Blum. Dieser nimmt ausdrücklich auf den Begründer der Zweitursachentheorie, Weissmahr, Bezug und meint, Gott durchbreche Naturgesetze nie, sondern benutze sie nur. Gott greife niemals direkt in die Natur ein, indem er eine Erstursache setze (Hans-Joachim Blum, Biblische Wunder - heute, Stuttgart 1997, Seite 89). Er sagt ausdrücklich, Wunder im Sinne einer Durchbrechung von Naturgesetzen seien historisch nicht zu beweisen (aaO S. 99).

Auch Kurch sagt klar, dass alle Wunder der Bibel nur symbolisch zu verstehen seien. So habe das Wunder der Verwandlung von Wasser in Wein nicht stattgefunden (Eberhard Kurch, Klartext, München 1995, Seite 165). Das Gleiche gelte für die Brotvermehrungswunder (aaO S. 207), das Gehen Jesu über das Meer (aaO S. 220) und die Auferweckung des Lazarus (aaO S. 239). Auch hier keine Stellungnahme zu den Wunderuntersuchungsprozessen der Kirche.

In einem weiteren, vom katholischen Bibelwerk Stuttgart herausgegeben Buch hat Heike Bee-Schroedter die Existenz von Wundern geleugnet (Heike Bee-Schroedter, Neutestamentliche Wundergeschichten vergangener und gegenwärtige Rezeptionen, Stuttgart 1998, Seite 69). Es sei nur das hinzunehmen, was durch Naturgesetze erklärbar sei (aaO S. 77). Auch hier hat man Angst vor der Darlegung der kirchlichen Überprüfungsprozesse.

Auch der inzwischen verstorbene Josef Hanauer hat in einem weiteren seiner zahlreichen entsprechenden Bücher den Kampf gegen das Wunder fortgesetzt. Er geht auf Wunder der letzten Zeit - auch auf kirchlich überprüfte - ein, sie seien nicht erwiesen (Josef Hanauer, Wunder oder Wundersucht, Aachen 1991, Seiten 79, 82, 112, 136, 180, 183, 185). Er erwähnt zwar die Seligsprechungsprozesse der Kirche (aaO S. 171) wie auch dieses Buch des Verfassers (aaO S. 215). Es fehlt aber jede spezifizierte Widerlegung.

Auch Kollmann lehnt in seiner, von der theol. Fakultät der Universität Göttingen angenommenen Habilitationsschrift die Existenz von Wundern unter Durchbrechung von Naturgesetzen ab (Bernd Kollmann, Jesus und die Christen als Wundertäter, Göttingen 1996, Seite 306). Er will Krankenheilungen und Dämonenaustreibungen in der Bibel anerkennen, da sie nach seiner Meinung natürlich zu erklären seien. Hätte er die Untersuchungsprozesse der Kirche dargelegt, so hätte er zugeben müssen, dass es sehr wohl auch durch Naturgesetze nicht zu erklärende Heilungen gibt. Bei den von der Kirche sehr genau untersuchten Lebensläufen der Heiligen, hätte er z. B. bei dem Hl. Pfarrer von Ars, bei Pater Pio und vielen anderen feststellen können, dass das Wirken der Dämonen alles andere als "durch Naturgesetze erklärbar" ist. Die sogenannten Naturwunder der Bibel hätten so nicht stattgefunden (aaO S. 274ff). Auch hier hätte ihn das Studium der Prozessakten eines Besseren belehren können.

Ein Schulbeispiel für das Leugnen der Wunder ist das Buch von Professor Fiederlein. Daher seien seine Kernsätze wörtlich zitiert:

(Friedrich Martin Fiederlein, Die Wunder Jesu und die Wundererzählungen der Urkirche, München, 1988, Seiten 198, 199)

"Bis in die jüngste Vergangenheit hinein verstanden Glaube und Theologie Jesu Wunder als Beweise seiner Gottheit. In L. Otts 'Grundriss der Dogmatik' heißt es: 'Die Wunder sind . . . ›Zeichen‹, welche die in Jesus wohnende . . . göttliche Macht und Majestät und damit sein göttliches Wesen offenbaren.' Diese Sicht geht zurück auf das Johannesevangelium, das in Jesu Wundern Offenbarungszeichen seiner 'Herrlichkeit', seiner Göttlichkeit sieht (1, 14; 2, 11; 20, 30f). Die Überzeugung, dass Jesu Wunder seine Gottheit zweifelsfrei beweisen, hat die Theologie in folgendem Gedankengang reflektiert und argumentativ untermauert: Jesus hat in der Heilung von Aussätzigen, Blindgeborenen, in der Erweckung von Toten, in der Verwandlung von Wasser in Wein, in der Speisung von 4.000/5.000 Menschen mit fünf/sieben Broten und zwei Fischen, in der Stillung des Seesturms, im Wandel über das Wasser Wunder gewirkt, d. h., in Einzelfällen die Schöpfungsordnung, die Naturkausalität aufgehoben. Zeitweise Außerkraftsetzung der Schöpfungsordnung ist exklusiv Sache des Schöpfers (Ps 72, 18) . Wenn Jesus aber aus eigener Kraft, ohne vorausgehendes Bittgebet Wunder wirkt, dann ist er Gott.

Diese Argumentation hatte zur Voraussetzung die Theorie von der Verbalinspiration der Bibel, die Überzeugung von der Identität von Wundergeschehen und -geschichte(n). Diese Voraussetzung ist seit der Aufklärung, der literar- und formkritischen sowie traditionsgeschichtlichen Analyse und Kritik der Wunderüberlieferung der Evangelien in Frage gestellt. Die heutige Theologie sieht in Jesu Wundern keine Beweise seiner Göttlichkeit. Ihre Argumente sind:

die religionsgeschichtlichen Parallelen: Jesu Heilungen und Exorzismen sind mit Sicherheit psychosomatische Heilwirkungen, wie sie auch von anderen Zeitgenossen bezeugt sind: von Apollonius von Thyana (l. Jh.), Kaiser Vespasian (69-70 n. Chr.), dem Arzt Asklepios von Epidauros, dem Juden Eleazar (um 25 n. Chr.), Rabbi Chanina ben Dosa (80 n. Chr.) sowie Jesu Jüngern und Aposteln.

die formkritische Unterscheidung von Wundergeschehen und -geschichte(n): Die Wundererzählungen der Evangelien sind keine exakten historischen Protokolle medizinisch geschulter Augen- und Ohrenzeugen, sondern volkstümliche Erzählungen zum Zwecke der Erbauung. Die Geschichten von den 'Naturwundern' Jesu sind christologische Lehrerzählungen, die Motive der Mose-, Elija-, Elischa- und Jonatraditionen aufgreifen und auf Jesus übertragen.

die traditionsgeschichtliche Erkenntnis: Jesu Wunderwirken wurde im Fortgang der Überlieferung quantitativ und qualitativ gesteigert. Die Wundererzählungen wurden zunehmend zum Medium für Christusverkündigung.

Jesus hat keine Wunder gewirkt, in denen Naturgesetze aufgehoben wurden. Gott selbst hebt keine Naturgesetze auf. Sein Schöpfungswille ist in der Schöpfungsordnung verobjektiviert."

In den kirchlichen Prozessen ist unwiderlegt und unwiderlegbar das genaue Gegenteil nachgewiesen. Daher werden sie weggelassen wie bei den anderen leider sehr zahlreichen Vertretern der unhaltbaren Zweitursachentheorie auch. Danach soll nämlich Gott niemals in die Schöpfung direkt durch Setzen einer Erstursache unter Aufhebung der Naturgesetze eingreifen, sondern nur die von ihm einmal geschaffenen Naturgesetze durch Setzen einer Zweitursache benutzen.

Im übrigen führt Fiederlein über die meisten Wunder der Bibel eingehende Überlegungen über Struktur, Form, Kontext, Theologie, Historizität und Synopse an. Aber bei jedem die Naturgesetze durchbrechendem Wunder legt er dar, warum es nicht stattgefunden hat, meistens wegen "Überhöhung" eines angeblich "ursprünglich" erklärbaren Vorganges.

Aber während Fiederlein wenigstens klar sagt, dass es echte Wunder nicht gibt, bringt Kühn in einer über 600 Seiten langen Dissertation noch weit ausführlicher solche Überlegungen zu Wundern der Bibel, bringt aber kein Kapitel zur Frage der Tatsächlichkeit der Wunder, geschweige denn zu den Überprüfungsprozessen der Kirche. Wenn er aber bei einer Zusammenfassung schreibt, in der Sicht von Joh 1, 35-43 . 44-50 - also des Johannes Evangeliums - sei der wunderbare Vorgang kein Mittel, durch das Gott unmittelbar in die Geschichte eingreife, so gibt er sich genauso als Vertreter der Zweitursachentheorie zu erkennen, wonach Gott nicht durch Setzung von Erstursachen in die Geschichte eingreift, es also keine Durchbrechung von Naturgesetzen gibt (Hans-Jürgen Kuhn, Christologie und Wunder, Regensburg 1988, Seite 481).

Ute York versucht gegen die Wunder aus anderer Sicht vorzugehen, indem sie schreibt, die Naturwissenschaft hätte alle Wunder zerstört und die Kirche wäre nachgezogen, alles wäre zu erklären (Ute York, Die Botschaft der Wunder, München 1997, S. 114 ff). Sie bezieht sich auf Uta Ranke-Heinemann wonach die Wunder alle Legenden seien (aaO S. 40). In Wirklichkeit hat sie nicht ein einziges von der Kirche anerkanntes Wunder widerlegt. Sie sagt nichts von den Überprüfungsprozessen und lässt besonders eindeutige Wunder wie Totenerweckungen oder das nachgewachsene Bein von Calanda/Saragossa weg. In ihrem Literaturverzeichnis, fehlen fast alle das Wunder anerkennende Bücher, was man übrigens auch bei anderen Wunderleugnern feststellen kann.

Das Buch über Wunder von Anderson bezeichnet sich ausdrücklich der Esoterik zugehörig. Hier geht man gegen Wunder wieder auf ganz andere Weise vor: Anderson stellt darin praktisch alle auffälligen Vorgänge, ob nun echte Wunder mit Durchbrechung von Naturgesetzen oder nur staunenswerte, aber erklärliche Vorgänge auf eine Stufe, so dass der Leser die echten Wunder natürlich nicht mehr ernst nehmen kann. Er trennt die anerkannten von den anderen Marienerscheinungen nicht und stellt sie in eine Linie mit anderen völlig unüberprüften Ereignissen (Joan Wester Anderson, Wenn Wunder geschehen, München 1998, S. 24 ff).

Es werden in der Literatur auch dadurch echte Wunder dem Leser als so nicht geschehen vorgeführt, indem man zwar durchaus bei Wundern viele Argumente dafür und dagegen bringt, dabei aber - neben der Einstreuung falscher Behauptungen und teilweiser Weglassung wichtiger Argumente für die Wunder - so tut, als ob das Für und Wider in etwa gleichwertig wäre. Daraus soll der Leser dann selber schließen, dass es nachweisbare, wirkliche Wunder nicht gibt, ohne dass dies der Autor ausdrücklich zu sagen braucht.

In den Lexika werden überwiegend Wunder mit Durchbrechung von Naturgesetzen verneint im Sinne der Zweitursachentheorie von Weissmahr, der z. B. von Rolf Baumann ausdrücklich genannt wird. (Neues Handbuch theologischer Grundbegriffe von Peter Eicher, Band 5, 1991, S. 297) Microsoft schreibt, die in den Evangelien geschilderten Wunder seien fiktive Erzählungen religiöser Wahrheiten und nicht historische Ereignisse (Microsoft Encarta Enzyklopädie 2001 unter "Wunder"). Ähnlich argumentieren unter dem Stichwort "Wunder" auch Reclam (Reclams Bibellexikon, 6. Aufl. 2000) und Brockhaus (Die Brockhaus Enzyklopädie) mit völlig einseitig gegen die Wunder sprechenden Literaturangaben. Bemerkt sei, dass dazu im Gegensatz das Bibliographische Institut & F. A. Brockhaus AG 2005 unter "Wunder" dieses als den Naturgesetzen widersprechendes Geschehen bezeichnet, wo Gott unmittelbar einwirkt.

Fuld zieht die Wunder der Kirche in Zweifel und meint, die Kirche würde die Marienerscheinungen vermarkten (Werner Fuld, Das Lexikon der Wunder Frankfurt 2003, S. 76, 98). Die Tränen der Marienstatuen seien meist einfach zu erklären (aaO S. 251).

Als Beispiel der Ablehnung von Wundern in einem Radio-Interview sei Prof. Andreas Beck genannt (SWR 2, 1. 1. 2006, 14.00 - 14. 50 Uhr, Mitschnitt). Er behauptet, die Gutachter bei den als Wunder von der Kirche anerkannten Heilungen hätten sich geirrt, wobei er dazu aber nur allgemeine Ansichten bringt, nicht jedoch den Nachweis anhand der kirchlichen Akten vorlegt. Wenn er weiter sagt, ein abgeschossenes Bein sei noch nie geheilt worden, so kennt er weder die Heilung des abgeschlagenen Ohrs durch Jesus am Ölberg in der Bibel noch das nachgewachsene Bein in Calanda/Saragossa. Er nennt das Blutwunder des Hl. Januarius in Neapel einen Taschenspielertrick und meint, bei dem kirchlich anerkannten Wunder der tränenden Madonna von Syrakus 1953 habe Garlascelli männliches Blut festgestellt. Die Madonna hatte in Wirklichkeit gar kein Blut geweint und auch beim Heiligen Januarius-Blutwunder hat er alle wesentlichen, dafür sprechenden Argumente weggelassen.

Oliver Linz bringt in einer philosophischen Dissertation aus jüngerer Zeit zum Wunder dieses immer wieder in Beziehung zur Frage der Durchbrechung der Naturgesetze, lehnt jene aber ab und fasst das im letzten Satz so zusammen: "Wunder als übernatürlich verursachte, die Naturgesetze übertretende Ereignisse gibt es nicht - bis zum Beweis des Gegenteils" (Oliver Linz, die Erklärung des Unerklärlichen - Untersuchungen über das Verhältnis der Philosophie zum Wunder, Hamburg 1994, S. 145). Das in den kirchlichen Untersuchungsprozessen nachgewiesene Gegenteil verschweigt er.

B. Das Wunder anerkennende Autoren

Trotzdem gibt es noch erfreulich viele Autoren, welche auf die Kirche und die nicht zu bestreitenden Fakten hören und das Wunder klar anerkennen.

Dieses tut besonders klar unter sehr eingehender Würdigung der gesamten Problematik der heutige Leiter von Radio Horeb, Pfarrer Dr. Richard Kocher. So verurteilt er u. a. sehr überzeugend die Zweitursachentheorie auch unter positiver Bewertung des Buches des Verfassers (Richard Kocher, Herausgeforderter Vorsehungsglaube, Theol. Dissertation, St. Ottilien 1993 S. 219 ff).

Fritz Fenzel erkennt die Wunder ohne Einschränkung an (Fritz Fenzel, Wahre Wunder, 2. Aufl., München 2000, S. 9 ff). Er setzt sich zwar mit der Problematik nicht auseinander und bringt - offenbar bewusst - auch keine Zitate als Quellennachweis. Seine Berichte sind aber lesenswert, was auch für sein Buch über die Schutzengel gilt, die heute vielfach völlig verzerrt und total falsch dargestellt werden. Fenzel bringt Berichte über ihre wirkliche Hilfe fern ab von Esoterik-"Engeln" o. ä. (Fritz Fenzel, Schutzengel-Wunder, München 2001, S. 17 ff).

Klar für die Wunder votiert auch Graff (Graff, Förg, Scharnagl: Maria, Erscheinungen, Wunder und Visionen, Augsburg 1999, S. 58ff). Das tut auch der ehemalige Rektor der Universität Mainz und Professor für Mathematik Hans Rohrbach. (Hans Rohrbach, Wunder, Wuppertal 1992, S. 32 ff) U. a. bekräftigt er auch, dass es Besessenheit durch böse Geister gibt, er habe selbst bei der Befreiung von wirklich Besessenen mitwirken dürfen (aaO S. 116). Rohrbach - er ist offensichtlich evangelischer Christ - bringt allerdings nicht die zahlreichen, veröffentlichten Fälle katholischer Exorzisten, wie etwa der vom Papst seinerzeit für die Diözese Rom zum Exorzisten bestellte Priester Gabriele Amorth, der natürlich auch die Wunder voll anerkennt (Gabriele Amorth, Ein Exorzist erzählt, Abensberg 1993, S. 11 ff). Das gilt auch für den Priester Ulrich Filler (Ulrich Filler, Himmel, Hölle, Fegefeuer, Kißlegg 2004, S. 11 ff). Renate Hübsch verwirft die Meinung, Gott greife nicht direkt in die Welt ein und erkennt die Wunder der Bibel voll an, wenn sie auch die Prozesse der Kirche nicht erwähnt (Renate Hübsch, Die Wunder Jesu und seine Taten verstehen, Giessen 1999, S. 12). Auch Dartmann erkennt die Wunder an, mahnt jedoch zu überprüfen, ob ein Wunder von Gott gewirkt oder eine Vorspiegelung des Teufels vorliegt (Christoph Dartmann, Wunder als Argumente, Dissertation, Münster, Frankfurt a. M. 2000, Seite 63). Auch folgende Autoren, die seit 1988 zum Thema Wunder geschrieben haben, erkennen diese an: Jörg Müller (Warum weint Maria so oft?, St. Andrä-Wördern 1999), Adi Wassermann (Bernadette Soubirous, Garning 1996), Anton Ziegenaus (Marienerscheinungen, Regensburg 1995), Michaela Schwegler (Kleines Lexikon der Vorzeichen und Wunder, München 2004), Günther Behrle (Die Wunder des Pater Rupert Mayer), Andreas Resch (Wunder der Seligen, Innsbruck 1999), Alfred Läpple (Wunder sind Wirklichkeit, Augsburg 1989).

Wie aus diesen Titeln schon z. T. ersichtlich, schreiben diese Autoren über Selige oder Heilige. Insgesamt kann man sagen, dass alle Autoren, die über Selige oder Heilige gem. den kirchlichen Prozessakten schreiben, die ja meistens schon im Lebensbericht aber besonders auch nach deren Tod über Wunder berichten, auch die Wunder voll anerkennen. Dazu zwei Beispiele: Georg Ott beschreibt sehr eingehend das Leben der leider heute nicht mehr so bekannten Heiligen Rosa von Lima, in deren Leben - geschweige denn nach ihrem Tod - viele Wunder passierten (Georg Ott, Rosa von Lima, Die vergessene Rose von Amerika, Lauerz 2001, Seiten u. a.: 82, 114, 176). Sie hatte auch einen vertrauten Umgang mit ihrem Schutzengel (aaO S. 120).

Genauso eingehend beschrieb de Bussierre das Leben der Heiligen Franziska von Rom, deren Leben voller Wunder war (Marie Théodore de Bussierre, Die Heilige vom Spiegelturm, Franziska von Rom, Lauerz 2001, Seiten 59 ff). Sie sah dauernd ihren Schutzengel, wobei ihr später noch ein weiterer Engel beigegeben wurde (aaO S. 42, 406ff). Sie wurde aber auch äußerlich sichtbar sehr heftig von Dämonen bekämpft (aaO S. 42, 193, 443). Diese nahmen nicht nur die Gestalt von Tieren (aaO S. 195) sondern auch von Menschen wie z. B. Mönchen oder Eremiten o. ä. (aaO S. 51, 194) an. Hierzu gibt es nicht nur Parallelen im Leben anderer Seligen oder Heiligen, sondern auch Paulus sagt: "Kein Wunder, denn auch Satan tarnt sich als Engel des Lichts (2 Kor 11, 14)." Beide Bücher sind sehr lesenswert.

C. Folgerungen aus der neusten Literatur zum Wunder

Es ist außerordentlich bedrückend, dass insbesondere durch die sehr weit verbreitete, aber die Tatsachen völlig missachtende Zweitursachentheorie unbeirrt die echten Wunder weiter geleugnet werden. Diese verschweigt nicht nur beharrlich die Untersuchungsprozesse, sondern auch die amtlichen, kirchlichen Dokumente, welche strikt die Anerkennung der Wunder fordern. Es geht aber nicht nur um den Ungehorsam gegenüber der Kirche, wobei den Gläubigen auch verschwiegen wird, dass die Leugnung der Wunder zwangsläufig zur Leugnung von Glaubenswahrheiten wie der wirklichen Auferstehung des Herrn aus dem dann leeren Grab, seiner Empfängnis durch den Heiligen Geist, die leibliche Aufnahme Mariens in den Himmel und der Erklärung aller Wunderberichte der Bibel zu frei erfundenen Mythen o. a. führen muss.

Auch ohne die denkbar fatalen Folgen der Wunderleugnung für den Glauben ist diese im rein weltlichen Bereich ein massiver Verstoß gegen die grundlegende Anforderung jeder Wissenschaft. Dazu gehört, dass zumindest die für die Erörterung eines Themas wichtigen Tatsachen vorurteilsfrei geprüft und dass dann, wenn sie nicht geleugnet werden können, diese auch berücksichtigt werden. Man kann sie nicht einfach bewusst verschweigen, nur weil sie einem nicht ins Konzept passen. Folgender, schon im alten römischen Recht geltende Satz wird massiv verletzt: "Contra facta non valent argumenta = gegen Fakten sind Argumente wertlos."

Daher sollten die kirchentreuen Gläubigen weit mehr als bisher sich dafür einsetzen, dass das Thema "Wunder" auf allen Ebenen wieder erwähnt und zutreffend dargestellt wird. Tatsächlich fehlt dieses Thema aber nicht nur in den Pfarrgemeinden und den Bildungswerken auf allen Ebenen, wo man es nicht will.

Auch auf den sehr guten Kongressen der kirchentreuen Gruppen ist dieses Thema nur sehr selten zu sehen, obwohl unter den Zuhörern viele Multiplikatoren für die Bistümer und Gemeinden wären.

Vor ca. 15 Jahren hat der Verfasser an 5 Bildungswerke dieses Buch über Wunder mit dem konkreten Vorschlag für ein oder mehrere Vorträge/Diskussionen und dem Hinweis, dass kein Honorar erhoben wird, gesandt. Es folgte noch nicht einmal eine einzige Eingangsbestätigung des Buches. Ähnliche Fälle könnten angeführt werden.

Andererseits scheint sich die Situation etwas zu verbessern. Ein Studiendirektor für Religion verteilte vor wenigen Jahren an die letzte Klasse eines Gymnasiums in der Eifel an jeden dieses Buch. Alle Oberprimaner zeigten sich ärgerlich, dass ihnen diese Fakten bisher vorenthalten wurden. In anderen Klassen soll es ähnlich gewesen sein.

❸

Das Turiner Grabtuch des Herrn: Eindeutig echt, nicht nur wegen seiner Dreidimensionalität.

Dieses Grabtuch Jesu sollte weit mehr bekannt und verehrt werden. Die meisten kennen aber längst nicht alle Fakten darüber, die allerdings auch z. T. erst vor wenigen Jahren bekannt wurden.

A. Aussehen

"Es handelt sich um ein altes, vergilbtes, grauweißes und festes Leinentuch von 4,36 m Länge und 1,10 m Breite (incl. angenähter Randstreifen). Um es besser zu schützen, ist es auf eine Tuchunterlage genäht. Seit 1578 befindet es sich in der Königlichen Kapelle des Turiner Johannes-Domes.

Zuerst fallen wohl zwei der Länge nach verlaufende, dunkle Streifen auf, die sich mehrmals zu dreieckigen bis rhombusartigen, größeren Flecken verdicken. Hier handelt es sich um Brandspuren, die durch aufgesetzte Flicken verbessert worden sind. Zu 48 Schichten gefaltet - zweimal in der Länge und sechsmal in der Breite - geriet das Tuch, in einem Silberschrein aufbewahrt, 1532 in der Schlosskapelle von Chambery in Frankreich in einen Brand. Der Silberbehälter begann auf einer Seite zu schmelzen, konnte aber in letzter Minute noch sichergestellt werden. Das geschmolzene Silber hinterließ diese periodisch aufeinander folgenden Brandflecken. Längs der Mittelsenkrechten und an den Tuchrändern rief das Löschwasser ebenfalls in periodischen Abständen rautenförmige Wasserflecken hervor (Oswald Scheuermann, Das Tuch, Neueste Forschungsergebnisse zum Turiner Grabtuch, 2. Aufl. 1983, S. 15)."

B. Kurzer geschichtlicher Rückblick

"Man nimmt heute an, dass das Turiner Grabtuch identisch ist mit dem Mandylion, einem Tuch von Edessa (Kleinasien), erstmalig und rückweisend 544 n. Chr. genannt. Jenes trug ein »nicht von Menschenhand gemachtes« Christusbild...

944 n. Chr. soll es von Byzantinern von Edessa nach Konstantinopel gebracht worden sein.

Das Mandylion, alias Turiner Grabtuch, verschwand 1204 aus Konstantinopel bei der Plünderung durch französische Kreuzfahrer. Eventuell könnte der Templer-Orden in seinen Besitz gelangt sein.

Um die Mitte des 14. Jahrhunderts fand es sich in der Stiftskirche von Lirey in Nordfrankreich (Champagne) wieder, angeblich als Schenkung an den Ritter und Stiftsherrn Gottfried L. von Chamy, der bald in einer Schlacht fiel (1356)... In Lirey entbrannte ein Streit um die Echtheit des Tuches. Der Dekan der Stiftskirche erklärte es für echt, der Bischof Peter von Arcis behauptete, es sei nachweisbar »kunstvoll gemalt«!

Unklar bleibt, ob sich diese Verurteilung durch den Bischof tatsächlich auf das Turiner Grabtuch bezogen hat oder auf eine gemalte Kopie. Man weiß jedoch, dass der Bischof selbst das Tuch nie zu Gesichte bekam.

1452 kam das Tuch durch Margarete von Chamy an das Herzogshaus von Savoyen; Margarete ihrerseits erhielt dafür zwei Burgen. Auch mussten jährlich 500 Francs an das Stiftskapitel von Lirey gezahlt werden. Neuer Aufbewahrungsort wurde ein silberner Schrein in der Schloßkapelle von Chambery, dem Regierungssitz des Herzogshauses. 1532 entstanden hier die Brandschäden.

1578 kam das Grabtuch nach Turin, der Hauptstadt des Herzogtums Piemont, das mit Savoyen verbunden war. In der dortigen Schloßkapelle, die sich dem Johannes-Dom angliedert, ist es bis heute aufbewahrt.

Ein lückenloser historischer Echtheitsbeweis lässt sich mangels treffender Quellen nicht führen. Die Fakten von Tuch und Abbild allein müssen das Fundament für jede wissenschaftliche Untersuchung liefern, um einen geschichtlichen Nachweis überflüssig zu machen (Scheuermann, aaO S. 17 f.)."

C. Substantielle, örtliche und zeitliche Zuordnung des Turiner Grabtuches zum Lebensbereich Christi

Auch hier wird im wesentlichen auf die Ausführungen von Oswald Scheuermann Bezug genommen, der sich äußerst eingehend damit beschäftigt hat und die Ergebnisse der Wissenschaft in prägnanter Kürze in seinem genannten Buch dargelegt hat. Nachdem er beschrieb, dass das Tuch textilkritisch seiner

Einordnung in den Lebensbereich Jesu standhält (aaO S. 21 ff) kommt er zu der in ihren Einzelheiten wenig bekannten Pollenfrage.

D. Pollenanalyse

"1973 entnahm der versierte Züricher Naturwissenschaftler, Kriminologe, Kriminalist und Mikrospurenforscher Dr. Max Frei den beiden unteren Ecken des Leichentuchs Staubteilchen und stellte Analysen an. Am 7. Oktober 1978 legte der Experte auf dem Internationalen Kongress in Turin anlässlich einer wissenschaftlichen Untersuchung des Tuches erstmalig eine umfassende Liste mit aufgeführten Pflanzengattungen vor, deren Pollenkörner auf dem Leichentuch gefunden worden waren:

Elf Pollenarten stammen von Pflanzen, die nur in der Jerusalemer Gegend wachsen; etwa 15 können der Türkei als Herkunftsort zugeordnet werden; eine davon, die des Bocksknöterich, kann nur aus der Umgebung von Urfa (früher »Edessa«) sein; eine andere, die der »Sockenblume« ist eindeutig aus der von Istanbul (früher »Konstantinopel«); und zusätzlich etwa 15 fallen auch dem mitteleuropäischen Raum zu, davon stammen etwa fünf allein aus Mitteleuropa (Frankreich bzw. Italien).

Insgesamt wurden bis jetzt 49 Pollenarten identifiziert. Die hier nicht genannten finden sich im Orient wie in Mitteleuropa.

Blütenstaub ist bekanntlich sehr dauerhaft. Sogar von längst ausgestorbenen Pflanzenarten findet sich solcher manchmal heute noch.

Dr. Frei gelang es auch, zu manchen Pollenarten neben dem Herkunftsort die Epoche zu ermitteln, aus welcher diese stammen. So entsprechen die Pollenfunde auf dem Grabtuch, welche der Gegend Palästinas zuzuordnen sind, dem Pollenspiegel der Sedimente des Sees von Genezareth vor 2000 Jahren.

Zu seiner Methode schreibt Professor Frei selbst: »Es kam darauf an, die Pflanzentypen zu isolieren, die es in Westeuropa nicht gibt, festzustellen, wo sie wachsen und wie alt die auf dem Linnen gefundenen Blütenstäubchen sind, sowie deren Charakteristiken mit bereits katalogisiertem Material derselben Gegend und desselben geschichtlichen Zeitraums zu vergleichen. «

Wenn auch die historischen Quellen allein für eine eindeutige Bestimmung des Grabtuch-Weges von Jerusalem bis nach Turin nicht ausreichen, so haben nun die naturwissenschaftlichen Fakten von Freis Pollenanalyse diese zum einen bestätigt und ergänzt, zum andern aber sogar ersetzt, so dass ihre Spärlichkeit ohne Tragweite ist.

Demnach dürfte das Turiner Grabtuch (= Mandylion) etwa folgenden Weg hinter sich haben:

Jerusalem - Aleppo - Hierapolis - Edessa - Samosata - Konstantinopel (944 n. Chr.) - 1204 über Akko und Zypern (1291) nach Paris (1307 ? als Reliquie der Templer?) - Lirey (Mitte des 14. Jahrhunderts) - Chambery (1452) - Turin (ab 1578) .

Als völlig sicher gelten die Stationen: Jerusalem - Anatolische Steppe - Konstantinopel - Lirey - Chambery - Turin."

(aaO S. 23 ff)

E. Münzabbildung auf dem Grabtuch

"Im Juni 1980 benötigte der Jesuit Francis L. Filas, Professor für Theologie an der Loyola-Universität von Chicago, Großaufnahmen vom Turiner Grabtuch für eine amerikanische Fernsehsendung. Das Grabtuch war 1931 von Guiseppe Enrie fotografiert worden. Filas wählte Kopien nach diesen Fotos von Enrie aus, weil sie eine vollkommenere Bildauflösung zeigten als frühere. Aufmerksam gemacht durch die Vermutung - als Resultat von Computerbildern zum Abbild auf dem Grabtuch -, dass gemäß altem, jüdischen Begräbnisritual Münzen auf den Augen des Toten gelegen waren, betrachtete er eine Antlitz-Großaufnahme sehr exakt und machte eine sensationelle Entdeckung:

Auf dem rechten Auge des Totengesichts war eine Münze gelegen, deren Rand vier Buchstaben als Abbild auf dem Tuch hinterlassen hatte: U, C, A, I, also UCAI.

Die Mitte der Münze hatte einen weniger klar, aber doch noch erkennbaren Krummstab abgebildet, Lituus genannt. Mühevolle Münzvergleiche und Katalogarbeit - zuletzt am Londoner Münzmuseum - ergaben, dass dieses Münzabbild auf dem Tuchantlitz von einer Münze aus der Zeit des Pontius Pilatus stammt. Dieser Typ wurde im Jahre 29 n. Chr. von Pilatus übernommen.

Der Grund solcher Münzauflagen bei Toten war gewesen, die Augenlider geschlossen zu halten, damit von Verstorbenen der Weg zur Grabstätte nicht verfolgt werden könne. Darum wurden die Münzen in der Regel auch nur kurzzeitig aufgelegt.

Mit dieser Münzabbild-Entdeckung ist das Turiner Grabtuch präzise in die Zeit Christi zurückdatiert."

(aaO S. 26 ff)

F. Das Abbild auf dem Tuch: Ein Negativfoto.

Diese erst seit 1898 bekannte Tatsache müsste weit mehr in den Vordergrund gerückt werden, weil sie unumstößlich eindeutig ist und schon für sich allein alle Fälschungshypothesen ausschließt. Das Abbild kann nicht von Menschenhand gefertigt sein.

Dazu führt Scheuermann u. a. aus (aaO. S. 30 ff):

"Das Tuch war für die Öffentlichkeit ausgestellt in den Jahren 1978, 1933, 1931 und 1898. Bei der Ausstellung von 1898 fotografierte mit einem großen Voigtländer Plattenapparat der italienische Amateurfotograf und Jurist Secondo Pia das Tuch erstmalig aus relativ großer Nähe. Als er die fotografische Platte entwickelt hatte, war er förmlich schockiert.

Er erkannte sofort, dass auf der Fotoplatte ein Positiv des Menschenabbildes zu sehen ist und nicht, wie normalerweise erwartet, ein Negativ. Wie merkt man das? Es ist aus der Fotografierpraxis allgemein bekannt, dass bei der üblichen Schwarz-weiß-Negativfotografie - um eine solche handelte es sich hier - helle, stark beleuchtete Objekte auf dem Film oder auf der Fotoplatte dunkel erscheinen, z. B. Nase, Backenknochen, Stirn; dagegen werden dunkle Stellen, wie unser Haar oder die Augenhöhlen, auf dem Film oder auf der Fotoplatte hell: es erfolgt also eine Umkehrung der Lichtwerte. Wegen dieser bezeichnet man ein Film- oder Plattenbild solcher Art als ein Negativ.

Die in Wirklichkeit hellere Nase müsste hier dunkel sein, und die ansonsten dunkleren Augenhöhlen müßten hier hell erscheinen: dann wäre es ein Negativ des Realbildes. Hier aber ist die Nase genauso wie in Wirklichkeit hell, und die Augenhöhlen sind genauso wie in Wirklichkeit dunkel: es besteht also zwischen einem wirklichen Menschenantlitz und dem auf der Fotoplatte keine Lichtwertumkehrung. Das bedeutet, dass die Platte ein Positiv zeigt, also ein wirkliches Bild von jenem Menschen, der das Abbild geliefert hat. Also muss

Gesamtansicht des Turiner Grabtuches.

Links so, wie das Tuch dem Betrachter erscheint, wobei die Fotografie durch Verstärkung der Kontraste das Tuchbild deutlicher sichtbar macht.
Rechts im Fotonegativ, das durch die Umkehrung der Helligkeitswerte zeigt, dass das Tuchbild im Original Negativcharakter hat.

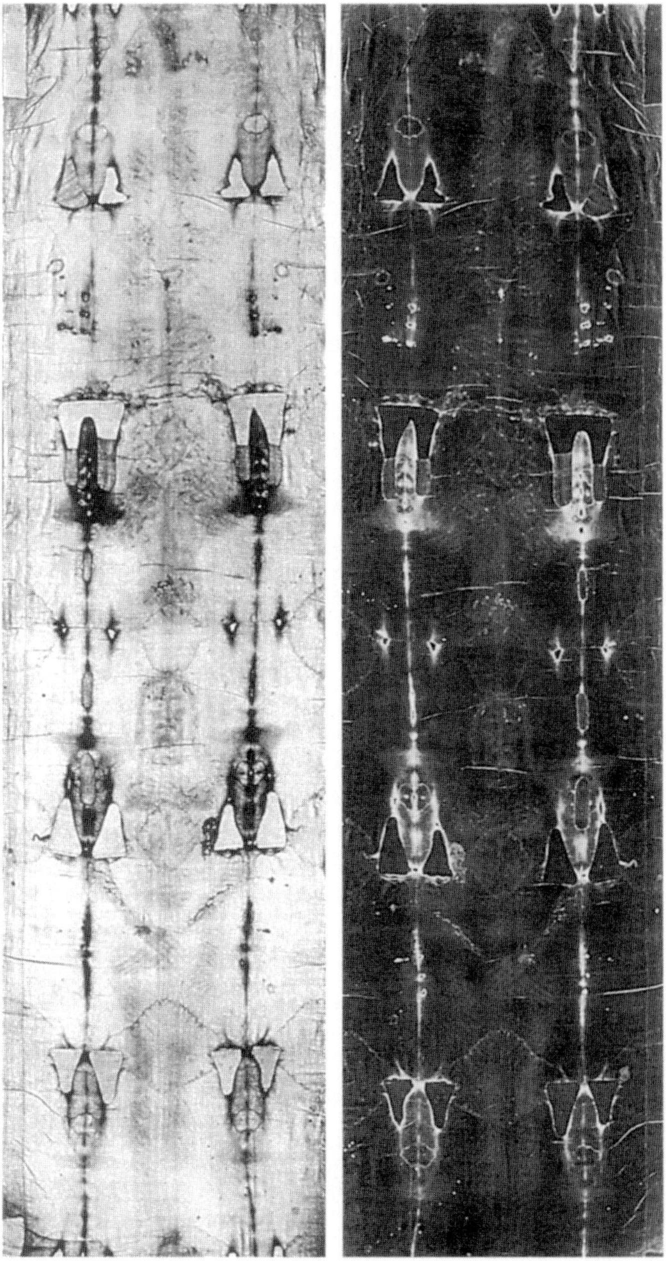

Entnommen aus: Werner Bulst, Betrug am Turiner Grabtuch, © Verlag Josef Knecht, Frankfurt am Main, 1990

das Abbild auf dem Tuch bereits ein wirkliches Negativ sein. Das weiße Tuch selbst erscheint dagegen auf der Fotoplatte schwarz, also lichtwertverkehrt im Vergleich zur Wirklichkeit.

Damit handelt es sich hierbei um ein normales Negativ im Gegensatz zur Abbildfotografie. Die an sich dunkleren »Blutspuren« auf dem Abbild wurden auf dem Foto hell, also auch negativ.

Diese Erkenntnis, dass das Original-Abbild ein einwandfreies Negativ darstellt, gilt wohl als entscheidendster Beweis dafür, dass es keinesfalls gemalt ist, denn es wäre vor der Fotografie völlig sinnlos und praktisch so gut wie nicht realisierbar gewesen, ein fehlerfreies Negativ zu malen. Eine Möglichkeit zur Nachprüfung der Richtigkeit eines solchen hätte es ohne Fotografie sowieso nicht gegeben, so dass ein Riesenaufwand zur Fertigung eines exakten Negativs bereits von vorneherein völlig unnötig gewesen wäre, also ein Anreiz hierfür gar nicht begründbar bestanden hätte."

G. Anatomischer Befund: Grausamste Verletzungsspuren

"Seit 1898 gibt es Fotografien vom Turiner Grabtuch, welche ein Studium des anatomischen Befunds erlauben - das Tuch wurde ja aus Gründen der Pietät und der Beschädigungsgefahr damals noch nicht zur Untersuchung freigegeben. Schon um 1900 begann eine Wissenschaftlergruppe der weltberühmten Pariser Universität Sorbonne unter der Leitung von Paul Vignon, der Biologe war, eine anatomische Sondierungsarbeit, die schon damals zu dem Ergebnis führte (nach dem Anatomen Prof. Delage): Das Abbild auf dem Grabtuch, das abdruckähnlich einem Vorder- und Rückabbild eines circa 1,80 m großen Menschen gleicht, ist anatomisch naturgetreu, also fehlerfrei, so dass es auch unter diesem Aspekt als völlig unmöglich erscheine, dass es das Produkt eines Künstlers sei. Auch wäre es sinnlos und unmöglich gewesen, im Negativ unter Vermeidung geringster anatomischer Fehlerspuren zu arbeiten (aaO Seite 55)."

Der Arzt Horst Huismans hat sich sehr eingehend mit den Spuren der unendlich grausamen Verletzungen unseres Herrn Jesus Christus auf dem Grabtuch befasst, sie in Beziehung zu den in der Bibel geschilderten furchtbaren Marterungen des Herrn gesetzt und die Übereinstimmungen festgestellt (Horst Huismans, Die Hl. Reliquie von Turin, Langwaden 2004, S. 64 ff).

H. Die dreidimensionale Information des Grabtuches

Genauso klar, umfassend und verständlich wie Oswald Scheuermann hat auch Prof. Dr. Wolfgang Waldstein die Fakten über das Grabtuch gebracht. Zur Dreidimensionalität schreibt er zutreffend (Wolfgang Waldstein, Neueste Erkenntnisse über das Turiner Grabtuch, Stein am Rhein, 1997, Seite 44):

"Die mikroskopische Untersuchung der «Verfärbung» des Tuches hat ergeben, dass an den oberen Rändern der Webeketten sich winzige dunkle «Kügelchen» gebildet hatten. Alle Versuche scheiterten, solche «Kügelchen» mit chemischen Lösungsmitteln aufzulösen. Es hat sich herausgestellt, dass diese «Kügelchen» von versengten Fasern herrühren. Dies hat zu der weiteren Erkenntnis geführt, dass das Abbild seine Entstehung, wie der amerikanische Raumfahrtforscher Jackson es 1978 formulierte, einer «thermischen Verfärbung» verdankt. Für die Bestätigung dieser These wurden plötzlich die Brandspuren auf dem Tuch wichtig, die durch den Brand in Chambery 1532 entstanden waren. Es stellte sich heraus, dass an den Rändern der Brandspuren keinerlei Veränderungen an der ursprünglichen Verfärbung des Tuches entstanden waren. Jede chemische Farbe hätte sich jedoch bei solcher Erhitzung verändert. Auch das Löschwasser vermochte der «Farbe» des Tuches nichts anzuhaben. Diese «Farbe» stellte sich als von gleicher Art heraus wie die Brandspuren. Die gleiche Wellenlänge der «Farbe» der Brandspuren und des Abbildes konnte mit Hilfe des Spektrographen nachgewiesen werden.

Für die Auswertung von Fotografien von Planeten, die von Raumsonden angefertigt werden, wurde ein besonderer Computer entwickelt, der Bildanalysator VP 8. Einfache Fotografien ergeben jeweils nur eine zweidimensionale, das heißt flächenmäßige «Aufnahme» der Licht- und Farbenunterschiede wieder. Diese sind bedingt durch die Richtung der Lichtstrahlen ebenso wie der Betrachtung. Um ein dreidimensionales Bild, also ein Relief des fotografierten Planeten herstellen zu können, braucht man mehrere Aufnahmen aus verschiedenen Positionen. Der Computer war dafür entwickelt worden, die verschiedenen «Ansichten» so zu kombinieren, dass ein möglichst naturgetreues Relief des fotografierten Planeten gewonnen werden konnte. Nun wurde probeweise ein ganz normales Foto des Grabtuchs in diesen Bildanalysator gesteckt. Das Ergebnis war verblüffend. Auf dem Bildschirm erschien sofort ein klares Relief. Damit war klar, dass bereits im Abbild selbst eine dreidimensionale Information enthalten ist. Die Intensität der «Verfärbung» entspricht der Nähe des abgebildeten Körperteiles zum Tuch. Es sind aber auch Teile abgebildet, die das Tuch nicht berührt haben.

Durch die Wiedergabe des Bildes als Relief ist man erst darauf aufmerksam geworden, dass sich auf den Augen merkwürdige «Knöpfe» befinden. Die daraufhin erfolgte nähere Untersuchung des Augenbereiches führte zur Entdeckung, dass auf beiden Augen Münzen abgebildet sind. Hier geht es nur um die Frage, wie ein solches Abbild auf einem Leinenstoff entstanden sein kann, auf dem Einzelheiten von antiken Münzen, wie Buchstaben der Münzschrift und Münzbilder, sogar mit freiem Auge klar erkennbar sind, wenn man einmal darauf aufmerksam wurde.

Zunächst konnte durch zahllose Experimente ausgeschlossen werden, dass ein so genaues «fotografisches» Abbild auf dem Tuch durch bloße Berührung des Tuches mit dem Körper entstanden sein könnte. Die Erkenntnis, dass die Verfärbung «thermischer» Natur ist, das heißt durch heiße Strahlen entstanden sein muss, führte zu der Frage, wie es aus einem toten Körper zu einem solchen «Strahlenblitz» kommen konnte.

Dieser ausserordentliche Vorgang einer Veränderung der Atome im Körper hat, wie Lindner sagt, zu einer «Neutronenstrahlung» geführt. Diese wieder hat nach seiner Meinung zu einer Anreicherung der Radioaktivität im Leinen geführt, die für «das Tuch ein geringeres Alter vortäuscht»."

I. Weitere Beweise für die Echtheit des Grabtuches

Maria Grazia Siliato befasst sich seit über 20 Jahren mit den Untersuchungen zum Grabtuch. Sie legt folgende Ergebnisse näher dar:

"Der blasse, dramatische und naturalistische Abdruck auf dem Grabtuch hatte unter den hartnäckigsten wissenschaftlichen Untersuchungen gezeigt, was er auf keinen Fall war:

Es gab keine Konturen noch Füllungen, noch klar umrissene Ränder. Es war also keine Zeichnung.

Auf das Leinen war kein »Untergrund« zur Vorbereitung gestrichen worden, und man fand auch keine Pigmente auf ihm. Kein mineralischer, pflanzlicher oder tierischer Farbstoff, kein öl- oder wasserhaltiges Suspensionsmittel noch irgendeine Art von Bindemittel war für seine eigentümliche gelbliche Farbe verantwortlich. Es war keine Malerei.

Es gab keine Übertragung von fremden Substanzen auf die Fasern, die den Abdruck tragen. Es war folglich auch keine Durchpausung (Maria Grazia Siliato, Und das Grabtuch ist doch echt, Die neuen Beweise, Augsburg 1998, Seite 136)."

Klar widerlegt sie auch die These, der Abdruck auf dem Grabtuch sei mit einer Bronzestatue aufgebracht worden:

"Eine andere ähnlich phantasievolle These lautete, ein Fälscher habe den Abdruck mit einer zum Glühen gebrachten Bronzestatue auf das Tuch 'gedruckt', so wie ein zu heißes Bügeleisen den Stoff versengt, und deshalb sei ein dreidimensionaler Abdruck eines Körpers feststellbar. Über diese Hypothese wurden Bücher geschrieben und veröffentlicht.

Auch das stimmte nicht, wie leicht zu beweisen war. Wenn man ein angebranntes oder versengtes Gewebe mit Wood-Licht, dem sogenannten "schwarzen Licht", bestrahlt, geben die Brandstellen in der Dunkelheit eine rötliche Fluoreszenz ab. Auf dem Turiner Grabtuch befinden sich die Brandstellen, die von seinem verheerenden zweiten Brand stammen, genau neben dem Abdruck. Bei einer Untersuchung 1978 in Turin sah man eindeutig, dass die Brandstellen fluoreszierend waren, der Abdruck kaum einen Millimeter daneben hingegen überhaupt nicht. Viele Jahrhunderte lang enthielten also die Spuren des Brandes von Chambery den Beweis, dass der Abdruck keine Fälschung ist, die mit Hilfe einer glühenden Bronzestatue aufgedruckt wurde (aaO. S.25)."

Noch vor kurzem brachte das Fernsehen eine ausführliche Sendung, wonach Leonardo da Vinci das Grabtuch gefälscht habe. Tatsächlich hatte der letzte Eigentümer, das Haus Savoyen, welches das Grabtuch nach Turin brachte, dieses 1452 vom Hause Charny erworben, als Leonardo da Vinci gerade 11 Monate alt war! So werden die uninformierten Zuschauer "informiert" (aaO S. 20)!

J. Eine Miniatur als Nachweis der Existenz des Tuches 1150 in Konstantinopel

Hierzu bringt Siliato folgendes hochinteressante Forschungsergebnis:

"Diese runden, auf dem Grabtuch so seltsam in Form eines großen < L > angeordneten Brandstellen, sind schon Albrecht Dürer aufgefallen, der sie 1516, also 15 Jahre vor dem Brand von Chambery, wiedergegeben hat. Aber ihre Herkunft verlor sich im historischen 'schwarzen Loch' des Turiner Grabtuchs, von dem man bis vor kurzem gesprochen hat.

Bis zu dem Tag, an dem man in der Nationalbibliothek von Budapest entdeckte, dass eine kostbare, zwischen 1150 und 1195 zu datierende Pergamenthandschrift - nach ihrem Entdecker Codex Pray genannt - eine Miniatur enthält, die das Grabtuch wiedergibt. Auf dieser Miniatur ist etwas zu sehen, was bisher noch niemandem aufgefallen war.

1150 wurde in Konstantinopel von Kaiser Manuel II. Komnenos, ein ungarischer Botschafter, empfangen. Man plante eine Hochzeit zwischen einer byzantinischen Prinzessin, der Tochter des Kaisers, und dem Erbfürsten Bela von Ungarn. Wie es damals am kaiserlichen Hof üblich war, hatte Manuel Komnenos als ein Zeichen besonderer Vertraulichkeit den Ungarn die kaiserlichen Schätze gezeigt, darunter auch einen Gegenstand, der eifersüchtig in der kaiserlichen Kapelle gehütet wurde. Byzantinische Historiker und Hymnographen nannten diesen Gegenstand "Sindon" (Grabtuch).

Bei dieser politischen Annäherung zwischen dem jungen ungarischen Reich und dem Oströmischen Kaiserreich hatte ein aufmerksamer Beobachter, der zeichnen konnte, das "Sindon" aus der Nähe gesehen. Auf der Miniatur des Codex Pray ist der Augenblick der Grablegung Christi wiedergegeben. Auf dem nächsten Bild ist das ausgebreitete Tuch zu sehen, mit einer Hülle, wahrscheinlich aus Seide, die es damals schützte. In die Hülle sind in Purpurfarbe, die dem byzantinischen Herrscher vorbehalten war, zum Zeichen, dass dieser Gegenstand dem Kaiser gehörte, kleine Kreuze eingewebt. Aber den aufmerksamen Miniaturmaler hatte vor allem eine eigenartige Gruppierung von vier verkohlten Löchern gefesselt, die in der Form eines großen <L> angeordnet waren und sich viermal wiederholten. Und er gab sie - vielleicht als Erinnerung an eine überstandene Gefahr, vielleicht als geheimnisvolles Zeichen, wer weiß - auf seinem Bild wieder.

Seiner akribischen Genauigkeit - und der Untersuchung, die Jerome Lejeune hierüber 1993 vorlegte - verdanken wir die Erkenntnis: Das seinerzeit in Konstantinopel aufbewahrte "Sindon" ist das Turiner Grabtuch. Und der auf der Miniatur festgehaltene Vorgang geschah etwa drei Jahrhunderte vor dem Zeitraum, den die Radiokarbon-Datierung als Entstehungszeit des Grabtuchs angegeben hat." (Siliato , aaO, S. 36 f)

Übrigens existiert eine farbige Darstellung der Rückkehr des Grabtuches aus Edessa nach Konstantinopel am 15. August 944 als Miniatur im Codex Skylitzes, der zwischen 1081 und 1118 datiert wird (Waldstein aaO S. 57).

K. Gründe für die Unbrauchbarkeit des Carbontestes

Da der völlig falsche Carbontest immer noch von den Gegnern der Echtheit des Turiner Grabtuches gern als völlig richtig dargestellt wird, sollen noch folgende aufschlussreichen Ausführungen von Waldstein (aaO S. 52, 54) dazu gebracht werden:

"Als 1988 das Ergebnis des Carbon-14-Tests bekannt gegeben wurde, wonach das Tuch aus den Jahren 1260-1390 stammen soll, war mir bei Kenntnis der zahllosen vollkommen gesicherten Ergebnisse der gesamten Grabtuchforschung klar, dass man die Frage nach den Ursachen für den Widerspruch zu diesen Ergebnissen stellen muss. Die «Veranstalter» des Carbon-Tests haben jedoch diese Frage nicht gestellt und sich um alle bisherigen Ergebnisse einfach nicht gekümmert, als existierten sie nicht. Ein solches Vorgehen widerspricht jedoch den elementarsten Grundsätzen wissenschaftlicher Redlichkeit.

Ich habe mir daher zuerst die Frage gestellt, ob es Umstände geben kann, die zu einer Veränderung des Carbon-14-Gehaltes im Stoff führen können und ob der Brand in Chambery ein solcher Umstand gewesen sein könnte. Ich wandte mich an einen international anerkannten Professor für physikalische Chemie, Max Thürkauf (Basel), der unter anderem als Entdecker des in der Atomforschung wichtigen «schweren Wassers» ausgezeichnet wurde. Er hat mir sofort geschrieben, es «ist erwiesen, dass Leinenfasern in der Hitze mit Wasser und CO_2 aus der Luft zu reagieren vermögen. Dabei hat sich der C-14 in der Faser dem Gehalt des C-14 in der Atmosphäre des Brandjahres 1532... angeglichen, so dass die Altersbestimmung verfälscht wird». Dies wurde danach auch experimentell an einem Stoff aus dem Jahre 200 überprüft. Es trat eine Veränderung der Datierung um 1400 Jahre ein, also fast die gleiche, die zur Datierung des Grabtuchs auf 1260-1390 geführt hat. Inzwischen weiß man aber durch die Untersuchungen von Lindner und anderen, dass die Veränderung in der Struktur der Atome des Leichnams zu einer Strahlung geführt hat, die ihrerseits die C-14 Zusammensetzung im Leinentuch verändert hat. Dies alles gilt ganz unabhängig von der Frage, ob der Test überhaupt korrekt durchgeführt wurde, das heißt, ob das Ergebnis für die richtige Probe festgestellt wurde."

Nähere Einzelheiten zur unglaublichen Verfahrensweise bei dem Carbontest hat Bulst dargestellt (Werner Bulst, Betrug am Turiner Grabtuch, der manipulierte Carbontest, 1990).

Die nicht wenigen Gegner des Grabtuches gehen nicht alle derart abwegig vor wie Dirnbeck, der schreibt, es habe nie ein Grabtuch Jesu gegeben, die Grabberichte seien um der Auferstehungsbotschaft willen erfunden (Josef Dirnbeck, Jesus und das Tuch, Wien-Klosterneuburg, 1998, Seiten 179 ff). Aber alle Gegner missachten einfach die festgestellten Tatsachen und werden dafür häufig ihren - allerdings sehr zu bedauernden - Grund haben: Wenn der Nachweis des leeren Grabes unseres Herrn auch schon auf vielfältige andere Art eindeutig geführt ist, so wird er zusätzlich durch das Grabtuch durch harte, nicht widerlegte Fakten geführt. Der Grabtuchforscher Ian Wilson, der erst durch seine Forschungen vom Unglauben zum Glauben kam, sagt, dass der Herr durch den Strahlenblitz sein Bild und das des Leibes so unauslöschlich in das Grabtuch einbrennen ließ, dass er dadurch der Nachwelt buchstäblich eine Momentaufnahme der Auferstehung hinterließ (Waldstein, aaO S. 62). Hier mag auch der Satz des Papstes Paul VI. über Bilder von Jesus aus einer Homilie in der St. Peterskirche vom 4. 6. 67 bedacht werden: "Einzig das Bild auf dem Grabtuch vermag uns eine Ahnung zu geben vom Mysterium des Gottmenschen Jesus Christus."

4

Die Angst des WDR vor dem Blutwunder des Heiligen Januarius

An diesem Beispiel soll aufgezeigt werden, wie groß die Angst der Wunderleugner in Wirklichkeit vor dem Wunder ist, wie sie mit allem Mitteln versuchen, einen solchen Vorgang falsch darzustellen.

Das Blutwunder des Hl. Januarius ist in diesem Buch im Kap. I, 4 näher dargestellt, worauf Bezug genommen wird.

Hierüber brachte das WDR-Fernsehen am 20. 1. 2001 in der wissenschaftlichen Sendung "Quarks und Co." einen Bericht, in dem alles Wesentliche weggelassen wurde, so dass jeder Zuschauer davon ausgehen musste, dass die Kirche in Neapel seit Jahrhunderten die Menschen massiv betrüge. In der Internet-Seite dieser Sendung wurde das dann noch schriftlich bestätigt. Es heißt dort u. a.:

"Das Blutwunder von Neapel - selbst gemacht

Die wundersamen Eigenschaften einer thixotropen Mischung - und ein Rezept

In Neapel ereignet sich jedes Jahr am ersten Maisamstag eine fantastische Verwandlung; das Blut des Sankt Januarius, des Schutzheiligen der Stadt, wird nach mehr als 1500 Jahren wieder flüssig. Viele Menschen verehren dieses Phänomen als Wunder.

Der Chemieprofessor Luigi Garlaschelli hat jedoch eine andere Erklärung. Für ihn wurde die geheimnisvolle Flüssigkeit erst im späten Mittelalter aus einigen wenigen - damals bereits bekannten - Chemikalien zusammen gemischt. Als Indiz dafür hat er selbst eine Mixtur entwickelt, die dem Blut des Heiligen täuschend ähnlich sieht und auch die gleichen Eigenschaften besitzt: In Ruhe stehen gelassen ist die Substanz fest, wird sie jedoch bewegt, z. B. geschüttelt, verflüssigt sie sich.

Substanzen mit dieser Eigenschaft nennt man thixotrop. Auch Ketchup gehört dazu, wenn man ihn in der Flasche kräftig schüttelt, fließt er leichter heraus. Wer das Original von Professor Garlaschelli nachmachen möchte, für den haben wir eine Anleitung zusammengestellt.

Rezept für eine thixotrope Mischung

Zutaten;

$FeCl_3$ $6H_2O$ - Eisen(III)chlorid ist eine altbekannte Chemikalie. Das entsprechende Hexahydrat ist ein gelber Feststoff. Es sollte in einem Behälter dicht verschlossen aufbewahrt werden, da die Substanz hygroskopisch (wasseranziehend) ist.

$CaCO_3$ - Calciumcarbonat ist ebenfalls eine weit verbreitete Substanz. Als Rohstoffquellen geeignet sind fein zerkleinerter Marmor oder Eierschalen. NaCl –Natriumchlorid, gewöhnliches Salz, Meersalz oder Steinsalz. Es können auch andere lösliche Salze wie Calciumchlorid, Natriumsulfat etc. eingesetzt werden.

H_2O - destilliertes Wasser."

In der Folge wird dann noch die Zubereitung dargestellt.

Nach zwei Schreiben des Verfassers schrieb der zuständige Redaktionsleiter des WDR, Ranga Yogeshwar, am 8. 6. 2001 an den Verfasser u. a.:

"Bei dem in der Sendung gezeigten Experiment handelt es sich um die Darstellung der thixotropen Hypothese, die auch in der Fachwelt mehrfach diskutiert wurde. Ich möchte an dieser Stelle festhalten, dass es bislang immer noch keine Klarheit über die genaue Natur des Blutes des Hl. St. Januarius gibt. Diese immer noch aktuelle Fachdebatte ist ohne Zweifel interessant, jedoch werden Sie auch verstehen, dass eine entsprechende Behandlung die knapp bemessene Sendezeit von 45 Minuten schnell füllen würde."

Das waren nur fadenscheinige Ausreden, da z. B. in der gleichen Sendung genügend Zeit war zu zeigen, wie weinende Madonnen zu erklären seien, indem man den Kopf einer Gipsfigur aufschnitt und von innen kleine Schläuche mit Wasser an die Augen führte. Auch hier eine bewusste, zudem äußerst primitive Irreführung der Zuschauer über den wahren Sachverhalt bei den Figuren von Jesus oder Maria, die Tränen oder Blut weinten.

Die Bitte um Richtigstellung wurde nicht erfüllt. So wandte sich der Verfasser mit Schreiben vom 17. 11. 04 an den Rundfunkrat des WDR als weitere Beschwerdestelle. Hierin schrieb er u. a. :

"Folgende wesentliche Tatsachen wurden weggelassen:

1.) Alles entscheidend ist, dass 1659 eine mit kirchlichen und nicht-kirchlichen Vertretern bestehende Kommission eingesetzt wurde, die im Namen der Stadt Neapel als Wächter der Ampullen tätig war. Auch für die Verflüssigung des Blutes in den Jahrhunderten davor gibt es zahlreiche Berichte. So hat Alfano ein Literaturverzeichnis über dieses Wunder von 125 Seiten mit 1470 Titeln zusammengetragen. Diese Kommission wurde wohl deswegen verschwiegen, da durch diese strikte Überwachung auch von staatlicher Seite alle Manipulationen ausgeschlossen sind.

2.) Im Zuge dieser Kontrolle sind die Ampullen auch immer versiegelt gewesen. Man kann gewiss durch Mixen von Chemikalien diese oder jene Wirkung erzielen. Die Mixtur von Garlaschelli kann aber nicht in einer so verschlossenen Ampulle über Jahre, geschweige denn Jahrzehnte und Jahrhunderte, durch Herausholen wieder flüssig werden und dann wieder eintrocknen. Vor der Kommission wird übrigens die 'Teca' mit den Ampullen überhaupt nicht geschüttelt, was aber gar nicht wesentlich ist.

3.) Durch Spektralanalysen wurde festgestellt, dass in den Ampullen echtes Blut enthalten ist.

4.) Bei der Eintrocknung ist die Ampulle zu etwa 2/3 mit der zähen Masse gefüllt. Bei der Verflüssigung erhöht sich das Volumen, bis die Ampulle fast ganz gefüllt ist.

5.) Bei einer Gewichtsüberprüfung wurde festgestellt, dass die Teca im normalen Zustand 988 Gramm und bei der Verflüssigung 1015 Gramm wog, obwohl die beiden Ampullen durch die Versiegelung hermetisch abgeschlossen sind.

Herr Yogeshwar weist in seinem Brief zu Unrecht daraufhin, dass es nicht Aufgabe seiner Sendung sein kann, die 'Fachdebatte' zu diesem Thema zu klären. Dann hätte in der Tat eine Beschwerde bei Ihnen keinen Sinn. Die Ungeheuerlichkeit der Sendung liegt auch nicht nur darin, dass dieses nach dem weltbekannten Parapsychologen Prof. Bender 'historisch am längsten und am besten dokumentierte außergewöhnliche Phänomen' durch eine chemische Zusammensetzung 'erklärt' werden soll, die höchstens 5% derjenigen Merkmale aufweist, wie sie bei dem Blut des Hl. Januarius festgestellt wurden. Eine Richtigstellung bei der Sendung des öffentlich rechtlichen Fernsehens ist deswegen unerlässlich, weil eben eine Fülle entscheidender Tatsachen deswegen weggelassen wurden, um die abwegigen Schlüsse von Garlaschelli einigen Zuschauern glaubwürdig oder zumindest diskutabel erscheinen zu lassen."

Mit Schreiben vom 7. 4. 2005 lehnte der Vorsitzende des WDR-Rundfunkrats weitere Maßnahmen ab. Herr Yogeshwar habe "ausführlich und nachvollziehbar" Stellung genommen. Auf die Sachargumente wurde nicht eingegangen.

Außer der in Kapitel I, 4 dieses Buches angeführten deutschen Literatur haben z. B. Caserta und Lambertini in ihrem Buch in italienischer und - jeweils auf der gleichen Seite - in englischer Sprache eingehende Informationen zum Blutwunder des Hl. Januarius auch zur sehr wichtigen Spektralanalyse, wonach Blut vorliegt, gebracht (Aldo Caserta, Gastone Lambertini, San Gennaro, il miracolo, Neapel 1986, S. 70 ff).

Da sich das Blutwunder jährlich in der Regel zweimal wiederholt, berichten die Medien - wie übrigens auch bei den Tränen oder Blut absondernden Statuen Jesu oder Mariens - nicht selten darüber. Vor dieser eindeutigen Durchbrechung von Naturgesetzen haben der WDR und viele andere offensichtlich Angst, da ihr Weltbild dadurch ins Wanken geraten könnte. Sie bringen also bewusst Falschmeldungen - was auch bei anderen Medien nachgewiesen werden könnte - und wehren sich dann natürlich auch gegen jede Richtigstellung.

Literaturverzeichnis bis zur 6. Auflage

In dieses Verzeichnis wurden nur die Titel aufgenommen, welche von dem Verfasser eingesehen wurden. Soweit in wenigen Ausnahmefällen ein wörtliches Zitat aus einem dritten Buch, das dem Verfasser nicht vorlag, das aber im eingesehenen Werk genau belegt war, angeführt wurde, so ist das jeweils im Text vermerkt.

Entscheidungssammlungen nach kirchlichem oder staatlichem Recht sind hier ebensowenig nochmals aufgeführt, wie die vom Verfasser beigezogenen Akten mit nicht veröffentlichten Entscheidungen.

A

1. Ackermann, August, Hystik und außerordentliche mystische Vorgänge, Einsiedeln 1952.
2. Adler, Gerhard, Es gibt Dinge zwischen Himmel und Erde, Frankfurt 1974.
3. Adler, Manfred, Tod und Teufel in Klingenberg, Aschaffenburg 1977.
4. Adomeit, Klaus, Rechtstheorie für Studenten, 2. Aufl., Heidelberg, Hamburg 1981.
5. Adomeit, Klaus, Rechtswissenschaft und Wahrheitsbegriff, in: JuS 1972, S. 628, 632.
6. Aggernaes, A., The experienced Reality of hallucinations and other psychological phenomena, in: Acta psychatrica scandinavia, Kopenhagen 1972, S. 220 ff.
7. Agreda, Maria von, Leben der Jungfrau und Gottesmutter Maria, Gosheim 1980.
8. Ahlenstiel, Heinz, Vision und Traum, Stuttgart 1962.
9. Aix, Guido, Ober Wasser wandeln, in: Katechetische Blätter 1968, S. 289, 290.
10. Aksakow, Alexander, Vorläufer des Spiritismus, Leipzig 1898.
11. Alacoque, Margareta Maria, Leben und Offenbarungen von ihr selbst geschrieben und ergänzt durch Zeitgenossen, Freiburg/ Schweiz 1984.
12. Albrecht, Carl, Das mystische Erkennen, Bremen 1958.
13. Albrecht, Carl, Psychologie des mystischen Bewusstseins, Bremen 1951.
14. Alfano, Giovanni Battista; Amitrano, Antonio, Il miracolo di S. Gennaro; Documentatione Storica e Scientifica, Napoli 1961
15. Allan/Schiff/Kramer, Falsche Geister - echte Schwindler, Wien-Hamburg 1969.
16. Alsberg, Max; Nüse, Karl-Heinz, Der Beweisantrag im Strafprozess, 2. Aufl., Köln, Berlin 1956, 3. Aufl., Meyer, 1983.
17. Andreas, P., Was morgen wahr sein kann, Düsseldorf, Wien 1981.
18. Annen, Franz, Psi-Phänomene im religiösen Kontext, in: Condrau, Gion, Die Psychologie des 20. Jahrhunderts, Bd. XV, S. 706 ff.
19. Aradi, Zsolt, Wunder, Visionen und Magie, Salzburg 1959.
20. Arbeitsgemeinschaft Marianischer Vereinigungen für Deutschland, Gutachten zur Fatima-Denkschrift Otto Karrers, Leutesdorf 1958.
21. Augstein, Rudolf, Jesus Menschensohn, Gütersloh 1972.
22. Auhofer, Herbert, Aberglaube und Hexenwahn heute, Freiburg/Brsg.1960

B

23. Balducci, Corrado, Priester, Magier, Psychopathen, Aschaffenburg 1976.
24. Baltensweiler, H., Wunder und Glaube im NT, in: Theologische Zeitschrift Basel 23(1967), S.241 ff.
25. Barth, Hans-Martin; Flügel, Heinz; Riess, Richard, Der emanzipierte Teufel, München 1974.
26. Barthas, Casimir, Die Kinder von Fatima, Freiburg/Schweiz 1983.
27. Bartning, G., Wunder und Magie, in: Arzt und Seelsorger 1958, S.1 ff
28. Bassin, F. V.; Platonow, K. K., Verborgene Reserven des höheren Nervensystems, Stuttgart 1973.
29. Battke, Achim, Die Gesellschaft und das Böse, in: Bibel und Kirche 1975, S. 51 ff.
30. Bauer, Eberhard, Kritik und Kontroversen der Parapsychologie, in: Condrau, Gion, Die Psychologie des 20. Jahrhunderts Bd. XV, Zürich 1979, S. 546 ff.
31. Bauer, Eberhard; von Lucadou, Walter, Parapsychologische Forschung und wissenschaftliche Methodik, in: Zeitschrift für Parapsychologie 1980, S. 56 ff.
32. Baumann, Ferdinand, Die.Welt braucht Heilige, Kevelaer 1964.
33. Baumann, Ferdinand, Fatima und die Rettung der Welt,Kevelaer 1951
34. Baumann, Ferdinand, Pius XII. erhob sie auf die Altäre, Würzburg 1960.
35. Baur, Andreas; Köbel, Hans, Die Wunder Jesu, Donauwörth 1970.
36. Baur, Benedikt, Kein Maß kennt die Liebe, Ulrika Nisch, Kreuzschwester von Hegne, Beuron 1980.
37. Baur., J., Wunder dogmengeschichtlich, in: Die Religion in Geschichte und Gegenwart, 6. Bd. 1962, S. 1839.
38. Becker, Jürgen, Wunder und Christologie, in: New Testament Studies 16, S. 130 ff.
39. Becker, K. E.; Schreiner, H. D., Wahn oder Glaube, Hannover 1980.
40. Becker, Ulrich; Wibbing, Siegfried, Wundergeschichten, Gütersloh 1965.
41. Beinert, Wolfgang, Müssen Christen an den Teufel glauben, Freiburg 1977.
42. Beilner, Wolfgang, Jesus ohne Retuschen, Graz, Köln 1974.
43. Beloff, John, Die Fingerabdrücke von Psi, in: Zeitschrift für Parapsychologie 1982, S. 16 ff.
44. Beloff, John, Neue Wege der Parapsychologie, Olten, Freiburg 1980
45. Bender, Bernd, Gaukeleivorschriften und Verfassung, in: Die öffentliche Verwaltung 1965, S.326 ff.
46. Bender, Bernd, Juristischer Kommentar zum Revisionsurteil des BGH vom 21. 02. 1978, in: Zeitschrift für Parapsychologie 1978, S. 121 f.
47. Bender, Bernd, Parapsychologie und Rechtsordnung, in: NJW 1977, S. 1989 ff.
48. Bender, Hans, Das Blutwunder des Heiligen Januarius in Neapel, in. Zeitschrift für Parapsychologie 1965, S. 1.76 ff.
49. Bender Hans; Mischo, Johannes, Das "Geständnis" des Heiner Scholz in: Zeitschrift für Parapsychologie 1978, S. 235 ff.
50. Bender, Hans, Der Rosenheimer Spuk - ein Fall spontaner Psychokinese, in: Zeitschrift für Parapsychologie 1968, S. 104 ff.
51. Bender, Hans, Parapsychologie, Entwicklung, Ergebnisse, Probleme, Darmstadt 1966.
52. Bender, Hans, Parapsychologie und ihre Ergebnisse und Probleme, Hamburg 1976.
53. Bender, Hans, Parapsychologie und Spiritismus, in: Zeitschrift für Parapsychologie 1971, S. 1 ff.
54. Bender, Hans, Stellungnahme des Instituts für Grenzgebiete der Psychologie und Psychohygiene (zur BGH-Entscheidung vom 1. 02. 1978), in: Zeitschrift für Parapsychologie 1978, S. 120 f.
55. Bender, Hans, Umgang mit dem Okkulten, Freiburg 1984.
56. Bender, Hans, Wie wahr sind Wunderheilungen?, in: Senioren Jahrbuch 1983, Stuttgart 1983.

57. Benke, Stephan, Protestanten, Katholiken und Maria, eine kritische Darstellung der römisch-katholischen und der protestantischen Äußerungen zur Mariologie, Hamburg 1972.
58. Benz, Ernst, Die Vision, Marburg 1969.
59. Berendt, Heinz, Parapsychologie, Stuttgart 1972.
60. Bergmann, Hugo, Der Kampf um das Kausalgesetz in der jüngsten Physik, Braunschweig 1929.
61. Bernardus, P., Fatima, Wahrheit oder Täuschung?, in: Oekumenische Einheit 1951, S. 255 ff.
62. Bernhart, Josef, Heiligkeit und Krankheit, in: Geist und Leben 1950, S. 172 ff.
63. Betz, Otto; Grimm, Werner, Wesen und Wirklichkeit der Wunder Jesu Frankfurt, Bern 1977.
64. Biedermann, Hans, Wunderwesen, Wunderwelten und Erlebbarkeit des Irrealen, Graz 1980.
65. Bitter, Wilhelm, Magie und Wunder in der Heilkunde, München 1959.
66. Blank, Josef, Christliche Orientierungen, Düsseldorf 1981.
67. Blank, Josef, Jesus von Nazareth, Freiburg 1972.
68. Blasig, Winfried, Christ im Jahr 2000, München 1984.
69. Bleuler, Eugen, Lehrbuch der Psychiatrie, Berlin 1966.
70. Bödeker, Heinrich, Was haben wir als evangelische Christen zu dem neuen Mariendogma der römischen Kirche zu sagen?, Detmold 1950.
71. Bonin, Werner, Lexikon der Parapsychologie 1981.
72. Bornkamm, Günther, Jesus von Nazareth, Stuttgart 1975.
73. Bornkamm, Günther; Barth, Gerhard; Held, Heinz-Joachim, Überlieferung und Auslegung im Matthäusevangelium, Neukirchen 1960.
74. Bornkamm, Karin, Wunder und Zeugnis, Tübingen 1968.
75. Bornkamm, Karin, Zur Geschichte des Wunderverständnisses, in: Zeitwende 45 (1974), S. 361 ff.
76. Braun, Herbert, Jesus, Stuttgart, Berlin 1973.
77. Bremond, Henri, Falsche und echte Mystik, Regensburg 1955.
78. Brenninkmeyer, Bernward, Zu den Erscheinungen und der Botschaft von Fatima, in: Geist und Leben 1948, S. 214 ff.
79. Brinktrine, Johannes, Die feierliche Definition der leiblichen Aufnahme der allerseligsten Jungfrau, Paderborn 1951
80. Brik, Hans Theodor, Wandlungswunder, Lanciano, Bolsena, Mirebeau Wels 1974.
81. Brik, Hans Theodor, Und dennoch glaubt ihr nicht, Vom Brote des Lebens, Wels 1971.
82. Bron, R., Das Wunder, Göttingen 1979.
83. Brosch, Joseph, Der Heiligsprechungsprozess per Viam Cultus, Rom 1938.
84. Browe, Peter, Die eucharistischen Wunder des Mittelalters, Breslau 1938.
85. Brückner, Wolfgang, Die Verehrung des Heiligen Blutes in Walldüren, Aschaffenburg 1958.
86. Büchel, Wolfgang, Naturauffassung und Parapsychologie, in: Spektrum der Parapsychologie, Hans Bender zum 75. Geburtstag, Freiburg 1983, S.-86 ff.
87. Büchel, Wolfgang, Naturphilosophische Bemerkungen zur Parapsychologie, in: Zeitschrift für Parapsychologie 1972, S. 68 ff.
88. Büchel, Wolfgang, Naturwissenschaft auf dem Wege zur Religion?, in: Stimmen d. Zeit 1953, S. 1ff.
89. Büchel, Wolfgang, Spuk und Wunder, in: Stimmen der Zeit 1968, S. 390 ff.
90. Büchel, Wolfgang, Wie die Frauen am Grabe Jesu als verstärkende Medien das Wegwälzen des Steins und das Verschwinden des Leichnams bewirken konnten, in: Theologisches 1970, Spalte 15 f.
91. Büchel, Wolfgang, Zur Kritik an der Parapsychologie, in: Zeitschrift f. Parapsychologie 1976, S. 161
92. Büscher, Gustav, Buch der Wunder, Frankfurt 1954.
93. Bulst, Werner, Vernünftiger Glaube, Berlin 1957.

94. Bultmann, Rudolf, Glauben und Verstehen, Tübingen 1980 (1. Aufl. 1933).

95. Bundscherer, Norbert, Moderne Naturwissenschaft und christlicher Glaube, München 1968.

96. Burchard, J. M., Ober die Struktur der optischen Wahrnehmung, in: Fortschritt!. Neurol. Psychiatrie 6 (1965), S. 277.

97. Busse, Ulrich, Die Wunder Jesu, Stuttgart 1977.

98. Burger, Franz, Der Teufel als Gegenspieler in Lourdes, in: Theologisch-praktische Quartalsschrift, Linz 1959, S. 285 ff.

99. Burger, Heidi, Sozialpsychologische Aspekte spontaner Psychokinese, in: Zeitschrift für Parapsychologie 1973, S. 213 ff.

C

100. Cancik, Hubert, Rausch, Extase, Mystik, Düsseldorf 1978.

101. Christiäns, L., War es ein Geist?, in: Neue Wissenschaft 9/3 (1960), S. 1 - 16.

102. Clavier, H. La multiplication des pains dans le ministere de Jesus, in: Studia Evangelica, Berlin 1959, S. 443 ff

103. Clemen, C., Der geschichtliche Jesus, Gießen 1911.

104. Clericus, J. (= Prof. August Ludwig), Zum Phänomen der eingebrannten Hand, in: Zeitschrift Psychiatrische Studien, Jahrgang 1914 (Heft März), S. 140 ff.

105. Conrad, Klaus, Zum Problem der chronischen taktilen Halluzinose, in: Archiv Psychiatrie 193 (1955), S. 601.

106. Cranston, Ruth, Das Wunder von Lourdes, München 1957.

107. Croix, de la, Marie, Stimme aus dem Jenseits, Gröbenzell 1979.

108. Cullmann, Oscar, Unsterblichkeit der Seele?, Stuttgart 1969.

109. Cutsem, van, A., Les Merveilles du Padre Pio, in: Nouvelle Revue theologique 1956, S. 955 ff.

D

110. Däniken, von, Erich, Erscheinungen, Düsseldorf, Wien 1974.

111. Deißler, Alfons, Die Grundbotschaft des Alten Testaments, Freiburg 1972.

112. Degenhardt, Johannes Joachim, Dienstbereit in der Liebe Christi, Pauline von Mallinckrodt, Paderborn 1985.

113. Delius, Walter, Geschichte der Marienverehrung, München 1963.

114. Delling, Gerhard, Das Verständnis des Wunders im Neuen Testament in: Zeitschrift für systematische Theologie 24, S. 265 ff.

115. Denis, A. M.,; Louvain, 0. P., La selection des pains selon Marc une theologie de l'Eucharistie, in: Studia Evangelica, Berlin 1968, S. 171 ff.

116. Deroo, Andre, Das Wunder von Calanda, in: Der Fels 1971,S.340 f.

117. Deroo, Andre, L'homme ä la jambe coup4, Paris 1977.

118. Dinzelbacher, Peter,,Vision und Visionsliteratur im Mittelalter, Stuttgart 1981.

119. Dolch, Heimo, Das Wunder, Paderborn 1953.

120. Dolch, Heimo, Sind Wunder möglich?, in: Theologie und Glaube, 1951, S. 210 ff.

121. Dolch, Heimo, Theologie und Physik, Freiburg 1951.

122. Dolch, Heimo, Wunder und Bibel, in: Bibel und Kirche 1974, S. 25 ff.

123. Dollinger, Ingo, Wunder - Aberglaube oder Wirklichkeit?, Donauwörth 1967.

124. Dom, Augustin Calmet, Geistererscheinungen, Regensburg 1855.
125. Drewermann, Eugen, Tiefenpsychologie und Exegese, Bd. II, Olten 1985.
126. Düker, Heinrich, Neue Untersuchungen zum Problem der eidetischen Phänomene, in: Bericht über den 22. Kongress der deutschen Gesellsch. Psycholog., Göttingen 1960, S. 249 ff.
127. Duerr, Hans Peter, Der Wissenschaftler und das Irrationale, Frankfurt 1981.
128. Duerr, Hans Peter, Traumzeit, 1979.

E

129. Eder, Gottfried, Der göttliche Wundertäter, Girsching 1956.
130. Eichmann, Eduard; Mörsdorf, Klaus, Lehrbuch des Kirchenrechts, Bd. III Prozess- und Strafrecht, Paderborn 1954.
131. Elliot, G. M. Biblische Wunder im Lichte moderner Jenseitsforschung, Freiburg 1960.
132. Ernst, Cecile, Der Exorzismus, in: Condrau, gion, Die Psychologie des 20. Jhds, Bd. XV, S. 716 ff.
133. Ernst, Robert, Maria redet zu uns, Marienerscheinungen seit 1830 Eupen 1983.
134. Evangelisches Gutachten zur Dogmatisierung der leiblichen Himmelfahrt Mariens, München 1950.
135. Ewald, Günter, Wirklichkeit, Wissenschaft, Glaube, Wuppertal 1963.

F

136. Falke, Konrad, Das Wunder des Heiligen Januarius, in: Neue Wissenschaft, Jg. 4, 1954, Heft 1, S.2ff.
137. Familler, Ignaz, Das Heiligenleben in der modernen Psychopathographie, Regensburg 1915.
138. Fascher, Erich, Kritik am Wunder, Berlin 1960.
139. Fattinger, Josef, Geschichte des wundertätigen Bildnisses der weinenden Muttergottes in Pötsch bei Neufelden Oö., Wels 1965.
140. Fischer, Klaus P.; Schiedermair, Hartmut, Die Sache mit dem Teufel, Teufelsglaube und Besessenheit zwischen Wahn und Wirklichkeit, Frankfurt 1980.
141. Fischer, Ludwig, Die Botschaft Unserer Lieben Frau von Fatima, Bamberg 1937.
142. Fischer, Ludwig, Fatima im Lichte der kirchlichen Autorität, Bamberg 1934.
143. Fonseca, Gonzage da, Maria spricht zur Welt, Freiburg/Schweiz 1983.
144. Forell, Urban, Wunderbegriffe und logische Analyse, Göttingen 1967.
145. Frei, Gebhard, Probleme der Parapsychologie, München, Paderborn Wien 1971.
146. Freitag, Ernst, Der Okkulttäter aus kriminalistischer Sicht, in: Arbeitstagung der Deutschen Kriminologischen Gesellschaft, Parapsychologie und Okkultismus in der Kriminologie, Heidelberg 1979.
147. Friedrichs, Hans, Kinderaussage und "eidetische Veranlagung " in: Archiv für Kriminologie 1965, S. 139 f.
148. Fries, H., Zeichen/Wunder, in: Handbuch theologischer Grundbegriffe Bd. 4, München 1970, S. 462 ff.
149. Fuller, R. H., Die Wunder Jesu in Exegese und Verkündigung, Düsseldorf 1969.

G

150. Gatterer, Der wissenschaftliche Okkultismus und sein Verhältnis zur Philosophie, Innsbruck 1927.
151. Gauger, Wilhelm, Von Zaunreitern und Parapsychologen. Zum Buch von Hans Peter Duerr: Traumzeit, in: Zeitschrift für Parapsychologie 1979, S. 225 ff.
152. Gauger, Wilhelm, Der Autor als Trickster: Castenada und de Mille in: Zeitschrift für Parapsychologie 1981, S. 183 ff.
153. Gauger, Wilhelm, "Y" Paranormale Welt, Berlin 1980.
154. Geerds, Friedrich, Krimineller Okkultismus, in: Festschrift für Th. Würtemberger, S. 341 ff., Berlin 1977.
155. Groß/Geerds, Friedrich, Handbuch der Kriminalistik, Berlin 1977.
156. Gerloff, Hans, Die Heilungen von Lourdes im Lichte der Parapsychologie, Büdingen 1959.
157. Glatzel, J., Zum Problem der sogenannten Pseudohalluzination, in: Zeitschrift für Fortschrittliche Neurologie und Psychiatrie 38/7, S. 348 ff.
158. Glöckner, Richard, Biblischer Glaube ohne Wunder?, Einsiedeln 1979.
159. Glöckner, Richard, Die Wunder Jesu, Freiburg 1982.
160. Goodman, Felicitas D., Anneliese Michel und ihre Dämonen, Stein am Rhein 1980.
161. Görlich, Ernst Joseph, Der Wundermönch vom Libanon, Stein am Rhein 1974.
162. Görres, A., Kennt die Religion den Menschen?, Wunderbericht und Wunderglaube, 1984.
163. Goritschewa, Tatjana, Von Gott zu reden ist gefährlich, Freiburg 1984.
164. Görres, Joseph, Christliche Mystik, Graz 1960.
165. Gottschalk, Herbert, Der Aberglaube, Gütersloh 1965.
166. Goubert, Josef; Christiani, L., Marienerscheinungen, Recklinghausen 1955.
167. Gnilka, J., Zeichen - Wunder, in: Handb. theologischer Grundbegriffe Bd. 4, München 1970, S. 458 ff.
168. Grabinski, Bruno, Begegnungen mit Abgeschiedenen, Beweise aus dem Jenseits, Wiesbaden 1964.
169. Grabinski, Bruno; Oster, Leo, Fegfeuer-Visionen, Eupen 1955.
170. Grabinski, Bruno, Es geschehen auch heute noch Wunder, 1955.
171. Grabinski, Bruno, Spuk und Geistererscheinungen oder was sonst, eine historische Untersuchung, Hildesheim 1930.
172. Grant, Michael, Jesus, Bergisch-Gladbach 1979.
173. Grant, Robert M., Miracle and Natural Law, Amsterdam 1952.
174. Graßberger, Roland, Psychologie des Strafverfahrens, Wien, New York 1968.
175. Greshake, Gisbert, Auferstehung der Toten, Essen 1969.
176. Grewel, Hans, Christentum - Was ist das?, Stuttgart 1980.
177. Grimmlinger, Friedrich, Der Begriff des Wunders und seine Aporien, Dissertation an der Universität Wien, Wien 1963.
178. Gro, Bernhard, Wunder zwischen Wahn und Glaube, in: Stimmen der Zeit, 1974, S. 579 ff.
179. Grochtmann, Harald, Das Wunder von Calanda, seine Untersuchung im kanonischen Prozeß und seine Behandlung in der Literatur von den Zeitgenossen bis heute, in: Theologisches, Mariologisches 1986, S. 7194 ff und S. 7431 f.
180. Grochtmann, Harald, Das Wunder von Guadalupe und die Bestätigung seiner Echtheit auch durch neueste Forschungsergebnisse, in: Theologisches, August 1987, S. 37 ff.
181. Groot, de, Adrianus, Das Wunder im Zeugnis der Bibel, Salzburg 1965.
182. Grote, Heiner, Maria, Marienverehrung, in: Taschenlexikon Religion und Theologie Bd. 3, S. 227 - 250, Göttingen 1983.

183. Gruber, Elmar R., Der Parapsychologe vor dem Fremden, in: Duerr Hans Peter (Herausgeber), Der Wissenschaftler und das Irrationale, Bd. 2, Frankfurt am Main 1981, S. 371 ff.

184. Gruhle, H., Die Verwendung der Hypnose und die Mitwirkung von Medien in der Rechtspflege, in: Zeitschrift für gesamte Neurologie und Psychiatrie 1923, S. 28 ff.

185. Grünthal, E., Ober phantastische Gesichtserscheinungen bei langdauerndem Augenschluß, in: Mschr. Psychiatr. 133 (1957) S. 193 und Mschr. Psychiatr. 135 (1958) S.269

186. Gubisch, Wilhelm, Hellseher, Scharlatane, Demagogen, München, Basel 1961.

187. Gutwenger, Lisl, Severin von Lama, Stein am Rhein, Salzburg 1982

188. Günther, Bonifatius, Maria, die Gegenspielerin Satans, Aschaffenburg 1972.

189. Gzara, Mirjam, Zur Sprache und Beweisführung pseudowissenschaftlicher Literatur, Medizinische Dissertation der Uni Marburg, Institut für Rechtsmedizin, Marburg 1980.

H

190. Haack, Friedrich-Wilhelm, Psi-Parapsychologie, München 1977.

191. Haack, Friedrich-Wilhelm, Rendez-Vous mit dem Jenseits, Hamburg 1973.

192. Haag, Herbert, Teufelsglaube, Tübingen 1974.

193. Haas, Jochen, Schamanentum und Psychiatrie, München 1976.

194. Habeck, D., Beitrag zur Geruchshalluzinose mit Beziehungswahn, in: Archiv für Psychiatrie 1965, S. 196 ff.

195. Hacker, Paul, Zur Ausrottung des Wunderglaubens bei der lernenden Jugend, in: Theologisches, November 1978, S. 2981 ff.

196. Haesele, Maria, Eucharistische Wunder aus aller Welt, Stein am Rhein 1982.

197. Haffner, Gertrud, Die Verstorbenen sind uns nahe, Gröbenzell 1981.

198. Hagemann, Sigrid, Entstehung, Entwicklung und Bedeutung der Vorschrift über die präsenten Beweismittel im Strafprozessrecht (§ 245 StPO), jur. Dissertation Universität Würzburg 1980.

199. Hagenbuchner, K., Para-Psychologie und Para-Psychiatrie, in: Neue Wissenschaft 1956/57, S. 253 ff.

200. Hain, Mathilde, Arme Seelen und helfende Tote, in: Rheinisches Jahrb. für Volkskunde 1958, S. 54 ff.

201. Halbfas, Hubert, Die Vermittlung mystischer Erfahrung, in: Cancik, Hubert, Rausch, Extase, Mystik, Düsseldorf 1978

202. Halbfas, Hubertus, über Wasser wandeln, in: Katechetische Blätter Nr. 93, Jahrgang 1968, S. l00 - 111.

203. Hall, Rupert, Die Geburt der naturwissenschaftlichen Methode, Gütersloh 1963.

204. Hammers, Alwin J., Parapsychologie und Theologie, Frankfurt 1975

205. Hanauer, Josef, Der stigmatisierte Pater Pio von Pietrelcina, Bad Honnef 1979.

206. Hanauer, Josef, Fatima, Erscheinungen und Botschaften, Bad Honnef 1980.

207. Hansen, Joseph, Zauberwahn, München 1900.

208. Harborth, Anita, Werkstatt Bibelauslegung, Stuttgart 1976.

209. Hartlaub, G. F., Der "Wundermann" von Tyana, in: Neue Wissenschaft 1961, S. 21 ff.

210. Hasenfuss, Josef, Glauben, aber warum?, Aschaffenburg 1963.

211. Haupt, Erich, Moderne Wunderforderungen und das biblische Wunder in: Deutsch-evangelische Blätter, Neue Folge 1902, S. 81 ff.

212. Havers, Wilhelm M.-Adveniat, Unsere Liebe Frau von Mexiko, Maria de Guadalupe, Essen 1982.

213. Heigl, Bartholomäus, Die Beziehung von Wunder und Naturgesetz, Freising 1903.

214. Heiler, Friedrich, Das neue Mariendogma im Lichte der Geschichte und im Urteil der Ökumene, in: ökumenische Einheit, 2. Jahrg. Heft 2/3, 1951, S. 1 ff., München, Basel 1951.

215. Heiler, Friedrich; Fr. Siegmund Schulze, Evangelische Marienverehrung. Eine heilige Kirche, Heft 1, 1955/56 (ohne Seitenangabe im obigen Zitat), in: Zeitschrift für ökumenische Einheit, E. Reinhardt Verlag München/ Basel.
216. Heim, Karl, Die Wandlung im naturwissenschaftlichen Weltbild, Hamburg 1951.
217. Heinrich, Franz, Hochpreiset meine Seele den Herrn, Unserer Lieben Frau von Lourdes zum l00-jährigen Jubiläum, Paderborn 1958.
218. Heisenberg, Werner, Das Naturbild der heutigen Physik, Hamburg 1955.
219. Heising, Alkuin, Die Botschaft der Brotvermehrung,Stuttgart 1967
220. Heller, Eidetik und Psychologie der Aussage, in: Zeitschrift für angewandte Psychologie 35, 1930.
221. Hellwig, Albert, Okkultismus und Verbrechen, Berlin 1929.
222. Henze, Clemens H., Neue Wunder, in: Zeitschrift für Philosophie und Theologie 1954, S. 411 ff.
223. Hermes, Gerhard, Die Tränen der "Rosa Mystica", Maria weint in Belgien, Stein am Rhein 1984.
224. Herrmann, 0. W., Offenbarung und Wunder, Gießen 1908.
225. Herrmann, Wolfram, Das Wunder in der evangelischen Botschaft, Berlin 1961.
226. Hierzenberger, Gottfried, Der magische Rest, Düsseldorf 1969.
227. Hitsching, Francis, Die letzten Rätsel unserer Welt, Frankfurt 1983.
228. Hohenwarter, Peter, Neue Spukphänomene, in: Neue Wissenschaft 1957, S. 31.
229. Holböck, Ferdinand, Das Allerheiligste und die Heiligen, Stein am Rhein 1979.
230. Holböck, Ferdinand, Gottes Nordlicht, Stein am Rhein 1983.
231. Holzer, Hans, Der 6. Sinn, München 1980.
232. Horkel, Wilhelm, Botschaft von Drüben?, Lahr 1975.
233. Hume, David, Untersuchung über den menschlichen Verstand, Leipzig 1910.
234. Hümmeler, Hans, Helden und Heilige, Kempen 1983.
235. Humpert, Theodor, Der Heilige Gebhard, Bischof von Konstanz, Konstanz 1949.
236. Hünermann, Wilhelm, Der Heilige und sein Dämon, Heidelberg 1952.

I

237. Igel, Johannes, Der Himmel verläßt uns nicht, Gröbenzell 1974.
238. Illig, Johannes, Der Spuk von Großerlach, Göppingen 1916.
239. Imbach, Josef, Wunder-Zeichen von Gottes Liebe, in: Christ in der Gegenwart 1980, S. 159 f.
240. Irro, F., Parapsychologie und gerichtliche Medizin, in: Zeitschrift Psychol. 162, 112, 150 (1958).
241. Irro, F., Ober den wahren naturwissenschaftlichen Gehalt der Parapsychologie und des Okkultismus, in: Zeitschrift Ärztliche Fortbildung 55, 7, 356 (1961).
242. Isenkrahe, Caspar, Experimental-Theologie, Behandelt vom Standpkt. eines Naturforschers, Bonn 1922.
243. Isenkrahe, Caspar, Neapolitanische Blutwunder, Regensburg 1912.

J

244. Janek, Lothar, ... und das Wasser trug; die Wunder Jesu: Wirklichkeit und Zeichen, in: Stadt Gottes 1986, S. 26 f.
245. Jaspers, K., Allgemeine Psychopathologie, Berlin 1973.
246. Jelke, Robert, Die Wunder Jesu, Leipzig, Erlangen 1923.

247. Jeremias, J., Neutestamentliche Theologie, Gütersloh 1971.
248. Johnston, Francis, Das Wunder von Guadalupe, Stein am Rhein, 1986
249. Jone, Heribert, Gesetzbuch des kanonischen Rechtes, Erklärung der Kanones, III. Bd. Prozeß- und Strafrecht, Paderborn 1940.
250. Jordan, Pascual, Der Naturwissenschaftler vor der religiösen Frage, Oldenburg, Hamburg 1972.

K

251. Käsemann, Ernst, Exegetische Versuche und Besinnungen, Göttingen 1965.
252. Käsemann, Ernst, Wunder im Neuen Testament, in: Die Religion in Geschichte und Gegenwart, 6. Bd. S. 1838.
253. Kafka, Gustav, Naturgesetz, Freiheit und Wunder, Paderborn 1940.
254. Karger, F. und Zicha, G., Physikalische Untersuchung des Spukfalles in Rosenheim 1967, in: Zeitschrift für Parapsychologie, Bern, München 1968, S. 112 ff.
255. Karlsruher Kommentar zur StPO, München 1982.
256. Karrer, Otto, Privatoffenbarungen und Fatima, in: Schweizer Rundschau 1947, S. 485 - 497.
257. Karrer, Otto, Wundererscheinungen in aller Welt, in: Orientierung 1956, S. 13 ff.
258. Kasper, Walter, Jesus der Christus, Mainz 1974.
259. Kasper, Walter; Lehmann, Karl (Herausgeber), Teufel, Dämonen, Besessenheit 1978.
260. Katholische Nachrichtenagentur, Wird deutschstämmiger Kardinal bald seliggesprochen?, in: Deutsche Tagespost vom 15./16.02. 1985.
261. Kaufmann, Richard, Das übersinnliche, Köln und Düsseldorf 1970.
262. Kautz, A., Im Land der Sonne, in: Weite Welt, Juli/Pugust 1986, Steyler Missionare, Nettetal.
263. Keil, Jürgen, Psi-"Fähigkeit" und Psi-"Leistungen", in: Spektrum der Parapsychologie Hans Bender zum 75. Geburtstag, Freiburg 1982, S. 140 ff.
264. Keller, Ernst und Maria-Luise, Der Streit um die Wunder, Gütersloh 1968.
265. Kemper, Werner, Archaisch-Ekstatische Massenbewegungen im heutigen Brasilien, in: Bitter, Wilhelm, Massenwahn in Geschichte und Gegenwart, Stuttgart 1965, S. 133 ff.
266. Kern, Walter, Wunder im Glaubensprozess, in: Erbe und Auftrag 1974 S. 274 ff.
267. Kertelge, Karl, Die Wunder Jesu im Markusevangelium, München 1970
268. Kertelge, Karl, Die Wunder Jesu in der neueren Exegese, in: Theologische Berichte 5, Zürich, Köln 1976, S. 71 ff.
269. Kertelge, Karl, Jesus, seine Wundertaten und der Satan, in: Concilium II (1975), S. 168 - 171.
270. Keßler, L., Wunder und Causalität, in: Zeitschrift für Theologie und Kirche, Tübingen, Leipzig 1900, S. 284 ff.
271. Klein, Günter, Ärgernisse, Wunderglaube und Neues Testament, München 1970.
272. Kleinknecht-Meyer, Kommentar zur StPO, München 1983.
273. Kloos, G., Das Realitätsbewusstsein in der Wahrnehmung und Trugwahrnehmung, Leipzig 1938.
274. Klosa, Josef, Das Wunder von Konnersreuth in naturwissenschaftlicher Sicht, Aschaffenburg 1974.
275. Kloster zu Paray-le-Monial, Leben der seligen Margareta Maria Alacoque, Freiburg 1912.
276. KMR-Kommentar zur StPO, 7. Aufl., 1980.
277. Knackstedt, J., Die beiden Brotvermehrungen im Evangelium, in: NTS (= Neutestamentliche Studien) 10, 1963/64, S. 309 ff.
278. Knauer, Peter, Der Glaube kommt vom Hören, Bamberg 1984.
279. Knauer, Peter, Glaubensbegründung heute, in: Stimmen der Zeit 1984, S. 200 ff.

280. Knaut, Horst, Rückkehr aus der Zukunft, Bern, München, Wien 1970.
281. Knoch, Otto, Dem, der glaubt, ist alles möglich, Stuttgart 1986.
282. Knoch, Otto, Natürliche Phänomene und Wunder, in: Christlicher Glaube in moderner Gesellschaft Hrsg. v. Böckle, F., Freiburg 1982, S. 124 ff.
283. Koch, Anton, Zur Wunderfrage, in: Stimmen der Zeit 1947, S.388 ff
284. Koch, Dietrich-Alex, Die Bedeutung der Wundererzählungen für die Christologie des Markus-Evangeliums, Berlin 1975.
285. Köberle, Adolf, Psychopathologisches im religiösen Geschehen, in: Massenwahn in Geschichte und Gegenwart, Hrsg. Bitter, Wilhelm, Stuttgart 1965, S. 154 ff.
286. Koehler, F., Geist und Wunder, Berlin 1927.
287. Köhler, G. K., Kasuistische Beiträge zur multifaktoriellen Betrachtungsweise forensisch relevanter Psychosen bei Epilepsie, in: Interdisziplinäre Problemgebiete. Referate der Jahresversammlung der Bayerischen Nervenärzte 1979 (= Günzburger Schriften zur klinischen Psychiatrie, Bd. 4), S. 55 ff.
288. Köhler, Udo, Allein im All, Moderne Naturwissenschaft und christlicher Glaube, Stuttgart 1982.
289. Kolle, Kurt, Verrückt oder normal? Psychiatrie in Wissenschaft und Praxis, Stuttgart 1968.
290. Kolping, Adolf, Wunder und Auferstehung Jesu Christi, Frankfurt 1969.
291. Kongregation für die Glaubenslehre in Rom, Christlicher Glaube und Dämonenlehre, Stein a.Rhein 1984
292. Koppelmann, Floris, Jesus nicht Christus, Berlin 1973.
293. Kornwachs, Klaus; von Lucadou, Walter, Stellungnahme zur Entscheidung des BGH vom 21. 02. 1978, in: Zeitschrift für Parapsychologie 1978, S. 123 f.
294. Kratz, Reinhard, Rettungswunder, Frankfurt 1979.
295. Krause, Friedrich-Wilhelm, Grenzen richterlicher Beweiswürdigung in Strafsachen, in: Einheit und Vielfalt des Strafrechts; Festschrift für Karl Peters, Tübingen 1974.
296. Kremer, Jacob, Jesu Wandel auf dem See nach Mk 6,45-52, in: Bibel und Leben 1969, S. 221.
297. Kremer, Jacob, Lazarus, die Geschichte einer Auferstehung, Stuttgart
298. Kretzenbacher, Leopold, Rechtslegenden abendländischer Volksüberlieferung, Graz 1970.
299. Krönert, Georg, Jesus in parapsychologischer Sicht, in: Neue Wissenschaft 1957, S. 56 ff.
300. Kudera, Elfriede, Arme Seelen erscheinen in Oberschlesien, Gröbenzell/München 1975.
301. Kümmel, Werner G., Jesusforschung seit 1965/Wunderberichte (mit Nachträgen), in: ThR (Theologische Rundschau) 43 (1978), S. 142 ff.
302. Küng, Hans, Christ sein, München 1974.
303. Küng, Hans, Die Gretchenfrage des christlichen Glaubens?, in: Theologische Quartalsschrift 1972, S. 214 ff.
304. Künneth, Walter, Was hat die evangelische Kirche zum Mariendogma zu sagen?, Handreichung zum Luthertag 1951, dargeboten vom evangelischen Bund, Konfessionskundliches Institut, Bensberg 1951, S. 3 ff.
305. Kunath, Siegward, Antike Parallelen zu den Wundergeschichten im Neuen Testament, Göttingen 1972.

L

306. Läpple, Alfred, Der Glaube an das Jenseits, Aschaffenburg 1978.
307. Lais, Hermann, Was sagt die Kirche zum Wunder?, in: Wunder und Magie, Berichte der katholischen Akademie in Bayern, Heft 17, S. 37 ff.

308. Lang, Albert, Fundamentaltheologie Bd. I, Die Sendung Christi, München 1962.
309. Langen, D., Wunderglaube und Beeinflussbarkeit, in: Deutsches Ärzteblatt vom 12. 09. 1974.
310. Languet, Joseph (übersetzt von J. P. Silbert), Das Leben der gottseligen Mutter Margaretha Maria Alacoque, Regensburg 1864, Bd. I und II.
311. Lapide, P., Er wandelt nicht auf dem Meer, Gütersloh 1984.
312. Laurentin, Rene, Marienerscheinungen, in: Wolfgang Beinert, Heinrich Petri, Handbuch der Marienkunde Regensburg 1984, S. 530.
313. Laurentin, René und Joyeux, Henri, Medizinische Untersuchungen in Medjugorje, Graz 1986.
314. Leipelt, Johannes, Von Epidaurus bis Lourdes, Hamburg-Bergstedt 1957.
315. Leithäuser, Joachim, Das neue Buch vom Aberglauben, Berlin 1964.
316. Lenssen, Jürgen, Wunder, Zeichen der Macht Gottes, Aschaffenburg 1985.
317. Lentzen-Deis, Fritzleo, Die Wunder Jesu, in: Zeitschrift für Theologie und Philosophie 1968, S. 392.
318. Lemoyne, Johann B., Der selige Johannes Bosco, München 1927.
319. Lern, Stanislaw, Zur Problematik parapsychologischer Forschung, in: Zeitschrift für Parapsychologie 1981, S. 1 ff.
320. Leroy, Olivier, Levitation, an examination of the evidence and explanations, London.
321. Lescuyer, M., Le Miracle de Faverney, Lyon 1958.
322. Lewis, C. S., Wunder, Köln 1952.
323. Leyen, von der, Eugenie, Meine Gespräche mit Armen Seelen, Stein am Rhein 1979.
324. Lhermitte, Jean, Echte und falsche Mystiker, Luzern 1953.
325. Lindblom, Johannes, Gesichte und Offenbarungen, Lund 1968.
326. Lindner, Manfred, Zur Psychopathologie der sogenannten Spukphänomene, in: Archiv Psychiatrie 185, l05 (1950).
327. Lindmayr, Maria Anna, Mein Verkehr mit den Arinen Seelen, Stein am Rhein 1978.
328. Lins, Gebhard, Schwester Maria Faustine, die Botin der göttlichen Barmherzigkeit, Altenstadt 1959.
329. Listl, Müller, Schmitz, Handbuch des katholischen Kirchenrechts, Regensburg 1983.
330. Löbsack, Theo, Wunder, Wahn und Wirklichkeit, München 1976.
331. Löwe-Rosenberg, Kommentar zur Strafprozessordnung, 1984.
332. Loewenich, von, W., Der moderne Katholizismus, Witten 1956.
333. Löwenstimm, August, Aberglaube und Strafrecht, Berlin 1897.
334. Lohfink, Gerhard, Der Ablauf der Osterereignisse und die Anfänge der Urgemeinde, in: Theologische Quartalsschrift 1980 S. 162 ff.
335. Lohfink, Gerhard, Jetzt verstehe ich die Bibel, Stuttgart 1975.
336. Lohfink, Gerhard, Wie hat Jesus Gemeinde gewollt?, Freiburg 1984.
337. Lohfink, Norbert, Bibelauslegung im Wandel, Frankfurt 1967.
338. Lommel, Andreas, Schamanen und Medizinmänner, München 1980.
339. Loos, van der, The miracles of Jesus, Leiden 1965.
340. Lotti, Franco, Padre Pio aus Pietrelcina, Foggia 1974.
341. Lucadou, Walter von; Kornwachs, Klaus, Grundzüge zu einer Theorie paranormaler Phänomene, in: Zeitschrift für Parapsychologie 1975, S. 73 ff.
342. Lübke, Christa, Bericht über den 16. Kongress der Parapsychological Association 1973, in: Zeitschrift für Parapsychologie 1973, S. 230 ff.
343. Luyten, Norbert A., (Hrsg.), Zufall, Freiheit, Vorsehung, Freiburg/München 1975.

M

344. Maaß, Fritz-Dieter, Mystik, Würzburg 1972.
345. Mc Clure, Kevin, Beweise: Erscheinungen der Jungfrau Maria, München 1987.
346. Madingen, Herbert, Der Unmittelbare Göttliche Antrieb, in: Jahrbuch für systematische Theologie 1958, S. 199 ff.
347. Mager, Alois, Mystik als seelische Wirklichkeit, eine Psychologie der Mystik, Graz 1946.
348. Maier, Leo, Die Analogie der Wunder im Lichte der Medizin, in: Theologisch-Praktische Quartalsschrift, Linz 1959, S. 210 ff.
349. Maier, Leo, Das Wunder und die moderne Psychologie, in: Theologisch-Praktische Quartalsschrift, Linz 1960, S. 21 ff
350. Mann, U., Das Wunderbare, Gütersloh 1979.
351. Manns, Peter, Die Heiligen in ihrer Zeit, Bd. I und II, Mainz 1966.
352. Marguerite, Botschaft der Barmherzigen Liebe an die Kleinen Seelen, Vaux-sous-Chevremont (Belgien) 1980.
353. Marlet, J.J.C., Situation der Parapsychologie in der heutigen Welt, in: Jahrbuch der Psychologie und Psychotherapie Bern, Tübingen.
354. Marquardt, Generosus, Das Wunderproblem in der deutschen Theologie der Gegenwart, München 1933.
355. Marxen, Willi, Die Auferstehung Jesu von Nazareth, Gütersloh 1968
356. Maunz-Dürig, Kommentar zum Grundgesetz 1977.
357. May, Fritz, Die Wahrheit über Jesu s Christus, Moers 1982.
358. Mayer, Wolfgang, Das Tränenwunder in Chicago, in: Das Zeichen Mariens, Appenzell 1984, S. 5915ff.
359. Mayer-Groß, Ober Halluzinationen, in: Der Nervenarzt 1931, S.1 ff
360. Menendez, Josefa, Die Liebe ruft, Freiburg/Schweiz, Konstanz, München 1950.
361. Mensching, Gustav, Das Wunder im Glauben und Aberglauben der Völker, Leiden 1957.
362. Meyer, E., Hellsehen und andere sog. okkulte Phänomene in ihrer Beziehung zur Strafrechtspflege, in: Deutsche Medizinische Wochenschrift 52, S. 517 (1926).
363. Meyer, Joachim-Ernst, Der Bewusstseinszustand bei optischen Sinnestäuschungen, in: Archiv Psychiatrie, Berlin, Jahrg. 1952, S. 477 ff.
364. Michell., J.; Rickard, R., Die Welt steckt voller Wunder, Düsseldorf 1979.
365. Miegge, Giovanni, Die Jungfrau Maria, Göttingen 1962.
366. Mikorey, M., Phantome und Doppelgänger, München 1952.
367. Milbourne, Christopher, Geister, Götter, Gabelbieger. Die Tricks der Psi-Begabten, Düsseld., Wien 1977
368. Miller, Arthur Maximilian, Crescentia von Kaufbeuren, Stein am Rhein 1976.
369. Mischo, John, Parapsychologie und Wunder, in: Zeitschrift für Parapsychologie 1970, S. 73 ff.
370. Mischo, John; u. a.: Hexenwahn an Universitäten?, in: Zeitschrift für Allgemeinmedizin 1980, S. 2390 - 2392.
371. Mischo, Johannes; Niemann, Ulrich, Die Besessenheit der Anneliese Michel (Klingenberg) in Interdisziplinärer Sicht, in: Zeitschrift für Parapsychologie 1983, S. 129 ff.
372. Möller, Joseph, Philosophisch-theologische Aspekte der Parapsychologie, in: Zeitschrift für Parapsychologie 1972, S. 49 ff.
373. Molinari, Paolo, Die Heiligen und ihre Verehrung, Freiburg 1964.
374. Monden, Louis, Theologie des Wunders, Freiburg 1961.
375. Monod, Jaques, Zufall und Notwendigkeit, München 1971.

376. Montufar, Thomas Cano, En Las pupilas de la Virgen de Guadalupe la escena del milagro, in: Excelsior, Mexiko, vom 26. 0l. 1986.
377. Moser, Fanny, Okkultismus - Täuschungen und Tatsachen, Neuauflage 1974, Olten und Freiburg.
378. Mühlbauer, Josef, Jenseits des Sterbens, Bonn 1981.
379. Müller, Lutz, Parapsychologie und Täuschung, in: Condrau, Gion, Die Psychologie des 20. Jahrhunderts, Bd. XV, Zürich 1979, S. 560 ff.
380. Müller, Lutz, Para, Psi und Pseudo, Berlin 1980.
381. Müller, Lutz, Parapsychologie und Tricktäuschung, in: Zeitschrift f. Parapsych. 1978, S. 129 ff.
382. Müller, Paul, Wunder oder Naturgesetz, Metzingen 1958.
383. Mund, Hans Joachim, Maria in der Lehre von der Kirche, Paderborn 1979.
384. Musumeci, Ottavio, Die Muttergottes von Syrakus hat geweint, Wiesbaden 1955.

N

385. Naval, Leandro Aina, EI Milagro de Calanda a Nivel Historico, Zaragoza 1972.
386. Nehmeyer, Hubert, Ober pathologische Eidetismen, in: Psychiatrie, Neurologie und medizinische Psychologie 8 (1956), S. 234 ff.
387. Neidhart, Walter; Eggenberger, Hans, Erzählbuch zur Bibel, Zürich, Einsiedeln, Köln 1976.
388. Nigg, Walter; Schamoni, Wilhelm, Heilige der ungeteilten Christenheit, Düsseldorf 1962.
389. Ninck, Werner, Greift Gott ins Leben ein?, Basel 1953.

O

390. Oelgemöller, Ewald, Wunder und Wundergeschichten, in: Fach Religion Jahrgang 1979, S. 125 ff.
391. Oepen, Irmgard, Paramedizinische Heilmethoden, in: Zeitschrift für Allgemeinmed. 1980, S. 1375-1380.
392. Oesterle, Gerard, Der Selig- und Heiligsprechungsprozess, in: Zeitschrift für den katholischen Religionsunterricht an höheren Lehranstalten 1928, S. l06 ff.
393. Oesterle, Gerard, Ober den Verlauf eines Selig- und Heiligsprechungsprozesses, Warendorf 1951.
394. Olivieri, Alphoriso, Gibt es noch Wunder in Lourdes?, Aschaffenburg 1973.
395. Omez, Reginald, Kann man mit den Toten in Verbindung treten?, Aschaffenburg 1957.
396. Ostrander, Sheila; Schroeder, Lynn, Psi, Bern, München, Wien 1976.

P

397. Pannenberg, Wolfhart, Erwägungen zu einer Theologie der Natur, Gütersloh 1970.
398. Papst Johannes Paul II, Die Botschaft von Fatima enthält die ewige Wahrheit des Evangeliums, in: Osservatore Romano, deutsche Ausgabe vom 28. 05. 1982, S. 2.
399. Pater, W. A. de, Sprache der Wunder und Sprache der Wissenschaft, Plünchen 1971.
400. Patres von San Giovanni Rotondo, So war Pater Pio, Zeugen, Briefe, Dokumente, Aschaffenburg 1975.
401. Patri, Lorenzo, Pater Pio, ein stigmatisierter Kapuziner, Wiesbaden 1956.
402. Pasquali, G., Um den Himmel nicht zu verlieren, Gröbenzell 1974.
403. Pelz, D. C., Der große Irrtum der Parapsychologen, in: Kriminalistik 1960, S. 150 ff. und S. 223 ff.
404. Pesch, Rudolf, Jesu ureigene Tagen. Ein Beitrag zur Wunderfrage, Freiburg 1970.

405. Petersdorf, Egon von, Daemonologie, Bd. 1, 11, Stein am Rhein 1982.
406. Petersohn, Franz, Die Beziehung der Kriminologie zum Aberglauben und Okkultismus, in: Parapsychologie und Okkultismus in der Kriminologie, Arbeitstagung der Deutschen Kriminologischen Gesellschaft, Heidelberg 1979.
407. Petit, Pierre, Lourdes, les protestants et la tradition Chrétienne, Paris 1958.
408. Petzke, Gerd, Die historische Frage nach den Wundertaten Jesu, in: New Testament Studies, 22, S.180ff.
409. Pfammatter, Josef, Eigenschaften und Verhaltensweisen Gottes im Neuen Testament, in: Mysterium Salutis, Bd. II, S. 278 ff., Köln 1967.
410. Pfeiffer, E., Das Wunder als Erkenntnismittel der Glaubwürdigkeit der Offenbarung, Aschaffenb. 1936.
411. Pfleiderer, H., Ist die Existenz parapsychologischer Phänomene bewiesen?, in: Münch. Medizinische Wochenschrift 99, l002 (1957).
412. Planck, Max, Religion und Naturwissenschaft, Leipzig 1958.
413. Pössiger, Psi-Rätselhafte Kräfte des Menschen?, München 1974.
414. Popella, E. und Greger, J., Geruchswahn und Geruchshalluzinose, in: Psychiatrie und Neurologie (Basel) 149, (1965) 171.
415. Precht, Herbert, Was lehrt die moderne Parapsychologie?, in: Paderborner Studien 1982, S. 79 ff.
416. Pröpper, Thomas, Thesen zum Wunderverständnis, in: Greshake, Gisbert und Lohfink, Gerhard, Bittgebet, Mainz 1978.
417. Prokop, Otto; Wimmer, Wolf, Der moderne Okkultismus, Stuttgart 1976
418. Prokop, Otto, Medizinischer Okkultismus, Paramedizin, Stuttgart, New York 1977.
419. Prokop, Otto, Naturwissenschaft contra Parapsychologie, in: Archiv für Kriminalistik 1974, S. 100 ff.
420. Prokop, Otto; Uhlenbruck, Gerhard, Was gestern schon nicht mehr als Wunder galt, in: Deutsches Ärzteblatt 1975, S. 1313 ff.

R

421. Rahner, Karl, Visionen und Offenbarungen, in: Kontakt l0/1983, S. 5
422. Rahner, Karl, Visionen und Prophezeihungen, Freiburg 1960.
423. Rathgeber, Alphons Maria, Natürliches und übernatürliches, Kempten 1965.
424. Reimer, Fritz, Das Syndrom der optischen Halluzinose, Stuttgart 1970.
425. Reiners, Adam, Die vornehmsten historisch beglaubigten Wunder der hl. Eucharistie von der Apostelzeit-bis zum 20. Jahrhundert, Kempen 1904.
426. Resny, Chauvin, Ist Psi und Physik vereinbar?, in: Zeitschrift für Parapsychologie 1971, S. 41 ff.
427. Rhine, Louisa E., Psi-was ist das?, Freiburg 1977.
428. Richtberg, W., Ein Fall von Hexenwahn und seine forensische Beurteilung, in: Kriminalistik 28, 148 (1974).
429. Rigamonti, Maria Ildefonsa, Sendbotin des Heiligen Antlitzes, Freiburg/Schweiz 1959.
430. Ringger, Peter, Das Weltbild der Parapsychologie, Olten/Freiburg 1959.
431. Ristow, Helmut; Matthiae, Karl, Der historische Jesus und der kerygmatische Christus, Berlin 1964.
432. Ritzel, Ferdinand, Pater Pio, Gröbenzell 1976.
433. Robinson, John A. T., Gott ist anders, München 1965.
434. Rocca, di, Annette, Über den Teufel und sein Wirken, Gröbenzell 1966.
435. Rodewyk, Adolf, Dämonische Besessenheit heute, Tatsachen und Deutungen, Aschaffenburg 1966.
436. Rodewyk, Adolf, Dämonische Besessenheit im Lichte der Psychiatrie und Theologie, in: Geist und Leben 1951, S. 56 ff.

437. Rössler, D., Marienerscheinungen, Artikel, in: Die Religion in Geschichte und Gegenwart, 4.Bd., S. 762.
438. Rogo, Scott D., Parapsychologie - 100 Jahre Forschung, Stuttgart, 1976.
439. Rohrbach, H., Biblische Wunder und moderne Naturwissenschaft, Wuppertal 1955.
440. Rorarius, Winfried, Seele, Tod, Unsterblichkeit, Gütersloh 1979.
441. Rosso, Sebastiano, Kurze Geschichte und Novene der Muttergottes der Tränen, Syrakus 1972.
442. Rovira, German, Der Widerschein des Ewigen Lichtes, Aachen 1984.
443. Russel, Bertrand, Warum ich kein Christ bin, München 1963.
444. Ryzl, Milan, Parapsychologie, Tatsachen und Ausblicke, Genf 1970.

S

445. Sales, Lorenzo, Jesus spricht zur Welt, Aus den Schriften der Schwester Consolata Betrone (1903 - 1946), Freiburg/ Schweiz.
446. Salotti, Carlo, Der heilige Johannes Bosco, München 1955.
447. Sammaciccia, Bruno, Das Eucharistie-Wunder von Lanciano, Hauteville/Schweiz 1977.
448. Sauren, J., Das Heilige Haus zu Loreto und die Einsprüche seiner neuesten Gegner, Bonn 1909.
449. Schäfer, Herbert, Der kriminelle Aberglaube, Gladbeck 1963.
450. Schäfer, Herbert, Der Okkulttäter, Hamburg 1959.
451. Schallenberg, Gerd, Visionäre Erlebnisse, Erscheinungen im 20.Jahrhundert, eine psychopathologische Untersuchung, Aschaffenburg 1979.
452. Schamoni, Wilhelm, Auferweckungen vom Tode, Paderborn 1968.
453. Schamoni, Wilhelm, Dämonische Wunder, in: Theologisches, November 1978, S. 2986 ff.
454. Schamoni, Wilhelm, Die Kanonisationsakten in Paderborn ein großer Schatz, in: Theologisches 1977, Spalte 2491 ff.
455. Schamoni, Wilhelm, Der Selige Baldinucci: "Die Seelen stürzen in die Hölle, wie die Blätter von diesem Baume fallen", in: Theologisches 1982, Spalte 4799 ff.
456. Schamoni, Wilhelm, Die Seele und ihr Weiterleben nach dem Tode, Abensberg 1981.
457. Schamoni, Wilhelm, Fünf Brote und zwei Fische (Mk 6,38) Pater Angelus de Paoli. Beeidete Augenzeugenberichte über Vermehrungswunder, in: Theologisches 1985, Spalte 6223 ff.
458. Schamoni, Wilhelm, Heiligsprechung und Heiligsprechungsakten, in: Theologisches 1974, Spalte 1384 ff.
459. Schamoni, Wilhelm, Inventarium Processuum Beatificationis et Canonizationis, Hildesheim, Zürich, New York 1983.
460. Schamoni, Wilhelm, Wunder sind Tatsachen, Würzburg 1977.
461. Schatz, Oskar, Hat die Religion Zukunft?, Graz, Wien, Köln 1971.
462. Schatz, Oskar, (Herausgeber), Parapsychologie, Graz, Wien, Köln 1976.
463. Scheffczyk, Leo, Die theologischen Grundlagen von Erscheinungen und Prophezeihungen, Leutesdorf 1982.
464. Scheffczyk, Leo, Wunder und Heiligsprechung, in: Münchener theologische Zeits. 1981, S. 292 ff.
465. Schellong, Dieter, Hinweis und Widerspruch, in: Zeitwende 45 (1974) S. 390 ff.
466. Schmeing, Karl, Seher und Seherglaube, Darmstadt-Eberstadt 1954.
467. Scheunemann, Oswald, Das Tuch, Neueste Forschungsergebnisse zum Turiner Grabtuch, Regensburg, Linz-Wien 1983.
468. Schild, Wolfgang, Alte Gerichtsbarkeit, München 1980.
469. Schillebeck, Edward, Jesus, Freiburg 1976.

470. Schille, Gottfried, Die Seesturmerzählung Markus 4,35-41 als Beispiel neutestamentlicher Aktualisierung, in: Zeitschrift für neutestamentliche Wissenschaft 1965, S. 30 ff.
471. Schimmelpfennig, Reintraud, Die Geschichte der Marienverehrung im deutschen Protestantismus, Paderborn 1952.
472. Schleyer, Franz L., Die Heilungen von Lourdes, Bonn 1949.
473. Schlingensiepen, Hermann, Die Wunder des Neuen Testaments, Gütersloh 1933.
474. Schmeing, Karl, Justiz und Eidetik, in: Monatsschrift für Kriminalbiologie und Strafrechtsreform 28, 3, 1937, S. 8 ff.
475. Schmid, Josef, Ein Hexenprozess im Landgericht Hollenburg, Carinthia 1965, S. 751 ff.
476. Schmithals, Walter, Wunder und Glaube, Neukirchen-Vluyn 1970.
477. Schmitz, Heribert, Kirchliches Prozessrecht, Trier 1976.
478. Schnackenburg, Rudolf, Die Macht des Bösen und der Glaube der Kirche, Düsseldorf 1979.
479. Schneider, Kurt, Zur Einführung in die Religionspsychopathologie, Tübingen 1928.
480. Schöck, Inge, Bemerkungen zum Aberglauben, in: Württembergisches Jahrbuch für Volkskunde 1970, S. 81 ff.
481. Schöllgen, Werner, Besessenheit oder Krankheit, in: Arzt und Christ Jahrg. 1965, S. 85 ff.
482. Schoonenberg, P., Bund und Schöpfung, Zürich 1970.
483. Schrappe, 0., Der Weg von Epilepsie zur Besessenheit. über A. M. und ihre Anfallskrankheit, in: Nervenheilkunde, Zeitschrift für interdisziplinäre Fortbildung 1982, S. 59/33 ff.
484. Schringer, Ernst, Christlicher Glaube und Parapsychologie, Pforzheim 1969.
485. Schütz, Christian, Glaube und Wunder, in: Schulz, R. S.; Schnackenburg, R.; Schütz, Christian, Wunderfrage und Wunderglaube, Aschaffenburg 1975.
486. Schulz, Winfried, Der Seligsprechungsprozess - Kanonistische Überlegungen zu seiner Reform -, in: l00 Jahre Anna Schäffer, herausgegeben vom Bischöflichen Konsistorium Regensburg, Abensberg 1982, S. 1 ff.
487. Schwarz, P. M. Teufel, Dämonen, Besessene, Wien 1976.
488. Schweizer, Eduard, Die Wunder und das Wunder, in: Zeitwende 45 (1974), S. 378 ff.
489. Schweykart, Alois, Lourdes im Lichte der Wahrheit, Freiburg 1914.
490. Seckler, Max, Plädoyer für Ehrlichkeit im Umgang mit Wundern, in: Theologische Quartalsschrift 1971, S. 337 ff.
491. Seel, Otto, Vox Humana, ein Lesebuch aus Cicero, Stuttgart 1949.
492. Seitz, Anton, Neuzeitliche Wunder bei Heiligsprechungen, in: Theologisch-praktische Quartalsschrift 1918, S. 77 ff.
493. Sell, Karl, Der Wunderglaube der Gemeinden und das Gewissen des evangelischen Geistlichen, in: Zeitschrift für Theologie und Kirche 1892, S. 469 ff.
494. Shoojiroo, Johannes Apostel Ito, Akita, das Zeugnis des zuständigen Bischofs, in: Das Zeichen Mariens, Appenzell 1984, S. 5911.
495. Siegmund, Georg, Das Fortleben nach dem Tode im Lichte des Phänomens von eingebrannten Händen, in: Imago Mundi, herausgegeben von Andreas Resch, Innsbruck 1980, S. 473 ff.
496. Siegmund, Georg, Deutsche Lourdes Heilung medizinisch und kirchlich anerkannt, in: Stimmen der Zeit 171, 3 S. 207 ff.
497. Siegmund, Georg, Der Mensch zwischen Gott und Teufel, Stein am Rhein 1978.
498. Siegmund, Georg, Gibt es noch Wunder in Lourdes?, Leutesdorf 1984.
499. Siegmund, Georg, Ist mit dem Tod alles aus?, Leutesdorf 1983.
500. Siegmund, Georg, Von Wemding nach Klingenberg, Stein am Rhein 1985.
501. Siegmund, Georg, Wunder, Bedeutung und Wirklichkeit, Stein am Rhein 1981.

502. Siegmund, Georg, Wunder, eine Untersuchung über ihren Wirklichkeitswert, Berlin 1958.
503. Simma, Maria, Meine Erlebnisse mit den Armen Seelen, Stein am Rhein 1978.
504. Simons, Frans, Das Ende des Katholizismus?, in: Theologisches 1985, Spalte 6230.
505. Smitmans, Adolf, Das Weinwunder von Kana, Tübingen 1966.
506. Spendel, Günter, Wahrheitsfindung im Strafprozess, in: Juristische Schulung 1964, S. 465 ff.
507. Stakemeier, Eduard, über Privatoffenbarungen, in: Theologie und Glaube 1954, S. 39 ff.
508. Stange, Carl, Christentum und moderne Weltanschauung, Naturgesetz und Wunderglaube, Leipzig 1914.
509. Staub, Werner, Beobachtungen, Beschreiben und Erklären in der Parapsychologie - eine methodologische Kritik, in: Zeitschrift für Parapsychologie 1979, S. 23 ff.
510. Staudinger, Josef, Das Jenseits, Schicksalsfrage der Menschenseele, Einsiedeln, Zürich, Köln 1950.
511. Staudinger, Hugo, Die historische Glaubwürdigkeit der Evangelien, Gladbeck, Würzburg 1977.
512. Staudinger, Hugo, Die Wunderinterpretationen Bultmanns, in: Theologisches 1974, Spalte 1375 ff.
513. Stauffer, Ethelbert, Zur Wunderfrage, in: Theologisches 1970, S. 6 ff.
514. Stein, Das private Wissen des Richters, Leipzig 1893.
515. Stein, Walter von, Versuch einer Dokumentation angeblicher Spukphänomene mit Hilfe optisch elektronischer Geräte, in: Der Elektroniker 9 (wohl 1970) S. 319 - 322.
516. Steiner, Anton; Wegmann, Volker, Wunder Jesu, Basel, Zürich, Köln 1978.
517. Stelter, Alfred, Psi-Heilung, Bern, München, Wien 1973.
518. Störring, G. E., Halluzinatorische und wahnähnliche Erlebnisse bei eidetischer Veranlagung, in: Monatsschrift für Psychiatrie 129 (1955), S. 786.
519. Suhl, Alfred, Der Wunderbegriff im Neuen Testament, Darmstadt 1980.
520. Suhl, Alfred, Die Wunder Jesu, Gütersloh 1968.
521. Szezesny, Gerhard, Die Zukunft des Unglaubens, München 1959.

T

522. Tauriac, 1. M., Wunder in Lourdes, München 1957.
523. de Tena, T. L., la Tilma de Juan Diego un prodigio que dura 450 anos, in: la agencia informativa Katolica Argentina Nr. 1445 vom 30. 8. 1984.
524. Tenhaeff, W. H. C., Kontakte mit dem Jenseits?, Berlin 1974.
525. Tenzler, Johannes, Der imaginierte Teufel, zum tiefenpsychologischen Aspekt des Bösen, in: Bibel und Kirche 1975, S. 44 ff.
526. Theißen, Gerd, Urchristliche Wundergeschichten, Gütersloh 1974.
527. Thielicke, Helmut, Das Wunder, Leipzig 1939.
528. Thurn, Herbert, Außergewöhnliche religiöse Erfahrungen im Lichte der Psychologie, in: Geist und Leben 1948, S. 170 ff.
529. Thurston, Herbert, Die körperlichen Begleiterscheinungen der Mystik Luzern 1956.
530. Thurston, Herbert, Poltergeister, Luzern 1955.
531. Thurston, Herbert, The Blood Miracles of Naples, in: The Month, 1927 S. 44 ff. und 1930 S. 119 ff.
532. Tillich, Paul, Systematische Theologie, Bd. I, Stuttgart 1956, Bd. II, Stuttgart 1958.
533. Timm, Ulrich, Was wissen wir wirklich über Psi-Phänomene?, in: Zeitschrift für Parapsychologie 1982, S. 110 ff.
534. Tölle, Rainer, Psychiatrie, Berlin, Heidelberg, New York 1982.
535. Tonquédec, Joseph de, Les maladies nerveuses ou mentales et les manifestations diaboliques, Paris1938.

536. Torello, Johannes B., Echte und falsche Erscheinungen, in: Arzt und Christ 1983, S. 201 ff.

537. Trede, Th., Wunderglaube im Heidentum und in der alten Kirche, Gotha 1901.

538. Trilling, Wolfgang, Fragen zur Geschichtlichkeit Jesu, Düsseldorf 1966.

539. Tritsch, Walther, Christliche Geisteswelt. Die Welt der Mystik, Baden-Baden 1957.

540. Trochu, Francis; Widlöcher Justinian, Der Heilige Pfarrer von Ars, Kolmar 1940.

541. Trochu, Francis, Das wunderbare Leben des heiligen Pfarrer von Ars, Colmar 1951.

542. Trütsch, Josef, Wunder: Mit oder ohne Durchbrechung der Naturgesetze, in: Theologische Berichte 5 (Hrsg.: Josef Pfammatter und Franz Furger), Zürich, Köln, Einsiedeln 1976, S. 136 ff.

543. Trützel, J., Wunder, in: J. Pfammatter, Theologische Berichte, Zürich 1976, S. 147 ff.

544. Tyrrell, G. N. M., Erscheinungen und Visionen im Psi-Feld, Olten und Freiburg 1979.

U

545. Uccussic, Paul, Psi-Resümee. Eine Bestandsaufnahme der neuesten Forschungen jenseits von Materie, Raum und Zeit, Genf 1975.

546. Ugarte, José Bravo, F. J. Cuestiones Historicas Guadalupanas, Jus, Mexiko, 1966.

547. Undeutsch, Udo, Beurteilung und Glaubhaftigkeit von Zeugenaussagen, in: Handbuch der Psychologie, Bd. 11, Göttingen 1964.

V

548. Valeske, Ulrich, Evangelisches zum Marienjahr, Gütersloh 1954.

549. Vandre, Rudolf, Wundergeschichten im Religionsunterricht, Göttingen 1975.

550. Vierig, Fritz, Römisch katholischer Marienglaube und die Botschaft der Reformation, Gladbeck 1955.

551. Vilhjalmsson, Geir, Bericht über den VII. Kongress der Parapsychological Associatio, 1964 in Oxford, in: Zeitschrift für Parapsychologie 1964, S. 182 ff.

552. Villedieu, Raouel, Das Geheimnis des Pater Pio, Aschaffenburg 1965.

553. Villepelée, Jean-Francois, Die Torheit des Kreuzes, die hl. Gemma Galgani, Bd. I, II, Hauteville 1978.

554. Vögtle, Anton, Jesu Wunder einst und heute, in: Bibel und Leben 1961, S. 234 ff.

555. Völkel, H., Zur kriminalpsychologischen Bedeutung der Eidetik, in: Monatsschrift für Kriminologie 1958, S. 33 f.

556. Völkel, H., Zur Problematik der sog. eidetischen Trugwahrnehmungen, in: Archiv für Psychiatrie 204 (1963), S. 562.

557. Voss, Gerhard; Harsch, Helmut, Versuche mehrdimensionaler Schriftauslegung, Niederalteich, Stuttgart 1969.

W

558. Waldmann, M., Zum Problem der Stigmatisation, in: Theologisch-prakt. Quartalsschrift 1939, S. 558.

559. Walter, Gerda, Aufklärung von Verbrechen durch Hellsehen, in: Neue Wissenschaft, Jahrg. 1953, Heft 3, S. 81 ff.

560. Walther, Gerda, Phänomenologie der Mystik, Olten, Freiburg 1976.

561. Walther, Gerda, Zum Problem der Visionen, in: Philos. Jahrbuch der Görres-Gesellschaft 66 (1958), S. 347 - 354.

562. Watson, L., Geheimes Wissen. Das Natürliche des übernatürlichen, Frankfurt 1976.

563. Weidlich, Wolfgang, Naturgesetz und Zufall, Sinnverwirklichung und Gebet, in: Zeitwende 46 (1975), 260.

564. Weinschenk, Curt, Illusionen, in: Archiv für Psychiatrie 189 (1952) 453.

565. Weiser, Alfons, Was die Bibel Wunder nennt, Stuttgart 1975.

566. Weiss, Franz, Gottes Blut, Stein am Rhein 1975.

567. Weissmahr, Bela, Bemerkungen zur Frage der Möglichkeit eines nicht durch Geschöpfe vermittelten göttlichen Wirkens in der Welt, in: Zeitschrift für katholische Theologie 1974, S. 427 ff.

568. Weissmahr, Bela, Gottes Wirken in der Welt, Frankfurt 1973.

569. Weissmahr, Bela, Kann Gott die Auferstehung Jesu durch innerweltliche Kräfte bewirkt haben?, in: Zeitschrift für katholische Theologie 1978, S. 441 ff.

570. Weissmahr, Bela, Natürliche Phänomene und Wunder, in: Christlicher Glaube in moderner Gesellschaft, Bd. 4, Freiburg, Basel, Wien 1982, S. 134 ff.

571. Wendland, Johannes, Der Wunderglaube im Christentum, Göttingen 1910

572. Wenisch, Bernhard, Geschichten oder Geschichte? Theologie des Wunders, Salzburg 1981.

573. Wenz, Helmut, Mythos oder historisch zeichenhaftes Geschehen?, in: Theologische Zeitschrift 18, 1962, S. 419 ff.

574. Wiesner, Werner, Christlicher Glaube und modernes Weltbild, in: Zeitschrift für systematische Theologie 1961, S. 367 ff.

575. Wilkens, Wilhelm, Die Erweckung des Lazarus, in: Theol. Zeitschrift Basel (ThZ) 1959, S. 22 ff.

576. Wilms, Franz-Elmar, Wunder im Alten Testament, Regensburg 1979.

577. Wimmer, Otto, Kennzeichen und Attribute der Heiligen, Innsbruck 1979.

578. Wimmer, Wolf, Besprechung des Buches von Hans Bender: Unser sechster Sinn, in: Zeitschrift für die gesamte Strafrechtswissenschaft LXXXV, S. 964 ff.

579. Wimmer, Wolf, Die merkwürdige Wissenschaft der Spuk-Professoren, in: Kriminalistik 1970, S. 329 ff.

580. Wimmer, Wolf, Die Wunder von Konnersreuth im Lichte der,Kriminalistik, in: Kriminalistik 9, 399 (1976), Kriminalistik 10, 459 (1976), Kriminalistik 11, 515 (1976).

581. Wimmer, Wolf, Hexenwahn an Universitäten?, in: Zeitschrift für Allgemeinmedizin 1980, S. 1390.

582. Wimmer, Wolf, Okkultismus und Rechtsordnung, in: Archiv für Kriminologie 1979, S. 1 ff.

583. Wimmer, Wolf, Parapsychologen als Sachverständige?, in: NJW 1976, S. 1131 ff.

584. Wimmer, Wolf, Parapsychologie, Wissenschaft und Rechtsordnung, in: NJW 1979, S. 587 ff.

585. Wimmer, Wolf, Schlusswort zum Verteidigungsvorbringen der Parapsychologen Bauer et alii, in: Ärzteblatt Baden-Württemberg 1979, S. 571.

586. Wimmer, Wolf, Wiederkehr der Magie, in: Zeitschrift für Rechtsmedizin 70, S. 136 ff. (1972).

587. Winkelmann, Michael, Biblische Wunder, München 1977.

588. Winowska, Maria, Das wahre Gesicht des Pater Pio, Aschaffenburg 1965.

589. Witter, Hermann, Grundriss der gerichtlichen Psychologie und Psychiatrie, Berlin, Heidelberg, New York 1970.

590. Wolff, Dorothea, Ein bemerkenswerter Fall von Teufelsbesessenheit, Dissertation Homburg Saar 1956.

591. Wüst, Herbert, Richter und psychologischer Sachverständiger im Strafprozess, Dissertation Universität München 1968.

592. Wunderle, Georg, Arzt und Mystik, Würzburg 1949.

Z

593. Zahrnt, Heinz, Die Sache mit Gott. Die protestantische Theologie im 20. Jahrhundert, München 1967.

594. Zeh, Wilhelm, Bewusstseinsveränderungen, in: Fortschritte der Neurologie, Psychiatrie 11 (1959), S. 609 ff.

595. Zehmke, Hildegard, Besessenheitsfälle der neuesten Zeit, in: Allgemeine Zeitschrift für Parapsychologie, Hamburg 1983, S. 21 ff.

596. Zehmke, Hildegund, Durch Parapsychologie zur Religion? zum Christentum? zu Christus?, in: Allgemeine Zeitschrift für Parapsychologie 1981, S. 12 ff.

597. Zehrer, Franz, Das Problem der Wunder Jesu, in: Theol. Prakt. Quartalsschrift 1973, S. 233, 235.

598. Ziener, Georg, Die Brotwunder im Markusevangelium, in: Biblische Zeitschrift, Neue Folge 1960, S. 283 ff.

599. Zier, Johann Baptist, Der Beatifikations- und Kanonisationsprozess nach dem CIC, Dissertation an der Universität Würzburg, Würzburg 1925.

600. Zimmer, Ernst, Umsturz im Weltbild der Physik, München 1957.

601. Ziolko, H. U., Ober den emotionalen Untergrund visionärer Erscheinungen, in: Zeitschrift für Psychotherapie und medizinische Psychologie 1960, S. 238 ff.

602. Ziolko, H. U., Zur Bedeutung spontan-eidetischer Erscheinungen in der Psychiatrie, in: Zeitschrift für Psychotherapie und medizinische Psychologie 1953, S. 171 - 178.

603. Zutt, Jürg, Ergriffenheit und Besessenheit, Bern, München 1975.

Abkürzungsverzeichnis

a.	auch
a. A.	anderer Auffassung
a. a. O.	am angegebenen Ort
a. F.	alte Fassung
Art.	Artikel
Aufl.	Auflage
Anm.	Anmerkung
Bd.	Band
Bde.	Bände
BGHSt	Entscheidungen des Bundesgerichtshofs in Strafsachen
Begr.	Begründung
bzw.	beziehungsweise
ca.	circa
d. h.	das heißt
etc.	et cetera
f	folgende
ff.	fortfolgende
GBl.	Gesetzblatt
gem.	gemäß
h. M.	herrschende Meinung
JuS	Juristische Schulung
JW	Juristische Wochenschrift
LG	Landgericht
Lit.	Literatur
MDR	Monatsschrift für Deutsches Recht
n. F.	neue Fassung
NJW	Neue Juristische Wochenschrift
Nr.	Nummer
o. ä.	oder ähnliches
Rdn.	Randnote
RGSt	Entscheidungen des Reichsgerichts in Strafsachen
Rspr.	Rechtssprechung
S.	Seite; Satz
s.	siehe
s. a.	siehe auch
s. o.	siehe oben
sog.	sogenannt
StPO	Strafprozessordnung
u.	und
u. a.	unter anderem
usw.	und so weiter
vgl.	vergleiche
VO	Verordnung
z. B.	zum Beispiel
ZStW	Zeitschrift für die gesamte Strafrechtswissenschaft
zit.	zitiert
z. T.	zum Teil